전염병의 세계사

PLAGUES AND PEOPLES

William H. McNeill

Yeesan Publishing Co.

전염병의 세계사

윌리엄 H. 맥닐 지음 / 김우영 옮김

히스토리아문디 04
historia mundi

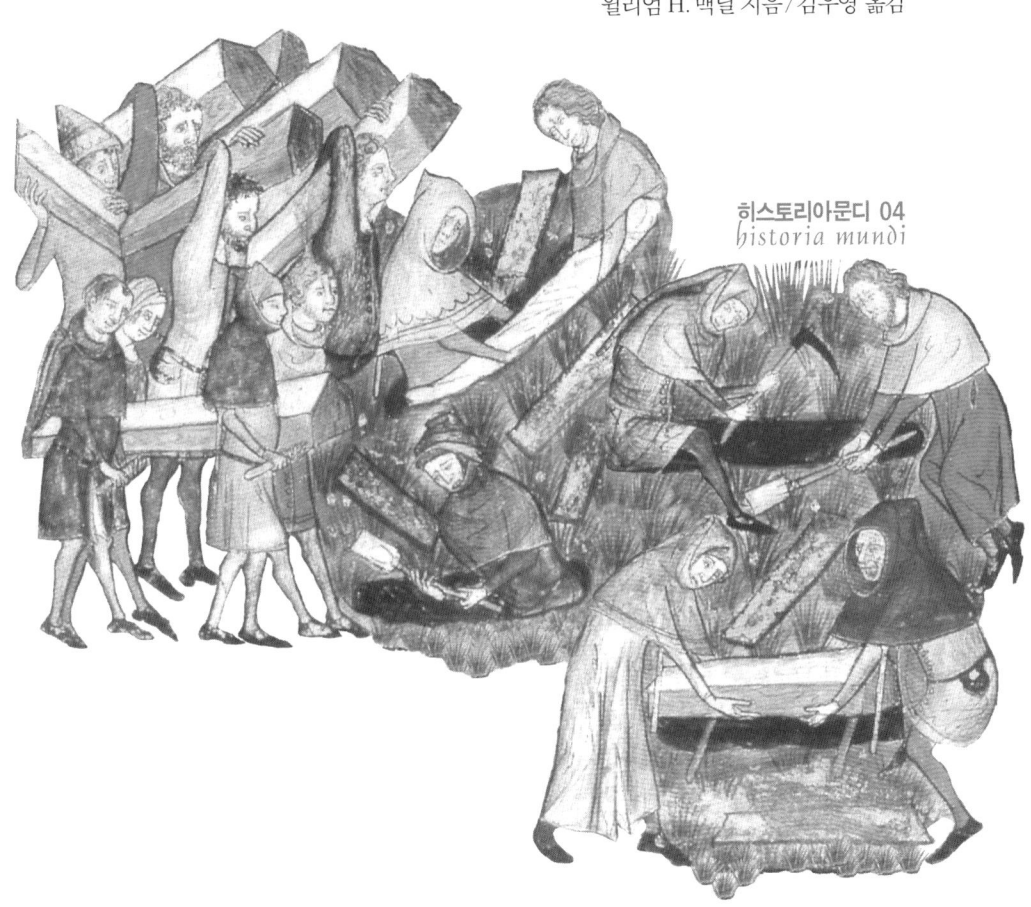

이산

히스토리아 문디 04

전염병의 세계사

2005년 9월 30일 1쇄 발행
2021년 11월 5일 5쇄 발행
지은이 윌리엄 H. 맥닐
옮긴이 김우영
펴낸이 강인황
도서출판 이산
서울특별시 중구 필동로8가길 10
TEL: 334-2847/ FAX: 334-2849
E-mail: yeesan@yeesan.co.kr
등록 1996년 8월 8일 제 2015-000001호
편집 문현숙·이선주
인쇄 한영문화사/제본 한영제책

ISBN 978-89-87608-47-1 04900
KDC 900

가격은 뒤표지에 있습니다. 잘못된 책은 바꿔드립니다.

PLAGUES AND PEOPLES by William H. McNeill
Copyright ⓒ William H. McNeill, 1998
All rights reserved.
Korean translation copyright ⓒ 2005 by Yeesan Publishing Co.
Korean translation rights arranged with Gerard McCauley Agency, Inc. through Eric Yang Agency, Seoul, Korea.

이 책의 한국어판 저작권은 Eric Yang Agency를 통한 Gerard McCauley Agency, Inc.사와의 독점계약으로
도서출판 「이산」에 있습니다. 저작권법에 의해 한국 내에서 보호를 받는 저작물이므로 무단전재와 무단복제를 금합니다.

www.yeesan.co.kr

차례

머리말	7
감사의 말	17
서론	19
1 수렵민으로서의 인류	35
2 역사시대로	55
3 유라시아 대륙 질병상생지간의 교류: B.C. 500~A.D. 1200년	99
4 몽골 제국의 발흥과 질병 균형의 격변: 1200~1500년	169
5 대양을 뛰어넘은 질병의 교환: 1500~1700년	219
6 1700년 이후 의학과 의학조직이 초래한 생태적 영향	255
부록 중국의 전염병 연표(조지프 H. 차 엮음)	311
지은이 주	323
옮긴이의 말	377
찾아보기	381

일러두기

1. 이 책은 William H. McNeill, *Plagues and Peoples* (Anchor Books, 1998)의 완역이다.
2. 외래어는 외래어 표기법에 따라 표기했다.
3. 일련번호가 붙은 주는 모두 지은이 주이며 후주로 처리했다.
4. 본문 중에 방점이 붙은 부분은 원서에서 이탤릭체로 강조한 부분이다.
5. 본문에서 옮긴이의 설명이 필요한 경우, *† 등을 표시하고 해당 페이지 하단에 각주로 처리했다.

머리말

전염병을 다룬 이 책에 왜 에이즈에 관한 언급이 없는지 고개를 갸우뚱할 독자도 더러 있을 것이다. 이유는 간단하다. 그 병이 확인되고 병명이 붙여진 시점이 이 책이 나온 지 약 6년 뒤인 1981~1982년경이기 때문이다. 그 이후 에이즈라는 전염병은, 과거에 발생했던 전염병과 그에 대한 인간의 반응을 다룬 이 책에 독자들이 지속적으로 관심을 갖게 해준 큰 동력이었다. 이제는 이런 엄연한 사실을 인정하고 처음 확인된 순간부터 세간의 이목을 집중시켜온 그 질병에 대해 어느 정도 이야기를 할 때가 된 것 같다.

이 책의 초판이 출간된 후 의료계의 분위기는 상당히 변했다. 1976년 당시 대다수의 의사들은 전염병이 더 이상 인간의 생명을 심각하게 위협하는 세력이 아니라고 믿고 있었다. 그들은 현대의학이 마침내 병원체와의 싸움에서 승리했다고 생각했다. 물론 새로 개발된 항생물질과 비교적 간단한 예방법 및 공중보건제도를 통해 질병을 예방하고 치료하는 작업이 용이해진 것은 사실이다. 세계보건기구(WHO)는 이 책이 출간된 바로 그해(1976)에 지구상에서 천연두를 몰아내는 데 사실상 성공했다. 이에 고무된 낙관론자들은 의료계가 힘을 모아 모든 감염증(感染症)을 철저히 격리시켜 치료하자는 전세계적인 캠페인을 벌인다면 홍역을 비롯한 다른 전염병도 같은 운명에 처할 것이라고 믿어 의

심치 않았다.

　이 책의 끝부분에 나오는 결론(307~10쪽)을 훑어보면 분명히 알 수 있듯이, 나는 의학적 성취에 대한 지나친 낙관론에 동의하지 않는다. 이제 와서 돌이켜보면 1976년에 천연두를 퇴치한 것은 제2차 세계대전 후 전염병으로 인한 사망을 줄여보고자 노력해왔던 세계보건기구가 올린 최대의 성과였다. 하지만 그 후 전염성 유기체들의 반격이 시작되었다. 에이즈의 출현은 그 과정에서 처음으로 나타난 주목할 만한 중대사건이다. 그리고 에이즈를 일으키는 인간면역결핍 바이러스, 즉 HIV-1 바이러스를 발견했음에도 불구하고 애초의 예상과는 달리 아직까지 이렇다 할 치료법이 나오지 않고 있다.

　20세기 들어 의학은 우리 몸에 기생하는 미생물들을 물리치는 데 성공했지만, 그 결과 오랫동안 유지되던 인간숙주와 병원체 사이의 균형이 완전히 무너져버렸다. 이런 현실을 보여주는 두 번째 징후, 하지만 여러 면에서 더 의미심장한 징후는 말라리아나 결핵을 비롯한 낯익은 전염병의 변종들이 발달한 것이다. 20세기가 끝나가는 무렵에 전염병들이 인간의 생명을 좌우하던 종래의 파괴력을 회복하면서 되살아나고 있는 것이다. 의학자들은 자신들이 전염병을 퇴치하는 데 깊이 개입할수록 병원체들도 끊임없이 쏟아지는 화학적 처방에 내성을 키우는 방향으로 생물학적 진화를 재촉한다는 예기치 못한 결과를 인식하게 되었다.

　그동안 나는 숙주와 기생생물의 오래된 균형이 인간의, 그리고 모든 다세포 생물의 생명에 내재하는 본질적 특성이라는 이 책의 결론이 에이즈의 출현뿐 아니라 저항력이 강한 기존 전염병의 변종들이 등장하는 배경을 충분히 설명할 수 있다고 생각해왔다. 사실 아직까지 이 견해에는 변함이 없으며, 그래서 나는 이 책의 결론부분을 조금도 수정하지 않았다. 그동안 에이즈에 관해 분명한 입장을 밝히지 않았던 또 다른 이유는 그것의 기원과 전파에 대한 정확한 정보를 찾을 수 없었기 때문이다. 지금도 사정이 크게 달라진 것은 아니지만, 시간이 흐르면서 몇 가지 이론이 세워졌고 에이즈라는 전염병이 미국 및 세계 각지에 얼마 만한 규모로 퍼져 있는지를 보여주는 통계수치도 나왔다. 그래서 나는 에이즈에 관한 몇 가지 관찰결과를 간략히 소개하고, 이 병의 양상이 우리에게 친숙한 생태학적·사회학적 패턴과 일치한다는 점을 지적하고자 한다.

우선 에이즈의 기원부터 살펴보자. 1980년대에 에이즈가 처음 발견되었을 때, 의사들은 HIV-1 감염에 대응하는 손쉬운 치료법이 곧 개발될 것으로 기대했다. 때마침 아프리카 원숭이의 한 종에서 HIV-1과 관련된 것으로 보이는 바이러스가 발견되었다. 학자들은 이 바이러스가 원숭이에서 인간으로 숙주를 바꾸는 과정에서 최근에 일으킨 질병이 바로 에이즈라는 의견을 내놓았다. 곧이어 이 바이러스는 아프리카에서 아이티를 거쳐 미국으로 전파된 것이라는 주장이 제기되었고, 이로써 에이즈의 출현과 확산이 그럴듯하게 설명되는 것 같았다.

그러나 이 이론에는 몇 가지 난점이 있었다. 아프리카의 원숭이들 사이에 존재하는 바이러스는 비교적 독성이 약한 HIV-2의 형태에 해당하는 것이었다. 하지만 에이즈를 일으키는 HIV-1 바이러스는, HIV-2와 세부적인 구조가 전혀 달랐기 때문에 일부 아프리카 원숭이와 인간에게 나타나는 감염증의 형태로부터 최근에 파생된 것으로 보기는 어려웠다. 이 점을 고려한 크로아티아 출신의 저명한 의학사가 미르코 그르메크[1]는 1989년, 에이즈가 유구한 역사를 지닌 인간의 감염증으로 지구상에 널리 퍼져 있었지만, 환자들의 증상이 매우 다양하고 그리 자주 발생하지 않아서 의학적인 관심을 끌지 못했을 뿐이라는 주장을 제기했다. 그르메크에 따르면 한편으로는 의학상의 변화가, 다른 한편으로는 인간 행동양식의 변화가 에이즈를 전염병으로 출현시킨 배경이었다.

　지난 50여 년 동안 발달해온 분자생물학의 기법이 없었다면, 우리는 아직까지 HIV-1 바이러스를 확인하지 못했을 것이 분명하다. 그렇지만 나중에 에이즈와 관련이 있다고 인정하게 된 증상들은 1868년 이른바 카포시육종*이 빈에서 진단되고 명명되었을 때 이미 관찰되었다고 할 수 있다. 또 1930년대부터는 생소한 감염증에 직면한 의사들이 앞으로 과학이 발달하면 수수께끼가 풀리기를 희망하면서 조직 샘플을 보관해두기도 했는데, 그런 조직을 분석한 결과 에이즈가 최초로 인식되기 수십 년 전에 이미 HIV 감염이 존재했다는 사실을 알게 되었다.

　그러나 HIV-1이 인간을 오랫동안 감염시켜왔다는 가장 설득력 있는 증거라고 할 수 있는 것은, 지구 곳곳의 인간집단들에게 서로 다른 바이러스와 그 변종이 존재하며 이 개체들이 유전자의 재조합을 통해 전지구적으로 진화하고 있다는 사실이다. 다시 말해 토착적인 변종이 뒤섞이면서 생명력이 강한 튼튼한 바이러스는 증식하고 생명력이 약한 변종은 도태되고 있다는 사실이다. 1980년대에 주목받게 된 에이즈 발생 자체도 오래된 바이러스 변종의 재조합으로 인해 기존의 바이러스로부터 HIV-1이라는 새로운 바이러스가 태어나면서 빚어진 현상일지 모른다. 물론 현단계에서는 아무런 확신도 할 수 없지만, HIV가 아프리카의 보균자한테서 근래에 전이되었다는 설은 더 이상 설득력이 없다.

　먼 과거에서부터 HIV 바이러스들이 어떤 경로를 거쳐 왔든, 1970년대에 에이즈가 돌발한 것은 인간의 행동양식이 숙주 간의 바이러스 전파를 용이하게 해주는 방향으로 변화해온 사실과 무관하지 않다. 그러한 변화 가운데 하나는 미국 및 세계 각지에서 동성애자의 인권이

---

* 피부에 검붉은 반점이나 결절이 생기는 희귀한 병으로, 에이즈 환자에게 흔히 나타난다.

옹호되면서 그들 사이의 무분별한 성관계가 증가했다는 것이다. 두 번째 요인은 1970년대부터 값싼 플라스틱 주사기가 나오면서 헤로인을 비롯한 향정신성 의약품을 정맥에 주사하는 일이 늘어났다는 점이다. 이런 행위들이 일반화되면서 HIV 바이러스는 예전에 비해 훨씬 쉽게 전파될 수 있었다. 과거에는 바이러스가 새로운 숙주의 혈관으로 직접 침투할 수 있는 기회가 극히 제한적이었기 때문에 감염되는 경우가 드물었던 것이다. 지난날 HIV 감염의 사슬이 산발적이고 불안정한 상태에서 그나마 명맥을 유지할 수 있었던 것은, 치명적인 후천성 질병(곧 에이즈)에 감염되었다 하더라도 숙주들이 사망하기까지는 오랜 시간이 걸렸기 때문이다. 그러나 감염된 개인들이 주사기를 사용하고 무절제한 성관계를 맺음으로써 감염자로부터 새로운 숙주로 바이러스가 전이될 기회가 갑자기 많아졌고, 그 결과는 실로 엄청났다.

예를 들어 샌프란시스코의 게이들한테서 수집한 혈액 샘플을 재분석했을 때, 에이즈가 진단되기 전인 1978년에는 4.8%만이 HIV 양성 반응을 보였다. 그러나 6년 후에는 그 수치가 73.1%로 증가했다.[2] 그 무렵 에이즈의 감염경로도 밝혀졌다. 그 후 샌프란시스코 동성애 공동체의 성관습은 급격히 바뀌었고, 게이들 사이의 감염률도 더 이상 증가하지 않았지만, 이는 어디까지나 혈액 샘플 분석을 통해 게이의 대부분이 에이즈에 감염되었다는 사실이 밝혀진 뒤의 일이었다. 나는 정맥에 마약을 주사하는 자들에 관한 통계수치를 접하지 못했지만, 그들의 무모한 행동은 지금도 계속되고 있으리라 짐작된다. 미래에 어떻게 될지 생각조차 하지 않고 '마약'의 순간적인 쾌락에 탐닉하는 자들이, 언젠가 에이즈로 사망할지도 모른다는 두려움 때문에 자신의 행동을 자제하기는 어려울 것 같다.

하지만 미국사회 전체를 볼 때 에이즈의 전파경로가 밝혀지게 되면서 확실히 무절제한 성관계가 줄어들었고 마약주사도 매력을 상실하게 되었다. 그러므로 이 질병의 미래상은 사람들이 어떻게 행동하느냐에 따라 달라질 것임에 틀림없다. 앞으로는 몇몇 무모한 개인만이 에이즈의 위험에 노출될 것이다. 성문제뿐 아니라 어떤 문제에서도 자신에게 불행이 닥칠 리 없다고 맹신하는 부유층 젊은이들과, HIV 감염을 막아줄 사전조치에 신경을 쓰기에는 너무 무지하고 자신이나 타인이 어떻게 되든 전혀 개의치 않는 떠돌이 빈민층, 그 사회적 양극에 에이즈가 집중될 가능성이 크다. 과거 매독이 유행했을 때도 그러한 현상이 나타났으며, 오늘날 미국을 비롯한 많은 사회에서 에이즈와 관련해 이와 비슷한 현상이 일어나고 있다. 만약 그렇다면 이 병은 매독과 마찬가지로 일부 집단에만 국한되어, 사회 전체의 인구동태에 두드러진 영향을 미치지는 않을 것이다.

그러나 에이즈가 전반적으로 만연해 있는 사하라 사막 이남의 아프리카 일부 지역은 사정이 다르다. 물론 믿을 만한 통계가 없는데다 혈액 샘플이 주로 도시지역에서 수집되었기 때문에 에이즈의 감염 정도가 과장되었을 수도 있다. 다른 지역과 마찬가지로 아프리카에서도 에이즈는 신종 질병이며, 농촌인구가 도시 빈민가로 대량 유입되면서 매춘인구가 증가한 것이 에이즈가 만연하게 된 배후요인일 것이다. 이런 변화가 남녀 모두에게 영향을 미치고 동성애와는 무관하다는 점에서, 아프리카에서 나타나는 에이즈의 여파는 미국의 경우와 다르다. 그렇다고 해서 인간 행동양식의 변화와 전세계적인 HIV-1의 진화로 인해 이 병이 억제되지 않을 것이라고 단정하기는 아직 이르다. 적어도 지금까지 나온 아프리카의 공식 인구집계에 따르면, 에이즈가 인구동태에 뚜렷한 영향을 미치지는 않았다. 최근에 둔화되긴 했지만 아프리카의 인구성장률은 다른 대륙에 비해 여전히 높다. 또한 지난날과 같이 질병으로 인한 재난은 아직까지 발생하지 않았다. 하지만 HIV-1 감염자가 에이즈로 사망하기까지는 오랜 시일이 걸린다는 점을 감안할 때,

아프리카에서 에이즈라는 전염병이 통계학적으로 어느 정도 영향을 미치는 중요한 요소가 될지는 아무도 장담할 수 없다.

HIV-1 바이러스가 널리 퍼져 있다고 생각되는 태국 같은 나라에서도 아직은 모든 것이 불확실하며, 세계적인 차원에서 에이즈의 장래를 예측하기는 더욱 어렵다. 다만 지금까지 에이즈는 유럽 전역을 쑥대밭으로 만들었던 흑사병이나, 아메리카 인디언 및 기타 고립된 민족들을 파괴했던 질병들에 견줄 만한 피해를 주지는 않았다.

효과가 뛰어난 에이즈 치료제가 개발된다면 상황은 물론 바뀔 것이다. 지금까지 나온 화학치료제는 환자의 수명을 연장시킬 뿐 에이즈를 근본적으로 치료하지는 못했다. 한편 HIV-1 바이러스 자체는 화학치료제의 공격에 대응하는 과정을 통해, 그리고 세계 각지에서 유래한 다양한 변종이 상호작용하는 과정을 통해 변화를 거듭하고 있는데, 우리는 이런 변화를 일부만 알고 있을 뿐이다.

항공여행의 확산은 비단 HIV-1뿐 아니라 인간과 동식물에게 나타나는 그 밖의 모든 감염증과 질병의 균질화과정을 더욱 촉진한다. 이는 새롭게 등장하는 강력한 형태의 감염증을 순식간에 지구 곳곳에 확산시킨다는 것을 의미한다. 그 전형적인 사례가 거의 매년 새로운 변종으로 진화하는 인플루엔자 바이러스이다. 다른 미확인 바이러스들도 끊임없이 우리를 괴롭히고 있다. 인간과 기타 동식물을 감염시키는 질병은 유난히 빠른 속도로 진화한다. 이는 인간의 행동양식이 변하면서 다양한 변종의 미생물이 교배할 수 있는 여건을 마련해주기 때문이다. 반면에 끊임없이 개발되는 신약과 살충제는 병원체의 생존을 심각하게 위협한다.

물론 에이즈가 인간의 생명을 위협하는 유일한 감염증은 아니다. 장기적인 관점에서 보면 결국에는 숙주와 기생체가 서로를 수용하는 방향으로 생태적 균형이 이루어질 것이다. 이는 독성이 강한 세균 대신

치사율이 낮은 변종과 만성질환의 비중이 높아지면서 유행성 감염증이 풍토병으로 정착되는 경향을 통해서 알 수 있다.

동식물도 우리처럼 질병의 균질화과정을 겪는다. 그 중에서도 눈부시게 발달한 운송수단으로 인해 지금까지 겪어보지 못한 각종 질병에 노출되는 토착 야생동물이 가장 위험하다. 주로 인간의 활동에 기인하는 서식지의 변화도 야생 동식물에게 영향을 미친다. 전반적인 결과는 개별 종의 멸종으로 나타나며, 장기적인 파급효과는 예측조차 할 수 없다.

요컨대 오늘날 유기체의 진화는 인간이 자연생태계를 교란시킨 탓에 빠른 속도로 진행되고 있다. 인간이 감염성 질병에 노출되는 양상도 급변하고 있는데, 이는 생태적 관계가 폭넓게 조정·재조정되는 과정의 일부이며, 미래의 궤적은 여전히 신비의 영역으로 남아 있다. 결국 생물학적 진화는 인간이 자연의 섭리에 개입함에 따라—한편으로는 현대과학에 이끌려, 다른 한편으로는 폭발적인 인구증가에 쫓겨—역사상 유례없이 가속화되었다고 볼 수 있다.

어떤 점에서 인간이 환경에 개입하기 시작한 것은 인류의 역사만큼이나 오래된 일이다. 우리의 먼 조상들도 언어로 표현되는 공유된 의미체계에 따라 분명한 의도를 갖고 신중하고도 일사불란하게 자연환경을 변화시켰다. 그러나 현대의 과학과 기술은 [석유나 석탄 같은 유기 에너지원이 아닌] 무기 에너지원을 개발함으로써 경쟁관계에 있는 생명체들 사이의 자연적인 균형을 바꿔놓을 수 있을 정도로 인간의 능력을 엄청나게 신장시켰다. 로베르트 코흐가 처음으로 콜레라균을 확인한 1884년부터 세계보건기구가 천연두 퇴치에 성공한 1976년까지, 인간이 전염병을 정복해온 것처럼 보였던 것은 인류의 역사보다 장구한 생태적 균형을 가장 극심하게 어지럽힌 결과였다. 그럼에도 불구하고 감염성 질병이 되살아난다는 것은 제아무리 입맛에 맞게 환경을 바꾸고 다른 종들을 몰아낸다 하더라도 생명이라는 그물에 걸려서 영원히 빠져 나올 수 없는 것이 인간의 숙명이라는 사실을 생생히 보여준다.

  이 책은 자연의 균형을 일부 개조하는 인간의 유별난 능력과 그런 능력을 제약하는 요인을 탐구하고 있다. 이 책이 출판된 후에 발생한 어떤 상황도 이 책을 전반적인 논지와 모순된 것은 없었다. 인간은 지구생태계의 일원으로서 다양한 동식물을 포식하며 먹이사슬에 참여하는 동시에 각양각색의 기생생물에게 풍부한 먹이의 장이 되는 인체를 제공한다. 우리의 지식과 행동에 변화가 생기면 질병이 발생하는 양태와 우리가 섭취하는 음식의 종류도 바뀔 것이다. 그러나 지구 생태계에 어떤 변화가 일어난다 하더라도, 인간의 생명을 규정하는 근본적인 조건은 변하지 않을 것이다.

  이 책은 인간숙주와 병원체 사이의 균형을 변화시킨 주목할 만한 역사적 사건들을 탐색한다. 이런 종류의 극적인 이야기가 정치사와 문화사에 매우 중요하다는 것을 사람들은 이제야 폭넓게 이해하기 시작했다. 그러므로 나는 독자들이 20여 년 전에 쓰인 이 책을 읽고, 전염병이 우리 선조들의 삶에 어떤 영향을 미쳤는지 스스로 가늠해보기를 권하는 바이다.

1997년 3월 15일
윌리엄 H. 맥닐

감사의 말

나는 1974년 봄과 여름에 이 책의 원고를 썼고 이듬해 봄에 교정을 했다. 그 동안 내가 쓴 초고를 읽어본 각 방면의 전문학자들이 건설적인 비판을 해주었다. 알렉상드르 베닝센, 제임스 보먼, 프랜시스 블랙, 존 Z. 바우어스, 제롬 바일빌, 워릭 코플슨, 앨프레드 W. 크로즈비, 필립 커틴, 앨런 디버스, 로버트 포걸, 빙디 허, 러번 쿤키, 찰스 레슬리, 조지 르로이, 스튜어트 래그랜드, 도널드 롤리, 울라프 K. 스킨스네스, H. 버 슈타인바흐, 존 우즈 등이 그들이다. 또한 1975년 5월에 열린 미국의학사학회 모임의 분과토론에서 솔 자코, 바버라 G. 로젠크란츠, 존 더피, 귄터 B. 리세 등이 각자 읽어본 부분에 대해 논평을 해주어서 원고를 다듬는 데 도움이 되었다. 같은 해 가을에는 바버라 도드웰이 이 책의 4장을 살펴보았고, 휴 스코진이 중국 관련자료를 검토해주었다. 이를 통해 두 사람은 흑사병의 전파에 대해 내가 잘못 이해하고 있던 것을 바로잡아 주었는데, 덕분에 마지막 순간에 적절한 수정을 할 수 있어 참으로 다행이었다.

이런 우여곡절은 내가 이 책에서 주장하고 제안한 것들이 얼마나 불확실한 것인지를 단적으로 보여준다. 역학적(疫學的) 지식을 갖춘 연구자들이 중국을 비롯한 여러 나라의 고대문헌을 본격적으로 탐구해 가시적인 성과를 축적하기 전까지, 이 책의 내용은 불완전한 상태에 머물 수밖에 없을 것이다. 각 분야 전문가들의 충고 덕분에 초고의 세세한 부분을 적지 않게 수정했고 몇 가지 어리석은 실수도 바로잡을 수 있었지만, 그래도 잘못된 부분이 남아 있다면 이는 전적으로 나의 책임임을 밝혀둔다.

내가 대학의 일상적인 업무에서 벗어나 여유 있게 이 책을 마무리할 수 있었던 것은 조시아 메이시 재단의 재정지원에 힘입은 바 크다. 또한 에드워드 테너 박사는 유럽의 여러 언어로 쓰인 각종 자료를 조사해주었으며, 조지프 차 박사는 나를 위해 중국과 일본의 문헌들을 고증하고 이 책에 부록으로 실려 있는 중국의 전염병 연표를 작성해주었다. 이들의 도움이 없었다면 나의 작업은 더 오랜 시간이 걸렸을 것이며, 특히 극동에 대한 내용은 극히 피상적인 수준에 머물렀을 것이다. 끝으로 원고를 정확하고 빠르게 두 번이나 타이핑해준 마니 베그티와, 정곡을 찌르는 질문들을 제기해 원고의 완성도를 높일 수 있도록 도와준 더블데이 출판그룹 산하 앵커 출판사의 찰스 프리스터 씨도 언급해야 마땅할 것이다.

이 책이 태어나기까지 도와주신 모든 분들께 진심으로 감사드린다.

1975년 12월 15일
윌리엄 H. 맥닐

서론

이 책을 쓰게 된 동기

약 20년 전에 나는 『서양의 발흥: 인간공동체의 역사』(*The Rise of the West: A History of the Human Community*)를 쓰기 위해 문헌을 조사하다가 우연히 스페인의 멕시코 정복에 관한 자료를 접하게 되었다. 누구나 알고 있듯이 코르테스는 600명도 채 안되는 병력으로 인구가 수백만 명에 달하는 아스테카 제국을 정복했다. 그렇게 적은 숫자로 어떻게 승리할 수 있었을까? 도대체 어떻게 된 일일까? 그때까지 제시된 설명들로는 충분히 납득이 되지 않았다. 처음에는 몬테수마[1480~1520. 아스테카 왕국 최후의 왕]와 그 신하들이 스페인 사람들을 신이라고 믿었을지 몰라도 직접 상대해본 뒤에는 그렇지 않다는 사실을 간파했을 것이다. 또 처음 본 말과 화기(火器)는 놀라움과 공포의 대상이었겠지만 무력충돌이 시작된 후에는 스페인군이 사용하는 군마나 총포의 위력이 그다지 대단치 않다는 사실을 곧 알게 되었을 것이다. 멕시코 인디언들 사이에서 협력자들을 찾아내고 이들을 규합해 아스텍인과 싸우도록 유도한 코르테스의 수완도 분명 한몫했겠지만, 그와 내통한 인디언 동맹군 대부분이 스페인 편에 붙은 것은 코르테스의 승산이 충분히 예상된 뒤의 일이었다.

　멕시코 정복에 얽힌 이 놀라운 이야기와 이에 못지않게 경이로운 피사로의 잉카 제국 정복기는 더 큰 수수께끼의 일부에 지나지 않는다. 바다를 건너 신대륙까지 원정할 수 있었던 스페인 사람의 수는 그리 많지 않았으나, 이들은 수적으로 훨씬 우세했던 아메리카 인디언들에게 자신들의 문화를 이식하는 데 성공했다. 유럽 문명이 지닌 매력이나 스페인이 보유한 기술적 우위 같은 요인만으로 원주민들이 오래전부터 고수해온 생활방식이나 신앙을 송두리째 저버리게 한 까닭을 설명하기에는 아무래도 미흡하다. 멕시코와 페루의 전통적인 종교가 흔적도 없이 사라진 이유는 무엇일까? 왜 그들은 아득한 옛날부터 자신들의 땅에 풍요를 안겨주었던 여러 신과 의례를 고수하지 않았을까? 그리스도교 선교사들의 열성적인 전도와 그리스도교 교리나 신앙의 내적 호소력만으로는 당시의 상황을 제대로 설명할 수 없을 것 같다. 물론 선교사들의 입장에서 볼 때 그리스도교 진리의 절대성은 명명백백하기 때문에 수백만의 원주민을 개종시키는 데 성공한 것은 굳이 설명할 필요조차 없었을 것이다.

　이런 의문들에 어떻게 답해야 할지 고민하던 나는 코르테스의 정복에 대해 설명하고 있는 어떤 문헌—이것을 어디서 봤는지는 잊어버렸다—에서 저자가 무심결에 내뱉은 듯한 말 한마디로부터 해결의 실마리를 찾았다. 이것을 근거로 삼아 나는 새로운 가설을 세웠는데, 그것에 관해 심사숙고하고 그것이 시사하는 바를 따져보는 과정에서 가설은 점차 개연성과 의미를 확보하게 되었다. 아스텍인들이 코르테스와 그의 부하들을 잉카에서 몰아낸 뒤 넉 달 동안 천연두가 창궐하여, 코르테스에 대한 공격을 주도했던 지휘관을 비롯해 많은 사람이 죽었다. 천연두를 처음 경험한 아스텍인들은 전염병의 공포 앞에 속수무책이었다. 그들은 천연두에 대해 유전적 또는 후천적 면역력이 전혀 없었으므로 질병이 발생한 초기에 인구의 25~30%가 사망한 것으로 보인다.

　더구나 그 질병이 원주민만을 죽이고 스페인인에게는 아무런 피해도 주지 않았던 사실이 던지는 심리적 파장도 만만치 않았을 것이다. 그런 일방적인 현상은 초자연적으로밖에 설명할 수 없었을 것이며, 전투를 벌이는 양자 중 어느 쪽이 신의 은총을 받고 있는지는 너무나 명백했다. 스페인인이 숭배하는 신의 우월성이 유감없이 입증된 마당에 전통적인 원주민의 신들을 중심으로 조직된 종교·사제단·생활양식이 존속되기는 어려웠을 것이다. 그렇다면 원주민들이 그리스도교를 받아들이고 스페인의 지배에 순순히 복종하게 된 것은 필연적인 결과라고 볼 수도 있다. 그들은 신이 정복자들의 편에 서 있다는 사실을 깨달았고, 그 후로도 감염성 질병이 유럽이나 아프리카에서 유입되어 폭발적으로 유행할 때마다 그러한 교훈을 재인식하게 되었다.

　이처럼 감염성 질병이 원주민에게만 일방적으로 피해를 주었다는 사실은 스페인이 아메리카를 군사적·문화적으로 정복하는 과정이 비교적 순탄했던 이유를 설명해주는 열쇠다. 그러나 이 가설은 곧 몇 가지 다른 의문을 낳았다. 스페인인은 언제 어떻게 천연두를 경험했기에 신세계에서 전염병의 유행으로 덕을 볼 수 있었을까? 스페인군을 대량 살육할 수 있는 독특한 질병이 아메리카 인디언에게 없었던 이유는 무엇일까? 이런 질문에 잠정적으로나마 답하려고 궁리하다 보니, 역사가들이 지금까지 관심을 기울이지 않았던 역사의 숨겨진 차원이 드러나기 시작했다. 그것은 바로 인류가 감염증과 상호 작용해온 역사로서, 질병의 지배영역을 뛰어넘는 접촉을 통해 미지의 전염병이 전혀 면역력을 갖추지 못한 집단을 침범했을 때마다 나타났던 가공할 만한 영향력을 보여준다.

　이런 관점에서 바로보니, 16~17세기에 아메리카 대륙에서 일어났던 일들과 매우 비슷한 현상이 세계사에서 몇 번씩이나 발생했다는 사실이 눈에 들어왔다. 이 책은 인류와 전염병의 운명적인 만남을 개관하고자 한다. 전통적인 역사연구에서 별로 주목받지 못했던 사건들이 이 책의 설명에서는 큰 비중을 차지하기 때문에, 독자들은 내가 내린 결론에 당황스러워할지도 모르겠다. 남아 있는 과거의 기록을 고증하는 데 주력해온 대다수의 박학한 학자들은 질병의 유형에 중대한 변화가 생겼을 가능성에 전혀 주의를 기울이지 않았기 때문이다.

낯선 전염병이 특정 집단을 처음 공격했을 때 어떤 사태가 벌어질 수 있는지를 생생히 보여주는 두 가지 사례가 아직도 유럽인들의 뇌리에서 사라지지 않고 있다. 그 대표적인 예는 14세기의 흑사병이고, 다음이 19세기의 콜레라 유행이다. 콜레라는 흑사병에 비해 덜 파멸적이었지만 근래에 발생한 전염병이었기 때문에 관련 기록과 자료가 상당히 남아 있다. 하지만 역사가들은 이런 사례들이 굉장히 중요한 역학적 대사건으로서 보편적인 문제에 속한다는 사실을 인식하지 못했다. 그것은 새로운 질병과 접촉했을 때 나타났던 재앙들이 기억의 저편 머나먼 과거 속에 파묻혀 있는데다 기록도 불완전한 탓에, 실제로 발생했던 사태의 규모나 의미를 간과해버리기 쉬웠기 때문이다.

오래된 기록의 가치를 판단할 때 역사가들은 당연히 전염병에 대한 자신의 체험에 크게 좌우된다. 질병을 많이 경험한 덕분에 높은 수준의 면역력을 지니고 있어서 웬만한 전염병의 발생에는 끄떡도 않는 사람들 틈에서 살고 있는 역사학자들은, 제아무리 비판적인 안목을 갖추고 있다 하더라도 전염병으로 인해 수많은 사람들이 사망했다는 기록을 접하면 이를 과장된 것이라고 평가절하하기 십상이다. 지금까지 역사가들이 전염병이라는 주제 자체를 제대로 다루지 못했던 것은 이미 전염병에 노출된 적이 있는 집단에 다시 전염병이 발생하는 경우와, 후천적인 면역력이 없는 집단에 같은 전염병이 유행하는 경우 그 결과는 천양지차라는 사실을 이해하지 못한 소치이다. 전염병이란 근대의

학이 탄생하기 이전 유럽에 존재했던 것처럼 오랜 옛날부터 언제 어디서나 존재해왔다고 가정해버리면, 전염병에 대해 논의해야 할 하등의 이유가 없어진다. 이런 이유에서 역사가들은 코르테스의 승리와 관련된 설명에서 볼 수 있는 것처럼 전염병에 대해서는 잠깐 언급하고 넘어가 버린다.

전염병의 역사는 단지 그것이 거기에 있다는 이유만으로 본질적으로 무의미한 테마를 부지런히 기록하며 기쁨을 찾는 호사적인 고증가의 영역이 되어버렸다. 그러나 흑사병은 엄연한 역사적 사실이며, 군대에서 돌발한 질병이 전력에 막대한 차질을 빚고 심지어 전쟁의 승패를 좌우하기도 했던 사례는 수없이 많다. 이와 같은 역사적 일화들은 결코 무시되어서는 안된다. 그러나 그런 전염병의 예측 불가능성이 많은 역사가의 심기를 불편하게 했다. 인간은 누구나 인류의 경험에 의미를 부여하고자 한다. 그래서 역사가는 과거의 여러 사건을 통해 예견할 수 있고 정의할 수 있으며 때로는 통제할 수 있는 요소를 특별히 집어내서 만인 공통의 욕구에 부응하려 한다. 그러나 전시든 평상시든 결정적인 영향력을 행사했던 전염병은 누구나 이해할 수 있도록 과거를 설명하려는 역사가들의 노력에 찬물을 끼얹게 마련이다. 그래서 역사가들은 그런 일화들을 과소평가해버리게 된 것이다.

물론 예외적인 인물이 없었던 것은 아니다. 이를테면 미생물학자 한스 진서는 감염증이 중대한 결과를 초래했던 역사적 사례를 제시해 역사학계의 풍토에 이의를 제기했다. 진서의 탁월한 저서 『쥐와 이, 그리고 역사』(Rats, Lice and History)는 발진티푸스의 창궐 때문에 국왕이나 장군들이 애써 수립한 계획들이 수포로 돌아간 과정을 생생히 묘사하고 있다. 그러나 이런 책들도 질병체험을 인류의 역사라는 커다란 밑그림 속에 위치시키려고 노력하지는 않았다. 진서 같은 이단아들 역시 보통의 역사가와 마찬가지로 감염성 질병은 여전히 우연히 발생해 재난을 안겨주는, 돌발적이고 예측 불가능한 역사법칙의 중단이고 근본적으로 역사학적 설명을 벗어난 현상이라고 생각한다. 이런 인식 탓에 과거를 해명하는 일을 본업으로 삼고 있는 진지한 전문 역사학자들은 전염병에 별다른 흥미를 느끼지 못했다.

이 책은 다양하게 변화하는 질병의 전파유형이 고대부터 오늘날에 이르기까지 인간사에 어떤 영향을 미쳐왔는지 보여줌으로써 전염병의 역사를 역사학적인 설명의 장으로 끌어들이고자 한다. 나의 제안이나 추론은 대부분 가설에 지나지 않는다. 내가 이 책에서 주장한 바를 확인하거나 수정하기 위해서는 먼저 난해한 각종 언어를 해독할 수 있는 전문가들에 의해 고대문헌의 신중한 검토가 이루어져야 할 것이다. 이런 학문적인 작업은 검증 및 비판의 대상을 요하는데, 내가 제시한 견해나 추론이 이런 목적에 사용된다면 더 바랄 나위가 없겠다. 또한 이 책이 인류의 과거를 바라보는 종래의 사고방식에는 빈틈이 많다는 사실에 일반 독자들의 주의를 환기시키는 역할을 했으면 한다.

내가 앞으로 밝힐 구체적인 사항에 대해서는 의견이 분분할 수도 있지만, 자연계의 균형 안에서 끊임없이 변화해온 인류의 위상을 포괄적으로 인식하는 것이 역사를 제대로 이해하는 첫걸음이라는 점이나, 생태적 균형에서 감염증이 차지하는 비중은 예나 지금이나 대단히 크다는 사실에 대해서는 누구든지 동의할 것이다.

몇 가지 주요 개념

본격적인 논의에 앞서 기생, 질병, 악성 전염병 및 그와 관련된 개념들에 대해 간단히 언급하고 넘어가는 것이 독자들의 혼란을 막는 데 도움이 될 것 같다.

질병과 기생이라는 현상은 모든 생물계 전반에 걸쳐 중요한 역할을 한다. 한 생물체가 먹이찾기에 성공한다는 것은 숙주의 입장에서 보면 유해한 감염이나 발병을 의미한다. 모든 동물은 다른 생물체를 먹고살며, 인간도 예외는 아니다. 먹을거리를 발견하는 문제와 이를 해결하기 위해 인류공동체가 시도해온 다양한 방식은 경제사에서 흔히 다루어지는 주제이다. 인간은 오래전부터 사자나 늑대 같은 포식동물을 두려워하지 않았기 때문에, 다른 생물체의 먹이가 되는 운명에서 벗어나는 문제는 우리에게 낯설기조차 하다. 그렇다 하더라도 인간의 삶은 병원균의 미시기생과 대형 포식동물─대표적인 예는 다른 집단의 인간이다─의 거시기생 사이에서 불안정한 균형을 이루고 있었다고 해도 과언이 아니다.

미시기생생물은 바이러스·박테리아·다세포생물 등의 미생물로, 자신들의 생명을 유지하기에 적합한 인체의 조직에서 먹이를 얻는다. 일부 미시기생생물은 숙주에게 치명적인 병을 일으켜 짧은 시간 내에 죽이기도 하지만, 숙주의 체내에 면역반응을 생성시켜 역으로 자신이 죽기도 한다. 때로는 질병을 유발하는 병원균이 특정한 숙주의 체내에 머물러 있을 뿐 별다른 피해를 주지 않는 경우도 있는데, 이때 숙주는 보균자가 되어 다른 사람을 감염시킬 수 있다. 반면에 숙주인 인간과 더욱 안정된 관계를 맺는 미시기생생물도 있다. 이런 병원균들은 물론 숙주의 인체 에너지를 빼앗아 가지만, 그들의 존재로 인해 통상의 생체기능에 이상이 생기는 것은 아니다.

거시기생생물의 행동 역시 다양하다. 사람이나 다른 동물을 포식하는 사자나 늑대처럼 곧바로 숙주의 생명을 앗아가는 경우도 있으나, 숙주를 무한정 살려두는 경우도 있다.

오랜 옛날부터 수렵인인 인류는 경쟁상대인 다른 포식동물을 능가하는 기술과 위력을 지니고 있었다. 덕분에 인류는 다른 육식동물에게 잡아먹힐 위험에서 벗어나 먹이사슬의 정상에 우뚝 섰다. 그러나 이후 오랜 기간에 걸쳐 다른 공동체에 속한 인간들이 서로를 잡아먹는 식인풍습이 만연했던 것으로 보인다. 이것은 싸움에서 승리한 수렵인들이 사자나 늑대무리와 같은 수준의 존재였다는 것을 의미한다.

이후 일부 공동체에서 식량생산이 생활방식으로 정착되자, 완화된 형태의 거시기생이 가능해졌다. 정복자는 생산자들로부터 식량을 수탈해 소비함으로써 일하는 자들에게 의존하는 새로운 종류의 기생체가 된 것이다. 특히 비옥한 지역에서는 인간들 사이의 거시기생현상이 비교적 안정된 형태로 정립되기에 이르렀다. 사실 인류 최초의 문명은 복속한 공동체로부터 수확물의 일부만 수탈하고 그 공동체가 한 해 내지 일정기간 동안 생존하는 데 충분한 양을 남겨두는 방식이 가능해졌을 때 성립되었다. 하지만 초기단계의 문명을 지탱하던 거시기생은 노골적으로 가혹했다. 도시와 농촌의 상호부조가 중시되면서 조세와 지대에 대한 일방적인 착취가 점차 줄어든 것은 한참 뒤의 일이었다. 초창기의 농민들은 왕과 사제들 및 도시의 기식자들을 먹여 살리느라 등골이 휘었지만 식량을 제공한 대가는 거의 받지 못했다. 기껏해야 흉포한 외부의 약탈자들로부터 보호받는 정도였는데, 그 보호도 그다지 미더운 것은 아니었다.

문명사를 떠받쳐 온 먹이와 기생체의 상호관계는 개개인의 체내에서 벌어지는 상호관계와도 유사하다. 외부감염을 막는 데 가장 중요한 역할을 하는 백혈구는 침입자를 먹어서 소화시킨다. 하지만 백혈구가 소화하지 못한 생물체는 기생체가 되어 인체 내에서 영양분이 될 만한 것을 모조리 먹어치운다.[1]

그러나 이것은 어떤 생물체가 사람의 체내에 침입해서 번식에 성공하느냐 실패하느냐를 결정하는 극히 복잡한 과정의 일면에 지나지 않는다. 지난 100년에 걸쳐 이루어진 의학적 탐구의 진전에도 불구하고,

그러한 상호작용의 실태는 완전히 규명되지 않았다. 분자,[2] 세포, 생물체, 사회 등 모든 수준의 조직체에서 발견되는 균형에는 일정한 패턴이 있다. 이런 균형상태에 변화를 야기할 수 있는 '외부적' 요인이 주어지면, 조직 전체에서 이를 무마해 혼란을 최소화하려는 움직임이 나타나게 된다. 물론 결정적인 선을 넘어서 조직체가 교란되면 지금까지 존재하던 체계는 붕괴되고 만다. 이런 파국적인 사태는 두 방향을 취한다. 원래의 조직이 좀더 단순하고 작은 부분으로 분해되어 각 부분이 독자적인 균형의 패턴을 갖추게 되거나, 역으로 작은 부분이 더 크고 복잡한 전체에 흡수되는 식으로 진행된다. 동물의 소화과정처럼 두 과정이 결합되는 경우도 있다. 잡아먹는 쪽은 먹이가 된 동물의 세포와 단백질을 더 단순한 부분들로 분해하지만, 결국 이것들을 결합해 자기 몸의 단백질과 세포를 새로 만들어내는 것이다.

단순한 인과분석은 이런 조직체계들을 설명하는 데 적합하지 않다. 많은 변수가 동시에 작용하면서 부단히 서로 영향을 미치고 각 변수의 중요성도 불규칙하게 바뀌기 때문에, 하나의 '원인'에 초점을 맞추고 그것이 유발하는 특수한 '결과'를 제시하려는 작업은 시작부터 잘못된 것이다. 체계들의 메커니즘을 이해하는 바람직한 방법은 동시에 진행되는 다원적 과정들을 연구하는 것이라고 본다. 그러나 이때 우리는 개념적이고 실질적인 여러 가지 어려움에 직면하게 된다. 어느 수준의 조직체를 다루더라도 패턴을 인식하고 그 패턴의 지속과 해체를 관찰하는 작업은 연구자에 따라 각양각색일 수밖에 없다. 또한 사회적 수준의 경우 주목할 만한 가치를 지닌 패턴이 무엇인지, 그리고 신뢰할 수 있는 관찰결과를 보장하는 패턴이 무엇인지는 불확실할 뿐만 아니라 논쟁의 여지가 많은 문제이다. 서로 다른 용어를 사용하는 자들은 상이한 패턴에 주목할 것이다. 어떤 용어체계가 다른 체계보다 우월하다는 것을 누구나 납득할 수 있도록 논리적으로 입증해줄 만한 판별기준을 찾아내기란 거의 불가능하다.

그러나 완만한 진화과정은 사람의 몸뿐 아니라 인간사회와 그 상징 체계에도 적용되므로, 논리로 판단하기 어려울 때는 존속가치에 따라 판단할 수 있을 것이다. 예컨대 결정적으로 중요한 어떤 상황을 적확하게 표현하는 용어들은 인간에게 무한한 존속가치를 지닌다. 이런 용어들은 커뮤니케이션의 기반이 되며, 타인과 의사를 소통할 수 있는 능력이야말로 호모 사피엔스가 지배적인 종이 될 수 있었던 일차적 요인이다. 그러나 어떤 용어체계도 우리를 둘러싸고 있는 현실의 모든 측면을 완벽하게 포착할 수는 없다. 우리는 조상으로부터 물려받은 언어와 개념을 이용해 우리 주위의 현상들을 포착하는 데 최선을 다해야 하며, 동서고금의 만인에게 통용되는 불변의 진리를 얻겠다는 생각은 버려야 한다.

언어가 사회적·역사적 산물이듯이, 질병의 개념 또한 넓은 의미에서 사회적·역사적 산물이다. 옛 성인(聖人) 중에는 오늘날 미국인이 만났다면 정신병원에 보내지 않으면 안될 인물들도 역사기록에 무수히 나온다. 반면에 우리가 건강에 지장을 초래하지 않는다고 여기는 근시나 후각마비는 수렵인이었던 우리 선조들이라면 신체장애로 취급했을 것이다. 그러나 이런 가변성에도 불구하고 질병의 개념에는 확고하고 보편적인 기준이 있다. 신체적 장애 때문에 자신에게 요구되는 일을 더 이상 수행할 수 없는 인간은 남들이 보기에 병에 걸린 것이다. 그리고 이런 신체적 장애는 기생생물과의 만남 때문에 발생하는 경우가 허다하다.

각 개인이나 공동체는 여러 가지 감염에 대해 각기 다른 수준의 감수성 또는 면역력을 가지고 있다. 이런 차이는 유전적인 경우도 있지만, 대개는 인체에 침입한 병원균에 노출된 경험이 있느냐 없느냐에 달려 있다.[3] 각종 질병에 대한 우리의 방어체계는 개별적인 인체 내에서만이 아니라 집단 전체에서도 끊임없이 조절되며, 이에 따라 저항력과 면역력의 수준이 높아지기도 하고 낮아지기도 한다.[4]

각 개인이나 집단이 감염증에 대응해 자신을 지속적으로 바꿔 나가듯이, 각종 질병을 일으키는 병원체 또한 주어진 환경에 적응하는 과정을 겪는다. 병원체로서는 숙주 체내의 조건이 자신이 처한 환경의 가장 중요한 부분일 것이다. 결국 병원균을 비롯한 모든 기생체가 직면한 영원한 과제는 숙주들이 여기저기 흩어져 있는 상황에서 어떻게 한 숙주에서 다른 숙주로 이동할 수 있는가 하는 것이다.

인간숙주와 전염성 생물체의 상호작용이 몇 세대를 거치며 장기간 지속되면서 양방이 적정 수준의 개체수를 유지한다면, 둘 다 생존할 수 있는 상호적응 패턴이 창출된다. 숙주를 빨리 죽여버리는 병원체는 그 자신도 위험에 빠지게 된다. 새로운 숙주를 제때에 찾아내지 못하면 병원균 또한 번식을 계속할 수 없기 때문이다. 이와 반대로 질병을 일으키는 병원생물이 기생할 수 없을 정도로 감염에 완벽한 저항력을 가진 인체도 병원생물의 생존을 위협하게 된다. 이 두 가지 극단적인 상황으로 인해 질병을 둘러싼 숙주와 기생체 간의 공존관계가 오늘날까지 지속되지 못한 경우도 많다. 확신에 가득 찬 공중위생관들은, 예방접종이나 각종 공중위생상의 대책이 전세계적으로 보급된 덕에 과거에 꽤 이름이 알려졌거나 중요시되었던 여러 병원생물이 이제는 멸종위기에 빠져 있다고 생각한다.[5]

숙주와 기생체가 서로의 정상적인 활동력을 현저히 감소시키지 않는 범위 내에서 오랫동안 공생하게 되면, (물론 예외가 있어 언제나 그렇게 되는 것은 아니더라도) 양자를 위한 최적의 생존조건이 형성된다. 이런 형태의 생물학적 균형을 보여주는 사례는 제법 많다. 예를 들어 인간의 대장에는 박테리아가 우글거리지만 이 녀석들이 특별히 나쁜 영향을 미치지는 않는다. 우리의 입이나 피부에도 각종 균이 많이 있지만 별다른 문제를 일으키지 않는다. 그 중 일부 미생물은 소화를 돕기도 하고, 일부는 유해한 생물체가 우리 몸속에서 마음껏 번식하는 것을 막아준다고 한다. 그러나 인체 내의 감염과 침입을 생태학적으로 규명할 수 있는 확실한 자료는 별로 없다.[6]

생태학적 관점에서 볼 때 치명적인 질병을 일으키는 병원생물들은 대부분 기생체의 역할에 제대로 적응하지 못한 것이다. 경우에 따라서는 숙주인 인간에게 생물학적으로 적응해 나가는 초기단계에 머물러 있는 것도 있다. 물론 양자의 공생관계가 오래 지속된다고 해서 필연적으로 상호간에 무해한 관계가 정립된다고 가정해서는 안된다.[7]

예컨대 말라리아 원충은 아마도 인간 및 유인원과 가장 오랫동안 관계를 맺어온 기생생물이겠지만,[8] 아직까지 숙주인 인간에게 고열을 일으켜 체력을 약화시키는 피해를 주고 있다. 사람에게 감염되는 말라리아 원충은 적어도 네 가지가 확인되고 있는데, 그 가운데 하나인 열대열 말라리아 원충(Plasmodium falciparum)의 독성이 가장 강하다. 열대열 말라리아 원충은 최근에야 사람의 혈액에 침입한 것으로 보이며, 따라서 다른 형태의 말라리아 감염과는 달리 숙주인 사람에게 제대로 적응할 시간이 없었다. 그런데 이 경우 진화를 통한 숙주와 기생체의 적응에 복잡한 요인이 개입된다. 곧 감염성 생물체인 말라리아 원충이 자신의 라이프 사이클(life cycle)을 완성하기 위해 적응해야 할 숙주가 여럿이라는 게 문제이다. 말라리아 원충이 인간에게 완전히 적응하여 적혈구 내에서 [무한히] 생존한다고 해서 다른 숙주로의 성공적인 이동이 보장되는 것은 아니다.

말라리아 원충의 라이프 사이클을 지배하는 패턴은 다음과 같다. 말라리아 원충은 수많은 적혈구를 주기적으로 해체하고 파괴함으로써 숙주인 인체에 고열을 일으키면서, 자신은 혈액 속을 자유롭게 떠돌다가 하루나 이틀 후 새로운 적혈구에 기생해서 정착한다. 이 과정이 숙주인 인간에게는 발열과 신체적 쇠약을 초래하지만, 말라리아 원충은 모기에 '무임승차'—모기가 사람의 피를 빨아먹을 때 혈액을 타고 자유롭게 이동하고 있던 원충도 함께 빨려 들어가게 된다—해 번식을 계속할 수 있는 기회를 얻는 셈이다. 모기의 위에 도착한 원충은 다른 행동을 개시하며 유성생식을 통해 며칠 후 새로운 세대의 원충을 만들어낸다. 이 녀석들은 모기의 타액선으로 이동해서 기다리고 있다가 모기가 사람을 물 때 새로운 숙주에게 침입한다.

지금까지 관찰된 바에 따르면, 말라리아 원충은 인간에서 인간으로 그들을 운반하는 모기에게는 다음과 같은 경이로운 방식으로 아무런 영향도 주지 않는다. 모기의 경우 원충이 라이프 사이클을 완성하는 동안 그 체내에서 영양분을 흡수한다고 해서 수명이 단축되거나 활동력이 저하되는 것 같지는 않다. 여기에는 분명한 이유가 있다. 곧 말라리아 원충이 새로운 숙주인 또 다른 인체에 침입하려면, 자신을 운반하는 모기가 제대로 날 수 있을 정도로 튼튼해야 하기 때문이다. 쇠약해진 모기는 기생체를 새로운 숙주에게 성공적으로 운반해서 말라리아 원충의 라이프 사이클을 지속적으로 보장해주는 역할을 제대로 수행할 수 없다. 그러나 사람의 경우 아무리 약해지고 열이 끓는다 해도 원충의 라이프 사이클에는 전혀 지장을 주지 않는다. 따라서 아주 오래된 병원체인 말라리아 원충이 모기에게는 별로 피해를 주지 않지만 사람에게는 악영향을 미치는 것도 그리 놀랄 일은 아니다.

몇 가지 중요한 감염증도 그 생물체가 하나 이상의 숙주에 자신을 적응시켜야 한다는 점에서 말라리아와 비슷하다. 만약 기생체에게 인간숙주보다 대체숙주(말라리아 원충의 경우 모기)가 더 중요한 존재라면, 안정된 생물학적 균형을 취하려는 노력은 대체숙주에 대한 적응을 중심으로 이루어질 것이다. 따라서 이런 병원균이 인간에게 침입하면 생명까지 위협할 정도의 파괴력을 지니게 되는데, 선(腺)페스트의 경우가 좋은 예이다. 문제의 기생생물인 페스트균(Pasteurella pestis)은 보통 설치류와 그에 기생하는 벼룩을 감염시키지만, 아주 드물게 사람에게 침입하기도 한다. 땅속에 구멍을 파고 생활하는 설치류 공동체에서 이 감염은 거의 무기한 지속될 수 있다. 같은 구멍에 사는 한 종 이상의 설치류에게 영향을 미치는 감염과 회복의 패턴은 매우 복잡해서 아직 완전히 밝혀지지 않았다. 하지만 대도시의 지하에 사는 일부 설치류는 페스트균에 감염되면 지상의 도시인들이 흔히 앓는 천연두나 홍역과 비슷한 소아병에 걸린다. 다시 말해 숙주인 설치류와 기생체인 세균이 서로 적응해 제법 안정된 패턴이 성립된 것이다. 그렇지만 페스트균이 그것에 노출된 적이 없는 다른 종류의 설치류나 인간집단을 감염시키면 엄청난 결과를 초래하는데, 우리 조상들을 공포에 떨게 했던 선페스트의 출몰이 대표적인 예이다.

주혈흡충병(달팽이를 통한 감염), 수면병(체체파리를 통한 감염), 발진티푸스(벼룩과 이를 통한 감염)를 비롯한 몇 가지 질병은 2~3개의 다른 숙주에 적응해야 하는 복합성 때문에 사람에게 무서운 전염병으로 남아 있다. 이 점을 잘 보여주는 것이 발진티푸스다. 발진티푸스를 일으키는 리케차균의 경우 동일하거나 매우 유사한 종들이 진드기의 몸속에 안정된 상태로——여러 세대를 거치는 동안 진드기나 리케차균이 서로 별다른 피해를 주지 않으면서——서식한다. 하지만 쥐와 쥐에 기생하는 벼룩은 발진티푸스에 감염되면 일정 기간 병을 앓은 후 리케차균을 체외로 배출함으로써 회복된다. 반면에 리케차균이 사람에 기생하는 이나 인체로 활동무대를 옮기면 이에게는 언제나 치명적인 결과를 가져오고 사람에게도 간혹 무서운 증상을 일으킨다. 이상의 패턴은 리케차균이 상이한 숙주에 이행될 때 나타나는 적응의 수준이 다르다는 점을 시사한다. 즉 리케차균이 진드기와 공생하는 관계는 안정적이며, 쥐나 쥐벼룩과는 다소 불안하고, 사람이나 사람에 기생하는 이와

는 매우 불안정하다. 아마도 리케차균은 최근에 사람과 이에 이행되기 시작한 것 같다.[9]

한편 아무런 매개체를 거치지 않고 숙주에서 숙주로 지체 없이 감염되는 질병도 있는데, 결핵·홍역·천연두·수두·백일해·이하선염·인플루엔자가 이런 범주에 속한다. 사실 이런 감염성 질병은 문명화된 인간사회에서 가장 널리 알려진 것들이다. 그 중에서 결핵과 인플루엔자를 제외한 나머지 병들의 경우 한번 감염되면 오랫동안 또는 일생을 통해 면역력이 생긴다. 지금까지 이런 질병들은 주로 어린이들을 괴롭혔는데, 예방접종이나 기타 인위적인 수단이 아직 보급되지 않아서 병이 전파되는 자생적인 패턴이 사라지지 않은 지역에서는 여전히 소아병으로 남아 있다.

이런 소아병은 간호만 잘 하면 확실히 회복된다는 점에서 그렇게 심각한 병은 아니다. 그렇지만 같은 감염증이라도 과거에 그것을 경험한 적이 없는 집단에 침입하면, 감염자 상당수의 목숨을 앗아갈 수 있다. 특히 혈기왕성한 청장년층이 다른 연령층에 비해 사망하는 비율이 높다. 다시 말해 특정 감염증에 대한 면역력이 전혀 없는 집단에서 질병이 발생하면 공동체 자체가 파괴되거나 무기력해진다. 이런 사실은 천연두와 잇따라 발생한 그 밖의 질병들이 아스테카 제국과 잉카 문명을 파괴했던 역사적 선례에서 입증된 바 있다.

그 밖에 만성질환, 정신질환, 노환 같은 질병도 인류의 고통에 한몫했다. 이것들은 인간이 삶을 영위해 나가는 과정에서 끊임없이 흐르는 '배경 잡음'과도 같다. 근래에는 그런 질병들이 인류 고통의 큰 부분을 차지하고 있는데, 이는 과거에 비해 수명이 늘어났기 때문이다. 그러나 우리에게 익숙한 질병의 유형은 우리 조상들이 겪었던 질병의 체험과는 아주 다르다. 그들은 간헐적으로 무서운 전염병을 경험했고, 전염병은 어떤 형태를 띠든 언제 엄습할지 알 수 없는 공포의 대상이었다. 비록 19세기 이전에 어떤 전염병이 언제 어디에서 발생하여 얼마나 많은 사람을 희생시켰는지 정확히 규명해줄 통계적·임상적 자료는 거의 없는 형편이고 19세기의 자료도 단편적이지만, 그래도 전염병 발생의 패턴이 변해온 발자취는 추적할 수 있을 것이다. 이것이 바로 이 책의 주제이다.

1 수렵민으로서의 인류

인류가 진화해서 오늘날의 상태가 되기 전에는, 우리 선조도 다른 동물과 마찬가지로 스스로를 조절하는 정교한 생태계의 균형에 적응하고 있었다고 봐야 한다. 이 생태계 균형에서 가장 눈에 띄는 측면은 먹이사슬이었다. 우리 선조들은 생존을 위해 다른 생물을 잡아먹고 또한 다른 생명체에게 잡아먹혔을 것이다. 대형생물들 사이의 숙명적인 대결구도 외에도, 때로는 눈으로 볼 수 없는 미세한 기생생물이 우리 조상의 체내에서 먹이를 구했으며, 인간도 생물계 전체의 균형을 유지하는 데 중요한 역할을 했다는 점을 명심해야 한다. 물론 구체적인 사실들을 재구성하기는 어렵다. 지금까지 (주로 아프리카에서) 발견된 다양한 유인원이나 원인(原人)의 유골이 과거를 완벽하게 재현해주는 것은 아니기 때문에, 인류의 계통을 둘러싼 모든 의문은 아직도 풀리지 않고 있다. 또 아프리카가 유일한 인류의 발상지는 아닐지도 모른다. 인류의 조상이라고 여겨지는 생명체는 아시아의 열대지방과 아열대지방에도 존재했으며, 이들은 올두바이 협곡이나 사하라 사막 남쪽에 화석이나 석기를 풍부하게 남긴 호미니드*와 비슷한 과정을 거치면서 진화

---

* hominid. 직립보행을 하는 사람과(科)의 영장류를 가리키는 포괄적 개념으로, 현생인류는 물론 이들의 먼 조상인 오스트랄로피테쿠스류도 포함한다. 인간 및 그 직계 조상과 같은 과에 속하는 호미니드는 약 600~800만 년 전에 큰 유인원(침팬지·고릴라)으로부터 분리되어 나왔다.

하고 있었을 것이다.

하지만 인류의 몸이 털로 덮여 있지 않다는 특징은 이들이 영하로 떨어지지 않는 따뜻한 기후대에서 살았음을 말해준다. 두 눈으로 시야를 조절하여 정확한 거리를 감지하는 능력, 물건을 잡을 수 있는 손의 기능, 여전히 나무 위에서 많은 시간을 보내는 유인원 및 원숭이와의 밀접한 관계 등으로 미루어보면 인류의 조상도 나무 위에서 생활했을 것이라 여겨진다. 치아상태를 보면 이들이 잡식성이었음을 알 수 있고, 먹을거리로는 열매나 과육, 곤충의 유충, 식물의 싹 등이 짐승의 고기보다 중요했으리라 추정된다. 그렇다면 이들과 질병 및 기생생물의 관계는 어떠했을까?

오늘날 원숭이와 나무 위에 사는 유인원 사이에 퍼져 있는 병원체들은 인류의 먼 조상과 공존했던 기생생물들과 비슷할 것이다. 아직도 중요한 사실들이 명백히 밝혀지지는 않았지만, 야생 영장류를 감염시키는 기생체의 종류는 놀랄 정도로 많다. 각종 좀진드기, 벼룩, 진드기, 파리, 벌레뿐만 아니라 다양한 원생류와 곰팡이, 박테리아, 150종 이상의 아르보바이러스(곤충이나 다른 절지동물을 매개로 온혈동물 숙주 사이를 옮겨 다니는 바이러스)[1] 등이 야생 유인원과 원숭이에 기생한다.

야생 유인원과 원숭이를 감염시키는 생물 중에는 15~20종에 이르는 말라리아 원충이 있다.[2] 사람이 걸리는 말라리아 원충의 변종은 네 가지 정도이지만, 이것들이 유인원을 감염시키기도 하고, 사람들이 원숭이나 유인원에게 나타나는 말라리아 종에 걸리기도 한다. 이처럼 숙주에 따라 말라리아 원충의 종이 분화된 것은, 열대우림의 나무꼭대기부터 지표면에 이르기까지 높이에 따라 서식하는 학질모기의 종류가 분화되어 있다는 사실[3]과 함께 영장류, 모기, 말라리아 원충이 오랜 세월의 진화과정을 통해 서로 적응해왔음을 시사한다. 게다가 말라리아 유기체들의 현재 분포상태와 오늘날 알려져 있는 과거의 말라리아 분포지역을 고려하면, 사하라 사막 남쪽의 아프리카가 이런 형태의 기생현상이 발달해온 중심지였던 것으로 보인다.[4]

지구상의 여러 자연환경 중에서 열대우림지대는 가장 변화무쌍한 곳이다. 건조하고 기온이 낮은 지역에 비해 훨씬 다종다양한 생물이 서식하고 있다. 식물이든 동물이든 어떠한 단일 종이 우림지대를 지배하지는 못했으며, 최근까지 인간도 예외는 아니었다. 열대우림에는 낮은 온도나 습도를 견디지 못하는 미생물들이 수없이 번식하고 있다. 이렇게 고온다습한 환경에서는 단세포 기생생물도 숙주의 몸 밖에서 장기간 생존하는 것이 가능하다. 다시 말해 기생체가 될 잠재적 가능성을 지닌 생물이 독립된 생물체로 꽤 오랫동안 생존할 수 있다. 이는 한편 숙주가 될 수 있는 한정된 생물체가 기생생물의 침입이나 감염에 광범위하게 노출되어 있음을 의미한다. 열대우림에는 숙주가 될 수 있는 생물체의 수가 적어, 그 생물과 기생생물과의 조우가 드물게밖에 일어나지 않는 경우에도 기생생물은 그 드문 기회를 계속 기다린다. 이런 상황을 인간집단에 적용시켜 생각해보면, 자연계 균형 속에서 우리 조상의 개체수가 적었다 해도 보통의 수명을 누린 개인이라면 일생 동안 온갖 기생생물에 많이 감염되었을 것이다. 오늘날에도 사정은 마찬가지다. 인간이 열대우림지대를 정복하는 데 가장 큰 걸림돌은 새로운 침입자를 기다리고 있는 각양각색의 기생생물이다.[5]

그렇다면 우리의 조상인 유인원이나 원인은 끊임없이 질병에 시달렸을까? 반드시 그렇지는 않았을 것이다. 수많은 열대성 기생증은 회복도 느리지만 위험할 정도의 중증에 이르는 속도도 꽤 더디다는 특징을 갖고 있기 때문이다. 같은 사실을 다른 각도에서 보면, 열대우림에는 모든 수준—기생생물과 숙주 사이, 경쟁하는 기생생물들 사이, 숙주와 먹이 사이—에서 고도로 진화된 생태적 균형이 유지되는 것이 가능했다고 말할 수 있다. 인류가 열대우림의 자연생태계를 인위적으로 변화시키기 전인 까마득한 옛날에는 잡아먹는 생물과 잡아먹히는 생물 사이의 균형이 오랫동안 안정되어 있었다고 추정해도 틀리지 않다.

따라서 우리의 먼 조상들이 섭취했던 먹을거리가 다양하고 풍부했던 것과 마찬가지로 이런 먹을거리를 공유했던 기생생물도 분명히 다종다양했겠지만, 그렇다고 그런 기생생물이 오늘날 우리가 질병으로 인식하는 증상들을 유발하지는 않았을 것이다. 그다지 심각하지 않은 기생체 감염도 때로는 우리 조상들의 체력이나 수명에 부정적인 영향을 미쳤을지 모른다. 심한 부상이나 기아 등의 스트레스 때문에 숙주 내부의 생리적 균형이 깨어진 경우에는 가벼운 감염이 치명적인 합병증을 급속히 유발하기도 했을 것이다. 하지만 그처럼 심각한 불안요인이 없었을 때에는 오늘날 열대우림에 사는 야생 영장류처럼 일정 수준의 건강상태를 유지하고 있었을 것이다.

인류의 조상이 거쳐 온 생물학적인 진화가 기생하는 생물, 잡아먹는 포식동물, 잡아먹히는 동식물의 진화와 보조를 맞추었다면, 촘촘히 짜인 생명의 망(網)에 중대한 변화는 없었을 것이다. 유전적 변형과 선택을 통해 진행되는 진화과정은 오랜 세월을 요하므로, 한쪽에 변화가 생기면 이를 상쇄하기 위해 그 상대방도 유전이나 행동상의 패턴에 변화를 주게 마련이다. 하지만 인류가 학습된 행동을 문화적 전통과 상징적인 의미체계로 정립하면서 또 다른 종류의 진화를 시작했을 때, 오랜 세월을 통해 유지되던 생물계의 균형은 새로운 혼란에 빠질 수밖에 없었다. 다시 말해 문화적 진화로 인해 오래된 생물학적 진화의 유형에 역사상 유례없는 압박이 가해지기 시작한 것이다. 새로 터득한 기술 덕에 인류는 자연계의 균형을 바꾸어놓을 만한 힘을 키워나갔는데, 그 결과는 상상을 초월할 정도로 큰 영향력을 가진 것이었다. 이에 따라 서서히 모습을 드러내던 현생인류에게 발생할 수 있는 각종 질병도 극적으로 변화하기 시작했다.

이런 대변동의 최초의 징후는 아프리카 사바나 지대의 대초원과 아마도 아시아의 유사한 지역에 많이 서식하고 있던 대형 초식동물을 사냥하는 데 적합한 기술과 무기의 개발이었다. 이런 이행이 언제 일어났는지 정확히 알 수 없지만, 대략 400만 년 전으로 거슬러 올라간다고 생각한다.

나무에서 내려온 최초의 영장류는 영양 같은 동물들을 잡아먹기 시작했는데, 처음에는 병들거나 태어난 지 얼마 안된 동물만 잡을 수 있었을 것이다. 사자처럼 힘센 육식동물이 먹다 남긴 썩은 고기를 놓고 하이에나나 독수리와 경쟁을 벌였을지도 모른다. 오늘날에도 아프리카의 사바나 지대에 엄청난 수의 초식동물이 살고 있는 것을 보면 그 옛날에도 식량자원은 풍부했을 것이며,[6] 이 일대를 배회하던 영장류 집단에서는 분명히 사냥의 효율성을 증진시키는 방향으로 유전적 변화가 일어났을 것이다. 사냥에서 효과적인 공동작업을 가능하게 하는 육체적·정신적 기량을 갖춘 집단에게는 그에 상응하는 막대한 이익이 보장되었다. 새롭게 등장하던 인류는 긴박한 상황에서 효과적인 협조가 가능하도록 의사소통 수단을 향상시키고, 상대적으로 빈약한 근육조직과 왜소한 이빨 및 손톱을 만회해줄 도구와 무기를 정교하게 만듦으로써 그 이익을 거둬들였다. 이런 상황에서 획득된 새로운 형질들은 빠른 속도로(생물학적 진화라는 광범위한 기준에서 볼 때) 축적되었다. 이미 궤도에 오른 사냥의 효율성을 더욱 높일 수 있는 새로운 호미니드 종이 등장할 때마다 더 많은 식량을 얻었고 동시에 생존의 가능성도 커졌다.

이런 종류의 급격한 진화를 생물학자들은 흔히 '정향(定向) 진화'라고 하는데, 이것은 종종 새로운 생태적 적소(ecological niche)*로의 이

---

* 생태계에서 하나의 종이 차지하는 지위. 각 종의 서식지, 먹이 조달, 포식자와 먹이의 관계 등을 말한다.

행과 관련된다.[7] 이런 과정이 호미니드 집단에게 일으킨 유전적 변화들을 일일이 해명할 수는 없다. 하지만 상당한 유전적 변이가 일어났다면, 더 유능한 수렵집단이 다른 호미니드 집단을 대체하는 일도 자주 발생했음에 틀림없다. 아마도 사냥에서 탁월하고 전투에서도 위력을 발휘한 집단이 살아남았을 것이다.

이런 진화적 발전이 계속되는 가운데 언어의 발달이라는 획기적 사건이 일어났다. 발음이 분명한 언어가 탄생하기 위해서는 두뇌·혀·목구멍의 형성을 지배하는 유전적 변화가 필요했으며, 일단 언어가 성립하자 사회적 조절력이 비약적으로 향상되었다. 매사를 의논하고 주어진 역할을 반복적으로 수행함으로써 인류는 여러 기술을 빠르게 터득하기 시작했고 사냥이나 그 밖의 공동작업에서도 일을 확실히 처리할 수 있었는데, 이는 언어가 없었다면 상상도 할 수 없었을 것이다. 언어는 다른 사람들에게 살아가는 방법을 체계적으로 가르쳐줄 수 있는 수단이 되었고, 언어를 통해 사물을 분류해서 질서를 부여하고 각종 상황에 적절히 대처하는 방법을 강구하다 보니 생활에 필요한 기술 자체도 훨씬 정교해졌다. 요컨대 언어는 수렵인들을 완전한 인류로 변화시켜 사회문화적 진화라는 신기원을 이룩하게 했지만, 이런 변화는 생태계의 균형에 유례없는 압박을 가했다.

이런 비교적 급속한 진화의 과정에서 질병은 어떤 영향을 받았을까? 인류가 나무에서 내려와 탁 트인 초원을 걷고 달리기 시작하면서 서식지가 바뀌었고, 따라서 조우할 가능성이 있는 감염증의 종류에도 근본적인 변동이 일어났을 것이다. 물론 일부 병원체는 별로 영향을 받지 않았다. 예를 들어 밀접한 신체접촉에 의해 전염되는 대부분의 장내 박테리아 등이 그러하다. 그러나 한 숙주에서 다른 숙주로 옮아가기 위해 습윤한 조건을 필요로 하는 기생생물은 사바나에서는 그런 조건을 찾지 못해 그 수가 분명히 감소했을 것이다. 하지만 열대우림지대에 흔한 질병이 점차 줄어든 반면, 사바나의 초식동물떼와의 접촉을 통해 이동하는 새로운 기생생물과 새로운 질병이 탄생한 지 얼마 안된 인류를 침범하기 시작했을 것이다.

이렇게 새로 발생한 질병들이 어떤 것이었는지 알 수는 없다. 우리가 고기를 먹을 때 본의 아니게 기생충의 알이나 유충을 삼키게 되면, 오늘날 초식동물에 기생하는 여러 종류의 벌레가 사람 몸속으로 들어오게 된다. 먼 옛날에도 이와 같은 일이 벌어졌을 것이다.

더욱 심각한 문제는 오늘날 아프리카 각지에서 수면병을 일으키는 트리파노소마가 인간을 감염시켰을 것이라는 점이다. 이 병원체는 여러 종류의 영양 속에서 '평범한' 기생생물로 살아가다가 체체파리를 통해 새로운 숙주로 이동한다. 트리파노소마는 파리뿐 아니라 숙주인 동물에게도 그다지 심각한 증상을 일으키지 않으며, 따라서 태초부터 적응을 완료한 안정적인 기생의 한 예로 꼽힌다. 그러나 일단 사람의 몸에 들어오면 기력을 심하게 감퇴시킨다. 심지어 트리파노소마의 어떤 종은 몇 주 만에 사람을 죽음에 이르게 할 정도로 치명적이다.

사실 아프리카의 사바나 지대에 아직도 유제류(有蹄類, 발굽이 달린 포유동물)가 많이 남아 있는 이유는 수면병이 먼 옛날부터 오늘날까지 인류에 대해 파멸적인 맹위를 계속 떨쳐왔기 때문이다. 근대적인 예방법이 강구되지 않는 한, 사람은 체체파리가 많은 지역에 살 수가 없다. 따라서 아주 최근까지 이 지역의 수많은 초식동물은 사자나 적응에 성공한 일부 육식동물의 먹이였을 뿐, 더욱 무서운 위력을 가진 새로운 포식동물인 인간과는 우발적인 접촉 외에는 마주치지 않았다. 우리의 조상이 먼 옛날 나무에서 내려오기 전부터 수면병의 병원체인 트리파노소마가 유제류 사이에 분명히 존재했다면, 이 기생생물의 존재는 초창기의 인류가 아프리카 초원지대에 사는 풍부한 초식동물을 잡아먹을 수 있는 지역적 범위를 분명히 제한했을 것이다. 역으로 체체파리가 많은 지역에서는 인류가 출현하기 이전과 비슷한 생태적 균형이 오늘날까지 유지되고 있다고 볼 수 있을 것이다.[8]

사람이 다른 생물에게 미치는 생태학적 역할을 질병에 비유하는 것도 그리 무리는 아닌 듯하다. 언어의 발달로 인해 인류의 문화적 진화가 오래된 생물적 진화와 충돌해온 이래, 인류는 질병이 인체의 자연적인 균형을 파괴하는 것과 똑같은 방식으로 오랫동안 유지되던 자연계의 균형을 무너뜨리게 되었다. 때로는 다른 생물을 유린하는 인간에게 자연적 제약이 나타나 새로운 관계를 안정시키기도 했지만, 이런 움직임은 일시적인 현상에 지나지 않았다. 얼마 지나지 않아, 그리고 생물적 진화의 잣대로 보면 극히 짧은 시간 안에, 인류는 새로운 기술을 개발해서 그때까지 이용하지 못했던 자원을 활용함으로써 다른 생물들에 막대한 피해를 주었다. 따라서 다른 생물의 입장에서 볼 때 인류는 때때로 독성이 약화되긴 하지만 안정적이고 장기적인 관계를 스스로 확립하는 법이 없는 악성 전염병과 같은 존재이다.

최초의 완전한 인간이라 말할 수 있는 수렵인들이 아프리카의 사바나 지대와 아시아 각지에서 지배적인 육식동물로 등장한 것은 앞으로 닥칠 사태에 대한 전주곡에 불과했다. 과거에는 미미한 존재에 지나지 않았던 영장류가 단숨에 먹이사슬의 정점에 서게 된 것은 당시로서도 틀림없이 충격적인 사태였을 것이다. 인류는 능수능란하고 위력적인 수렵민으로서, 어떤 동물도 두려워하지 않았다. 더 이상 다른 동물에게 희생당하지 않게 된 최초의 인간들은 인구증가를 억제할 수 있는 기본적인 조절장치를 잃어버린 셈이었다. 인간의 생존에 적합한 사바나의 모든 영역이 수렵군단*들에 의해 점령되고 이 집단들이 서로 경쟁하기 시작하자, 사람이 사람을 죽이는 일이 인구 억제수단으로 작용

---

* band. 수렵채집사회에 주로 나타나는 소규모의 유동적인 집단으로, 사회·문화적 통합의 수준이 낮은 조직이다.

했다. 인구증가를 통제하는 또 다른 사회적 수단은 원하지 않는 갓난아이를 버리는 것이었다. 어쨌든 (오늘날에도) 수렵채집인들은 식량공급량의 한계 내에서 인구를 조절하는 전통적인 관습을 지니고 있는데, 이런 관습은 매우 오래된 것으로 생각된다.[9]

인류 최초의 발상지인 아프리카에서 인류는 수렵인으로서 주변의 자연환경과 어느 정도 안정된 관계를 확립했다. 인류의 대형 초식동물 사냥은 아프리카 대륙에서 약 50만 년 전에 시작되었고, 돌과 나무로 만든 무기로 무장한 본격적인 수렵군단은 기원전 10만 년경에 등장했다. 이후 수천 년에 걸쳐 사냥감인 귀중한 동물들이 멸종되는 것과 같은 위기가 몇 차례 있었지만,[10] 수렵군단들은 여전히 다양하고 풍부한 생물로 둘러싸인 환경의 혜택을 누렸다. 그 후 농업이 발달하면서 인구가 급격히 증가했고 환경이 크게 바뀌었지만, 아프리카 대륙의 많은 지역은 여전히 원시의 미경작상태로 남아 있었다. 최근 수천 년에 걸쳐 농경이 불가능한 변방으로 추방된 수렵군단들은 오늘날에도 아프리카 각지에서 전통적인 생활방식을 유지하며 살아가고 있다.

다시 말해 인간공동체에 둘러싸인 다른 생명체들도 나름대로 억척스럽고 복잡한 방식으로 적응했기 때문에, 인간이 자신의 능력에 걸맞은 기술을 성취한 후에도 문화적 진화를 통해 새로 획득한 능력이 인류 진화의 무대인 생태계를 압도하거나 전복하지는 못했다. 인류의 출현이 다른 생물에 미치는 충격을 완화하는 데 가장 주요했던 요인은, 아프리카 대륙에 득실거리던 기생생물의 침입과 감염, 곧 인류와 함께 진화하여 인구가 늘수록 기승을 부렸던 기생생물의 치밀한 발전일 것이다.[11]

아프리카에서 창궐하는 유충이나 원생류의 기생생물은 대부분 우리 몸의 혈액 속에 항체가 형성되는 면역반응을 유발하지 않는다. 이에 따라 민감하고 자율적인 생태적 균형이 생겨 사람의 수가 늘어나면 감염률도 높아진다. 인구밀도가 높아지면 기생체가 한 숙주에서 다른 숙주로 이동할 기회도 늘어나기 때문에, 일단 임계점을 넘어서면 감염증은 순식간에 걷잡을 수 없는 대량감염으로 폭발한다. 이처럼 유행병이 발생하면 정상적인 사회활동을 저해한다. 만성 피로와 통증 같은 징후가 한 공동체에 널리 퍼지게 되면 식량획득이나 출산, 양육에 심각한 장애가 생긴다. 이것이 바로 인구의 감소를 초래해 그 지역의 인구밀도는 대량감염을 일으킬 수 있는 임계점 이하로 떨어지게 된다. 그 후 많은 사람이 기생체 감염으로 쇠약해진 기력을 되찾고 나면 인간의 활동력은 다시 정상궤도에 오른다. 식량획득이나 기타 활동이 정상을 회복하고 나면 또다시 감염증이 나돌게 되고, 인구밀도가 임계점을 넘어서는 경우 대량감염이 재발하기도 한다.

이렇게 생태계의 균형이 깨어지면 사람에 기생하는 생물뿐 아니라 사람에게 잡아먹히는 생물도 영향을 받는다. 사냥꾼의 수가 너무 많아지면 사냥감을 찾기도 어려워진다. 이로 인한 영양부족은 기생생물의 대량감염으로 이어져 사람의 활동력과 번식력을 저하시키는데, 이런 과정을 통해 생태계의 균형이 다시 회복된다.

게다가 상호의존적인 모든 생물은 기후의 변동이나 다른 물리적 환경의 변화에 동시에 영향을 받는다. 가뭄, 초원의 화재, 호우 등의 천재지변은 모든 생물의 활동을 제약했고, 일반적으로 평상시에 비해 인구를 훨씬 낮은 수준으로 떨어뜨렸을 것이다. 다시 말해 생태계의 균형이란 고정적이지 않고 변동이 심한 것이었지만, 지역적이고 일시적인 이상현상에도 불구하고 근본적인 틀을 그대로 유지할 정도로 유연한 것이기도 했다. 수렵인인 인류가 먹이사슬의 정점에 군림하면서 다른 생물들을 잡아먹기만 할 뿐 자신들은 대형동물의 먹이가 되지 않는 사태가 발생했지만, 그렇다고 해서 구래의 생태적 관계가 근본적으로 바뀐 것은 아니었다. 요컨대 새로운 적소(適所)를 당당하게 주장하던 인류도 생태계 전체를 변형시키지는 못했던 것이다.

생태계의 균형에 큰 변동을 초래하고 또 동시에 그것을 유지시키는 상호작용들은 예나 지금이나 매우 복잡하다. 과학적 관찰이 몇 세대에 걸쳐 계속 이루어지고 있음에도 불구하고 질병, 식량공급, 인구밀도, 습관적 행동양식, 병원균을 매개하는 곤충, 병원체 숙주의 숫자와 분포 등이 서로 어떻게 연관되는지 아프리카는 물론 다른 지역에서도 제대로 파악되지 않고 있다.(더욱이 오늘날 아프리카의 여러 조건은 수렵인이었던 인류가 농경의 도입으로 자연계의 균형을 파괴하기 전에 존재했던 기생체 감염의 패턴과 정확히 일치하지는 않는다.)

그러나 열대 아프리카에 다양한 생물이 번식하고 있다는 것은 부인할 수 없는 사실이다. 또한 아프리카 대륙의 생태계가 온대지방에서 사용되던 농업생산법을 도입하려는 노력에 완강하게 저항했던 것도 기록에 남아 있는 사실이다. 실제로 비교적 최근, 약 5천 년 전까지만 해도 아프리카에서 인류공동체는 수많은 다른 생물 틈에서 비교적 미미한 역할을 했을 뿐이다. 분명 인간은 가장 위력적인 포식동물이었지만, 그들과 먹이를 다투던 사자 같은 대형동물과 마찬가지로 자연계 전체에서는 비교적 소수자에 지나지 않았다.

이것은 당연한 현상이었다. 아마도 그랬을 가능성이 크지만 인류가 아프리카에서 처음 나타났다면, 호미니드가 서서히 진화해서 완전한 인간집단이 되기까지에는 꽤 시간이 걸렸을 것이기 때문에 주변의 다른 생물들도 인류의 활동이 야기할지 모르는 위험에 대비해서 적응을 완료할 충분한 시간적 여유가 있었던 것이다. 역으로 아프리카에 인간에 기생하는 다종다양한 기생생물이 엄청나게 많았다는 것은 아프리카가 인류의 주요한 요람이었다는 사실을 시사해준다. 사람과 다른 생물 사이의 생물학적 적응관계가 이처럼 정교하게 발달한 곳은 그 어디에도 없기 때문이다.

그렇다면 아프리카의 열대우림과 초원을 넘어 지구상의 다른 곳은 어떠했을까? 구세계의 여러 지역에 위력적인 호미니드 수렵민이 약 150만 년 전부터 존재해왔다는 것은 확실하다. 중국·자바·독일에서 발견된 화석들은 골격상의 상당한 분화를 보여준다. 그러나 화석의 수가 별로 많지 않아서, 아프리카에서 많이 발굴되는 유인원이나 원인의 유골과 어떻게 연관이 되는지 확실히 판단을 내릴 수 없다. 인류의 조상격인 영장류로부터 파생해서 남아시아와 동남아시아의 여러 지역에서 동시에 진화가 이루어졌을지 모른다. 큰 두뇌, 직립보행, 도구를 사용하는 손 등의 특징은 아프리카의 사바나처럼 대형동물이 흔하지 않은 환경에서도 유용했을 것이기 때문이다.

불충분한 증거로부터 성급하게 결론을 도출하는 것은 위험하다. 우리가 관심을 기울이는 광활한 지역에 관한 고고학적 연구는 아직 단편적인 수준이다. 예컨대 아프리카의 올두바이 협곡 같은 대규모 유적지가 한 곳쯤 더 발견된다면 지금까지 그려온 전체 그림이 완전히 달라질 수도 있다. 그렇지만 부족하나마 지금까지 알려진 것으로 판단하면, 유라시아 대륙의 유인원과 원인은 아프리카에서 개화한 호미니드 집단에 비해 상당히 뒤늦게 출현했던 것으로 보인다. 이런 상황이 계속되다가 약 10만~5만 년 전에 완전히 현대인과 같은 모습의 인간이 갑작스럽게 출현해 그때까지 유지되던 지구상의 생태계 균형을 급격하게 변화시키기 시작했던 것이다.

증거가 너무 적기 때문에 이 호모 사피엔스가 최초로 진화했던 곳을 정확하게 지적할 수는 없다. 이를테면 호모 사피엔스로 분류될 수 있을지 논란의 여지가 있는, 동아프리카에서 발견된 화석인골의 파편은 약 10만 년 전으로 거슬러 올라간다. 다른 지역에서 발견되는 현대인과 같은 인류의 흔적은 기원전 5만 년 이상으로 올라가지 않는다. 게다가 현생인류인 호모 사피엔스가 출현하자 그때까지 존재했던 서유럽의

네안데르탈인 같은 인류의 조상은 거의 흔적도 없이 사라져버렸다.[12]

이렇게 고도로 진화한 인간의 유형이 나타났다고 해서 아프리카나 다른 지역에서 극적인 변혁이 일어났던 것은 아니다. 호모 사피엔스에 속하는 수렵인들이 할 수 있었던 것은 몇 가지 대형동물 및 경쟁관계에 있던 호미니드 집단들을 멸종시킨 것 정도이다. 그 후 인류가 불을 다루게 되고 다른 동물의 가죽이나 털을 이용해 추운 곳에서 따뜻하게 지내는 방법을 터득하게 되자 더욱 엄청난 현상들이 나타났다.

의복이라는 위대한 발명 덕분에 수렵군단들은 추운 북쪽의 초원과 산림지대에 사는 동물을 사냥할 수 있었다. 그 결과는 우리 영장류의 선조들이 처음으로 나무에서 내려왔을 때 생긴 일들에 맞먹는 것이었다. 새로 등장한 인류 앞에 일련의 새로운 생태적 적소가 펼쳐졌다. 그들이 기술을 이용해 새로운 식량원을 개발하는 방법을 익혀나감에 따라, 생태적 관계는 전지구적 규모로 급속히 변화해갔다. 기원전 약 4만~1만 년 사이에 수렵군단들은 남극을 제외한 지구상의 모든 대륙을 점령했다. 일부 수렵군단들은 4만~3만 년 전에 오스트레일리아에 진입했고, 이로부터 5천~1만 5천 년 후에는 또 다른 집단들이 베링 해협을 통해 아시아에서 아메리카 대륙으로 건너갔다. 불과 수천 년 동안에 인간집단들은 기후가 다른 북아메리카와 남아메리카 각지로 퍼져 나갔고 기원전 8000년경에는 티에라델푸에고*에 이르렀다.

이렇게 한 종류의 대형동물이 지구 전체에 퍼진 적은 일찍이 없었다. 인류가 이런 위업을 달성할 수 있었던 것은, 열대 출신이라는 태생적 한계에도 불구하고 적합한 생활환경을 만들어내는 방법을 터득해 굉장히 다양한 조건 속에서 생존할 수 있었기 때문이다. 여러 종류의 의복과 가옥을 발명한 것이 그 적응비결로, 극단적인 기후조건으로부

---

* 남아메리카 남단, 마젤란 해협 남쪽에 있는 큰 섬.

터 자신의 몸을 보호해 혹한에서도 살아남을 수 있었다. 다시 말해 환경에 대한 문화적 적응과 발명이 생물학적 필요성을 경감시켜주었던 것이다. 이런 식으로 인류는 지구상의 곳곳에서 생태계의 균형을 근본적으로 파괴하며 끊임없이 변화시키는 요인을 도입했다.

기원전 4만~1만 년 사이에 인류가 급속히 팽창할 수 있었던 결정적인 요인은 다양한 자연환경에 대한 문화적 적응이었지만, 또 하나의 무시할 수 없는 요인이 있었다. 우리 선조들은 열대의 자연환경을 떠나면서 그때까지의 인류 또는 오늘날에도 열대에 사는 인류를 괴롭히는 수많은 기생생물과 병원체에서도 벗어날 수 있었던 것이다. 당연히 이들의 건강과 활동력은 개선되었고, 인구도 폭발적으로 증가했다.[13]

열대지방의 자연생태계에서 인류가 차지하던 위치는 온대나 한대지방에서 전개된 양상과 본질적으로 달랐다. 이미 살펴본 것처럼 사하라 이남의 아프리카에서는 인류의 수렵기술이 대형동물들 사이의 오래된 생태적 균형을 파괴한 후에도, 생물학적 억제기능이 계속 작동하여 매우 효과적으로 인간의 활동을 방해했다. 이에 반해 인류공동체가 온대지방에서 생존하고 번영하는 법을 익힐 때에는 그들을 둘러싼 생물학적 정황이 훨씬 단순했다. 일반적으로 낮은 기온은 생명을 유지하는 데 그다지 좋은 상태는 아니다. 따라서 온대나 한대에 적응한 동식물은 열대지방에서 왕성하게 번식하는 동식물보다 그 수가 훨씬 적다. 수렵인들이 처음 온대지역에 진입했을 때 그들을 맞이한 생태계는 그다지 풍요롭지도 않고 긴밀하게 연결되어 있지도 않았다. 게다가 온대지역의 생태적 균형은 인간의 행위에 의해 쉽게 교란될 수 있었다. 물론 인체에 기생할 가능성이 있는 생물체가 거의 존재하지 않았던 것은 초창기의 일시적 현상이었다. 곧 살펴보게 되듯이, 시간이 지나자 온대지방의 인류공동체에도 생물학적으로나 인구학적으로 중요한 의미를 띤 질병들이 나타나기 시작했다. 그러나 생태적 균형이 인간의 활동에 취약하다는 것은 열대 이외 지역의 변함없는 특징이었다.

　온대기후에서 인간은 역사상 유례가 없는 규모로 생물계를 지배하기 시작했다. 온대지방의 생태계에 막 들어간 완전한 신입이라는 의미에서 인류는 오스트레일리아에 이식된 토끼와 유사한 입장에 있었다. 천적도 기생생물도 없는 새로운 환경에서 적어도 초기에는 남아돌 만큼 먹이를 구할 수 있었던 토끼의 개체수는 급격히 증가해 양떼를 치는 사람들에게 지장을 줄 지경이었다. 아메리카 대륙에서도 유럽인들이 처음 이주할 때 가지고 간 돼지, 소, 말, 쥐와 다양한 식물이 기하급수적으로 불어났다. 하지만 초창기의 폭발적인 개체수 증가는 일시적인 현상에 지나지 않았고 적절한 교정수단이 자연히 만들어졌다.[14]

　충분히 긴 시간적 관점에서 보면, 새롭고 다채로운 온대지방의 생태적 환경으로 활동무대를 확장한 인류도 비슷한 과정을 밟았다고 말할 수 있다. 그러나 기(紀)나 세(世) 같은 지질학적 시간의 척도에서가 아니라 우리에게 익숙한 천년 백년 같은 시간단위에서 보면, 다양한 종들 사이의 통상적인 생물학적 적응과정이 인류의 급격한 팽창을 억제하는 기능을 발휘한 것은 아니었다. 인류의 진보를 낳고 이를 유지했던 것은 생물학적 적응이 아니라 문화적 적응이었기 때문이다. 주요 자원의 고갈로 인해 자연환경을 착취하는 특정한 패턴이 난관에 봉착하면, 인간은 창의력을 발휘해 다른 자원을 개발하여 새로운 생활수단을 찾아냈고, 이를 통해 생물계와 무생물계에 대한 지배력을 끊임없이 확대해왔다.

　털이 있는 매머드나 큰나무늘보같이 사람을 처음 접하게 된 대형동물은 무더기로 살육되어 얼마 후 자취를 감췄다. 능숙하고 무절제한 수렵민들이 아메리카 대륙에 살던 대부분의 대형동물을 멸종시키는 데 천년도 걸리지 않았다는 통계가 있다. 아메리카 대륙의 고대사에 대한 이런 시각에 따르면, 수렵민들은 큰 무리를 이루어 대형 사냥감들이 아직 생존해 있는 처녀지의 경계선을 따라 횡일렬로 계속 이동했다. 그들이 가는 곳이면 어디에서나 몇 년 이내에 동물들의 씨가 말랐고, 수렵인들은 남하를 계속해 결국 대부분의 대형동물을 전멸시켰다.[15] 물론 이런 파국적인 상황은 숙련된 수렵민이 사람 구경도 못해본 동물을 상대했던 신세계에서만 발생했고, 구세계에서는 그런 극단적인 조우는 일어나지 않았다. 그곳에서는 조금씩 북진할 때마다 더욱 혹독해지는 기후와 매서운 겨울에 적응해야 했기 때문에, 수렵기술을 북방의 대형동물들에게 적용하는 데 오랜 시간이 걸릴 수밖에 없었다. 아메리카 대륙에서는 반대로 수렵인들이 추운 북쪽에서 따뜻한 남쪽으로 이동했다. 그 결과 구세계와 비교가 안될 정도로 급속히 수많은 대형동물이 멸종되는 사태가 빚어졌다.

그 후 새로운 기술이 개발될 때마다 인류는 아메리카 대륙의 변경에서 그랬던 것처럼 자원을 무분별하게 낭비해 순식간에 고갈시키는 행위를 되풀이했다. 오늘날 서아시아를 제외한 다른 지역에서 나타나고 있는 석유 부족현상은 변함없는 인간의 낭비벽을 보여주는 최근의 사례이다. 그러나 석기시대에 지구상의 온대·한대 지역을 점거하게 된 인류는 다른 생물과 함께 살아가는 새롭고 좀더 항구적인 공존관계를 정립하기도 했는데, 이 양식은 이후의 역사에서 큰 역할을 했다. 인류가 다양한 기후대에 분산되면서 각 지역에 등장한 공동체 사이에 기생생물의 분포가 차별화되는 양상이 나타났다. 춥고 건조한 기후에서 생식하는 생물체의 종류가 감소한다는 것은 결국 인간을 괴롭힐 가능성이 있는 기생생물의 수와 종류도 줄어든다는 것을 의미한다. 기온과 습도가 떨어지고 따뜻한 계절과 일조량이 줄어들수록 기생체가 한 숙주에서 다른 숙주로 옮겨갈 수 있는 여건도 악화된다. 결과적으로 기생체의 침입 및 감염은 지역에 따라 달라진다. 그래서 고온다습한 기후대로부터 한랭건조한 지역으로 이동하는 사람들은 미지의 기생생물에 감염될 여지가 별로 없었지만, 고온다습한 남부지역에서 기승을 부리는 기생체 감염은 추운 북부지역이나 건조한 사막에서 온 사람들에게 언제나 위협적인 존재였다.

다시 말해 차갑고 건조한 기후대로 들어갈수록 인간의 생존은 대형 동식물과의 생태적 관계에 크게 의존하게 되고, 열대지방에서 그토록 결정적이었던 미시기생생물과의 균형은 상대적으로 사소한 문제가 되었다.

이런 차이는 중요한 의미를 갖는다. 대부분의 미시기생생물은 너무 작아서 육안으로는 볼 수 없으며, 따라서 현미경처럼 사람의 관찰력을 향상시켜주는 보조수단이 개발될 때까지 이런 미시기생생물과 조우한다는 것을 아무도 이해하지 못했고, 따라서 통제할 수도 없었다. 일찍이 인간은 지능을 이용해 눈으로 보고 손으로 시험해볼 수 있는 사물을 잘 다룰 수는 있었지만, 미시기생생물과 인류의 관계는 19세기에 이르기까지 대체로 생물학적 원칙에 의해 지배되어왔다. 이는 인간에게 기생생물을 의식적으로 제어할 능력이 없었음을 뜻한다.

하지만 미시기생생물이 그다지 널리 퍼져 있지 않고 그 위력도 미약한 지역에서는, 인간의 지능이 그들의 생존을 좌우하는 변수에 큰 영향을 미칠 수 있었다. 먹이와 적을 눈으로 식별할 수 있는 인간은 이들에 대처하는 새로운 방법을 차차 발명해갔다. 그 결과 수렵에 의존하는 생활방식 속에서는 단순한 소수의 포식자에 지나지 않았던 그들이 마침내 오늘날과 같은 존재가 되었다. 과거에는 불과 수천 명의 수렵민밖에 생존할 수 없었던 지역에 수백만 명으로 늘어난 인구가 살 수 있게 된 것이다. 따라서 인류가 요람의 땅인 열대를 떠난 것은, 원시상태의 인류를 얽어매던 꽉 짜인 생명의 망 속에서는 성취할 수 없었던 문화적 발명의 가능성을 활짝 열어줌으로써 자연계의 균형에서 인류가 앞으로 맡게 될 역할을 시사해주는 일대사건이었다.

물론 지역적 여건에 따라 이런 일반적인 패턴은 조금씩 변형되었다. 인구밀도, 이용 가능한 수자원, 식량, 주거환경의 특성과 수준, 개인들 간의 접촉 빈도 및 범위 등은 질병의 패턴에 큰 영향을 미쳤다. 예컨대 최근까지 한랭건조한 기후대에 위치해 있어도 대도시는 언제나 비위생적인 장소였었다. 하지만 일반적으로 말하면 그런 생태적 법칙으로부터의 일탈은 어디까지나 부분적인 특수한 예에 불과하고, 지역에 따른 생태계의 변형은 고온다습할수록 감염증의 종류나 빈도가 증가한다는 생물학적 원칙 안에서 이루어지고 있었다.[16]

구석기시대의 수렵군단들이 온대지방은 물론 북극에 인접한 지역까지 퍼져나간 것은, 인류가 생물학적인 의미에서 미증유의 성공을 거두었음을 뜻한다. 그러나 수렵 가능한 땅이 사람들에 의해 모조리 점유되자, 오래전부터 사냥이 시작된 지역에서는 남획으로 인해 마땅한 사냥감이 대부분 바닥을 드러냈고 완전히 멸종된 종들도 있었다.

주요 식량자원인 대형동물이 멸종됨에 따라 세계 곳곳에 흩어진 수렵민들은 각기 다른 시기에 생존의 위협을 받았다. 이 위기는 마지막 빙하가 후퇴하면서(B.C. 2만 년 이후) 기후가 급격히 변화한 현상과도 무관치 않다. 이 두 가지 요인으로 인해 수렵에 의존하는 인류공동체들은 일련의 심각한 환경상의 시련에 직면했다. 종전의 방법으로는 생존이 어려워지자 인류는 새로운 먹을거리를 열심히 찾기 시작했다. 바닷가에서 식량을 구해보려는 노력은 조선(造船)과 어렵을 발달시켰고, 먹을 수 있는 식물의 씨앗을 채집하던 집단들은 농경을 발전시켰다.

크게 보면 구석기시대의 수렵민과 채집민은 최초의 호미니드들이 열대 요람에서 겪은 경험을 되풀이했으리라 짐작된다. 즉 새로운 생태적 적소에서 가용자원이 고갈되자 또 다른 유형의 균형이 이루어지고, 다양한 제어기능이 작용해 인구증가를 억제했다. 이런 제어기능이 무엇이었는지는 시간·장소·공동체에 따라 크게 달랐다. 다만 인류가 진화해왔던 열대지방 이외의 지역에서는 병원체가 별로 중요한 역할을 하지 않았던 것 같다. 직접적인 육체적 접촉을 통해 한 숙주에서 다른 숙주로 이행하는 기생생물, 예컨대 이나 매종(梅腫)*의 병원균인 스피로헤타 같은 것은 온대지방에서도 여러 곳을 이동하는 수렵민의 작은 공동체에서 살아남을 수 있었다. 감염되어도 경과가 완만하며 숙주인 인간의 체력을 심하게 또는 갑작스레 저하시키지 않는 기생증은 수렵 집단들 틈에 섞여 열대지방에서 지구 전체로 퍼져나갔을 것이다. 그러나 그런 감염증의 종류 및 빈도는 인류의 오랜 서식처였던 열대에서 기승을 부렸던 것에 비하면 훨씬 줄어든 것이었다.

결과적으로 온대지방에 정착한 고대 수렵인들은 비교적 단명했으리라 추측되지만 대체로 건강했던 것으로 보인다.[17] 그들이 건강했다는 것은 오늘날 오스트레일리아와 아메리카 대륙에 살고 있는 수렵민족의 생활을 통해서도 간접적으로 추정할 수 있다. 근대 이후 외부세계와의 접촉에서 유래한 무서운 질병을 별도로 치면 이전의 그들은 전염성 질환이나 다세포 기생체의 침범으로부터 자유로웠던 것으로 보인다.[18] 이는 지극히 당연한 현상이다. 서서히 진행되는 생물학적 진화 과정이, 한랭건조한 기후에 적응하는 미생물과 숙주 사이를 이동할 수 있는 패턴을 고안해서 세계 각지의 온대지방과 한대지방에 고립·분산되어 있는 소규모 수렵공동체 내부에 열대지방 수준의 기생체 감염을 유지시키기에는 시간이 부족했기 때문이다.

이런 조정작용이 인류의 생활에 영향을 미치기 전에, 일련의 숙명적인 발명이 다시 한번 인류와 환경과의 관계에 혁명적인 변화를 가져왔다. 식량생산은 인구를 폭발적으로 증가시켰고, 도시와 문명의 탄생을 조장했다. 대규모 공동체에 밀집된 인간들은 잠재적인 병원체들에 풍

* yaws. 프람베지아(frambesia), 인도마마, 딸기종으로 불리기도 한다.

부한 먹이를 제공하게 되었다. 이는 흥미롭게도 우리의 먼 조상들이 아프리카 사바나에서 대형초식동물을 처음 상대했을 때의 상황을 방불케 했다. 이제는 미생물들이 마을·도시·문명의 발달에 의해 조성된 새로운 여건 속에서 손쉬운 사냥을 기대할 수 있게 된 것이다. 인간이 대규모 공동체에 모여 살게 되면서 생겨난 이 좋은 기회를 미생물이 어떻게 이용했는지가 다음 장의 주제이다.

2 역사시대로

　　5만 년 전부터 아프리카에서 시작된 대형 사냥감의 멸종현상은 2만 년 전에 아시아와 유럽으로 퍼져나갔고, 약 1만 1천 년 전 남북아메리카에서는 특히 그 정도가 심각했다. 이런 현상은 대형동물을 살육하는 기술에만 전념했던 당시의 수렵인들에게 크나큰 타격이었을 것이다.[1] 게다가 대형동물들이 한 종 한 종 사라지면서 지역에 따라서는 인구도 급격하게 감소했을 것이다. 과거에는 매머드 한 마리만 잡아도 한 군단이 일주일 이상 먹을 수 있었지만, 이제 같은 수의 사람이 살아남기 위해서는 날마다 충분한 양의 소형동물을 사냥할 수밖에 없었다. 더구나 때를 같이하여 기후의 변동이 자연계 균형을 일변시켰다. 북방에서는 후퇴해가고 있던 빙하의 가장자리에 위치한 지역이 특히 많이 변했고, 아열대지방에서는 무역풍의 풍향이 북쪽으로 바뀌면서 과거에 좋은 사냥터였던 아프리카의 사하라와 서아시아의 인접지역이 사막으로 변해버렸다.

　　따라서 인류는 세계 각지의 달라진 주변환경에 존재하는 모든 것을 충분히 활용할 수 있는 방향으로 그들의 생활습관을 바꾸어야 했다. 대형동물이 사라진 마당에 다른 식량원을 찾지 않을 수 없었던 것이다. 이런 압력 속에서 우리 선조들은 먼 과거의 영장류처럼 잡다한 동식물을 먹는 잡식성으로 변했다. 특히 바닷가의 식량자원이 조직적으로 개발되기 시작했는데, 이런 사실은 버려진 조개껍데기가 쌓인 수많은 패총(貝塚)과 그보다는 못하지만 적잖은 양의 생선뼈가 섞여 있는 퇴적이 여실히 입증해준다. 뿐만 아니라 음식을 준비하는 새로운 방법도 다양하게 개발되었다. 예를 들어 일부 집단은 올리브나 카사바를 오랫동안 물에 담가둠으로써 유독성분을 제거하는 방법을 터득했다. 그 밖에 식물성 물질을 잘 소화할 수 있도록 빻거나 가열하거나 발효시키는 처리법도 고안했다.[2]

그러나 그런 임시방편들은 얼마 지나지 않아 식물의 재배와 동물의 가축화를 통한 식량생산이 본격적으로 발달하면서 빛을 잃었다. 지구상 여러 곳에서 많은 공동체가 이런 방향으로 진보하기 시작했다. 그 결과는 천차만별이었는데, 태초에 그 공동체가 시작된 야생상태에서 무엇을 이용할 수 있는가에 크게 좌우되었기 때문이다. 일반적으로 신세계에는 가축화할 수 있는 동물이 별로 없었지만 유용한 식물은 많았던 반면, 구세계에는 가축화할 수 있는 동물이 많았고 식용으로 사용할 수 있는 식물의 종류도 다양해서 인간의 창의력을 자극했다.

초창기의 동식물 사육과 재배에 대해 구체적으로 알 수는 없다. 하지만 인간이 사육·재배할 수 있는 다양한 동식물 종과 인간 사이에는 상호 적응하는 과정이 진행되었을 것이다. 이 과정에서 사육이나 재배의 대상이 되는 동식물의 편에서는 특정의 유용한 성질을 중심으로 우연적 또는 인위적인 선택이 이루어졌고, 그 결과 동식물의 생물학적 형질에 큰 폭의 변화가 급속히 일어났다. 또 역으로 인류의 편에서도 인위적이라고 보기는 어렵지만 상당한 수준의 자연선택이 이루어졌다. 예를 들어 매일매일 반복되는 농사일을 마다하는 사람은 생존하기 어려웠고, 이듬해에 뿌릴 파종용 곡물을 남겨두지 않고 먹어치운 사람도 연중 수확을 기반으로 꾸려지는 공동체로부터 배제되었을 것이다.

목동들과 농부들은 기후와 토양 그리고 기술(또는 기술의 결여)에 따라 각기 다른 방식으로 야생동식물계에 적응해 나가면서 다양한 종류의 작물과 가축을 길렀다. 그 결과는 마을에 따라, 경작지에 따라 천차만별이었으며 심지어 같은 경작지 내에서도 달랐다.

그러나 우리의 눈길을 사로잡는 몇 가지 공통적인 현상도 있었다. 무엇보다도 사람들이 특정 동식물만을 번식시키고 다른 종은 퇴출시킴으로써 자연환경의 변화를 초래했다는 점을 들 수 있다. 그 결과 생물학적 다양성이 사라졌고, 지역별 동식물의 분포가 균일화되는 현상이 나타났다. 이와 동시에 사람들은 경쟁관계에 있는 포식자들의 활동을 위축시키고 늘어난 식량을 호모 사피엔스 한 종만의 소비를 위해 비축함으로써 먹이사슬을 단축시켰다.

자연계의 먹이사슬 단축으로 인해 인간은 끊임없이 노력해야 했다. 가축이나 작물을 동물 포식자들로부터 보호하는 일은 빈틈없는 경계를 요했지만 노련한 수렵인 인류에게 그리 심각한 문제는 아니었다. 하지만 다른 인간들로부터 식량을 보호하는 것은 또 다른 문제였다. 외부인들의 약탈로부터 자신들의 재산을 안전하게 지키려는 노력은 정치조직을 탄생시킨 견인차였으며, 이런 과정은 아직도 완결되지 않았다.

인류의 생활에서 더 큰 비중을 차지했던 문제는 잡초를 제거하는 일이었다. 이 일은 주민 대부분의 끝없는 노력을 요구했기 때문이다. 다시 말해 인류가 선택해 사육·재배하는 동식물이 살아갈 공간을 마련해주기 위해 경쟁관계에 있는 종들을 퇴치해야 했다. 아마도 맨손으로 잡초를 뽑는 작업이야말로 '농경'의 시초였을 것이다. 하지만 사람들이 자연환경을 더욱 근본적으로 바꾸는 법을 터득하면서 인간의 능력은 새로운 경지에 올랐다. 그들은 자연상태에서 안정된 균형을 유지하고 있는 식물군을 없애고 대신 원하는 작물의 생태적 적소를 확대시켰다. 이를 위해서는 두 가지 방법이 특히 효과적이었다. 원래 건조한 땅에 인위적으로 물을 끌어대는 방법과 땅을 파고 쟁기질을 함으로써 토지 표면을 물리적으로 변화시키는 방법이었다.

경작지에 물을 대면 불필요한 식물을 없앨 수 있다. 연중 일정 기간은 농토를 물에 잠기게 한 뒤 적당한 때에 배수하여 땅을 건조시키면 잡초는 별 문제가 되지 않는다. 건조한 상태와 습윤한 상태가 번갈아드는 장소에서 생장·번성하는 식물의 종은 아주 제한된다. 농민들이 수문을 여닫아서 원하는 작물의 필요에 따라 농지를 적시고 말리는 기간을 인위적으로 조정한다면 살아남을 수 있는 종은 더욱 줄어든다. 물론 얕은 물에서 잘 자라는 작물만이 이런 방식의 혜택을 보게 되었는데, 그 대표적인 것이 벼였다. 그러나 벼에 비해 가치가 떨어지는 몇몇 뿌리작물도 비슷한 방법으로 재배할 수 있다.

가래·괭이·쟁기를 사용해 땅을 파헤치는 기계적인 방법은 먼 옛날 서아시아에서 발전하여 유럽으로 전파된 농경법이므로 서구인에게도 낯익은 방법이다. 이 방법은 초창기 농경발달의 또 다른 중심지였던 아메리카와 아프리카에서도 널리 이용되었다. 최초의 단계인 화전농법은 나무에 상처를 내 낙엽수림을 고사시킨 후 그곳에 농사를 짓는 것이었다. 그러면 햇볕이 지표면에 충분히 쬐서 경쟁상대인 잡초가 살 수 없는 좋은 조건에서 곡물이 잘 자라난다. 그러나 이런 식의 경작은 토양의 생산성을 높이기 위해 말라 죽은 나무를 태워 그 재를 땅에 뿌리는 형식으로 보완되었을 때에도 결코 안정된 농법은 아니었다. 숲의 개간지에는 얼마 지나지 않아 씨앗들이 날아들어 엉겅퀴 같은 잡초가 무성하게 자랐다. 한 해나 두 해쯤 지나면 이것들이 뿌리를 내려 농작물에 피해를 주게 마련이다. 그러면 장소를 이동해 잡초가 적은 새로 개척한 토지에서 작물을 재배하면서 고대의 서아시아·아메리카 인디언·아프리카 농부들은 겨우겨우 살아갔다.

초창기 농경의 이런 한계가 극복된 것은, 기원전 약 3000년경 고대 서아시아에서 쟁기를 이용한 경작법이 발명된 후였다. 이 방법은 해마다 돋아나는 잡초를 제거하는 데 효과적이었으며, 따라서 농민들은 같은 농지에서 계속 경작을 할 수 있었다. 비결은 의외로 간단했다. 인력 대신 가축의 힘을 빌려 쟁기질을 함으로써, 고대 서아시아의 농부들은 작물을 재배하는 데 필요한 면적의 두 배가 되는 땅을 경작할 수 있었다. 덕분에 경작지의 반은 휴한지(休閑地)로 만들었다. 잡초씨가 싹을 틔우기 전에 잡초를 제거하기 위해 식물이 생장하는 계절에 땅을 갈아엎는 것뿐이었지만 이렇게 하면 적절히 비어 있는 생태적 적소가 조성되어, 지역에 자생하는 잡초의 피해를 크게 받지 않고 이듬해에 또 안심하고 작물을 재배할 수 있었다.

오늘날에도 대부분의 교과서에 휴한이란 1년간 토지를 쉬게 해서 지력을 회복시키는 것이라고 설명되어 있다는 사실은 애니미즘[곧 만물에 영혼이 있다는 믿음]적 미신이 인류에게 뿌리깊게 남아 있다는 증거이다. 잠시만 생각해보면, 한 해 동안 농토를 놀린다고 해서 지질학적 풍화과정을 거쳐 화학적 변화가 일어나 이듬해의 작황에 특별한 영향을 미친다고 믿기는 어려울 것이다. 물론 '건지농법'(乾地農法)의 경우에 휴한상태의 토양은 식물의 뿌리와 잎을 통해 공중에 수분을 발산해버리는 것을 막고 땅속에 수분을 저장하는 역할을 한다. 따라서 수분 부족 때문에 농작물의 생육이 어려운 지역에서는 한 해 동안의 휴경이 땅속에 수분을 축적시킴으로써 지력을 높일 수 있다. 그러나 수분부족이 농작물의 생육에 별로 문제가 되지 않는 지역에서 휴경이 갖는 가장 큰 장점은, 쟁기질을 통해 잡초의 자연적인 라이프 사이클을 교란시킴으로써 농민들이 잡초를 제압할 수 있게 해준다는 것이다.

이미 지적했듯이 땅을 갈아엎거나 물을 채우는 방법도 잡초를 제거하는 데 효과적이다. 그러나 대부분의 자연조건에서는 농지의 반을 놀리고, 나머지 반에서 한 가족이 먹고살 만한 수확을 얻기에 충분한 토지를 경작한다는 것은 인력만으로는 도저히 불가능하다. 특수한 성질의 토양이든가 생태적 조건이 갖춰진 경우는 몇 가지 예외적인 사례가 있기도 했는데, 대표적인 예가 중국과 아메리카 대륙이다. 중국 북부 지방에서는 황토라는 부드럽고 비옥한 토양 덕분에 가축의 힘을 이용해 쟁기질을 하지 않고도 기장 같은 농작물을 재배해서 먹고살 수 있었다. 아메리카 대륙의 경우 중국의 황토처럼 경작하기 쉬운 토양은 아니었지만, 구세계의 주요 작물이었던 보리, 밀, 기장에 비해 단위면적당 높은 열량을 산출하는 옥수수와 감자를 재배함으로써 중국과 비슷한 결과를 얻었다.[3]

이와 같이 철저하게 자연환경을 고쳐 변화시키고 거기서 생겨난 여러 가능성을 발견해 활용하는 인류의 경이로운 능력 덕분에 식량공급량은 몇 배로 늘어났지만, 인간은 끝없이 반복되는 단조로운 노동에 시달려야 했다. 물론 쟁기는 가축의 힘을 이용해 끌면 그만이었다. 일반적으로 쟁기를 사용하는 농사꾼의 생활은 동아시아에서 벼농사를 짓는 농부가 처한 운명에 비하면 덜 고생스러웠다. 벼농사를 짓는 농민은 논을 경작하고 유지하는 데 필요한 물과 토양의 관리를 자신의 손발로 직접 해야 했기 때문이다. 끝도 없이 계속해야 하는 고된 노동은 근본적으로 수렵생활에 오랫동안 길들여진 인간의 성향에 어울리지 않았지만, 모든 농경민의 숙명이었다. 이런 고역을 감내함으로써 경작자인 인류는 자연생태계의 균형을 교란시키고 먹이사슬을 단축시키고 인간의 소비를 증대시키고 인구를 증가시켜, 자연계의 균형 안에서 비교적 소수였던 종이 마침내 지구상에 확대된 농경 가능지역에서 지배적인 대형 종으로 군림하게 되었던 것이다.

인간은 잡초―바구미, 쥐, 생쥐 등 성가신 동물도 포함해서―와의 투쟁에서 도구와 지능을 동원하여 시행착오를 거듭했다. 아직 끝나지 않은 투쟁이지만 인류는 연전연승을 거두었다. 그런데 농경에 의해 자연생태계의 균형이 붕괴되자 또 다른 문제가 생겼다. 먹이사슬의 단축과 사육·재배하는 한정된 종의 동식물의 증식은, 기생생물의 잠재적인 먹이가 밀집되는 사태를 의미했다. 가장 강력한 기생생물은 대체로 작아서 육안으로 식별할 수 없기 때문에 인류의 대단한 지혜로도 오랫동안 그들의 창궐에 효과적으로 대처할 수 없었다.

근대과학이 탄생하고 현미경이 발명되기 전, 우리의 선조들이 잡초나 경쟁상대인 대형포식자와의 투쟁에서 거둔 승리는 일견 화려해 보였지만 소형 포식자인 기생생물로부터 통렬한 반격을 당했다. 이들 기생생물은 성공한 농민들이 바꿔놓은 자연환경에서 전대미문의 호기를 잡게 되었던 것이다. 실제로 단일의 또는 소수의 종의 과다 증식현상은 생물계의 자연적 균형이 갑작스럽고 폭넓게 변화했을 때 반드시 나타나는 정상적인 반응이다. 잡초라고 일컬어지는 성가신 종들은 어떤 재해로 인해 정상적인 생태계에 생긴 빈틈을 이용해 살아남는다. 잡초는 자연계의 식물상(植物相)이 안정된 상태에서는 드물고 눈에 잘 띄지도 않지만, 식물군락의 균형이 파괴되어 새로운 생태적 적소가 생기면 순식간에 번식할 수 있다. 이런 기회를 활용할 수 있는 잡초의 수는 많지 않으므로, 결국 한정된 종류의 몇 가지 잡초가 지나치게 늘어나는 과다 증식현상이 벌어진다. 그러나 잡초가 자연계에서 영원히 번성하는 것은 아니다. 머지않아 복잡한 대상(代償)적 적응이 작용하기 시작해 더 이상의 심각한 '외적' 교란이 없을 경우 안정적이고 다양한 식물상이 다시 자리를 잡게 되면서 생태적 균형이 파괴되기 전과 비슷한 상태로 되돌아간다.

그러나 인류가 농경에 적합하게 자연환경을 변화시키려는 노력을 지속하면서 안정된 식물생태계의 복원을 방해하여, 기생생물의 과다 증식 가능성을 열어놓게 되었다.[4] 이미 살펴본 것처럼, 옛 농민들도 눈으로 확인하고 손으로 처리할 수 있는 비교적 큰 생물체를 상대할 경우에는 지속적인 관찰과 실험을 통해 잡초(쥐 같은 성가신 존재뿐 아니라)를 제압할 수 있었다. 그러나 인간의 지능은 각종 질병을 유발하는 미생물을 다루는 데는 수천 년 동안 무력하기 짝이 없었다. 그 결과 농작물·가축·인간에게 발생한 각종 질병은 역사시대를 통해 인류에 매우 심각한 영향을 미쳤다. 근대의학의 발전으로 질병전파의 몇 가지 중요한 패턴이 밝혀지기 전까지 영문도 모르고 있었을 인류에게 무슨 일이 일어났는지를 이해하려는 노력이야말로 이 책의 존재이유이다.

여기까지는 누구나 수긍할 수 있을 것이다. 그러나 이런 개괄적인 논의에서 한걸음 나아가 구체적으로 어떤 종류의 질병이 어느 지역에서 언제 발생해 맹위를 떨쳤는지, 그리고 인간의 생활과 문화에 어떤 영향을 미쳤는지 질문한다면 불확실한 변수들이 많아서 적절한 해답을 찾기가 어렵다. 농작물과 가축을 습격한 질병은 애초에 제외한다 하더라도, 무엇을 근거로 인간의 감염증의 역사를 재구성해야 할지 막막하기만 하다.

사람들이 한 마을에서 장기간 또는 영구히 거주하는 형태가 기생생물에 감염될 위험을 초래한다는 것은 쉽게 알 수 있다. 사람의 거주지 근처에 쌓이는 배설물과 접촉할 기회가 늘어나면, 다양한 장내 기생생물이 한 숙주에서 다른 숙주로 안전하게 이동하는 것이 용이해진다. 이와 대조적으로 수렵군단은 한 장소에 잠시 머무를 뿐 끊임없이 이동했기 때문에 그런 종의 감염 사이클에 노출될 위험이 거의 없었다. 한곳에 정착해 있는 사람들은 같은 기후대에 있다 하더라도 고금의 수렵인들에 비해 기생충이나 그 밖의 기생생물에 감염될 확률이 높았다고 생각할 수 있다. 또한 오염된 물을 통해 이 숙주에서 저 숙주로 쉽게 이동하는 기생생물도 있었을 것이다. 한곳에 정착한 인간공동체가 생활용수를 언제나 같은 수원에서 구할 수밖에 없었다면, 수인성 질병에 감염될 확률은 더욱 높아졌을 것이다.

그렇다고 초기 농경사회의 특징인 소규모 마을공동체들이 한결같이 기생생물의 심각한 침해를 받았으리라고 단정할 수는 없다. 서아시아의 화전민들은 일생 동안 장소를 여러 번 옮겨 다녔고, 중국에서 기장을 재배하던 농민들과 옥수수·콩·감자를 재배하던 아메리카 인디언들도 문명이 시작되기 전에는 각기 분산되어 작은 마을을 이루고 살았다. 그러나 이런 공동체도 각종 기생생물의 침입과 감염에서 자유롭지는 못했을 것이며, 비록 기생생물의 수는 장소에 따라 달랐겠지만 같은 마을에 사는 구성원들은 어릴 적에 비슷한 기생생물에 감염되었으리라 추정된다. 적어도 현존하는 원시적 농경민들의 경우는 그렇다.[5] 그렇지만 유례없는 인구증가를 저지하지 못했다는 점에서 그런 감염이 심각한 생물학적 부담은 아니었음에 틀림없다. 그 후 수백 년도 지나지 않아 유익한 식용작물의 재배에 성공한 모든 역사적 중심지에서 인구밀도는 같은 장소에 있었던 수렵민의 10~20배에 달했다.[6]

관개농업에 의존했던 초창기의 농경지대, 예컨대 메소포타미아, 이집트, 인더스 강 유역, 페루 연안은 단순한 구조의 고립된 마을과는 달리 복잡한 사회적 통제를 필요로 했다. 운하나 수로의 계획과 건설, 그런 것을 유지하기 위한 공동작업, 원하는 이들에게 관개용수를 할당하는 일은 하나같이 권위 있는 통솔력을 요구하는 것이었다. 이에 부응해 마을생활에서는 상상할 수 없었던 광범위한 협동작업과 전문화된 기술을 특징으로 하는 도시와 문명이 탄생했다.

그러나 따뜻한 기후에서 발달한 관개농업은 인류의 먼 조상들이 등장했던 열대우림지대만큼이나 각종 병원성(病原性) 기생생물이 이동하기에 적합한 환경을 만들어냈다. 기생생물들은 열대우림지대보다 풍부한 수분을 이용해 숙주 사이를 쉽게 이동할 수 있었다. 숙주가 될 수 있는 사람들이 계속 걸어다니는 적당히 따뜻하고 얕은 물은 기생생물이 이동하기 좋은 수단이 되었으며, 이 녀석들은 건조한 환경에서 장기간 자신들을 보호해주던 포낭 같은 형태를 굳이 갖출 필요도 없어졌다.

고대에서 기생의 형태는 오늘날과 약간 달랐을지도 모르지만, 생물체의 진화는 사람들의 역사적 기준으로 따지면 매우 더디게 진행된다. 따라서 겨우 5천년 전에 관개농경이 만들어낸 특수한 조건들을 이용하던 기생생물의 생활형태는 오늘날 관개농법으로 벼농사를 짓는 농민들의 삶에 고통을 주는 녀석들의 생활형태와 대동소이했을 것이다.

이런 기생생물에 대해서는 제법 많은 것이 알려져 있다. 가장 말썽을 피우는 녀석은 주혈흡충증(住血吸蟲症)을 일으키는 흡충류이다. 이 질병은 숙주를 점점 쇠약하게 만드는 고약한 병으로, 현재 약 1억에 달하는 인구를 감염시키고 있다고 추정된다. 흡충의 라이프 사이클은 연체동물과 사람을 교대로 숙주로 삼으며, 미세한 형태를 띠고 물 속을 자유롭게 헤엄쳐 한 숙주에서 다른 숙주로 이동한다.[7] 이 흡충에 감염되면 연체동물 중 가장 흔한 숙주인 달팽이는 죽기 쉽다. 하지만 이 기생생물에 지속적으로 노출되어 있는 사람들은 대개 어린 시절에 감염되어 심한 증상을 겪는데, 그 후 증상은 점차 약해지지만 기생생물은 언제까지나 체내에 남아 있다. 말라리아의 경우와 마찬가지로 이 기생생물의 라이프 사이클은 매우 복잡하다. 흡충은 전혀 다른 두 가지 형태로 자유롭게 헤엄치면서 각각의 숙주인 연체동물과 사람을 찾는데, 일단 침입하고 나면 숙주의 체내에서 기나긴 이동을 시작한다. 그 이동경로가 복잡하고 숙주인 사람에게 나타나는 증상이 만성적인 것으로 미루어 보건대, 오늘날 흡충류가 보여주는 행동 뒤에는 오랜 세월에 걸친 진화과정이 있었다고 짐작된다. 이 기생생물도 말라리아처럼 아프리카나 아시아의 열대우림에서 유래한 것으로 여겨지지만, 오늘날 매우 넓은 지역에 분포되어 있어서 언제 어떤 경로를 통해 현재 기승을 부리고 있는 지역으로 확산되었는지 추정할 만한 근거는 전혀 없다.[8] 고대 이집트의 관개농민들은 일찍이 기원전 1200년경부터 흡충의 감염으로 고통받았는데, 어쩌면 더 오래전부터 감염되었을지도 모른다.[9] 고대 수메르와 바빌로니아 사람들도 흡충에 감염되었는지 단언할 수는 없지만, 두 강 유역에 살던 집단들이 접촉했던 것으로 미루어 짐작컨대 감염되었을 가능성이 크다.[10] 멀리 떨어진 중국에서도 최근에 잘 보존된 상태로 발견된 기원전 2세기경의 미라*의 체내에서 흡충과 기타 기생충이 나왔는데, 직접적인 사인은 심장마비로 밝혀졌다.[11] 오늘날에도 경작자들이 얕은 물에서 오랜 시간을 보내야 하는 관개농경의 자연환경에서 감염증이 급속히 퍼진다는 경험적 사실을 고려할 때,[12] 구세계에서는 오래전부터 관개농업과 주혈흡충증이 밀접하게 연관되어 있었을 것이다.

주혈흡충증이나 그와 유사한 기생충증이 고대에 얼마나 퍼져 있었는지는 알 수 없지만, 확실한 것은 일단 이 병이 만연하면 수많은 농민이 쇠약해졌다는 사실이다. 흡충에 감염된 농민들은 일상적인 농사일이나 관개수로 공사에 지장을 받았을 뿐만 아니라, 외적의 침입에 맞서거나 이민족의 정치적 지배와 경제적 수탈에 대항하는 데도 어려움을 겪었을 것이다. 다시 말해 주혈흡충이 유발하는 만성적인 피로와 무력증[13]은 인류가 유일하게 두려워했던 대형 포식자의 침략, 곧 전쟁과 정복을 위해 무장한 다른 인간들의 침략에 저항할 수 없게 만들었을 것이다. 역사가들은 국가의 형성이나 조세 징수, 약탈적 침략을 이런 맥락에서 생각하기 어렵겠지만, 미시기생과 거시기생 간의 상호협력은 통상적인 생태현상이었다.

농민들의 기생체 감염이라는 사태가 하천 유역에서 발달한 초창기 문명의 사회적 위계를 정립하는 데 얼마나 중요한 역할을 했는지 정확

---

* 마왕두이(馬王堆) 고분에서 발굴된 창사 국(長沙國) 승상 리창(利蒼)의 부인인 신주이(辛追)의 미라를 말한다.

히 판단하기는 어렵다. 그러나 관개농업에 기반한 사회의 특징이었던 전제정치구조는 지금까지 제시된 설명처럼 물을 관리하고 통제해야 할 기술적인 필요성에 기인한 것이겠지만,[14] 오랫동안 물에 발을 담그고 일하는 농민들을 쇠약하게 만들었던 질병과도 무관치 않다고 생각해볼 수 있겠다. 요컨대 이집트의 역병은 고대의 히브리인들이 의식했거나 근대의 역사가들이 인식해온 것 이상으로 파라오의 권력과 결부되어 있었을지도 모른다.

기생생물을 눈으로 직접 확인할 수 없는 상황에서 감염성 질병이 발생하면 인간의 지능은 그야말로 무용지물이었다. 그렇지만 사람들은 감염의 위험을 감소시킬 수 있는 섭생법 또는 위생규칙 같은 대증요법을 만들어냈다. 그 중 널리 알려진 것이 유대교와 이슬람교의 돼지고기 금식이다. 서아시아의 마을에서 돼지는 인분이나 '부정한' 것을 먹어치우는 일종의 거리청소부였다는 사실을 알고 나면, 이 금기를 충분히 이해할 수 있다. 오늘날에도 널리 퍼져 있는 선모충병(旋毛蟲症)이 입증해주듯이, 돼지고기는 잘 익혀서 먹지 않으면 많은 기생생물을 사람에게 옮길 수 있다. 물론 고대인들이 돼지고기를 식용으로 금지한 것은 시행착오를 거친 합리적 판단이라기보다는 돼지의 불결한 행동에 대한 본능적인 혐오감에서 비롯되었을 것이다. 또한 현존하는 기록만으로는 이런 금기를 지킴으로써 사람들의 건강에 얼마나 보탬이 되었는지 알 길이 없다.

나병환자[15]를 사회에서 격리시키는 것도 배후에 비슷한 심리가 깔려 있다. 이는 고대 유대교의 율법으로, 피부접촉으로 전염될 수 있는 질병에 노출되는 위험을 감소시켰을 것이다. 물이나 모래로 몸을 깨끗이 씻는 것은 이슬람교나 힌두교의 의식에서 대단히 중요한 부분이었는데, 이것도 감염증의 확산을 어느 정도 효과적으로 막아주었다.

그러나 성스러운 축제를 축하하기 위해 모인 많은 순례자가 일제히행하는 의식인 목욕은, 기생생물이 새로운 숙주를 찾을 수 있는 절호의 기회를 제공하는 것이었다. 실제로 예멘의 이슬람 사원에 딸린 목욕탕에서 주혈흡충증에 감염된 달팽이들이 발견되었고,[16] 인도에서는 종교적 의식을 위해 몰려든 순례자들 때문에 콜레라가 확산되곤 했다.[17] 따라서 종교적으로 신성시되는 전통 율법이나 오래된 규범이 언제나 유행병의 전파를 저지하는 효과가 있었던 것은 아니다. 실제로는 전염병의 확산을 부추겼던 관습들도 건강에 긍정적으로 기여했던 규범들과 똑같이 신성한 것으로 간주되었다.

농경이 만들어낸 호의적 조건들 덕분에 인류에게 만연하게 된 것은 비단 유충류나 다세포 기생충만이 아니었다. 가축·농작물·인간이 늘어나자 원충류, 박테리아, 바이러스 등 감염을 일으키는 미생물에게도 증식을 위한 무대가 확대되었다. 그 영향은 대개 간접적이고 우발적이며 예측 불가능한 것이었으므로, 몇 가지 예외를 제외하곤 당시 새로운 질병 패턴을 유발했을 모든 상황을 재구성한다는 것은 도저히 불가능하다.

예외적인 경우는 서아프리카에서 발견된다. 농경이 열대우림까지 확대되기 시작했을 때, 화전농법은 분명 그때까지 유지되던 생태적 균형에 새로운 압박을 가했다. 그 결과 뜻밖에 말라리아가 맹위를 떨치며 유행하기 시작했다. 아마도 화전민들이 일군 개간지가 사람의 피를 좋아하는 학질모기의 일종인 아노펠레스 감비아(Anopheles gambiae)에게 번식지를 제공했던 것 같다. 이 모기는 인간이 아프리카의 열대우림에 개척한 초지(草地)에서 대량 발생했던 성가신 종이라고 보면 맞다. 농경의 발전과 함께 이 모기는 사람이 아닌 동물의 피를 빨아먹던 다른 종류의 모기들을 대체했다. 그 결과 인간-모기의 감염 사이클은 전에 없는 밀도에 이르렀고, 이 지역에 들어선 사람은 누구나 예외없이 말라리아에 감염되었다.[18]

그럼에도 아프리카 농민은 열대우림을 농경지로 바꾸려는 노력을 계속했는데, 그 결과 유전적 적응이 일어나 이형접합체(異形接合體, 상동염색체의 같은 유전자 자리에 서로 다른 대립유전자를 가지고 있는 개체)에서 겸형적혈구(鎌形赤血球)*를 만들어내는 유전자 보유자의 비율이 눈에 띄게 높아졌다. 겸형적혈구 세포는 정상 적혈구 세포와 달리 말라리아충에 대한 저항력을 가지고 있기 때문이다. 결국 겸형적혈구를 가진 개체는 말라리아 감염으로 인한 쇠약증상을 겪지 않게 된다.

그러나 이런 방어장치는 값비싼 대가를 요구하는 것이었다. 양친으로부터 겸형적혈구의 유전자를 물려받은 개체는 어려서 사망했다. 역으로 겸형적혈구 유전자 없이 태어난 아이들은 치사율 높은 말라리아에 희생되기 쉬웠기 때문에, 이래저래 유아사망률은 높을 수밖에 없었다. 실제로 말라리아가 만연한 서아프리카 지역에서는 겸형적혈구를 보유한 사람들 사이에서 태어난 어린이의 절반 정도가 생물학적 결함을 지니고 있다고 한다. 열대우림을 농지로 개간하려는 노력은 아직도 진행 중이다. 따라서 말라리아와 아노펠레스 감비아, 겸형적혈구 보유자의 현재 분포상황을 통해서, 구래의 생태적 패턴의 변경이 환경에 얼마나 심각한 결과를 초래해왔는지 재구성할 수 있다.[19]

중앙아프리카와 동아프리카에서 19~20세기에 목축 및 농업의 전통적인 양식을 바꾸려던 유럽 식민지 행정가들의 어설픈 개혁으로 인해 발생한 사태도 토지에 새롭게 농경문화를 확산시키려 할 때 일어날 수 있는 예상치 못한 부작용들을 예증해준다. 그런 시도는 우간다, 벨기에령 콩고(현 콩고민주공화국), 탕가니카, 로디지아(현 짐바브웨), 나이지리아 같은 곳에서 악성 전염병인 수면병의 유행을 불러왔다. 식민정책의 목적은 농사짓기에 적합한 땅을 더 효율적으로 이용하려는 것

---

* 적혈구의 형태가 낫 모양이라 해서 붙여진 이름으로, 말라리아 감염에 저항력이 있지만 산소 운반능력이 크게 결여되어 동형접합체에 나타나면 심한 빈혈을 유발한다.

이었으나, 식민통치가 끝나갈 무렵 남은 것이라곤 치명적인 체체파리가 들끓는 땅뿐이었다.[20]

지상의 모든 자연생태계 중에서도 가장 다루기 어렵고 변화무쌍한 아프리카 열대우림과 인접한 사바나 지대에서 먹이사슬을 단축시키려는 인간의 노력은 아직 성공을 거두지 못했으며, 질병의 감염이라는 값비싼 대가를 계속 치르고 있는 중이다. 이것이야말로 어떤 사정보다도 온대지방이나 아메리카의 열대지역—지배적 생태계가 덜 정밀해서 그것을 단순화하려는 인간의 행동에 대한 저항력이 상대적으로 약한 지방—에 비해 아프리카가 문명의 발전에서 뒤지고 있는 가장 큰 이유이다.

역사상 중요한 여명기의 농경사회가 처음으로 발달한 지역들은 예외없이 열대 아프리카에 비해 생태계를 개편하려는 인간의 노력에 대하여 완강한 저항이 없었다. 온대지방에서는 인구가 급격히 증가하더라도 이에 편승할 기회를 노리고 있던 기생생물의 종류가 많지 않았으며 그 위협도 아프리카만큼은 아니었다. 그러나 온대지방에서는 이미 5천~1만 년 전에 농업의 발전과 함께 생태계의 균형이 개변되었기 때문에, 아프리카의 경우와는 달리 특수한 농경법의 개발과 영토의 확장이 어떤 식으로 질병의 대가를 요구했는지 지금 와서 추론하거나 관찰할 수 없다.

그렇지만 모든 문명화된 공동체에 닥치게 되는 질병의 일반적인 추세와 관련하여 한 가지 중요한 사실을 추론할 수는 있다. 농촌의 인구밀도가 일정한 한계를 넘어서면 박테리아와 바이러스에 의한 감염이 인간 이외의 동물이라는 중간숙주 없이도 지속적으로 발생한다는 것이다. 이런 현상은 보통 소규모 공동체에서는 일어나지 않는다. 다세포 기생생물과는 달리 박테리아 또는 바이러스는 인체에 침입하면 면역반응을 일으키기 때문이다. 면역반응은 통상적인 숙주와 기생체의 관계에 극단적인 양자택일을 제시한다. 면역반응이 숙주와 기생체의 상호작용을 좌우하게 되면, 감염된 사람이 빨리 죽든가 아니면 완치되어 기생체를 신체조직 밖으로 배출하든가 둘 중 하나의 결과가 나타난다. 병이 나은 상태는 면역항체가 혈액에서 사라져 기생체에 재감염되기 전까지 몇 개월 또는 몇 년 동안 지속된다.

하지만 생물학적 현상은 말처럼 그렇게 간단하지 않다. 감염에 대한 개체의 저항력은 단순히 항체형성의 문제가 아니다. 경우에 따라서는 항체를 만들어낸 감염증도 수년간 또는 평생 숙주의 체내에 살아남을 수 있다. 또 유명한 '장티푸스 메리'*처럼 병원균을 계속 지니고 있는 '보균자' 자신은 별다른 증상을 겪지 않으면서 다른 사람에게 질병을 옮겨 치명적인 결과를 유발할 수도 있다. 그 밖에 숙주의 체내 어딘가에 오랫동안 숨어 있는 '잠복성' 감염도 있다.

잠복성 감염의 예사롭지 않은 패턴을 보여주는 대표적인 사례가 수두 바이러스이다. 이 바이러스는 약 50년 동안 인체의 원심성(遠心性) 신경†조직에 잠복해 있다가 성인병의 일종인 대상포진(帶狀疱疹, 헤르페스)의 형태로 나타난다. 이런 방식으로 수두 바이러스는 인간의 소규모 공동체에서도 감염사슬을 중단하는 일 없이 유지해가는 문제를 교묘하게 해결하는 것이다. 숙주가 되는 인간이 한 명도 빠짐없이 수두에 걸려 면역력을 획득했기 때문에 수두가 소멸되었다고 보이는 경우에도, 수십년이 지나 감수성이 있는 새로운 세대가 등장하면 이 바이러스는 공동체 성원 중 고령자의 원심성 신경을 타고 피부에 이르러 대상포진으로 모습을 드러내고 그로부터 감염이 재발된다. 하지만 새로운 숙주에 이동하면 이 바이러스는 사람들에게 익숙한 소아병인 수

---

* Typhoid Mary. 장티푸스 보균자였던 아일랜드 출신의 메리 맬런이란 여성은 20세기 초 뉴욕 근교에서 요리사로 일하면서 여러 사람에게 균을 옮긴 사실이 밝혀져 격리 수용되었는데, 이때부터 '장티푸스 메리'는 전염병 보균자의 대명사가 되었다.
† 중추에 일어난 흥분을 말초에 전달하는 신경.

두를 발증시킨다. 대체로 환자의 증상이 가볍다는 사실과 놀라운 잠복성은, 수두가 아주 오래전부터 인류에게 존재해온 바이러스 감염증임을 시사한다. 이런 점에서 수두는 오늘날 흔히 나타나는 그 밖의 소아병과는 다르다.[21]

수두 바이러스와 같은 생존전략을 구사하지 못하여 숙주 체내에 항체반응을 유발하기 때문에 숙주가 죽든가 완치되는 극단적인 두 길로 몰아가는 질병은 결국 잠재적 숙주인 인구의 수에 의존할 수밖에 없다. 공동체의 규모가 일정 수준 이상이라면 그 중에는 아직 질병에 걸린 경험이 없어 쉽게 감염될 수 있는 사람이 남아 있게 마련이다. 이런 종의 기생생물은 인간사의 척도로 보면 아득한 옛날부터 존재해온 것이지만, 생물학적 진화상의 시간척도에서 보면 신출내기에 속한다고 봐야 한다. 그런 질병은 수천 명의 인구로 이루어진 공동체의 구성원들이 감염사슬을 유지할 수 있을 정도로 빈번하게 접촉해야만 존속할 수 있다. 이런 공동체는 이른바 문명화된 존재로서, 규모가 크고 복잡한 조직이 있고 인구밀도가 높다는 점 외에도 언제나 도시에 의해 지배된다는 특징이 있다. 중간숙주 없이 직접 사람에서 사람으로 전파되는 박테리아 및 바이러스 감염증은 문명사회 특유의 질병으로, 도시 및 도시와 접촉하는 인근 공동체의 성원들이 숙명적으로 짊어져야 할 역학적 부담이다. 현대인에게 잘 알려져 있는 홍역·이하선염(耳下線炎)·백일해·천연두 등 흔한 소아병이 문명화된 질병에 속한다.[22]

소아병이 오늘날처럼 지구상에 널리 퍼지기까지는 수천년의 시간이 걸렸으며, 그 전파과정에서 발생한 몇 가지 심각한 사태를 고찰하는 것이 이 책의 주제 가운데 일부이다. 이런 질병—또는 현재 우리가 아는 질병들의 옛 형태—이 최초로 뿌리를 내리는 과정도 오랜 시간에 걸쳐 천천히 진행되었을 것이며, 지역에 따라서는 초기 적응에 실패한 기생생물이나 치명적인 피해를 본 사람들이 전멸해버리는 통에 감염사슬이 끊어지는 사태도 비일비재했을 것이다. 소아병은 이런 과정을 통해 일상적이고 안정적인 풍토병으로 변형되어, 문명화된 인간생활의 생물학적 균형을 이루는 요소가 되었다.

문명사회 특유의 감염증은 대부분 동물집단에서 인간집단으로 이행된 것이다. 사육하는 가축과 자주 접촉할 수밖에 없었기 때문에, 우리가 알고 있는 흔한 감염증은 가축을 괴롭히는 몇 가지 질병과 뚜렷한 연관성을 띠고 있다. 예를 들어 홍역은 우역(牛疫)이나 개의 디스템퍼*와, 천연두는 우두 및 기타 동물 감염증과 관계가 있고, 인플루엔자는 사람과 돼지 둘 다 걸린다.[23] 권위 있는 연구서적[24]에 따르면, 인간이 가축과 함께 걸리는 질병의 수는 다음과 같다.

가금류	26
쥐·생쥐	32
말	35
돼지	42
양·염소	46
소	50
개	65

하나의 질병이 사람과 여러 동물을 동시에 감염시키기도 하므로, 이 수에는 중복되는 것도 있다. 게다가 어떤 질병은 드물게 발생하지만 또 어떤 질병은 흔하기 때문에 다양한 질병을 나열하는 것만으로는 별 의미가 없다. 그렇지만 중복되는 질병이 많다는 것은 인류와 사육동물의 질병관계가 어떻게 세분화되었는가를 보여준다. 또한 인간과 동물의

* distemper. 강아지가 잘 걸리는 급성 전염병. 설사·폐렴 등을 일으키며, 하복부 등의 살에 농포가 생긴다.

친밀도가 높아질수록 공유되는 감염증이 증가한다는 것도 분명하다.

본래 가축이 먼저 걸렸고 현재 가축과 공유하고 있는 이런 인수공통 전염병(人獸共通傳染病) 외에도, 인간은 야생동물들 사이에 확립되어 있는 질병 사이클에 개입함으로써 병에 걸리기도 한다. 예를 들어 선(腺)페스트는 땅에 굴을 파고 사는 설치류, 황열병은 원숭이, 광견병은 박쥐나 개 같은 온혈동물에 널리 퍼져 있던 치명적인 감염증이다.[25]

기생생물이 어떤 숙주에서 다른 숙주로 이행하는 현상은 아직도 계속 일어나고 있으며, 근래에 와서도 그런 일들이 가끔 발생하여 갑작스럽고 심각한 결과를 초래한다. 예를 들어 1891년 아프리카에 침입한 우역은 영양을 비롯한 야생동물뿐 아니라 인간이 사육하던 소를 무더기로 죽였지만, 치사율이 90%에 이를 정도로 피해가 심각하고 돌발적이었던 탓에 풍토병으로 뿌리를 내리지 못했다.[26] 우역이 몇 년 만에 사라지고 만 것은 아마 감염에 대한 감수성을 지닌 유제류가 사멸해버렸기 때문일 것이다. 1959년에는 우간다에 오뇽뇽열*이라는 새로운 질병이 사람들에게 퍼졌는데, 이 질병은 아마 원숭이로부터 옮겨진 바이러스 때문에 발생했으리라 여겨진다. 이 병은 짧은 시간에 널리 전파되었으나 사람들에게 나타난 증상은 경미했고 적절한 면역이 생겨 회복도 빨랐다. 그 결과 이 병도 아프리카의 영양에게 널리 퍼졌던 우역과 마찬가지로 풍토병으로 뿌리 내리지 못했다. 오뇽뇽열은 처음 등장할 때만큼이나 수수께끼처럼 사라졌는데, 아마 자신의 요람이었던 나무 위로 물러난 게 아닐까 생각된다.[27] 이로부터 10년이 지난 1969년 나이지리아에서는 우간다의 열병보다 치사율이 높은 또 다른 열병이 발생했다. 이 열병은 서구에서 교육받은 의사들이 최초로 병을 확인했던 진료소 소재지의 이름을 따서 라사열이라 불렸다. 1973년에 이

---

* O'nyong nyong fever. 모기에 의해 전파되는 급성 열병으로 관절통, 가려움증, 홍반 등의 증상을 유발한다.

새로운 질병을 일으킨 병원체의 일반적인 숙주가 설치류라는 사실이 밝혀졌다. 이에 따라 이 병의 확산을 막기 위한 적절한 예방조치가 강구되었다.[28]

　식물을 재배하고 새로운 종의 동물을 사육하면서 지구상의 특정 지역에 인구가 점점 늘어나면, 이런 종류의 에피소드도 장기간 끊임없이 이어질 수밖에 없다. 병원체를 지닌 동물, 특히 오랫동안 인간과 밀접한 접촉을 해온 가축은 끊임없이 인류를 감염시켰다. 물론 이런 감염은 다각도로 일어날 수 있다. 때로는 인간이 가축을 감염시킬 수도 있다는 뜻이다. 이와 마찬가지로 종의 경계를 넘어서 가축과 야생동물 사이에 질병이 교류될 수도 있다. 이런 상호교류는 그 동물들이 서로 얼마나 자주 접촉하는지, 또 잠재적인 숙주들이 질병에 얼마나 취약한지에 따라 그 양상이 결정될 것이다.

　다시 말해 병원성 기생생물은 인류가 자연상태의 동식물 분포형태를 왜곡시켜 새로운 생태적 적소를 만들어내면 그 기회를 놓치지 않고 점거했고, 그 점에서 인류와 똑같은 성공을 거두었던 것이다. 인류의 성공이란 한정된 종류의 동식물을 대량으로 기르기 시작했다는 것이다. 따라서 단일종에 침입해서 번식하는 기생생물에게 그것은 그들의 먹이장소가 매우 좋은 상태로 바뀐다는 것을 의미한다. 대체로 모든 바이러스나 대부분의 박테리아가 숙주의 체내에 침입해서 번식할 수 있는 기간은 수일에서 수주일 뿐으로, 머지않아 숙주의 개체에 항체가 형성되면 더 이상 생존할 수가 없다.

　질병의 역사를 더 다루기 전에, 감염증이라는 미시기생과 군사행동이라는 거시기생 사이에 유사성이 있다는 사실을 짚어보기로 하자. 문명화된 공동체들이 일정 수준 이상의 부와 기술을 축적했을 때 전쟁이나 약탈은 경제성 있는 사업이 되었다. 그러나 수확물의 강탈은 농경노동자층을 급속히 아사시켜버리기 때문에 불안정한 형태의 거시기생이다. 불행히도 이런 사건들은 자주 발생했다. 그것은 1891년 아프리카에 우역이 유행했을 때와 같은 기생생물의 침범에 비교할 수 있다. 지나친 경제적 수탈이 생산자인 농민들의 목숨을 위협하면 약탈자들의 존립기반이 흔들리듯이, 우역도 숙주인 유제동물을 너무 많이 죽였기 때문에 안정적이고 지속적인 감염 패턴을 유지할 수 없었다.

문명사의 여명기에 성공한 약탈자는 정복자가 되었다. 이들은 수확물의 전부가 아니라 일부만 빼앗는 형태로 농경민을 수탈하는 수법을 고안해냈다. 시행착오를 거쳐 약탈자와 농민 간의 균형이 이루어진 것이다. 농민은 자신들의 생존에 필요한 것 이상의 잉여생산물을 생산함으로써 그러한 약탈에 견딜 수 있었다. 잉여생산물은 인간이라는 거시기생체에 저항하기 위한 일종의 항체라고 볼 수 있다. 성공적인 정치권력은 지대와 조세를 내는 사람들에게 파멸적인 노략질과 외적의 침입에 대한 면역성을 줄 수 있는 존재이다. 이는 마치 가벼운 감염이 숙주에게 면역에 의한 저항력을 부여하여 죽음을 몰고 오는 악성 질병의 침입을 막아주는 것과 같다. 병에 대한 저항력은 항체의 형성을 촉진하고 생리적인 방위수단의 활동력을 높임으로써 얻어진다. 마찬가지로 정치권력은 자신들의 폭력전문가가 적정한 규모의 인원과 그에 상당하는 무기를 갖출 수 있도록 식량이나 원료의 잉여생산을 장려함으로써, 외부의 거시기생체에 대항할 수 있는 면역력을 향상시켜준다. 어느 경우든 방위수단의 구축은 숙주에게 적지 않은 부담을 안겨주지만, 돌발적이고 치명적인 재앙에 주기적으로 노출되는 것에 비하면 견딜 만한 부담이다.

성공적인 정치권력의 확립은 다른 공동체에 맞서는 대단히 강력한 사회를 출현시켰다. 그 사회에 소속된 폭력전문가 집단은 대체로 식량을 생산하거나 채집하는 사람들을 제압할 수 있었다. 잠시 후 살펴보겠지만, 적당한 정도로 질병에 걸린 사회, 즉 바이러스와 박테리아에 의한 감염증이 늘 풍토병으로 뿌리를 내리고 있어 끊임없이 감수성 있는 개체에 침입해 항체를 계속 형성하는 사회는, 질병이 거의 없어 건강한 사람들로만 이루어진 사회에 비해 역학적 측면에서 훨씬 견고하다. 따라서 막강한 군사적 정치조직을 확대해가는 거시기생은, 박테리아나 바이러스 기생에 접촉했을 때 인간집단이 만들어내는 생물학적 방위기능을 유력한 원군으로서 보유한다고 말할 수 있다. 다시 말해 전쟁과 질병은 단순한 수사학적 비유 이상으로 깊이 연관되어 있으며, 악성 전염병은 군대와 함께 이동하거나 군대가 지나간 후에 유행했다.[29)]

근자에 아프리카에서 발생한 우역과 오농농열의 경과가 불안정했듯이, 박테리아나 바이러스의 감염도 처음에는 대부분 안정을 유지하지 못했을 것이다. 인류공동체의 인구는 새로 등장하는 국지적인 전염병 때문에 여러 차례 급감했으리라 여겨진다. 질병에 감수성을 지닌 숙주들이 사멸하는 바람에, 새로운 터전을 찾아 초창기 농민들의 체내조직에 침투했던 병원체가 축출되는 경우도 비일비재했을 것이다. 그렇지만 이미 가축이 인간에게 침입할 가능성이 있는 바이러스나 박테리아를 만성적으로 보유하고 있었으므로, 언제든지 다시 침입해 사람을 감염시킬 수 있는 여지는 남아 있었다.

소·말·양 같은 동물이 각종 병원균을 만성적으로 보유해왔다는 추정은 야생상태에서 이것들이 처했던 생활여건에서 그 근거를 찾을 수 있다. 이 동물들은 원래 군집생활을 하는데, 수렵인들의 수가 불어나 그것들의 생활을 근본적으로 변화시키기 전까지는 유라시아 대륙의 초원에서 무리를 지어 풀을 뜯어먹고 살았다. 같은 종류의 동물이 대규모로 무리를 지어 살면, 박테리아나 바이러스가 풍토병으로 뿌리를 내리는 데 최상의 여건이 마련된다. 개체수가 충분하면 그 속에 감수성 있는 잠재적 숙주도 반드시 있게 마련이어서 감염사슬이 지속될 수 있기 때문이다. 이렇게 동물과 기생생물의 진화가 장기간에 걸쳐 일어난 결과, 어느 정도 안정된 생물학적 균형이 확립되었다. 따라서 야생의 소·말·양에 많은 종류의 바이러스나 박테리아가 왕성하게 번식했지만 가벼운 증상밖에 일어나지 않았던 것이다. 이 가벼운 감염증은 병에 걸리기 쉬운 어린 동물들을 계속 감염시켰지만 별다른 해를 주지 않았다는 점에서, 동물의 '소아병'이라고 말할 수 있다. 이처럼 바이러스나 박테리아에 이미 익숙해진 동물 대부분은 감염 초기부터 어느 정도 보호받을 수 있었지만, 그 병원체가 사람에게 이행하면 아주 유해한 존재로 변하는 게 보통이었다. 인체에는 이 새로운 침입자들에 대항할 수 있는 어떤 후천적 면역력도 없었기 때문이다.[30]

그럼에도 시기와 장소에 따른 차이는 있었겠지만, 결국 다종다양한 박테리아와 바이러스는 인간집단에 성공적으로 이행해서 새로운 숙주와 지속적인 관계를 정립했으리라 여겨진다. 대부분의 경우 초창기의 적응과정에서는 순식간에 파국적인 사태가 벌어지기도 했을 것이다. 숙주와 병원체가 거의 전멸하는 사태가 반복적으로 발생한 끝에 마침내 새로운 숙주집단이 후천적 면역력을 얻고 기생생물도 나름대로 적응하게 되면 감염증은 풍토병이 된다. 근래에 이런 과정이 인간집단에 발생했음을 보여주는 마땅한 실례는 없다. 그러나 오스트레일리아에서 독성이 강한 새로운 바이러스에 노출되었던 야생토끼의 운명은, 바이러스 감염증이 새로운 집단에 침입해서 풍토병으로 살아남기까지 어떤 행동양식을 취했는지를 잘 보여준다.

이 이야기는 매우 극적이다. 영국에서 온 이주민들이 1859년 오스트레일리아에 토끼를 들여왔는데, 이 대륙에는 천적이 없었기 때문에 토끼는 급속히 오스트레일리아 전역에 퍼져서 엄청난 숫자로 불어났다. 사람들의 입장에서 보면 토끼는 양의 먹이인 목초를 먹어치우는 해로운 짐승이었다. 이로 말미암아 오스트레일리아의 양모생산이 감소하고, 수많은 목장주의 수입도 줄어들었다. 야생토끼의 수를 줄이기로 작정한 인간들은 1950년 점액종증(粘液腫症)—인간의 천연두와 먼 친척뻘되는—의 바이러스를 토끼에게 성공적으로 이식했는데, 이로써 사건은 새로운 국면을 맞게 되었다. 처음의 성과는 가히 폭발적이었다. 불과 1년 만에 서유럽 전체 넓이에 맞먹는 광활한 지역의 토끼들이 감염되었다. 첫해에 감염된 야생토끼의 사망률은 무려 99.8%에 달했다. 하지만 이듬해의 사망률은 90%였고, 7년 후에는 25%로 떨어졌다. 분명 야생토끼와 바이러스는 매우 엄격하고 신속한 선택과정을 겪었을 것이다. 야생토끼에서 채취한 바이러스의 표본은 해마다 독성이 약해졌다. 이런 사실에도 불구하고 야생토끼의 수는 예전의 수준을 회복하지 못했으며, 당분간은 어쩌면 다시는 회복하지 못할 것이다. 1965년에 오스트레일리아에 살고 있던 토끼의 수는 점액종증에 습격당하기 전의 20% 수준에 불과했다.[31]

이 점액종증은 1950년 이전까지는 브라질의 토끼에게 토착화된 질병이었다. 점액종증 바이러스는 브라질의 야생토끼에게는 경미한 증상밖에 일으키지 않았고 비교적 안정된 풍토병의 패턴을 보이고 있었다. 따라서 이 바이러스가 브라질의 토끼로부터 오스트레일리아의 토끼로 이행되면서 나타난 적응과정은, 한 기생생물이 다른 종의 숙주로부터 인간집단에 이행한 경우 요구되는 적응과정보다는 수월했으리라 예상할 수도 있다. 하지만 꼭 그렇지만도 않은 것이 똑같은 토끼라 하더라도 아메리카 대륙의 토끼는 유럽과 오스트레일리아의 토끼와 다른 속(屬, genus)으로 분류되기 때문이다. 따라서 전문가들이 보기에 1950년에 바이러스가 새 숙주로 이행한 결과 나타난 현상은 동물에서 유래한 질병이 인간을 감염시키기 시작하면서 중요한 인간질병으로 정착하는 패턴과 유사한 것이었다.

새로운 질병이 발생했을 때 숙주와 기생생물 간에 이루어진 상호적응의 과정은, 점액종증처럼 치사율이 높든 어떻든 점액종증의 경우와 기본적으로 동일하다. 새로운 질병이 안정된 패턴을 유지하려면, 숙주와 병원체 모두가 충격적인 첫 만남에서 살아남아 적절한 생물학적·문화적[32] 적응을 통해 서로 용인할 수 있는 관계를 정립해야 한다. 이런 적응과정에서 박테리아와 바이러스는 세대교체 기간이 훨씬 짧다는 점에서 숙주에 비해 유리하다. 한 숙주에서 다른 숙주로의 안전한 이동을 촉진해주는 병원체의 유전자 변이는, 유전적으로 계승되는 인간의 신체적 형질이 변화하는 과정에 비해 훨씬 신속하게 이루어진다는 뜻이다. 나중에 살펴보겠지만, 역사적 경험에 비추어보면 인간집단이 전혀 새로운 질병에 안정적인 반응을 보이는 데는 적어도 120~150년이 걸린다.[33]

간단한 비교를 위해 점액종증의 예를 다시 들어보자. 오스트레일리아에서 야생토끼의 감소가 한계에 달한 시점은 1953년으로, 점액종증이 돌발한 지 3년 뒤였다. 토끼의 세대교체 기간이 짧다는 점을 감안할 때―오스트레일리아의 토끼는 출생에서 생식까지 6~10개월이 걸리는 것으로 관찰되었다[34]―이 3년이라는 기간은 인간을 기준으로 환산해보면 한 세대를 25년으로 계산해서 90~150년에 해당한다. 다시 말해 인간과 토끼가 초창기에 높은 치사율을 보이는 새로운 질병에 적응하려면 3.6~6세대 정도 걸린다는 뜻이다.

숙주와 기생생물 간에 적응이 이루어지는 전과정은 기존의 생물학적 평형상태에 일련의 파장을 불러일으킨다. 최초의 충격은 1950년에 오스트레일리아의 야생토끼 집단에서 나타났던 것처럼 강렬하고 심각한 것이다. 이처럼 기생생물이 이종(異種)의 새로운 숙주에게 이행되는 것은 극단적이고 일시적이다. 하지만 새로운 감염증이 오랫동안 살아남을 수 있다고 가정해보자. 그러면 질병이 지나치게 자주 발생하는 시기와 병이 수그러들어 거의 사라지는 시기가 번갈아 나타나는 불안정한 평형상태가 이루어질 것이다. 그러다가 점차 진동의 폭이 줄어들고 비교적 규칙적인 주기가 형성되면서 질병은 안정국면에 들어선다. 물론 안정세가 유지되기 위해서는 균형을 잡아가는 숙주와 기생체의 관계를 교란시키는 '외부'의 새로운 침입이 없어야 한다. 이런 주기적인 평형에는 많은 요인이 영향을 미친다. 이를테면 계절에 따른 온도와 습도의 변화는 온대지방의 대도시에서 봄이면 소아병을 다발시킨다.

한 집단에서 질병에 걸리기 쉬운 사람들의 수는 말할 것도 없고, 이들의 생활방식이 군집적인지 분산적인지도 중요한 요인이다. 근대사회에서 감수성이 있는 젊은이들이 모여 있는 대표적인 장소는 학교와 군대이다. 자녀를 둔 사람이라면 누구나 현대 서구사회에서 초등학교가 소아병을 퍼뜨리는 온상이라는 사실을 잘 알고 있다. 또 예방접종이 제도화되기 이전인 19세기에 프랑스군에 소집된 시골청년들은, 이미 감염을 경험해서 면역을 얻은 도시청년들에 비해 감염증을 심하게 앓아서 무척 고생했다. 그 결과 군대에서는 신체건강한 시골청년이 도시의 빈민가에서 징집된 영양부족의 허약한 청년들보다 사망률이 높았다고 한다.[35)]

새로운 숙주를 성공적으로 감염시키는 데 필요한 기생생물의 수, 한 사람에서 다른 사람으로 감염증이 이동하는 데 걸리는 시간과 이동방식, 질병교류의 기회를 좌우하는 생활습관 등은 언제 얼마나 많은 사람이 병에 걸리는지를 결정하는 중요한 요인이다. 어떤 한 질병이 오랫동안 살아남으려면 많은 인간숙주가 밀집한 대도시가 필요하다. 인구가 집중된 대도시는 잠재적인 숙주가 흩어져 사는 농촌보다는 감염사슬을 유지시켜줄 감수성 있는 새로운 숙주를 만날 가능성이 훨씬 크기 때문이다. 그렇지만 농촌공동체에 질병에 걸리기 쉬운 사람들이 많아지면, 질병은 본거지인 도시를 떠나 들불처럼 번져 나가 농촌마을과 가구들을 쑥대밭으로 만들어버린다. 이렇게 돌발적이었던 질병은 처음 생겼을 때처럼 급속히 쇠퇴한다. 감수성 있는 숙주가 바닥이 나면 전염병도 자취를 감출 수밖에 없지만, 애초에 전염병이 발생했던 도시에서는 명맥이 유지된다. 병원체는 도시에 남아 있는 감수성 있는 숙주들 틈에서 목숨을 부지하면서, 그 질병에 대한 경험이 없는 사람들이 농촌지역에 늘어나 전염병이 다시 유행하기를 기다린다.

때때로 이 모든 복합적인 요인은 비교적 단순하고 일반적인 발병 패턴으로 수렴된다. 근대적인 도시공동체에서 홍역이 확산되는 방식을 통계적으로 세심하게 연구한 결과에 따르면, 홍역은 2년을 주기로 파도처럼 밀려왔다 물러나는 패턴을 보여준다고 한다. 또한 이런 패턴이 유지되려면 한 집단에 홍역에 걸리기 쉬운 사람들이 적어도 7천 명 정도 포함되어 있어야 한다는 사실이 최근에 입증된 바 있다. 오늘날의 출생률, 도시적 생활양식, 그리고 아이들을 학교—홍역 바이러스를 처음 접하는 아이들을 통해 홍역이 급속히 번지기 쉬운 곳—에 보내는 관습 등을 고려할 때, 근대도시에서 홍역이 살아남는 데 필요한 최소 인구는 50만 명이라고 한다. 농촌지역처럼 인구가 분산되어 잇는 곳에서는 주민수가 더 적어도 홍역의 감염사슬이 충분히 유지될 수 있다. 이 경우 홍역 바이러스가 살아남을 수 있는 임계인구는 30만~40만 명이다. 이런 사실을 확인하려면, 이 수치보다 많은 인구가 사는 섬과 적은 인구가 사는 섬에서 홍역이 감염되는 방식을 조사해서 비교해보면 된다.[36]

우리 시대에 흔한 질병 가운데 홍역만큼 정확한 패턴을 드러내는 것은 없으며, 생존을 위해 그토록 큰 규모의 인간공동체를 필요로 하는 것도 없다. 홍역을 제외한 다른 소아병에 대해서는 정확한 조사가 이루어지지 않았는데, 그 이유는 대부분의 국가에서 인위적인 예방접종을 통해 감염 패턴을 크게 바꾸어왔기 때문이다. 아주 흔한 소아병의 독성이나 발생빈도에 괄목할 만한 변화가 나타나기 시작했던 것은 19세기로서, 이때부터 유럽의 각국 정부는 각종 감염증의 발생에 대한 통계를 수집하기 시작했다. 다시 말해 병원성 생물과 숙주인 인간 사이의 적응작용이, 달라진 환경과 인간의 생활여건을 반영하면서 예나 지금이나 급속히 진화하고 있다.

우리가 알고 있는 소아병의 선조가 언제 어디서 인류를 처음 감염시켰는지 입증해줄 역사기록을 찾는 작업은 부질없는 짓일지도 모른다. 우선 먼 옛날에 사용되던 의학용어를 오늘날의 질병분류에 맞추는 것 자체가 쉽지 않다. 또 같은 질병이라 하더라도 그 증상이 계속 바뀐 경우, 이제 와서 정확한 병명을 확인하기란 무척 어렵다. 새로운 질병이 발생했을 때 처음 나타났던 징후들은 숙주집단이 저항력을 개발할 무렵이면 사라지게 마련이다.

이런 현상을 잘 보여주는 역사적 실례는 유럽에서 매독이 처음 유행했을 때 나타났던 심한 증상이다. 오늘날에도 새로운 질병이 고립된 공동체에 침범했을 때 비슷한 현상을 관찰할 수 있다. 따라서 세균 전문가들의 분석 없이 증상만으로는 병의 정체를 제대로 파악할 수 없다. 실제로 결핵이 캐나다의 한 원주민 부족에게 도래했을 때 이 박테리아는 백인이 결코 감염된 적이 없는 부위를 침범했다. 또한 과거에 결핵에 감염되었던 집단과 비교해볼 때, 뇌막염 같은 증상들이 훨씬 심각했고 병세의 진행도 무척 빨랐다. 의사들이 현미경 분석을 통해 이 질병이 결핵이란 사실을 밝혀내기 전까지는 누구도 그 정체를 알 수 없었다. 하지만 세 번째 세대에 이르자 숙주와 결핵균의 상호적응이 이루어져 도시적인 발병 패턴에 가까워졌고 감염부위도 폐에 집중되는 경향을 나타냈다.[37]

이처럼 숙주와 기생생물의 적응과정은 매우 빠르고 변화무쌍하다. 따라서 오늘날 지배적인 감염의 패턴은 역사를 통해 자신의 행동을 크게 변화해온 질병의 현상태를 나타낼 따름이라는 점에 유의해야 한다. 그런데 근대적인 도시공동체에서 홍역의 감염이 지속되려면 50만 명의 인구가 필요하다는 사실과 관련해, 세상에서 가장 오래된 고대문명의 발상지인 수메르의 총인구도 비슷한 규모였음을 밝히고 있는 최신 통계는 의미심장하다.[38] 수메르의 도시는 서로 밀접하게 닿아 있어 하나의 질병상생지(disease pool)를 형성했다. 그렇다면 50만에 가까운 총인구는 오늘날의 소아병과 비슷한 감염사슬을 충분히 유지할 수 있었을 것이다. 그 후 몇 세기 동안 세계 각지에서 등장한 도시문명의 중심지에서도 감염의 사슬이 유지될 수 있었다. 병원생물은 곳곳에서 인간숙주에게 침입했으며, 인구밀도의 증가가 만들어낸 새로운 적소에 둥지를 틀었을 것이다.

사람에서 사람으로 전염되는 '문명 특유의' 감염증은 기원전 3000년 이전에는 확실히 뿌리내리지 못했을 것이다. 그러다가 감염증이 풍토병으로 정착하기 시작한 것은 유라시아의 각지에 산재해 있던 문명의 중심지에서였다. 이런 사실을 입증이라도 하듯이, 서력기원을 전후해 그동안 고립되어 있던 문명공동체들이 정기적·조직적으로 교류하게 되자 치명적인 질병이 한 문명에서 다른 문명으로 순식간에 퍼져나갔다. 그 결과는 1950년 이후 오스트레일리아의 야생토끼들에게 일어났던 재앙에 버금가는 것으로, 인간사회에 심대한 영향을 미쳤다.

이런 사건에 관한 구체적인 고찰은 다음 장으로 미루기로 한다. 단지 여기에서는 기원전 3000~500년 사이 인구밀도가 매우 높았던 몇몇 중심지에 정착하게 된 문명 특유의 질병들이 어떤 역사적 결과를 초래했는지 간략히 살펴보기로 하자.

우선 인적 자원의 재생산구조가, 문명화된 환경을 이용해 창궐하는 질병이 초래하는 항상적인 인구감소에 적응해야만 했다는 점이 가장 눈에 띈다. 아주 최근까지도 도시는 지속적인 농촌인구의 유입 없이는 구성원 수를 제대로 유지할 수 없었다. 도시에는 사람들의 건강을 해치는 수많은 위험요소가 도사리고 있었다. 고대도시에서는 소아병처럼 재채기나 기침을 통해 공기 중에 뿌려진 감염인자를 빨아들임으로써 전염되는 질병 외에도, 불결한 식수를 통해 전염되는 수많은 질병이 기승을 부렸고, 각종 곤충이 매개하는 감염증도 들끓었다. 먼 곳에서 운송되는 식량이 제때 공급되지 않으면 굶어야 했고, 작황이 나쁘면 달리 만회할 방도가 없었다. 이런 여러 사정을 고려해볼 때, 도시가 자력으로 인구를 유지하기는 어려웠으며 기아·전염병·풍토병으로 잃게 되는 인구를 농촌 이주민들로 보충할 수밖에 없었던 것은 충분히 이해가 간다.

그러므로 문명화된 사회생활의 기본구조에서 지방의 농경민은 두 가지 의미에서 필요한 존재였다. 농경민들은 도시주민을 먹여 살려야 했기 때문에 자신들이 소비하는 것 이상의 식량을 생산해야 했을 뿐만 아니라, 도시의 구성원 수를 유지하기 위해 도시로 내보낼 아이들까지 더 낳아야 했다. 또 농촌의 잉여인구는 전쟁이나 약탈 같은 거시기생 현상 및 그에 뒤따르게 마련인 기근으로 인한 인구감소도 보충해야 했다. 그러나 농촌의 출생률과 도시로 유입된 농촌의 과잉인구가 삶을 영위하는 것을 허용하는 적소 사이에는 간헐적이고 단기적인 균형이 유지되었을 뿐이다. 지난 4세기 동안 유럽의 역사에서 큰 의미를 가졌던 신천지에 진출할 기회도 그리 많지는 않았다. 하지만 개척 가능성 있는 땅이 나타나면 농촌의 과잉인구는 도시로 이주하는 위험한 길—물론 극소수에게는 엄청난 보상을 안겨주었지만—을 택하는 대신, 변경지대로 이주함으로써 사회의 농업기반을 확충했다.

인구통계가 일정 수준의 신뢰도를 확보하기 시작한 1650년 이전에 대해서는 그런 식의 인구이동이 어느 정도 규모로 이루어졌는지 짐작조차 하기 힘들다. 하지만 도시가 처음 형성되었을 때부터 인구이동의 패턴은 분명히 존재했을 것이다. 예컨대 B.C. 3000~B.C. 2000년 사이의 고대 메소포타미아에서 셈어 사용자들이 수메르어 사용자들을 대체했다는 놀라운 사실은 아마도 그런 인구이동의 직접적인 결과였을 것이다.[39] 추측하건대 셈어로 말하는 사람들이 수메르의 여러 도시로 대거 이주해서 수메르어 사용자들을 압도했을 것이다. 그래도 수메르어는 학문적·종교적 언어로 명맥을 유지했지만, 일상어는 완전히 셈계통의 아카드어로 바뀌었다. 이런 언어교체는 도시가 급성장한 결과였거나 아니면 전쟁, 질병, 기근 때문에 기존의 도시주민이 엄청나게 많이 사망한 결과였을 텐데, 고대 수메르에서 어느 요인이 작용했는지 또는 두 요인이 함께 작용했는지 현재로서는 알 수가 없다.

19세기에 발생했던 유사한 사례를 들어보자. 1830년대 이래, 특히 1850년 이후 도시의 급성장과 신종 전염병인 콜레라의 만연은 오랫동안 유지되던 합스부르크 왕가의 문화적 구조를 붕괴시켰다.[40] 보헤미아나 헝가리의 도시로 이주한 농민은 독일어를 배우는 것이 오랜 관습이었고, 몇 세대가 지나면 그 후손들은 언어나 의식 면에서 완전한 독일인이 되었다. 하지만 19세기에 접어들자 그런 과정이 무너져버렸다. 합스부르크 왕가의 여러 도시에서 슬라브어와 마자르[헝가리]어를 사용하는 주민의 수 일정 수준을 넘어서자, 새로운 이주민들은 더 이상 일상생활을 위해 독일어를 배울 필요가 없었다. 또한 내셔널리즘적 이념이 뿌리를 내리면서 독일적인 것은 비애국적인 것으로 간주되었다. 결과적으로 반세기도 지나지 않아 프라하는 체코어를, 부다페스트는 마자르어를 사용하는 도시로 탈바꿈했다.

언어의 균일성이 유지되던 여명기 문명에서 인구가 도시로 유입되는 과정에는 고대 메소포타미아나 19세기 합스부르크 왕가에서 발생했던 언어적 교체가 수반되지 않았다. 그렇지만 동서고금을 막론하고 도시로 이주한 농민들은 도시인구의 소모성이라는 냉엄한 현실에 부딪혔다. 이런 결과는 도시라는 존재 자체의 성격과 도시가 만들어내는 격화된 질병 순환의 패턴에 기인했다. 병원생물이 도시화된 인류가 제공하는 풍성한 먹이장소를 발견하고 활용하는 데는 그리 오랜 시간이 걸리지 않았다.

　농촌의 과잉인구가 도시로 유입되는 현상이 어떻게 촉발되고 유지되었는지는 전혀 알 수가 없다. 평상시의 건강상태는 도시보다 농촌이 훨씬 나았을지도 모른다. 도시에 만연하는 다양한 형태의 감염증도 농촌주민에게까지 미치지는 못했기 때문이다. 그러나 일단 전염병이 농촌지역에 침투하면 이미 이 병에 노출되어 어느 정도 면역력을 획득한 도시주민에 비해 농민들은 훨씬 심한 타격을 입었다. 게다가 많은 농민이 만성적인 영양실조에 시달렸으므로 도래한 질병에 걸리기 쉬웠다. 도시문명의 통제를 받는 농민들로서는 집안을 꾸려 나가는 데 필요한 수 이상의 자식을 낳아 기른다는 것이 자신들의 생존에 필요한 양 이상의 식량을 생산하는 것 못지않게 힘겨웠을 것이다.

　그러나 넓은 시야에서 보면 농민들은 두 가지 임무를 충실히 수행했다고 할 수 있다. 그 어떤 문명도 농촌으로부터 도시로 유입되는 식량과 인구 없이는 존속하기 어려웠을 것이다. 따라서 농촌의 높은 출생률을 권장하는 도덕적 규범은 문명사회의 토대였다고 해도 과언이 아니다. 수렵채집민 공동체에서 구성원수를 통제해주었던 다양한 수단은 문명사회의 농민층에게는 통하지 않았다. 대신에 대부분의 농민사회에서는 조혼과 다산이 윤리적 미덕과 신의 은총을 상징할 뿐 아니라 확실한 노후를 보장해주는 것으로 여겨졌다. 만약 한 자식이 죽는다 하더라도 다른 자식이 부모를 부양하는 책임을 맡을 수 있기 때문이다. 또 이런 태도는 토지에 대한 개인 및 가족의 소유권을 인정하는 사회적 풍토와도 연결된다. 이런 권리는 지대와 조세에 관한 지배세력의 정책에 의해 공적으로 승인되고 강화되었다.

　이런 문화적·사회적·생물학적 요소가 어떻게 작용하고 서로 영향을 미쳤는지 정확하게 알 수는 없다. 하지만 성공한 문명들이 종교적·

법률적·관습적 강제력을 동원하여 농촌에서 도시로 재화 및 인구가 순조롭게 유입되도록 최선을 다했다는 사실은 분명하다.

폭발적인 인구증가의 시대에 살고 있는 우리들이 쉽게 이해할 수 있듯이, 문명사회에서 재생산 규범은 농촌의 인구과잉을 유발할 위험을 안고 있었다. 농촌의 과잉인구가 도시·군대·변방의 개척지로 진출할 수 있는 기회가 자주 마련되지 않는다면, 이미 한계를 넘어선 농촌인구의 적체현상이 나타나기 십상이었다. 이런 인구과잉을 해소하기 위해 농민들은 사망률이 높은 다른 길들을 선택할 수밖에 없었다. 다시 말해 많은 농촌남녀는 미래에 대한 불안감 속에서 자의반타의반으로 위험을 감수하고 집을 떠나게 되었다.

이런 상황에서 인구의 안정적인 균형을 유지하기란 매우 어려운 일이었으며, 이는 오늘날에도 마찬가지다. 도시와 군대에서의 사망률이 농촌의 인구성장률과 대등해야 할뿐더러 공동체는 내부의 인구학적 균형을 깨뜨릴 정도로 강력한 '외부'의 영향으로부터 스스로를 방어할 수 있어야만 한다.

이런 조건들에 들어맞는 안정된 거시기생 패턴이 장기간 지속된 사례는 세계 어디에서도 찾아보기 힘들다. 문명의 역사는 격동과 파란으로 점철되어왔다. 평화로운 번영기가 어느 정도 계속되면 인구가 증가해서 거시기생체의 소화흡수(곧 대량살육) 능력의 한계를 넘어서며, 이렇게 되면 기존의 공공질서가 붕괴되면서 사망률을 급상승시키는 사태가 발생했다. 농민반란이나 내란, 외적의 침입과 약탈, 이에 따른 기근과 질병 등은 언제나 자체적으로는 농민의 수를 규제하고 적절한 균형을 유지하기가 불가능할 경우에 발생하여 인구를 파멸적으로 감소시켰다.

이런 사망률의 급상승에 의해 격감한 농민인구는 예전의 수준을 훨씬 밑돌게 된다. 그 후 국내정치가 안정될 기미를 보이면 농촌의 인구는 조금씩 증가하기 시작한다. 분명히 병원체나 무장한 인간 같은 '외부'의 침입이 늘 이런 사이클의 운행을 교란시킬 가능성이 있었으며, 심각한 농작물 피해를 초래하는 이상기후도 한몫했다. 대부분의 문명세계에서는 이런 '외부적' 요인들이 매우 강력할 뿐 아니라 빈번히 발생했으므로, 농민 수의 증감과 공공질서의 수준이 밀접하게 관련된다는 사실이 겉으로 잘 드러나지 않았다. 그러나 중국의 경우는 예외이다. 많은 지리적 장벽이 문명화된 구성원들을 중대한 외부압력으로부터 보호해주었고 이민족의 정치적·군사적 영향력이 약했던 중국에서는 인구와 사회질서의 사이클이 명료하게 드러난다. 하지만 중국에서도 외적 요인들이 전혀 없던 시대는 없었으며, 때로는 인구 회복에 몇 세기가 걸리기도 했다.

문명사회에는 농촌지방의 과잉인구를 해소할 수 있는 또 다른 방법이 있었다. 때때로 국왕과 군대는 인근지역을 군사적으로 공격해 영토를 확장함으로써, 자국 백성이 이주해 개간할 수 있는 새로운 땅을 제공할 수 있었다. 사실 이런 과업은 본국의 과잉인구라는 위험을 해소할 수 있는 확실한 해결책이었다. 정복전쟁에 성공하든 실패하든 사망자가 상당히 증가하는 효과를 기대할 수 있었기 때문이다.

교역 또한 과잉인구를 해결할 수 있는 하나의 돌파구였다. 수세기 전까지만 해도 육로를 통한 물자 운송은 비용이 워낙 많이 들었기 때문에, 꽤 많은 사람이 바닷가나 배를 띄울 수 있는 강가에 살면서 교역을 통해 부를 축적했다. 하지만 문명의 초창기에도 사람들은 배를 이용해서 먼 곳으로부터 식량과 유용한 물자를 실어 날랐다. 상인들과 선원들은 각종 상품을 식품 및 원자재와 교환함으로써, 서로에게 유익한 대외교역에 종사했다. 그러나 안정된 교역수지를 유지하기란 하나의 정치공동체에서 안정된 인구의 균형을 유지하는 것만큼이나 어려웠다. 따라서 정치나 전쟁과 마찬가지로 교역도 급속한 확대와 축소를 반복하는 것이 일반적인 법칙이었다.

이처럼 다양한 불안요인이 내재되어 있는 탓에, 거시기생적 차원에서는 문명사회가 지금까지도 여전히 생태적 균형처럼 잘 조율된 평형상태를 성취하지 못했다. 마치 면역력이 없는 숙주집단에 침입하는 질병처럼 문명화된 형태의 거시기생은 기록에 남아 있는 역사시대를 통해 심한 부침을 거듭해왔다. 때로는 노동에 의해 그 사회를 떠받치고 있는 농민이나 노동자를 지나치게 많이 죽이기도 했고, 때로는 이용 가능한 식량자원에 비해 인구를 너무 늘리기도 했다.

그러나 이런 부분적인 퇴보가 수없이 반복되었음에도 불구하고, 문명화된 형태의 사회조직이 지배하는 지역은 수십 세기 동안 꾸준히 증가했다. 물론 독자적인 문명의 수는 그리 많지 않았다. 문명을 6개로 계산할 것이냐 24개로 계산할 것이냐는 문명생활의 양식을 다른 것과 구별할 때 어떤 기준을 두느냐에 달려 있다. 문명의 수가 적은 것은 기존의 제도·사상·기술을 정교하게 가다듬어 새로운 경지로 고양시키는 것이 문명의 특성은 아니라는 사실을 반영한다. 오히려 문명은 이미 높은 수준에 달한 중심지로부터 그 문화의 근저를 이룬 문화적 요소를 새로운 지역으로 수출함으로써 확장을 꾀했다. 대부분의 경우 문화적 요소들을 수용하는 측에서도 새로운 것을 창조하기보다는 차용하고 모방하는 것이 훨씬 쉬웠을 것이다. 그러나 문명화된 사회들이 비교적 손쉽게 새로운 영역으로 확대될 수 있었던 사정을 설명해주는 또 하나의 요인이 있었다. 그것은 의도적인 정책이나 거시기생 패턴의 결과가 아니라 미시기생의 역학에서 생긴 현상이다. 그것은 이하의 간단한 설명으로 충분히 이해할 수 있을 것이다.

많은 인구 속에서만 지속될 수 있는 '소아병'과 공존하는 법을 터득한 문명사회는 매우 강력한 생물학적 무기를 획득했던 셈이다. 이 무기는 오랫동안 고립되어온 소규모 인간집단과 처음 접촉했을 때 언제나 위력을 발휘했다. 문명사회 특유의 질병이 그 병원균에 노출된 경험이 전혀 없는 사람들에게 침입하면 어린이들에게만 영향을 미치는, 즉 심각하긴 하지만 감당할 수 있는 질병에 그치지 않고 노소를 불문하고 많은 사람의 생명을 빼앗는 무서운 전염병으로 변모했다.[41]

그러한 전염병의 파멸적인 영향은 단지 많은 사람의 목숨을 앗아가는 데 그치지 않았다. 생존자들은 더러 정신적 혼란에 빠지게 되었고, 전염병의 재앙을 막아주지 못한 고유의 관습과 신앙에 대한 믿음을 완전히 잃어버렸다. 때때로 새로운 감염증은 사회의 청장년층 사이에서 최대의 위력을 떨쳤는데, 체내에 침입한 병원체에 대해 이 연령층의 항체반응이 너무 활발하기 때문에 그런 현상이 생긴다는 학설도 있다.[42] 20~40대의 청장년층이 많이 희생되면 비슷한 수의 어린이나 노인층이 죽는 것보다 사회 전체에 미치는 피해가 훨씬 크다. 사실 단 한 번의 전염병 유행으로 많은 젊은이를 잃은 공동체는 물질적·정신적으로 자립해가기 어렵다. 최초의 감염으로부터 얼마 지나지 않아 문명세계 특유의 또 다른 심각한 감염증에 계속해서 몇 번씩 노출된다면, 공동체의 구조적 일체성은 여지없이 무너진다. 그 결과 문명사의 초창기에는 문명사회들의 주변에 인적이 거의 없는 변방이 간헐적으로 형성되었다. 문명화된 도시주민과 처음 접촉하는 변방사람들은 언제나 정신과 육체를 파괴하는 질병과 조우할 위험이 있었다. 살아남은 사람들도 저항할 힘을 잃고 문명사회의 지배체제 아래 편입될 수밖에 없었다.

분명히 이런 역학적 과정은 전쟁과 밀접한 관련이 있었으며, 바로 이 점 때문에 겉으로 잘 드러나지 않는다. 군사행동으로서 약탈과 본질적으로 차이가 없는 교역은 문명사회의 주민이 신천지를 탐색하는 또 다른 방법이었다. 전쟁이나 교역관계는 기록에 남아 있는 경우가 많지만, 문자를 갖지 못했던 변경의 약소민족에게 유행했던 전염병에 대한 기록은 전해지지 않는다. 이 때문에 종래의 역사가는 도시적 생활여건이 문명인의 혈액에 이식했던 생물학적 무기에 대해서는 이렇다 할 관심을 나타내지 않았던 것이다. 그렇지만 문서화된 기록이 없다고 해서 그 지역의 온갖 소아병을 경험하며 성장한 주민이 문명적 생활환경에서 획득한 역학적 우월성이 어떤 위력을 발휘했는지를 모른 체해서는 안된다.

그러나 한편으로는 변경에 사는 사람들이 문명사회로부터 유입된 하나 또는 그 이상의 질병으로 인해 목숨을 잃고 정신적으로도 심각한 타격을 받았다고 해서, 인근지역에 대한 문명사회의 침범을 막아주는 효과적인 장애물이 전혀 없었던 것은 아니다. 지나치게 건조하거나 습윤한 곳, 너무 춥거나 산으로 둘러싸인 곳에서는 문명화된 공동체가 종래의 농경법을 적용할 수 없어 문명인의 정착이 불가능했기 때문에 그 지방민은 생물학적으로 재기하거나, 더 먼 곳에서 흘러 들어온 이 주민들을 흡수해 힘을 회복할 여유를 가질 수 있었다. 문명의 중심지와 주변지역의 접촉이 오랫동안 지속되면 변경의 주민들도 문명화된 질병에 반복적으로 노출됨으로써 위협이 줄어들었을 것이다. 물론 그 후로도 때때로 변경에 새로운 질병이 출현했다거나 인구밀도가 높아져 질병이 확산되는 새로운 패턴이 성립한다거나 문명화된 도시에 근거지를 둔 질병에 노출된 지 너무 오랜 기간이 경과했을 경우 재난이 발생했을 수도 있다.

그러나 문명사회에 확립된 농경법이 변경으로 확산되는 것을 가로막을 지리적·풍토적 장벽이 없는 경우, 미지의 질병과 조우하여 파멸에 이른 민족은 저항을 계속할 수 없었을 것이다. 흥미롭게도 이런 과정은 동물의 통상적인 소화흡수과정과 비슷하다. 우선 인근 공동체들의 조직구조는 전쟁(음식물을 씹는 것에 해당함)과 질병(위나 장의 화학적·물리적 활동에 해당함)의 결합에 의해 붕괴된다. 때로는 한 지방의 주민이 전멸하는 경우도 있었지만, 보통은 그렇지 않았다. 대개의 경우 문명과의 파멸적인 첫 만남이 이루어지고 나면, 그 지역에는 문화적 정체성을 상실한 상당수의 사람이 남게 된다. 이런 인적 자원은 개인, 소가족, 아니면 마을 단위로 큰 문명사회의 조직 속으로 흡수된다. 이들이 일정 기간 동안 그 문명의 중심에서 온 망명자나 도망자와 뒤섞이고 나면, 문명사회의 지배체제에 속하는 농민이나 변경주민과 구별할 수 없게 된다. 이런 역사적 과정은 인체의 소화흡수작용이 음식물의 화학적 조직을 규칙적으로 파괴해서 그 분자나 원자를 인체구조 속으로 흡수하는 방식과 매우 비슷하다.

문명사회의 입장에서는 변방의 주민들이 접촉 초기에 대량으로 사망하고 그 사회적 방위력이 해체되면, 자국에 넘쳐나는 농민들이 새로운 땅에 이주하여 신천지를 성공적으로 개척할 수 있는 기회가 생기는 셈이었다. 그러나 많은 경우 그 현상은 대개 우발적이고 국지적인 것이었다. 개간하기에 좋은 땅과 잉여노동력이 언제나 존재했던 것은 결코 아니다. 그래도 기존의 문명사회들이 반복적인 팽창을 거듭할 정도의 기회는 있었다고 봐야 한다. 이런 현상 덕분에 문명화된 사회들은 역사시대를 통해 그들의 영토를 지속적으로 확장할 수 있었던 것이다.

물론 팽창일로에 있던 문명 간의 충돌도 있었다. 메소포타미아와 이집트 제국 정부가 기원전 1300년 이후 시리아와 팔레스타인 등지에서 격돌을 거듭한 것이 그 최초이다. 더 나아가 한 문명이 다른 문명을 역학적·문화적으로 '소화흡수'함으로써 문명화된 공동체가 해체되는 경우도 종종 있었다. 1500년 이후 아메리카 원주민의 운명이 그러했다. 고대 이집트와 메소포타미아도 확장일로에 있던 페르시아 및 로마 제국의 지배하에 놓이게 되면서 아메리카 원주민과 같은 운명을 겪었는데, 이 과정은 7세기의 이슬람 정복에 의해 완결되었다.

어떤 독자들은 이런 일련의 주장과 연역적인 추론에 어리둥절할지도 모른다. 특히 지역별 차이나 시대적 변화를 고려하지 않고 나의 주장과 추론을 모든 문명사회에 일괄적으로 적용하는 것에 대해 놀라는 이들도 있을 것이다. 물론 시대적인 차이나 지역적인 변화는 분명히 있다. 그러나 현재 남아 있는 자료만으로 그것을 식별하기란 불가능하다. 문자를 알고 있던 소수의 사람들은 내가 서투르게나마 분석하려고 애쓰고 있는 생물학적 과정을 전혀 인식하지 못하고 있었기 때문이다. 우리는 근대에 들어와 유럽인이 7개의 바다에서 무수한 역학적 장벽을 돌파해가며 탐사활동을 벌인 결과 감염증이 극에 달하게 되었다는 사실을 인식하고 있다. 하지만 근대 이전의 시대에 감염증으로 인해 문명인들의 이웃에 살던 약소하고 불운한 민족들의 신체에 무슨 일이 일어났는가에 착안하여 이루어진 기록은 적어도 현존하는 자료 속에서는 전혀 찾아볼 수 없다는 사실 또한 인정하지 않으면 안된다.

기록자들은 자신이 속한 문명의 매력이나 가치를 자명한 것으로 여겼기 때문에 그들의 문명이 확대되는 것을 당연하게 생각했을 것이다. 오늘날의 역사가들도 부지불식간에 같은 경향을 보인다. 그러나 인간은 누구나 자신이 성장해온 생활양식에 애착을 갖게 마련이라는 점을 감안할 때, 아무리 자신들의 땅을 침범한 문명이 월등한 기술이나 부와 지식을 보유하고 있었다 하더라도, 스스로 완전하다고 생각하는 공동체가 외국의 정치사회체제의 일부로 편입되는 길을 자발적으로 택했을 리는 만무하다.

물론 문명사회를 정복했던 야만인들이 그 사회의 문명화된 생활방식에 매료되어 도리어 문화적으로 정복당하는 경우도 있었다. 이런 침략자들은 자신들이 물려받은 고유한 생활방식에 무슨 일이 일어날지 거의 예측하지 못했을 것이며, 한참 뒤에 문명의 폐해를 깨닫고 나서야 더 이상 물들지 않으려고 안간힘을 썼을 것이다. 하지만 정복자이자 지배자로서 그들은 언제나 장래를 낙관하고 있었다는 점에서 변방에서 가난하게 살던 사람들과는 전혀 처지가 달랐다. 변방주민에게 주어진 많은 문명사회에서 가장 억압받는 계층에 편입되는 것이었다. 그런 까닭에 이들은 저항할 수 있는 힘이 남아 있는 한 문명사회로 동화되기를 언제나 거부했을 것이다.

따라서 남아 있는 사료에 내재하는 편견을 지적하려면, 문명사회가 주변의 이민족을 본국의 사회편제에 성공적으로 통합시킨 사실부터 규명할 필요가 있다. 위에서 서술한 것과 같은 역학적인 패턴에 중점을 두지 않는다면 문명사회의 문화적 최전선이 확대된 과정을 이해할 수 없다. 다른 식의 접근은 부적절할 뿐 아니라 정상적인 인간의 행동양식에 부합하지도 않는다.

인도는 나의 주장을 평가하는 시금석이 될 것이다. 인도에 문명 수준의 사회가 처음으로 등장한 곳은 반(半)건조기후의 북서부인데, 이 지역은 히말라야 고지에서 발원한 인더스 강이 사막지대를 거쳐 바다로 흘러드는 곳이다. 이런 자연환경은 고대 메소포타미아나 이집트의 환경과 비슷했으며, 인더스 문명을 지탱하던 관개농법 역시 고대 서아시아의 양대 문명에서 시행되던 농법과 유사했으리라 생각된다. 인도사의 기본 골격은 기원전 1500년 이후 벌어졌던 야만족(아리아족)의 대대적인 침입과 이에 뒤따른 문명화된 생활양식의 완만한 발달과정으로 규정될 수 있다. 이는 큰 강을 끼고 발전해온 다른 문명들이 경험했던 고대사의 리듬과 거의 일치한다.[43)]

하지만 기원전 800년경부터 문명화된 사회구조가 인도의 북서지방에 다시 성립되면서 인도 역사는 획기적인 전기를 맞았다. 이 도시공동체는 남쪽과 동쪽으로 다양한 '숲지대 종족'이 점유하고 있던 지대와 경계가 닿아 있었다. 이 종족은 대개 자급자족적인 작은 공동체를 이루고 살았는데, 온대지방에서 이런 식의 구조는 문명화된 질병의 역학적 파괴에 매우 취약하다. 그리고 문명 특유의 질병이 좀더 북쪽에 위치한 유라시아 일대보다 인도에서 덜 파괴적이었을 것이라고 생각할 이유는 전혀 없다. 그러나 예상과 달리 인도의 숲지대 종족은 결코 붕괴되거나 소멸하지 않았다. 이들은 도시문명의 생물학적 무기에 대항할 수 있는 역학적인 반격수단을 가지고 있었다. 고온다습한 기후대에서 기승을 부리던 다양한 열대성 질병과 기생충증이 온대지방에서 볼 수 있는 문명의 침식작용으로부터 이들을 보호해주었던 것이다. 후대의 아프리카에서와 마찬가지로, 인도 북서부의 건조지대에서 성장한 침략자는 다양한 형태의 질병이 잠복하고 있는 고온다습한 지역을 대대적으로 신속하게 정복할 수 없었다. 일종의 역학적인 교착상태가 일정기간 유지되었다. 숲에서 살던 사람들은 문명권 주민들과의 접촉에서 옮은 감염증 때문에 많이 희생되었지만, 문명사회의 침입자들도 삼림지대의 주민에게 익숙한 열대병이나 기생충증에 취약하기는 마찬가지였다.

 어떤 결말이 났는지는 잘 알려진 대로다. 인도 문명은 히말라야 북쪽에서 널리 행해지던 방식대로 인도의 남부와 동부지역에 존재하던 다양한 원시공동체를 소화흡수하는 대신, 숲지대 종족의 자손을 하층의 카스트로 규정하여 반자율적인 구성분자로서 힌두 문화권에 동화시켜 나가는 팽창정책을 택했다. 그리하여 각 지방의 문화적·사회적 전통은 파괴되지 않고 인도 문명의 사회구조에 편입되었다. 그 결과 굉장히 다양한 원시적 의례와 관행이 오랫동안 존속될 수 있었다. 이런 요소들이 인도의 문헌에서 자주 발견되는 것은 구전되는 사상이나 의례에 흥미를 느낀 식자층이 충실한 기록을 남겼기 때문이다. 물론 장구한 역사를 지닌 복잡한 힌두교에 어울리도록 첨삭이 가해졌을 것이다.

 물론 그 밖의 요소나 태도도 인도 사회의 카스트 원리를 형성하고 유지하는 데 기여했다. 다른 카스트 간의 개인적 접촉을 금하는 금기와, 부주의로 그 금기를 범했을 때 몸을 정화하기 위한 세부규정을 보면 인도 사회에서 점점 카스트로 고정되어간 다양한 사회집단 사이의 안전거리를 규정했던 중요한 계기가 질병에 대한 공포였다는 사실을 알 수 있다. 아리아어를 쓰던 침입자들과 타밀어 및 기타 고어를 사용하던 토착민들은 오랜 기간 전염병과의 잦은 조우를 통해 기생충증에 대한 항체반응과 저항력이 엇비슷해진 연후에야 비로소 안전하게 공존할 수 있었다. 유전적 혼교도 다른 카스트 간의 통혼을 금하는 카스트제의 규정에도 불구하고 이런 역학적 교환현상과 함께 계속 일어났을 것이다. 그리고 상당히 엄격한 자연선택이 숲지대 종족과 문명적 생활양식을 체득한 침입자 쌍방의 유전자 배열을 변화시켰을 것이다.

이런 균등화과정은 구세계의 다른 문명들에서 특징적으로 나타나는 강압적인 '소화흡수' 패턴과 차이가 있다. 결과적으로 인도인의 문화적 동질성과 사회적 통합성은 좀더 통일적인 국가구조가 특징인 유라시아 북부 문명에 비해 약한 수준에 머물렀다. 물론 이런 인도 문명의 특수성은 우연히 생긴 것일 수도 있고, 의식적인 선택의 결과일 수도 있다. 사실 우연과 선택도 카스트의 원리를 결정하는 데 영향을 주었을 것이다. 그러나 인도 문명이 초기의 팽창단계에서 직면했던 독특한 역학적 상황이야말로 카스트 제도를 형성하는 데 상당한 영향을 미쳤음에 틀림없으며, 나아가 인도 문명사회의 구조를 여타 문명과 다른 형태로 성립시키는 데 한몫했을 것이다.

아메리카 대륙의 상황은 또 다르다. 유라시아 대륙의 주요 도시에서 발생한 문명 특유의 질병은 1500년 이전에는 멕시코나 페루에 뿌리를 내리지 못했다. 그렇지 않았다면 몬테수마는 침략자 스페인군에게 좀더 효과적인 역학적 반격을 가할 수 있었을 것이다. 하지만 아메리카 대륙의 질병 패턴에 대해서는 유럽인이 그곳에 도착하면서 발생한 역학적 결과를 중점적으로 다루게 될 5장에서 자세히 검토하는 게 나을 것 같다.

이쯤에서 감염증에 대한 근대적인 사고방식에 입각해 지금까지 제시한 추측과 논의의 결론을 요약해보자. 문헌이나 고고학상의 결정적인 증거는 없지만, 구세계의 주요 문명들은 도시가 처음 발생한 시기로부터 기원전 500년 사이에 사람에서 사람으로 전염되는 독특한 질병들을 갖게 되었다. 생활용수를 통해서, 곤충을 매개로 해서, 직접적인 피부접촉 등에 의해서 옮은 감염증이 많은 사람이 모여 사는 도시나 인구밀도가 높은 근교의 농경지대에 널리 퍼졌다. 이렇게 질병에 걸렸거나 질병에 저항력을 갖추게 된 문명인은 그만큼 다양하고 위협적인 감염증에 노출된 적이 없는 이웃들에게 생물학적으로 위험한 존재였다. 이런 현상 덕에 문명권의 주민은 비교적 손쉽게 영토를 확장할 수 있었다.

다른 질병상생지 간의 정확한 경계선을 확정하기란 거의 불가능하다. 개별 감염증의 지리적인 세력범위는 사람들의 이동, 병세의 변화, 문명 중심부의 발병 패턴에 따라 해마다 변했으며, 결과적으로 매우 불안정했다. 문명사회의 사회구조가 만들어낸 미시기생과 거시기생 쌍방에 있어서의 새로운 생물학적 균형은 교역과 교통상의 중요한 변화가 생길 때마다 교란될 가능성이 있었다. 중요한 신종 감염증에는 지리적 혹은 다른 자연적 한계가 없었기 때문이다. 다음 장에서 기원전 500년부터 서기 1200년에 이르기까지 이런 균형이 어떻게 바뀌어왔는지 고찰할 것이다.

3

유라시아 대륙 질병상생지간의 교류: B.C. 500~A.D. 1200년

　　　　　　기원전 500년 무렵에는 유라시아의 문명화된 각 지역에 서로 다른 미시기생과 거시기생의 균형이 확립되었다. 주요 문명의 중심지에서는 숙주인 인간과 문명 특유의 새로운 질병 간에 불안정하게나마 적응이 이루어지기 시작했다.

　하지만 당시 질병의 균형실태가 어떠했는지는 문명의 발상지 중 가장 오래되었다는 서아시아 지역에서도 정확히 밝혀져 있지 않다. 이 지역에는 오래전부터 관개농업의 요지들이 존재하고 있었는데, 기원전 2000년경 이후에는 강우량이 풍부한 지역을 중심으로 도시와 국가 조직이 들어섰다. 그 후 농사에 적합한 땅이 있는 곳이면 어김없이 문명화된 형태의 사회조직이 출현했다. 이런 식으로 메소포타미아를 축으로 좌우에 광범위한 문명권이 형성되었다. 이집트에서도 벨트 모양의 협소한 지대를 통해 문명의 영향이 아프리카의 동부와 북부로 확장되었다.

　이런 상황에서 전개된 여러 제국의 흥망사는 잘 알려져 있다. 아카드, 바빌로니아, 카시테, 미탄니, 히타이트,* 이집트, 아시리아, 칼데아,

---

* 아카드: 기원전 2350년경 건설된 메소포타미아 최초의 통일국가와 그 민족. 카시테: 바빌로니아의 제2왕조를 수립한 것으로 알려진 고대민족. 미탄니: 오늘날의 시리아와 터키의 경계에 있던 인도-이란족의 국가. 히타이트: 기원전 1200년경 소아시아에서 일어난 인도-유럽어족의 하나인 고대 시리아 민족.

페르시아 등의 정복자들은 격렬한 전쟁과 변방 야만족의 끊임없는 침략 속에서 명멸해갔다. 갈수록 거대화·조직화되던 각 제국은 토양이나 기후 같은 자연조건이 경작을 허용하는 한계까지 영토를 확장해 나갔다. 기원전 6세기 페르시아 제국의 성립과 함께 정복할 수 있는 영토는 거의 바닥이 났다. 기원전 500년까지 이 제국의 국경은 북쪽·남쪽·동쪽으로 스텝과 사막지대에 접해 있었다. 더 이상 제국을 확장할 경우 당시의 농경법으로 수확할 수 있는 농작물의 양으로는 추가로 발생할 행정비용을 감당할 수 없었던 것이다.

물론 서쪽으로 에게 해의 좁은 관문을 통과하면 대제국의 거시기생을 지탱해줄 비옥한 신천지가 기다리고 있었다. 그러나 B.C. 480~B.C. 479년에 크세르크세스 왕의 군대가 영토확장의 가능성을 실현하고자 했지만, 군수품 부족과 그리스 도시연합군의 용맹스런 항전 탓에 패배하고 말았다. 페르시아 제국은 멀리 남동쪽에 위치한 인도의 도아브 지역—인더스 강과 갠지스 강의 상류 사이에 낀 비옥한 곳—으로 진출할 가능성도 있었다. 그러나 페르시아인이 이 지역을 정복하려 했다는 기록은 없다. 그 후 마케도니아의 알렉산드로스 대왕이 기원전 326년에 정복을 시도하려 했으나, 군대가 하극상을 일으켜 명령에 따르지 않았다. 사실 히말라야를 넘어 침입하려던 모든 군대는 질병으로 인해 심각한 타격을 받았는데, 이런 질병의 위협은 어떤 군사적 저항보다도 인도의 관문을 효과적으로 방어해주는 수단이었다.

확대된 서아시아 문명권 속에서 미시기생도 기원전 500년경에 자연적 한계에 도달했다고 볼 수 있을까? 관개용수 속에서 많은 시간을 보내야 했던 농부들이 특정 감염증에 지속적으로 노출되면서, 기원전 500년에 이르자 관개농업에 어울리는 기생상태는 거의 안정된 균형에 도달했다. 관개농법은 그 당시 이미 3천 년의 역사를 지니고 있었다. 또한 교류가 활발하던 이집트와 메소포타미아, 인더스 강 유역의 관개농업 중심지에서는 2~3천 년 동안의 상호접촉을 통해 기생생물의 균일화가 철저히 이루어졌을 것이다. 기생생물에 이처럼 현저한 변화가 있었다는 문서기록은 전혀 없지만, 있다고 해도 당시의 정황을 입증하기는 힘들다. 문자를 알던 사람들은 농민의 생활환경 따위에는 전혀 관심이 없었을 뿐만 아니라, 당시의 의학문헌은, 고대의 용어들을 근대적인 질병분류법에 따라 번역하더라도 애매모호해서 이해하기 어렵기 때문이다.

하지만 고대 서아시아에 전염병이 유행한 사실은 기록된 증거를 통해 분명히 확인할 수 있다. 바빌로니아의 『길가메시 서사시』는 대홍수에 버금가는 재앙으로 역신(疫神)의 출몰을 꼽고 있으며, 거의 같은 시기(B.C. 2000년경)에 기록된 이집트의 한 문헌도 악성 전염병이 유행한 해에 사람들이 느꼈던 역신에 대한 두려움을 파라오에 대한 공포에 비유한 바 있다.[1] 중국의 경우 오늘날 해독할 수 있는 가장 오래된 전거인 기원전 13세기경의 기록에 전염성 유행병을 익히 알고 있었음을 시사해주는 대목이 나온다. 그 대목에서 고대 안양(安陽)의 지배자는 예언가에게 "올해에도 전염병이 돌아 많은 사람이 죽을 것 같은가?"라고 묻고 있다.[2] 예언가는 의례적으로 신탁을 구하는 데 사용되었던 양의 견갑골(肩甲骨)에 오늘날의 학자들이 해독할 수 있는 문자로 그 질문을 새겨 두었다.

이에 비하면 구약성서는 훨씬 뒤에 쓰였지만, 비슷한 시기로 거슬러 올라가는 구비전설을 많이 담고 있다. 「출애굽기」에 나오는 이집트의 역병에 대한 기록은 역사적 근거가 있는 것으로 생각된다. 「출애굽기」에는 모세가 이집트에 퍼뜨린 역병 가운데 "사람과 짐승의 몸에 농포를 만드는 맹독성 종기"[3]가 있었다는 얘기가 나온다. 또한 하룻밤 사이에 치명적인 질병이 이집트에서 첫 번째로 태어난 생명[파라오의 장자, 각 가정의 장자, 첫 번째로 태어난 가축 등]을 덮쳐 "죽은 사람이 없는 집이 하나도 없었다"[4)는 기록도 있다. 그 밖에도 언약궤(櫃)*를 탈취한 죄로 필리스티아인[성서에는 블레셋인으로 나옴]에게 전염병이 돌았다는 이야기,[5] 백성의 숫자를 헤아린 다윗 왕의 죄를 벌하기 위한 악성 전염병 때문에 이스라엘과 유다의 건장한 남성 130만 명 중 7만 명이 사망했다는 이야기,[6] 하룻밤에 "아시리아군의 막사에서 18만 5천 명을 살해했던"[7] 치명적 재앙 탓에 아시리아의 왕 센나케리브[성서에는 산헤립으로 나옴]가 예루살렘을 정복하지 못하고 철수할 수밖에 없었다는 기록 등을 들 수 있다.

이와 같은 구절들로 미루어볼 때, 기원전 1000~500년 사이에 현존하는 구약성서를 집필했던 사람들은 치명적인 질병의 돌발 가능성을 의식하고 있었으며, 그런 전염병을 하느님의 역사(役事)로 풀이했다. 근대의 성서번역가들은 그런 전염병을 주로 'plague'라고 표현했는데, 이는 18세기까지 유럽에 계속 출몰하면서 참사를 일으켰던 주요 질병이 선페스트(bubonic plague)였기 때문인 듯하다.[8]† 하지만 성서에 나오는 고대의 전염병이 모두 선페스트였다고 생각할 만한 근거는 없다. 우리에게 친숙한 모든 문명사회 특유의 감염증—홍역, 천연두,[9] 인플루엔자 같은 호흡기 전염병, 또는 장티푸스나 이질처럼 소화기관을 통해 전염되는 질병—은 성서에 기록된 것과 같은 돌발적인 떼죽음을 야기할 수 있다.

각종 기록을 토대로 우리가 추론할 수 있는 것은, 그런 전염성 질병이 기원전 500년 이전에 이미 고대 서아시아의 주민들에게 보통 있는 일이었고, 때때로 인구밀도를 적당한 수준으로 떨어뜨리는 데 기여했으며, 군사정세에 영향을 미치기도 하는 중요한 역할을 해왔다는 사실

---

* 하느님과 이스라엘 민족의 계약의 표로 지성소에 안치했던 궤. 그 속에 십계명을 새긴 석판이 들어 있었다. '계약의 궤'라고도 한다.
† 이후 서양인들은 plague 하면 일반적인 악성 전염병이 아니라 페스트를 떠올리게 되었다.

이다. 그러나 전염병의 창궐은 정기적으로 군대를 괴멸시킨다거나, 제국의 건설이 불가능할 정도로 인구를 감소시키지는 않았다. 만약 그랬다면 기원전 9~5세기에 아시리아 제국이나 페르시아 왕국이 번영을 구가하지 못했을 것이다. 그렇다면 성서의 저자들이 주목했던 전염성 질병의 유행도 문명사회의 조직을 붕괴시킬 정도로 치명적이거나 빈번하지는 않았을 것이다. 병원생물의 관점에서 보면, 그들이 인간숙주와 서로 용인할 수 있는 수준의 적응관계를 맺어 나가고 있었다고 할 수도 있다. 선페스트처럼 통상 숙주인 동물이 병원체의 생존에 중요한 역할을 하는 경우도 있었지만, 고대 서아시아의 중심지에는 많은 인구가 살고 있었기 때문에 근대적인 소아병의 옛 형태들이 불안정하나마 풍토병으로 유지될 수 있었을 것이다.

인구가 집중되어 활발한 교류가 이루어지던 몇몇 문명의 중심지는 인간을 숙주로 하는 감염의 사슬이 확고하게 자리 잡을 수 있는 최상의 조건을 제공했으며, 그곳에서 오늘날 우리에게 친숙한 감염 패턴에 따라 일부 감염증은 소아병으로 바뀌었을 것이다. 이때, 무서운 전염병은 장기간 감염의 사슬을 유지할 수 있을 만큼 인구밀도가 높지 않은 외곽지대에서 주로 발생했을 것이다. 이런 지역에서 특수한 상황—흔히 군사작전과 결부된—이 전개되면, 갑작스럽게 전염병이 발생해 급속도로 퍼져 나가면서 많은 인명을 앗아갔을 것이다. 그리고 이런 참상에 주목했던 성직자나 학자들은 전염병에 관한 기록을 남겼을 것이며, 이런 기록이 성서에 반영된 것으로 보인다.

이런 추정들이 맞다면, 고대 서아시아에서 문명 특유의 전염병은 관개농법에 수반되는 여타의 질병보다 조금 늦은 시기에 숙주인 인간집단과 일정한 수준의 균형을 이루었을 것이다. 지구상에서 가장 오래된 문명의 발상지이자 기원전 5세기에 가장 많은 사람이 모여 살던 서아시아는 농촌 및 도시생활이 조성하는 환경 속에서 미시기생과 거시기생이 안정된 균형을 이루기에 충분한 시간과 기회를 갖추고 있었던 셈이다. 좀더 구체적으로 말하면, 현재 남아 있는 전염병에 관한 가장 오래된 기록은 기원전 2000년경으로 거슬러 올라가므로, 기원전 500년까지는 서아시아―일찍이 문명이 발달했으며, 격렬한 전쟁이 끊이지 않았고, 인구가 밀집되었던―에서 비교적 안정된 전염병 패턴이 확립될 수 있는 충분한 시간적 여유가 있었다.[10]

이와는 대조적으로 자연환경이 달라 서아시아와 같은 안정성이 결여되어 있던 세 지역―황허(黃河) 유역의 범람원,* 갠지스 강 유역의 몬순지대, 지중해 연안지방―에서는 서아시아보다 한참 후에야 문명사회의 사회구조가 등장했다. 이들 지역의 생태적 균형은 기원전 500년경에도 여전히 불안정했으며, 서아시아에 비해 질병의 패턴도 확고하게 뿌리내리지 못했을 것이다.

이들 자연환경에서 기원전 500년을 전후해 대규모의 인구증가가 있었다는 사실만으로도 생태적 불안정성을 능히 입증할 수 있다. 이는 정황증거에 불과하지만 거의 확실한 것이다. 대규모의 인구증가가 없었다면 세 문명이 성취했던 영토확장은 불가능했을 것이다. 게다가 각 문명의 인구성장은 영농 패턴에서 나타나는 폭넓은 기술적 적응과도 결부되어 있으며, 향후 각 문명에 영속적인 특성을 부여하게 되는 거시기생적인 정치적·문화적 구조의 형성으로 이어지기도 했다.[11]

동아시아에 위치한 중국의 농민은 기원전 600년경부터 황허 유역의 범람원에서 비약적인 농업발전을 이루었다. 그들은 초창기 농업의 기반이었던 황토지대의 반(半)건조환경을 극복하고 농지를 확장했으며, 주요 작물도 기장에서 벼로 바꿨다. 제방을 쌓고, 배수로를 만들고, 운하를 건설하고, 늪지대를 개간하는 대대적인 공사를 통해 홍수가 범람

* flood plain. 하천의 주기적 범람으로 주변에 형성된 평평한 지형.

하던 광활한 땅에 관개시설을 갖춘 논이 빽빽이 들어섰다. 개간지 전체를 홍수와 가뭄의 위험으로부터 보호하기 위해서는 황허의 거친 물길을 통제할 수 있는 광범위하고 정교한 치수체계가 필수적이었다.

황허는 지구상에서 지질학적으로 가장 활동적인 강 가운데 하나이다. 이 강은 최근에도 지질학적 의미에서 다른 수계(水系)를 합류시켜 지류로 만들고 수량을 증가시켰다. 그리고 중류에 위치한 황토지대를 관통해 흘러가면서 방대한 양의 토양을 침식하여 해마다 강바닥을 깊이 파낸다. 진흙을 듬뿍 머금은 강줄기가 평야지대에 이르면 유속이 떨어져 상류에서 침식된 양과 맞먹는 엄청난 양의 토사가 퇴적된다. 결과적으로 범람원 주변의 강바닥은 급속하게 높아진다. 이 때문에 제방을 쌓아 물길을 고정시키려는 사람들은 골머리를 앓았다. 물론 해마다 강바닥에 쌓이는 토사의 양만큼 제방을 높이 쌓으면 될 것이다. 그러나 거대한 황허는 얼마 지나지 않아 제방을 무너뜨리고 비옥한 범람원을 침수시키면서 바다로 흘러가기 시작했다. 강의 물길을 고정시키는 데는 엄청난 노력이 필요했다. 제때 점검하지 못해 작은 물길 하나라도 제방을 통과하게 되면 순식간에 급류로 변했기 때문이다. 불과 몇 시간이면 제방에 구멍이 생겼고, 제방이 무너지면 황허 전체가 요동치며 인공적인 하천바닥에서 벗어나 새로운 수로를 찾아 낮은 곳으로 향했다. 이런 식으로 황허는 지금까지 여러 차례에 걸쳐 수백 마일씩 수로를 바꾸면서 산둥 고원의 북쪽(오늘날의 경우)이나 남쪽으로 흘러갔다.[12]

인간의 활동은 황허의 지질학적 불안정성을 악화시켰지만 그것이 근본원인은 아니었다. 앞으로도 강의 물길이 안정되려면 (지질학적 의미에서) 오랜 세월이 걸릴 것이다. 고대 중국에 영향을 미친 생태적 불안정성의 또 다른 차원은 인간사의 시간적 척도에서 관찰될 수 있다. 예를 들어 정치적 수준에서는 벼농사 덕분에 식량자원이 확충되자 할거하고 있는 제후국 간에 전쟁이 끊이지 않았다. 그러다가 기원전 221

년에 진(秦)의 시황제(始皇帝)가 황허 범람원뿐 아니라 남북으로 연결된 황허 인근지역까지 장악했다. 그 후 한 차례의 내전을 거쳐 새로운 왕조인 한(漢)이 기원전 202년 중국을 통일했고, 명목상으로는 서기 221년까지 중국 전역을 지배했다.

제국정부의 관료적 행정조직에 의해 국내에 평화가 유지되자, 전란이 끊이지 않던 시대에 비해 농민에게 과해졌던 부담도 줄어들었다. 그러나 '한의 평화'는 벼와 기장을 재배하는 농민들에 기생하던 이중의 거시기생을 고정화시키는 결과를 초래했다. 농민들로부터 소작료를 받는 지주와 조세를 징수하는 제국정부의 관리는 분명히 경쟁관계에 있었지만, 사실상 서로 매우 효과적으로 협조했다. 제국의 관료들은 대부분 소작료에 의존하던 지주계층에서 충원되었기 때문에 관료나 지주의 이해는 기본적으로 일치했다.

하지만 고대 중국에서 정립되기 시작한 거시기생적 균형에는 또 다른 강력한 요인이 작용했다. 중국의 지주계급이 농민에 대한 요구를 강화하는 과정에서, 지주계층 및 관료들의 사상과 행동규범을 규제하는 독특한 체계가 뿌리를 내리기 시작했다. 이것이 곧 유교로서, 성인으로 추앙받는 공자(B.C. 551~479년에 살았다고 전해짐)는 유교의 새로운 이념을 표명하고 확립하는 데 크게 기여했다. 제국의 관료계층과 지주계층 사이에 확산된 유교문화는 자의적이고 독단적인 권력의 행사를 엄격히 규제하는 윤리의식을 내면화시켰다. 특별한 사정이 없는 한 관습에 따라 농민들이 감당할 수 있는 한도 내에서 강제징수가 이루어지게 된 것은 유교적 윤리가 이끌어낸 아주 중요한 결과였다.

이에 따라 중국사회에서는 무제(武帝, B.C. 140~87 재위)의 시대에 이르자 농민과 이들에게 가장 직접적으로 기생하는 두 사회계급 사이에 대단히 안정적이고 영속적인 균형이 이루어졌다. 이런 균형은 몇 차례 크게 수정되긴 했지만 별다른 구조적 단절 없이 20세기까지 연면히 이어졌다. 지주와 조세징수자의 요구는 가혹했겠지만 전체적으로 보면 중국 농민들의 생존에 필요한 최소한의 곡물까지 탈취하지는 않았음에 틀림없다. 만약 그렇지 않았다면 한족의 인구가 황허의 범람원으로부터 인접지방으로 이동한 후 대규모로 남하하여 서서히 양쯔 강 유역으로, 더 나아가 남방까지 진출하기는 어려웠을 것이다. 거시기생적 안정이 없었다면 농민들도 중국의 걸출한 문화적 전통과 제국적 구조가 (국지적인 후퇴와 전국적인 장기간의 침체에도 불구하고) 지속적으로 팽창할 수 있는 기반을 제공할 수 없었을 것이다.

남아 있는 문헌만으로는 중국문명이 얼마나 빨리 진보했는지 구체적으로 자취를 더듬어 확인할 수 없다. 그렇지만 한 왕조가 끝난 뒤에야 중국 남부지방의 비약적 발전이 이루어졌다는 점은 분명하다. 다시 말해 황허 유역의 치수사업이 본격적으로 시작되고 약 천년의 세월이 흐른 뒤에야 양쯔 강 유역에서도 그와 비슷한 발전이 있었다는 것이다.[13]

오늘날에는 중국의 주요 부분이라 할 수 있는 남부지역에 한족이 정착하는 데 그토록 오랜 시간이 걸렸다는 것은 선뜻 이해되지 않는다. 정치적·군사적 장벽은 그다지 중요한 것이 아니었다. 농사의 조건만으로 본다면, 기후가 온화해서 농작물의 생육기간이 길고 비가 많이 와서 가뭄이 들 염려도 거의 없는 남부지역이 정착하기에 훨씬 유리한 곳이다. 게다가 양쯔 강은 서부의 산악지대로부터 흘러나와 여러 호수를 지나 흐르기 때문에, 토사가 대량으로 침하하여 하류로 흘러가는 물길을 방해할 가능성도 없었다. 황허의 가장 큰 골칫거리였던 강바닥의 상승을 걱정할 필요가 없었던 것이다. 따라서 북부의 경우와는 달리 제방이나 관개수로를 구축하는 작업도 그렇게 힘들지 않았다. 기술적 한계 탓에 어쩔 수 없이 계속해서 무서운 재해를 겪었던 것이 황허 유역의 역사였지만, 남부지역에서는 그런 일이 발생하지 않았다.

이처럼 명백하고 실질적인 이점이 있음에도 불구하고, 눈에 보이지 않고 역사적 기록에도 남아 있지 않은 매우 강력한 장애물이 막아서서 중국문명이 탄생한 역사적 요람지역에서 남쪽 지방으로 벼농사와 도시생활이 급속히 침투하는 것을 방해했다. 중국의 개척자들이 농사짓기에 적합한 남쪽으로 가까이 내려갈수록 질병에 감염될 위험도 그만큼 높아졌던 것이다.

중국 북부와 남부의 기후차이는 미국 뉴잉글랜드 주와 플로리다 주의 그것에 비유할 수 있지만, 이곳에는 지세와 계절풍의 지배적인 패턴 때문에 미국의 동부 해안지대와는 비교할 수 없을 정도로 풍토상의 차이가 크다. 우선 높은 산들은 양쯔 강 유역을 한랭건조한 북서풍 — 겨울에 몽골 고원에서 내리 불어 황허 유역을 관통하는 계절풍 — 으로부터 보호해주는 방어벽 노릇을 한다. 또 여름에는 계절풍이 반대방향으로 불어 남중국해에서 발생한 고온다습한 대기가 양쯔 강 유역에 많은 비를 내리게 한다. 그러나 이 여름 계절풍은 황허 유역에 이르기 전에 산악지대를 지나면서 대부분의 비를 뿌리므로 황허 일대에는 강우량이 부족해 제대로 관개시설을 갖추지 않은 농토는 가뭄의 피해에서 벗어날 수 없었다.

결과적으로 중국 북부와 남부의 기후는 크게 다른데, 무엇보다도 남부의 고온다습한 환경에서는 북부에 비해 다양한 기생생물이 기승을 부릴 수 있다. 황허 일대의 평야지대에서는 겨울의 혹한 탓에 오랫동안 영하의 기온을 동면상태로 견딜 수 없는 기생생물은 생존하기 어렵다. 병원균을 매개하는 주요 곤충들도 북부의 차갑고 건조한 자연조건을 견디지 못해 정착하지 못했다. 그러나 큰 산들이 막고 있는 남부의 양쯔 강 유역은 사정이 달랐다. 그러므로 북부의 질병조건에 익숙해 있던 중국인은 남쪽에 만연한 전혀 다른 기생 패턴에 적응하는 데 엄청난 곤란을 겪어야만 했다.

일찍이 황토를 토양으로 하던 건조농법에서 황허 범람원에서의 관개농경으로 전환했을 때도 중국 농민은 초창기에 무시무시한 미지의 질병에 걸릴 위험에 노출되었을 것이다. 이런 영농법의 변화와 관련해 발생했을 미시기생적 적응은, 그것보다 훨씬 눈에 잘 띄고 긴 시간이 걸리는 기술적이고 거시기생적인 적응과 보조를 같이하며 진행되었다. 즉 광포한 황허의 물길을 다스릴 수 있는 치수대책을 마련하는 데는 몇 세기에 걸친 노력이 필요했으며, 정치체제를 강화해서 농민이 받는 거시기생의 중압을 경감시키는 과제 역시 오랜 세월을 필요로 하는 쉽지 않은 일이었을 것이다. 따라서 한층 심화된 질병의 위험에 대한 적응과정도 중국문명의 사회구조 및 기술의 현격한 변혁과 동시에 이루어졌을 것으로 보인다.

더 중요한 과정은 어느 쪽이었을까? 이에 대해 분명한 답을 내놓기란 불가능하지만, 거시기생 쪽이 균형을 이루는 데 더 오랜 시간이 걸렸을 것이다. 이렇게 판단하는 근거는 기원전 3세기 말까지 중국이 정치적·군사적 안정을 달성하지 못했다는 점이다. 중국사에서도 특히 전국시대(B.C. 403~221)에는 무력충돌이 치열했으며, 기원전 221년에는 반(半)야만상태에 있던 진나라가 중국 전역을 무력으로 제압했다. 고대중국에서 거시기생의 균형이 한 왕조(B.C. 202~A.D. 221)의 지배하에 새로운 제국체제라는 형태로 확립되었을 때, 중국의 농민은 이미 4세기에 걸쳐 벼농사의 경험을 축적해온 상태였다. 이 정도의 세월이면 관개농법에 따른 역학적 현상이 황허 유역에서 안정세에 접어들었을 것이다. 다시 말해 미시기생적 균형은 거시기생적 균형보다 몇 세대 또는 몇 세기 전에 이루어졌다.

중국의 농민이 노동시간의 꽤 많은 부분을 고인 물에서 보내면서 질병 감염이 증가했던 것은 사실이고, 또 건조한 황토에서 농사를 짓다가 관개용수를 이용해 농사를 짓게 되면서 농법의 변화에 따른 파장도 엄청났겠지만, 그렇다고 새로운 질병 패턴이 인구의 꾸준한 증가를 억제하지는 않았다. 인구가 증가하지 않았다면, 팽창일로에 있던 군대에 필요한 인력은 물론이고 계속 확장되던 제방이나 관개수로의 연결망을 건설·유지하기 위한 인력도 충당할 수 없었을 것이다. 그렇다면 제국의 안정적 통치를 위한 토목기술 및 행정적·도덕적 기반이 갖추어진 기원전 3세기 말에 중국 중남부의 급속한 발전을 가로막았던 요인은 질병밖에 없을 것이다. 질병의 장벽이 얼마나 컸는지는 한족의 개척자들이 양쯔 강 유역에 집단으로 이주해 성공적으로 정착하기까지 500~600년이 더 걸렸다는 사실로도 충분히 입증된다. 단순하게 말하면, 춥고 건조한 북부에서 온 이주자들이 너무 많이 죽었기 때문에 신속한 개발이 불가능했다고 할 수 있다.

안타깝게도 이런 주장은 모두 추상적이고 연역적이다. 서아시아의 경우와 마찬가지로, 인간을 위협했던 기생생물이 무엇이었는지 고문헌에서 확인할 가망은 별로 없다. 그렇지만 고대의 저술가들은 남부에 도사리고 있던 질병의 위험을 종종 예리하게 인식하고 있기도 했다. 예를 들어 중국 역사학의 창시자인 쓰마첸(司馬遷, B.C. 145~87)은 이렇게 말하고 있다. "양쯔 강 남쪽은 저지대이고 기후가 습하며 성인남성들이 일찍 죽는다."[14] 그는 또 이 지역에 농사에 알맞은 땅은 많고 인구는 희박하다고 지적하고 있다. 쓰마첸은 『사기』를 쓰기 위해 전국 방방곡곡을 샅샅이 훑고 다녔기 때문에 그의 말은 권위 있는 증언이라 할 수 있다. 그 이후에 나온 문헌들도 한결같이 남부지역의 보건상태가 좋지 않다고 지적했다. 남부로 여행하려는 사람들을 위한 특별 안내책자에는 악성 질병에 걸렸을 때 써야 할 섭생법이나 약제가 명시되어 있었다.[15] 남부에 파견된 관리들은 임기가 유난히 짧았고 사망률도 높았다는 기록이 보여주듯이, 그런 처방은 별로 도움이 되지 못했다.

근대 중국의 질병 분포상황 역시 고온다습한 남부에 훨씬 다양한 질병이 존재하리라는 일반적인 예상을 확인해준다. 몇 가지 근대적 질병의 경계선은 황허와 양쯔 강 사이에 위치하는데, 기후풍토를 고려해 볼 때 이런 질병의 분포는 상당히 오래된 현상일 것이다.[16] 지금까지 전해오는 고대중국의 의서에는 지역적 편차에 대한 언급이 거의 없다. 중국의 의학자들이 인식하고 있던 각종 질병의 목록은 개별적인 질병이 유행하는 계절을 중심으로 작성되었다. 말라리아를 비롯한 몇 가지 질병은 오늘날에도 분명히 확인할 수 있다. 하지만 대부분의 경우 사료에 기록된 질병들을 근대적인 질병분류법에 따라 확인하려는 작업은, 갈레노스*가 사용했던 언어를 20세기의 의학용어로 번역하는 것만큼이나 어렵다.[17]

오늘날 말라리아는 가끔 북부에서도 발생하지만 보건상 문제가 되는 것은 어디까지나 남부에서이다.[18] 아마 말라리아는 중국의 개척자들이 초창기에 남방으로 진출하는 데 가장 큰 걸림돌이 되었을 것이다. 모기가 매개하는 또 다른 질병인 뎅그열(dengue fever)은 근래에는 황열병만큼 치사율이 높지는 않지만 황열병과 밀접한 관련이 있는 질병으로, 역시 중국 남부지방에 영향을 미치고 있다. 말라리아와 마찬가지로 아득한 옛날부터 존재해온 것으로 보이는 뎅그열도 이 병에 전혀 노출된 적이 없어 저항력을 갖추지 못한 북부출신의 개척자들에게는 위협적인 존재였을 것이다. 말라리아로 추정되는 반복적인 발열을 비롯한 각종 열병이 고대 중국의 의서에 분명히 기록되어 있는데, 이 사실로 미루어 중국의 고대문명이 확장되던 초창기에는 이런 병들이 큰 골칫거리였으리라 짐작할 수 있다.[19] 19세기 중국의 약전(藥典)에는 효과가 탁월한 여러 가지 해열제가 명시되어 있는데, 유럽 의사들이 보기에도 이들 약재의 효능은 수입된 키니네†에 전혀 뒤지지 않

* 129~216. 실험생리학을 확립한 고대 그리스의 의사.
† kinine. 기나나무 껍질에서 얻는 알칼로이드. 말라리아 치료의 특효약으로, 해열제·강장제·건위제(健胃劑) 따위로도 쓴다.

는 것이었다.[20]

주혈흡충증도 오늘날 중국 중남부지방의 중요한 보건문제이다. 이 병의 분포 또한 기후풍토에 따라 일정한 범위에 한정되었을 것이다. 근래에 발견된 기원전 2세기경의 미라는 보존상태가 워낙 좋아 만성적인 주혈흡충증을 앓았던 흔적이 뚜렷이 남아 있다.[21] 이는 중국의 개척자들이 양쯔 강 유역을 황허 유역과 비슷한 수준으로 발전시키기 전부터 이 병이 중국에 존재했음을 입증해준다.

요컨대 고대 중국인은 기원전 600년경에 황허의 범람원에 진출해서 환경적 제약을 극복하고 기술적·정치적·역학적인 측면에서 놀랄 만한 성과를 올렸다. 또한 기원전 200년 이후 식량생산자인 농민과 이들에 기생했던 계층들은 서로 용인할 수 있는 매우 안정적인 거시기생적 균형을 이룩하는 데 성공했다. 그러나 미시기생의 수준에서는 기원을 전후한 시기에도 여전히 광범위한 적응과정이 진행되고 있었다. 기원전 211년 또는 그 이전부터 중국의 정치적 지배하에 있었던 양쯔 강 유역과 그 밖의 지역들은 질병의 장벽을 넘지 못한 탓에 서기 221년에 한 나라가 멸망하기 전까지는 중국사회에 완전히 통합되지 못했다. 곧 살펴보겠지만, 질병에 대한 대대적이고 폭넓은 적응이 이루어진 것은 서기 221년 이후였다.

인도의 경우는, 갠지스 강 중류지역과 벵골 만 인근 지역에서 초창기 농업이 어떻게 발달했는지 짐작하게 해주는 자료가 전혀 없다. 아주 이른 시기부터 벼농사의 중요성이 부각되었을 텐데, 그것이 언제인지는 알 길이 없다. 또 수리시설이 어느 정도 비중을 차지했는지도 분명치 않다. 갠지스 강 유역은 계절풍의 영향으로 강우량이 풍부했으므로 농사를 짓기 위해 특별히 갠지스 강의 물을 끌어올 필요는 없었다. 하지만 다모작을 하려면 관개시설이 필수적이었다. 계절풍에 따른 비는 여름과 가을에만 내리므로 다음 우기까지 농토를 놀리지 않으려면 논에 물을 인위적으로 대는 수단이 필요했기 때문이다. 근래에는 다모작이 보편화되었지만, 그 시작이 언제부터였는지에 대해서는 만족스러운 설명이 나오지 않고 있다.

지금까지 알려진 것은 기원전 600년경부터 광활한 지역을 지배했던 강력한 도시국가들이 갠지스 강 유역에서 발달했다는 사실이다. 알렉산드로스 대왕의 침공(B.C.327~325)이 있은 직후 마우리아 왕조의 창건자인 찬드라 굽타(B.C.321~297년경 재위) 지배하의 왕국이 전 지역을 하나의 제국으로 통일했고, 그의 후계자들이 인도 아대륙(亞大陸) 대부분으로 지배력을 확장했다. 이런 정치적 발전의 초기단계에 코살라 왕국의 왕자 고타마, 곧 붓다(B.C.563~483년에 살았다고 전해짐)는 동시대 중국의 공자와 거의 비슷한 역할을 수행했다. 중국의 공자와 마찬가지로 인도의 붓다는 새로운 세계관을 제시하고 삶의 전범을 보여줌으로써 광범위한 영향을 미쳤다.

하지만 중국과 비교해볼 때 기원전 500년 전후에 갠지스 지역에서 발생한 정치기구와 사상체계는 지속적인 통일체를 이루지 못하고 불안정한 상태에 머물렀다. 그 이유 가운데 하나—인도의 역사 전체를 통해 결정적인 영향을 미친 요인—는 갠지스 강 유역을 비롯해 인도에서 농사를 짓기에 적합한 지역은 고온다습한 기후대여서 미시기생체가 들끓었다는 현실이다.

인도 문명이 뿌리를 내렸던 도시나 국가들은 과거 인더스 문명이 발생했던 반사막지대와는 전혀 다른 환경에 있었다. 인더스 문명이 등장했던 지역의 기후는 메소포타미아나 이집트와 비슷했다. 강우량이 적었던 인더스 강 유역의 농업은 관개시설에 의존했다. 반면에 갠지스 강 유역은 계절풍 덕분에 여름과 가을에는 강우량이 풍부했으며, 히말라야 산맥이 방벽 역할을 해서 기온이 영하로 떨어지는 법이 없었다. 이 지역의 기후풍토는 중국농민이 질병의 위험이 너무 커서 정착하기 어려웠던 양쯔 강 유역보다 훨씬 고온다습했다. 따라서 인도의 고대문명은 고대 중국인이 감당하기 어려웠던 것과 비슷한 기후 및 질병조건 속에서 형성되었던 셈이다.

오늘날에도 갠지스 강 유역에는 각양각색의 다세포 기생생물과 함께 콜레라, 말라리아, 뎅그열은 물론이고 좀더 추운 기후대의 도시와 문명에서 유행하는 보편적인 질병이 만연해 있다. 먼 옛날에 어떤 병원균들이 만연했는지 확실히 알 수는 없지만, 갠지스 강 유역의 기후를 고려할 때 사람들이 밀집해 살게 되면서 수많은 기생생물이 창궐했음에 틀림없다.

* * *

물론 이런 풍토에 적응해서 살아남으면 경쟁력을 획득할 수 있었다. 갠지스 강 유역의 자연환경에 적응한 사람들은 브라마푸트라 강,* 살윈 강,† 메콩 강처럼 환경이 비슷한 다른 지역에도 진출해 정착할 수 있는 기회를 갖게 되었던 것이다. 이리하여 인도는 기원전 100년경부터 서기 500년 사이에 넓은 바다를 건너 '대인도'를 형성했다. 그것은 다른 지역의 토착민이나 그 지배자들에게 문명화된 생활방식을 전수했던 상인 및 전도사들의 활동을 통해 이루어졌다. 인도네시아의 일부 섬도 이 발전과정에 동참했다. 해외로 진출한 인도 문명의 지리적 범위와 문화적 비중은, 지중해의 좁은 울타리를 벗어나 본 적이 없던 그리스 문명의 후예들로서는 제대로 가늠하기 힘들다. 그렇지만 이제 우리는 고대 그리스의 지도와는 전혀 다른 축척의 지도를 통해 아시아를 바라보는 데 익숙해졌다. 시칠리아와 남부 이탈리아로 이루어진 고대 그리스의 '마그나 그라이키아'#도 동남아시아와 인도네시아를 포함하

---

* 티베트에서 발원해 인도의 아삼 지방을 지나 갠지스 강과 합류하는 남아시아의 큰 강.
† 티베트 동부에서 발원하여 중국 윈난 성과 미얀마 동부를 거쳐 흐르는 동남아시아의 큰 강.
# Magna Graecia. '위대한 그리스'란 뜻의 라틴어로, 이탈리아 남부 연안에 있던 고대 그리스의 도시집단을 말한다.

는 '대인도'에 비하면 보잘것없는 규모에 지나지 않았다.

한편 만연한 각종 감염증은 개개인의 활력이나 육체노동 능력을 상당히 떨어뜨렸을 것이다. 그렇다면 농민은 국왕과 지주, 군대와 관료를 부양하는 데 필요한 잉여식량을 생산하기 어려웠을 것이다. 멀리서 바라본 인도는 보석이나 향신료를 수출했기 때문에 부유한 나라처럼 보였다. 하지만 이런 명성에도 불구하고 인도 아대륙 전체는 빈곤상태에서 벗어난 적이 거의 없었던 것 같다. 인도에서는 시대와 장소를 불문하고 평균적인 농민가구가 생산할 수 있는 식량에서 자기 가족의 생존을 위해 필요한 식량을 뺀 잉여농산물이 얼마 되지 않았다.

이런 문제는 일종의 에너지 균형으로 이해할 수 있다. 통치자·군대·도시민을 먹여 살리기 위해 농민으로부터 거둬가는 식량과, 농민의 체내에서 미시기생생물이 축내는 음식은 식량생산자 자신이 이용할 수 있던 에너지에서 제외해야 한다. 거시기생체든 미시기생체든 사용할 수 있는 에너지의 총량은 한정되어 있었으므로, 인도 농민이 히말라야 북쪽의 농민보다 많은 미생물을 체내에 지니고 있었던 게 사실이라면, 인도의 도시나 지배계층이 사용할 수 있는 잉여에너지—조세로 징수할 수 있는 곡물이나 다른 먹을거리, 전쟁 또는 노역에 징발할 수 있었던 농민의 노동력—는 그만큼 줄어들었을 것이다.

이는 인도의 왕국들이 구조적으로 취약하여 단명하게 된 가장 큰 이유일 것이다. 험준한 산맥이라는 방벽이 있었음에도 불구하고 지형적으로 가장 돌파되기 쉬운 북서부로부터 끊임없이 침입해 오는 외적들에 의해 인도가 항상 비교적 쉽게 정복된 것은 그런 정치적·군사적 약점을 지니고 있었기 때문이다. 오히려 침략자들을 물리치는 데는 인위적인 수비조직보다 인도의 질병이 더욱 확실한 방책이었다. 히말라야를 넘어온 외국군대는 북인도의 평원에서 미시기생체와 처음 조우했을 때 엄청난 사상자를 낼 수밖에 없었기 때문이다. 아리아족이 침입했던 기원전 15~12세기부터 서기 18세기까지 인도 아대륙의 군사적·정치적 역사는 침략자들의 군사력과, 병사들에게 치명상을 입힌 생소한 질병들 사이의 균형에 달려 있었다고 해도 과언이 아니다.

인도 문명에는 전염병의 만연과 관련되는 두 가지 다른 특징이 있다. 2장에서 설명했듯이 인도 사회의 카스트 조직은 천연두 같은 '문명 특유의' 질병에 이미 적응한 침략자 아리아족과 인도 남부 및 동부의 고온다습한 환경에서 창궐하는 치명적인 풍토병에 내성을 가지고 있던 '숲지대 종족'과의 조우에서 야기된 역학적인 교착상태에 대한 일종의 반응이었다. 개인의 정체성을 규정하는 보편적 규범으로 정립된 카스트 원리는 국력을 약화시키는 방향으로 작용했다. 정치적 충성심은 카스트의 귀속의식을 넘어 확대되지 않았다. 군주는 또 하나의 특별히 성가신 카스트로, 다른 카스트에 속한 분별력 있는 사람들은 되도록 그를 기피하려고 했다.

더구나 인도 종교의 특징이 된 초월주의는 가난에 찌들고 전염병에 시달리던 농민의 상황에 잘 어울렸다. 중국 제국의 구조를 지탱하고 조정하던 유교와 달리, 인도의 위대한 두 종교 불교와 힌두교는 근본적으로 비정치적이었다. 두 종교는 적어도 이론적으로는 세속의 영화나 부와 권력을 비롯해 오관(五官)을 통해 지각할 수 있는 모든 것을 부질없는 것으로 치부하고 거부한다. 공자가 권력의 남용을 억제할 수 있는 행동규범을 제시함으로써 지배계층의 거시기생을 통제하려 했던 것과는 대조적으로, 인도의 승려들은 정치나 사회에 등을 돌리고(어떤 의미에서는 절망한 나머지) 추종자에게 검소한 생활을 요구하면서 해탈의 경지에 이르려면 물질적 욕구를 최소화해야 한다고 설파했다. 초월적인 경지에 이르고자 모든 감각과 육체적인 생리작용을 억제하면서 극도로 절제된 생활을 하던 성자들은 직접 식량을 생산하지 않는 인구를 먹여 살리느라 등골이 휘던 불쌍한 농민과 양립할 수 있는 교양 있는 엘리트임이 분명했다.

  깨달음을 통해 삶의 고통에서 벗어나야 하며 속세의 재물과 온갖 집착을 버리라는 붓다의 가르침은 분명히 정치적 유대를 약화시켰고 정치의 의미와 영향력을 반감시켰다. 그러나 오직 피안을 열망하는 태도나 가치관, 카스트의 자치성, 인도 농업의 기술적 한계 등이 인도의 국가를 허약하게 만드는 데 얼마나 크게 작용했는지는 추정하기 어렵다. 하물며 인도 문명의 이런 특징들을 형성하는 데 질병이 얼마나 중요한 역할을 했는지 정확히 측정하기는 더욱 어렵다. 다만 이 모든 요소가 서로를 조장하는 형태로 교묘하게 뒤얽혀, 인도 아대륙이 가진 문명생활 특유의 조건에 대해 대단히 효과적이고 지속적인 적응관계를 이루고 있었다는 사실은 지적할 수 있다.

  인도와 중국의 상황을 비교해보면, 인도의 정치적·문화적 특권층이 농민에게 부과했던 물질적 요구는 중국의 특권층이 인도 농민만큼 질병에 많이 감염되지 않았던 중국농민층으로부터 안전하게 수탈한 것에 비해 훨씬 미미했을 것이다. 따라서 취약하고 단명했던 국가구조와 금욕주의적이고 초현세적인 인생관은, 물질적 잉여가 부족한 상황—추운 겨울이면 감염의 사슬이 끊어지는 기후의 혜택마저 받지 못해, 언제나 미시기생체가 득실거리는 사회에서 빚어질 수밖에 없는—에 적응해 나가는 과정에서 불가피하게 나타난 현상이었을지도 모른다.

  인도 문명을 탄생시킨 기후는, 비는 계절적으로 편중되지만 높은 기온은 1년 내내 계속되는 아프리카의 사바나 지대와 비슷했다. 이런 기후대는 인류의 요람이었을 가능성이 크다. 유인원에서 인간으로 진화하는 오랜 세월을 통해 아프리카의 각종 기생생물도 그 숙주—인류의 조상이든 완전한 인간이든—가 세력을 확대해가는 발전단계와 보조를 맞춰 진화해갔다. 따라서 세계에서 인간이 나체로 생활하기에 적합한 지역에서는 북방에 비해 거의 안정적이라고 해도 좋을 생태적 균형이 지배적이었던 것이다. 이런 곳에서는 우리가 문명이라고 부르는 맹렬한 거시기생에 침입당할 위험도 그만큼 적었다. 그러나 인도에는 아프리카에서 인구의 증가를 위협했던 수면병 같은 심각한 생물학적 장벽이 없었기 때문에 문명이 발생하는 데 필수불가결한 거시기생적 사회계층이 유지될 수 있는 최소한의 가능성은 있었던 셈이다.

기원전 1천년기에 인도와 중국의 농민은 미시기생체와 거시기생체의 수탈에도 불구하고 적은 양이나마 잉여농산물을 사용할 수 있었음이 분명하다. 덕분에 인구가 계속 증가하여 새로운 지역을 개척할 수 있었으며, 인구가 밀집된 장소를 중심으로 경제적·정치적·문화적 구조를 발전시킬 수 있었던 것이다. 농민인구가 증가하지 않았다면 인도와 중국의 문명은 제대로 발달하지 못했을 것이다. 농민층이 도저히 극복할 수 없는 난관에 부딪히지 않고 성장을 계속하는 동안, 인도와 중국에서는 문명의 발흥을 재촉하는 방향으로 생태적 불균형이 지속되었다.

이와 비슷한 생태적 불균형은 기원전 1천년기에 좁게는 에게 해 연안, 넓게는 지중해 연안 전역에도 존재했다. 중국이나 인도의 경우와 마찬가지로 화려한 문화를 꽃피운 에게 문명의 중심지들에서도 새로운 영농법의 가능성을 모색하고 있었다. 그렇지만 경제적으로 분화된 지역들이 서로 생필품을 교환했다는 점에서 에게 문명의 체계는 좀더 복잡했다. 지역간 상품교역은 선박을 이용해 대량으로 물자를 운송하는 값싼 수단이 있었기에 가능했다. 이런 교류방식은 농경에도 결정적인 영향을 미쳤다. 포도나무나 올리브나무를 심고 몇 년 자라기를 기다렸다가 포도주나 올리브유를 생산하면, 매우 유리한 조건으로 곡물이나 다른 상품과 교환할 수 있었다. 다시 말해 좁은 땅에서 포도와 올리브를 재배한 후 포도주와 올리브유를 만들어내면, 훨씬 넓은 땅이 있어야 생산할 수 있는 양의 곡물과 교환할 수 있었다.

에게 해 연안의 주민들이 포도주와 올리브유의 생산에 전념하게 되면서 잉여곡물이나 기타 주요 자원(금속, 목재, 노예)을 꾸준히 공급해줄 '야만적인' 사회들이 필요해졌는데, 이는 그리스 문명이 발흥하게 된 배경이기도 하다. 그것이 가능할 만큼의 대규모 곡물생산이 어떻게 이루어졌는지에 대한 기록은 남아 있지 않다. 그러나 지중해나 흑해 연안에 흩어져 살던 각 집단의 지도자나 권력자들이 포도주와 올리브유(를 비롯한 문명세계의 상품)의 매력에 빠지게 되면서, 백성들로부터 곡식과 다른 상품들을 징수해 그리스 선박이 싣고 온 문명세계의 상품과 맞바꿨으리라는 것은 쉽게 짐작할 수 있다.

이런 관계 속에서 지중해로부터 멀리 떨어진 지역에서 곡식을 생산하던 농민은 서아시아나 중국, 인도의 농민이 각 사회에서 오랫동안 짊어져왔던 것과 똑같은 임무를 떠맡았다. 농민은 도시주민에게 식량을 공급했지만 반대급부는 거의 없었다. 지중해 교역체계에서 식량생산자와 소비자의 지리적 격리는 한 가지 중요한 차이를 만들어냈다. 그리스 시민은 자신들을 먹여 살리는 이른바 '야만인들'로부터 철저히 떨어져 생활했다. 대부분의 그리스인이 실감하는 세계는 자유로운 시민끼리의 매매를 통해 경제적으로 결합되고, 자유계약에 기초해 정치적으로 유지되는 세계였다. 무엇보다 중요한 것은, 주요 도시의 경우 교외 농민들도 다른 주민들과 마찬가지로 정치공동체의 당당한 구성원으로서 물건을 사고팔았으며 전쟁이나 정치적 토론에도 참여했다는 사실이다.

이처럼 지중해 연안의 거시기생은 새로운 형태를 취했다. 그것은 조합주의적[곧 서로 다른 직업집단에 의존하는] 성격을 띠게 되었으며, 소외되고 억압받는 농민의 역할은 변방의 야만인들에게 할당되었다. 이런 교환방식은 몇 세기 동안 어느 한 제국의 지배체제에 포섭되지 않았다. 다른 문명에서 원거리 통상교역은 일부 도시주민의 전유물이었고, 정치권력의 요구에 긴밀히 연결되어 있었으며 통치자와 왕실의 엄격한 규제를 받았다. 그에 비해 대부분의 사회집단이 참여할 수 있는 좀더 개방적인 지중해식 교역이 성행한 결과, 포도주나 올리브유 같은 고가치 수출품목을 많이 생산할 수 있는 곳에서 문명의 중심지인 도시가 형성되었다.

이에 따라 정치적 불안이 계속되고 국지적인 전쟁이 되풀이되었는데, 덕분에 토착 권력자들의 명령에 따라 멀리 떨어져 있는 도시에 공급할 식량을 생산하던 지중해 일대의 농민은 제국의 관료조직과 군대를 유지하는 데 들어가는 비용을 몇 세기 동안 부담하지 않게 되었다. 이렇게 해서 지중해의 농민은 지주계급과 제국의 관료 양자를 부양해야만 했던 중국과 서아시아 지역 농민의 숙명을 오랫동안 피할 수 있었다.

기원전 30년, 마침내 지중해 지역도 로마 제국의 지배하에 들어갔지만, 당시의 중국이나 과거의 중동에서 일어났던 정치적 진화의 패턴에 비해 로마 제국의 지배구조가 정착하는 데는 오랜 세월이 걸렸다. 전장(戰場)은 물론 시장에서 자신들의 이익을 지키기 위해 조직된 각 지역의 독립된 교역집단들을 하나의 정치체제로 묶기에는 많은 난관이 있었기 때문이다. 개방적인 교역이 이루어지는 환경에서 형성된 그리스와 로마의 정치적 이상은 제국의 예속에 강하게 반발하는 것이었다. 부가 집중된 탓에 수탈과 위협을 받던 곳에서는 시민의 신분으로 보병부대에 소집된 건장한 농민들이 전쟁터에서 제국주의 세력에 대한 혐오감을 유감없이 분출했다. 기원전 499년 페르시아에 저항했던 이오니아의 반란이나 기원전 404년 아테네 제국의 붕괴는 그런 사실을 잘 증명해준다.

이런 무력충돌이나 전쟁에 뒤따르는 시장질서의 붕괴가 로마 제국의 통치체제에 복속되는 것보다 지중해 지역의 주민에게 더 큰 부담이 되었는지에 대해서는 논란의 여지가 있다. 기원전 30년 이전 지중해 연안의 식량공급자들에 대한 거시기생적 수탈이 같은 시대의 중국이나 서아시아만큼 심하지는 않았다고 단언할 수는 없다. 그렇지만 수천 가구의 주민들이 자신의 경제적·정치적 문제를 스스로 판단해 처리했던 자치도시가 유행함으로써 고전기의 지중해 문명(과 이후의 유럽 문명)에는 자유를 선호하는 성향이 깊이 뿌리 박히게 되었을 것이다. 이런 정치적 고립화의 대가는 잦은 전쟁이었는데, 고대 유럽인은 주저 없이 그 대가를 치렀다.

미시기생적 균형의 측면에서 지중해 연안은 비교적 질병이 적어 인구가 증가하기에 적합한 환경이었던 것 같다. 더욱이 새로운 농경형태가 신종의 미시기생을 초래하지도 않았다. 올리브나무는 사람들이 재배하기 전부터 그리스에 자생하고 있었으며 또 특히 다른 식물이 성장하기 어려운 바위언덕에서도 잘 자랐기 때문에 올리브나무를 재배한다고 해서 기존의 환경이 크게 교란되지는 않았다. 포도나무는 강우량이 많은 북쪽에서 유래했을 것이다. 신화에 따르면 술의 신 디오니소스는 그리스 북동부의 트라키아에서 왔다고 하는데, 이는 아마도 그 지방에서 포도나무를 수입하던 기억에 바탕을 둔 이야기일 것이다. 하지만 설령 다른 곳에서 들어왔다 하더라도, 포도 재배는 기존의 생태적 균형을 근본적으로 변화시키지 않았다. 그리스에서 포도가 재배되던 것과 비슷한 시기에 중국(과 아마도 인도)의 농민이 벼농사를 시도하면서 기존의 생태계를 철저히 무너뜨린 사태와는 비교가 되지 않는다. 흑해와 서부 지중해 연안에서 농토가 확대될 때도 마찬가지였다. 밀과 보리는 서아시아가 원산지였지만, 사람들이 재배하기 전부터 그리스에서 자생하고 있었을 수도 있다. 따라서 곡물경작의 확산 역시 생태계의 오랜 균형을 크게 바꾸어 놓지는 않았다.

한마디로 지중해 연안에서는 새로운 작물의 재배가 새로운 질병에 감염될 위험으로 이어지지 않았다. 물론 인구밀도가 높아지면서 각종 감염증이 발생했을 것이다. 그 중에서 가장 비중이 큰 것은 틀림없이 말라리아였겠지만, 많은 사람이 도시로 모여들고 인구도 증가함에 따라 때로는 불결한 식수를 통해 잡다한 기생생물이 증식했을 것이다.

　그리스 의학의 아버지 히포크라테스(B.C. 460~377년에 살았다고 전해짐)는 여러 질병의 증상에 대해 정확하고 상세한 기록을 남겨, 고대 그리스에 다양한 감염증이 있었음을 전해준다. 물론 그의 기록에 나오는 사례들이 오늘날 우리가 인지하는 어떤 병에 해당하는지를 판단하기란 쉽지 않다. 하지만 그는 타소스 섬에서 발생했다는 유행성 이하선염에 대해 정확히 기록하고 있으며,[22] 그가 3일 또는 4일을 주기로 반복되었다고 자주 언급한 열병은 오늘날의 삼일열성 또는 사일열성 말라리아의 옛 형태임이 분명하다.[23] 또 이보다는 불확실하지만 오늘날 의학 전문가들은 히포크라테스가 환자들의 증상이나 병의 경과를 서술해 둔 기록을 통해 고대 그리스에 디프테리아, 결핵 또는 인플루엔자가 있었다고 짐작하고 있다. 한편 히포크라테스 전집에서 천연두나 홍역의 흔적이 전혀 발견되지 않은 것은 놀랍고도 중요한 사실이다. 히포크라테스가 외부 증상을 정확하게 기록해두었다는 점, 그리고 천연두와 홍역이 뚜렷한 특징을 드러내는 질병이라는 점을 고려할 때, 히포크라테스나 히포크라테스의 이름으로 전집을 만들어낸 추종자들은 천연두와 홍역을 경험하지 못했던 것 같다. 이후 유럽의 역사에서 치명적인 전염병으로 떠올랐던 선페스트도 이와 비슷한 경우일 것이다.

　그러므로 중국이나 인도의 고대 농민이 직면했던 생태적 상황과 비교해 볼 때, 기생체 감염의 온상이었던 이집트를 제외한 지중해 지역의 고대 주민들은 편안한 생활을 누렸던 것 같다. 물론 지중해의 일부 지역에서는 말라리아가 기승을 부려 농업의 확대를 제한했을 수도 있다. 그러나 로마 평야와 이탈리아의 다른 지역은 후대에는 말라리아 때문에 불모지로 변했지만, 기원전 6~3세기에는 많은 사람이 농사를 지으며 살고 있었다. 로마인은 당시 정교한 지하수관을 매설해서 늪지대의 물을 배수하고 관개용수 및 식수를 확보했다. 이런 토목공사에는 막대한 인력이 동원되었는데, 효과적인 치수책 덕분에 악성 말라리아는 로마 시 인근(후에 말라리아 때문에 인구가 급감한)에 발을 붙이지 못했다.[24]

일정한 지역 내에서 한 종의 모기가 특히 다른 종에 비해 많이 서식하는 것은 지역적인 환경의 영향이라고 알려져 있는데, 말라리아가 지중해의 일부 지역에서만 기승을 부렸던 것도 그 때문일 것이다. 결정적인 변수 가운데 하나는 다양한 종류의 모기가 산란해서 부화하기에 적합한 물이 있느냐 하는 것이다. 어떤 모기는 고인 물이 아니라 흐르는 물에서 유충기를 보내는 방향으로 적응했고, 또 어떤 모기는 담수가 아닌 염수에서 번식한다. 또한 물 속에 들어 있는 미량의 원소가 특정 지역에 많이 번식할 수 있는 모기의 종류를 결정하는 데 중요한 역할을 하기도 한다. 그 밖에 사람과 가축 수의 비율 같은 의외의 요소가 모기의 번식에 영향을 미칠 수도 있다. 실제로 유럽에서 가장 강력한 말라리아 매개충인 어떤 종의 모기는 가축의 피를 더 좋아한다. 이 모기들이 원래 좋아하는 피를 충분히 얻을 수만 있다면 구태여 잠재적인 숙주인 사람을 괴롭히지는 않을 것이며, 또 가축은 말라리아에 걸리지 않기 때문에 말라리아의 감염사슬도 끊어지게 될 것이다.[25]

이렇게 미묘하고도 사소해 보이는 조건들에 의해 오늘날 지중해 일대에서 말라리아가 기승을 부리는 지역이 결정되는데, 아직도 그와 관련된 변수들이 완전히 밝혀진 것은 아니다. 이런 상황을 감안할 때 고대의 자연환경에서 어떤 중요한 변수들이 작용하여 특정 지역에서 말라리아가 인간의 활동을 심각하게 저해하게 되었는지 밝혀내기란 거의 불가능하다. 하지만 다음과 같은 일반론을 개진할 수는 있다. 곧 기원전 700년경 지중해 연안의 문명이 크게 확장되기 시작하면서 집약적인 농지개발이 진행된 곳은 이미 문명이 발달해 있던 에게 해와 지중해 동부지역(시리아나 팔레스티안)이 아니라, 건조하거나(북아프리카) 좀더 추운 지방(흑해 연안, 이탈리아 일부 지역, 지중해 서부)이었다. 상대적으로 한랭건조한 지역들은 인구가 계속 늘어나도 질병의 증가가 억제되는 경향을 보였다.

장소에 따라 말라리아는 인간에게 심각한 피해를 주었다. 만성적인 열병환자에 대한 히포크라테스의 기록은 그러한 사실을 잘 보여준다. "그것(히포크라테스가 말라리아 증상의 원인이라고 생각했던 고인 물)을 마신 사람은 모두 비장(脾臟)이 커지고 경직되며, 위가 굳고 약해지며 열이 나고, 어깨와 쇄골, 얼굴이 비쩍 말라간다. 이는 비장에 영양을 공급하기 위해 근육이 분해되기 때문이다."[26] 또한 거대한 도시가 형성되면 반드시 감염사슬의 밀도가 높아져 결과적으로 사람의 수명은 짧아진다.[27] 그렇지만 이런 사실들에도 불구하고, 문명이 발달하고 있던 지중해 지역은 인류에게 비교적 건강한 자연환경이었다.

비록 부족하나마 우리가 알고 있는 고대 그리스, 로마, 카르타고의 사회사에 의하면, 로마와 카르타고가 서부 지중해의 패권을 놓고 충돌하기 시작했던 기원전 3세기 후반까지 이 지역의 인구는 급속하게 증가했다. 기원전 480~403년에 펼쳐진 짧지만 화려했던 아테네 제국의 번영은 그런 사실을 잘 예시해준다. 아테네는 해마다 약탈을 목적으로 군대와 함대를 파견했는데, 때로는 원정군이 참패하기도 했다. 예컨대 기원전 454년에 90~100척으로 이루어진 함대에 승선했던 아테네 병사 전원이 이집트에서 괴멸되었지만, 불과 4년 뒤에는 200척으로 구성된 새로운 함대가 키프로스 섬을 공격했다. 하지만 전쟁으로 인한 인력 손실이 아테네의 인구증가를 억제하지는 않았다. 전성기의 아테네는 해외의 약소민족들로부터 땅을 빼앗아 자국의 가난한 시민들을 이주시켰는데, 이들은 식민지에서 어엿한 토지소유 농민이 되어 선량한 시민으로 살아갈 수 있었다. 기원전 431년, 절정에 달한 아테네 제국의 야심을 보여주는 펠로폰네소스 전쟁이 일어날 때까지, 이런 해외 식민지가 적어도 9개는 있었다.[28] 그러나 이후 아테네 제국은 완전히 쇠락했다.

아테네의 전성기에 인구가 꾸준히 증가했던 것과 마찬가지로, 후세의 마케도니아와 로마가 제국을 확장하던 시기에도 마케도니아와 이탈리아의 농민인구는 급속하게 증가했다. 알렉산드로스 대왕의 화려한 원정을 전후해서 상당수의 그리스인이 아시아로 이주했으며 로마시가 팽창을 거듭하면서 이탈리아 전역에 식민지가 계속 건설되었다는 사실은 인구가 급속히 성장했다는 증거이다. 카르타고 제국에도 이와 비슷한 인구증가가 있었던 것으로 추측되지만, 로마에 의해 멸망당한 후 거의 모든 기록이 사라져 카르타고의 인구변천사에 대해서는 알 길이 없다.

급격한 인구증가의 시대에 살고 있는 우리에게는 이런 현상들이 그다지 놀라운 일도 아니거니와 특별히 설명이 필요할 만큼 중차대한 사안도 아닐 것이다. 그러나 지구상에 존재해왔던 전체 인류의 역사라는 맥락에서 지속적인 인구팽창은 예외적인 것이다. 거시적인 시간의 척도로 파악할 때 인구성장이란 생태적 균형의 붕괴에 뒤따르는 일시적인 현상으로, 자연적 한계가 다시 모습을 드러낼 때까지 몇 세대 동안만 계속될 뿐이다.

가장 중요한 자연적 제약요인은 분명히 거시기생과 미시기생이다. 미시기생의 패턴 변화는 서기 2세기부터 지중해 주민들에게 심각한 영향을 미쳤는데, 이에 대해서는 잠시 후 살펴보기로 하자. 그런데 새로운 질병의 출현으로 인구가 급속하게 감소하기 훨씬 전부터, 로마 제국의 발흥에 따른 거시기생의 변화가 상당히 부정적인 영향을 미쳤다. 전쟁과 약탈은 광범위하고 반복적인 파괴를 가져왔고, 노예제와 소작

농제 또한 지중해 주민들에게는 만만치 않은 부담이었다. 지중해 지역에서는 기원전 200년경부터 버려진 마을과 텅 빈 시골이 나타나기 시작했다. 과거에는 인구증가가 거듭되던 고장에서 농민의 자취가 아예 사라진 경우도 있었다. 그러나 서기 150년경까지 이런 지역(그리스 남부와 이탈리아처럼 과거에 도시와 제국이 발달했던 중심지들에 주로 몰려 있는)에서 감소한 것만큼 지중해 연안의 다른 지역(스페인과 프랑스 남부, 그리고 지중해 기후대 밖에 있는 라인 강과 도나우 강 유역처럼 외딴 지방)에서는 인구가 증가했다.[29]

* * *

이런 사실을 종합해보면 기원전 1천년기 동안 3대 문명의 중심지에서는 거시기생과 미시기생이 서로 적응해 일정한 균형을 이룸으로써 문명사회의 지속적인 인구증가와 영토확장이 가능해졌음을 알 수 있다. 그 결과 기원이 시작될 무렵에는 중국과 인도, 지중해의 문명이 이들보다 앞서 문명화된 서아시아에 필적할 만한 규모로 발전하게 되었다.

이 가운데 당시의 인구를 추산할 수 있는 곳은 로마와 한대의 중국뿐이다. 벨로흐는 아우구스투스 황제가 죽은 서기 14년에 로마의 인구가 5,400만 명이라고 추산했는데, 이 수치는 서기 2년에 실시된 한나라의 인구조사 결과인 5,950만 명(또는 5,760만 명)과 상당히 비슷하다.[30] 아마 이 수치들은 실제 인구보다는 적을 것이다. 원래 과세와 부역의 기준을 마련하기 위한 공식조사에서는 누락되는 인구가 적지 않기 때문이다.[31] 그러나 이 수치는 둘 다 믿을 만한 근사치라고 볼 수 있다.

각지에서 들어오는 공물로 왕실·군대·관료조직이 유지되던 몇 개의 중심도시에 인구가 몰리게 되면서, 근대적인 형태의 전염성 소아병이 나타날 수 있는 여건이 마련되었을 것이다. 그러나 앞서 지적했듯이, 적어도 지중해의 주민들은 히포크라테스의 시대에 천연두와 홍역 같은 질병을 겪지 않았던 것으로 보인다.

기원전 430~429년에 아테네에서 일어났던 사태는 미지의 질병이 돌발적으로 발생할 경우 도시에 집중된 대규모의 인구집단에게 얼마나 치명적인 결과가 나타나는지 생생하게 보여준다. 투키디데스의 자세한 임상기록을 통해 유명해진 이 질병[32)]으로 아테네 농민군의 25%가 죽었는데,[33)] 이것이 오늘날의 어떤 질병에 해당하는지는 확실치 않다.[34)] 그러나 투키디데스의 기록을 전적으로 믿는다면, 이 병은 처음 나타났던 것으로 아테네 시와 "사람이 많이 살던 도시들"만 괴롭힌 뒤 유행하기 시작했을 때와 마찬가지로 신비스럽게 사라졌다. 이 감염증은 "이집트 너머 에티오피아에서 처음 발생한 후 이집트와 리비아, 제왕의 나라(곧 페르시아)의 여러 지방에 퍼져 나갔다. 갑자기 아테네를 덮친 그 질병은 먼저 '피레우스'(오늘날의 피레에프스)의 주민을 공격했고……아테네 시로 퍼져 사망자가 점점 늘어났다고 한다."[35)] 피레우스가 아테네의 항구였고 지중해 동부 연안의 여러 지역과 교류가 잦았다는 점을 고려할 때, 이 질병은 바다를 건너왔으며 아테네 시민의 혈액 속에 충분한 항체를 만들어낸 후 감염의 사슬이 끊어지면서 한 해 만에 사라지고 말았던 것으로 보인다.[36)]

그렇지만 그 한 해 동안 이 질병은 아테네 사회가 다시는 회복하지 못할 만큼 치명타를 가했다. 투키디데스가 암시한 바와 같이 이 전대미문의 역학적 사건으로 인해 스파르타와 펠로폰네소스 동맹을 공격하려던 아테네의 계획은 수포로 돌아갔다. 아테네가 그 전쟁에서 이겼다면 고대 지중해의 정치사는 완전히 달라졌을 것이다! 3세대를 넘기지 못하고 멸망한 아테네 제국의 역사는 기원전 430~429년의 전염병을 유발했던 병원체의 수명을 기준으로 환산해볼 때 몹시 짧은 것이었다. 이 신비에 싸인 전염병은 등장했을 때나 사라졌을 때나 아무런 흔적도 남기지 않았으며, 그 후 오랫동안 지중해인은 그것에 비견될 만한 참사를 경험하지 못했다.

중국이 체험한 역학적 상황은 이것만큼 구체적으로 재구성할 수 없지만, 한대의 역사서나 그 밖의 고문헌은 예사롭지 않은 질병의 발생에 대해 많이 언급하고 있다. 전염병 유행에 관해 서술한 문구들을 근대적인 의학용어로 번역하기는 대단히 어렵다. 분명히 말할 수 있는 것은, 중국 역시 지중해 지역과 마찬가지로 다양한 형태의 질병을 경험했으며 그 가운데 일부는 때때로 전염병의 형태로 널리 유행했다는 사실이다.[37]

고대 인도의 문헌에는 인도 아대륙에서 오래전에 유행했던 전염병의 실태에 관한 기록이 전혀 없다. 현재 남아 있는 의서들은 아마득한 옛날에 만들어졌다고는 하지만, 구비로 전승되면서 오랜 기간에 걸쳐 수정되고 첨삭되는 과정을 겪었을 것이다.[38] 따라서 인도에 오랜 옛날부터 천연두나 그와 유사한 질병이 존재했다는 전거로 인용되곤 하는 문구들은 증거능력이 없다. 물론 연역적 근거에서 인도는 사람에서 사람으로 감염되는 문명 특유의 질병이 발생하기에 아주 적합한 곳이라고 생각해볼 수는 있다. 인도의 따뜻한 기후조건은 미세한 병원체(사람의 체온에서 번식하도록 적응된)가 한 숙주에서 다른 숙주로 이동할 때 발생하는 위기상황을 극복하는 데 최상의 조건을 제공한다. 따라서 추운 지방에 비해 인도에서는 가축이나 다른 짐승에 정착하고 있던 감염증이 사람 같은 숙주집단으로 옮아가기가 훨씬 쉬웠을 것이다. 천연두 같은 질병이 최초로 인류에게 이행되었을 것으로 추정되는 시대에, 인도만큼 많은 사람이 밀집해서 가축과 가까운 곳에서 생활했던 따뜻한 지역은 지구상에 없었다. 그러므로 천연두가 인도에서 유래했다는 오늘날의 통설[39]은 확실한 근거에 바탕을 둔 것일 수도 있다. 뒤에서 살펴보겠지만, 선페스트나 콜레라 역시 인도 땅에서 처음 나타난 인간의 질병일지도 모른다. 그러나 생소하고 지저분한 질병의 기원을 다른 나라에서 찾으려는 사람들의 편견[40] 때문에, 특수한 질병의 발상지를 믿

을 만한 역사적 문헌을 통해 추적하기란 거의 불가능하다.[41]

앞서 인용했던 성경구절들이 보여주듯이, 서아시아 지역에서는 기원전 10세기 동안 각종 전염병이 유행했다. 경우에 따라서는 같은 감염증이 중동뿐 아니라 지중해 유역까지 유린했을 것이다. 투키디데스가 설명한 것처럼 아테네에 침입했던 기원전 430년의 전염병이 바로 그런 사례이다. 일부 전염병은 종종 지중해 유역과 중동지역의 경계를 벗어나 인구가 희박한 지역을 거쳐 인도로 들어가기도 했을 것이다. 때로는 중국도 동일한 전염성 질병에 노출되었을지 모른다.[42] 그러나 일반적으로 유라시아 대륙의 문명 중심지들을 분리하는 역학적인 장벽(지리적 위치, 인구밀도, 기후 등)을 뛰어넘어 전염병이 돌발적으로 확산되는 것은 적어도 서력기원이 시작되기 전까지는 매우 드문 일이었다.

물론 지중해처럼 항로가 잘 발달한 곳에서는 바람만 잘 타면 하루에 평균 160km는 항해할 수 있었다.[43] 따라서 지중해 연안의 모든 도시는 하나의 질병상생지를 형성했을 것이다. 배를 탈 때는 건강해 보이던 사람도 항해 도중 병에 걸려서 같은 배에 탄 사람들을 감염시킬 수도 있었다. 따라서 선상여행을 통해 수백, 수천 킬로미터를 가로질러 항구에서 항구로 쉽게 병을 옮길 수 있었다.

반면에 육로를 통한 여행은 속도가 느렸으며, 도중에 발병한 사람은 두고 가는 경우가 많았다. 이런 이유 때문에 질병이 육로로 옮겨지기는 비교적 어려웠다. 그렇다 하더라도 인간의 장거리 여행(육로를 이용하든 항로를 이용하든)은 멀리 떨어져 있는 지역에 새로운 질병이 전파될 수 있음을 의미한다. 하지만 기원 이전에는 인도, 중국, 서부 유라시아 사이를 정기적으로 왕래할 수 있는 안정된 조직적 기반이 마련되어 있지 않았다. 따라서 한 문명에서 다른 문명으로 전염병이 전파될 기회는 예외적이고 산발적인 수준에 머물러 있었다.

고대 유라시아 문명에서 인구밀도가 낮은 지역은 꽤 특수한 사정이 생기지 않는 한 인구가 고도로 집중된 중심지들 사이에서 일종의 완충지대로 작용하며 전염병의 확산을 효과적으로 차단해주었다. 사람에서 사람으로 옮는 문명 특유의 감염증은 소규모의 인구가 흩어져 살고 있는 지역에서는 오랫동안 유지될 수 없었기 때문이다. 게다가 단일 문명 내에서도 대도시나 그 인접 도시에서 완전히 뿌리를 내린 감염증이 다른 곳에서는 풍토병으로 정착하지 못할 수도 있었다. 이때 인구밀도가 낮은 지역에서는 질병에 감염되기 쉬운 연령집단의 수가 불어나 지속적인 감염이 가능해진 경우에만 간헐적으로 전염병이 유행했을 것이다.

그러므로 개별적인 문명 내에서도 미시기생의 균형상태는 끊임없이 변화해왔을 것이다. 감염에 대한 반응으로 개개인의 혈액에 항체가 생기느냐 사라지느냐에 따라 질병발생률은 분명히 달라졌을 것이다. 이와 동시에 기생체와 숙주의 유전적인 선택과정도 질병의 발생양상을 변화시켰을 것이며, 기후·음식·인구밀도·이동방법 등의 요인도 병원균과 인간숙주 사이의 미묘하고도 불안정한 균형에 영향을 주었을 것이다.

기원을 전후해서 지구상에는 적어도 네 개의 독립적인 '문명화된 질병상생지'가 존재했으며, 각각의 상생지에 포함된 질병들은 그것에 전혀 노출된 적이 없어 면역력을 지니지 못한 주민들에게는 치명적이었을 것이다. 우연한 상호교류를 통해 장기간 또는 적어도 한두 해 동안 질병을 유지할 수 있을 만큼 인구밀도가 높은 새로운 지역으로 감염의 사슬이 확대되면, 하나의 질병상생지에서 다른 질병상생지로 질병이 전해지는 셈이었다. 아테네에서의 전염병 대유행도 이런 경우였으리라고 믿어지는데, 인도나 중국 등지에서도 비슷한 사례가 틀림없이 있었겠지만 오늘날 찾아볼 수 있는 흔적이 전혀 남아 있지 않기 때문에 완전히 잊혀져버린 것이다.

그렇지만 중국과 인도로부터 지중해에 이르는 구세계를 횡단하는 교류가 일상화되자, 많은 사람들이 배나 육로를 통한 교역을 생계수단으로 삼기 시작했으며, 그 결과 구세계의 독립된 문명들 사이에서 감염증이 전파될 수 있는 조건은 크게 변화했다. 바야흐로 감염증이 전파될 수 있는 한계는 병에 걸릴 수 있는 새로운 숙주가 얼마나 존재하느냐에 따라 규정되기에 이르렀으며, 감염증의 균질화가 이루어질 가능성도 열리게 되었다. 내가 보기에 이런 여건들은 서기 1세기부터 조성되기 시작했다.

불행히도 구세계의 독자적인 문명들이 기원전 200년부터 서기 200년까지 상호 교류를 어떻게 했는지는 구체적으로 알 수 없다. 단지 몇 가지 주목할 만한 사건이 기록되어 전해질 뿐이다. 예를 들어 기원전 128년에 중국의 한 탐험가*가 현재 아프가니스탄의 일부인 비옥한 페르가나 계곡†까지 간 적이 있으며, 기원전 101년경부터는 중국 제국에서 멀리 떨어져 있던 그 전초지에 군대가 주둔하게 되었다. 그러나 파병된 군사들은 자신들의 고향에서 유행하던 소아병에 걸린 후 오래전에 회복되었을 터이고, 따라서 이들이 중국과 서아시아 사이에 가로놓인 수천 킬로미터의 거리를 뛰어넘어 생소한 질병을 옮기지는 않았을 것이다. 새로운 질병이 전파되기 위해서는, 여행자들이 교류할 수 있는 통로가 다변화되어 아시아 전역에서 감염의 사슬이 끊어지지 않을 만큼 충분한 수의 잠재적인 감염자들이 일정한 간격을 두고 곳곳에 퍼져 있어야 했을 것이다.

그런 조건이 충족된 것은 대상교역이 확립되고 난 이후였다. 중국 황제의 사신들이 개척했던 길을 따라 중국과 시리아 간에 정기적인 대규모 교역이 이루어지기까지는 2세기 가까운 시간이 걸렸다. 이런 여

---

* 한 무제가 흉노를 견제하기 위해 서역에 사신으로 파견했던 장첸(張騫)을 말한다.
† 현재 이 계곡의 대부분은 우즈베키스탄에 속하며 일부는 타지키스탄과 키르기스스탄에 속한다.

행에는 막대한 비용이 들었다. 중국 북서부와 서아시아를 오가는 몇 달 동안 낙타와 상인들이 무고해야 했으며, 도중에 나타날지 모르는 약탈자들에 대한 방비책도 갖추어야 했다. 전투력이 뛰어난 전문적인 무사들을 대동하기 위해서는 만만치 않은 비용을 지불해야 했다. 마지막으로 많은 사람을 그토록 어려운 교역에 참여하도록 유도할 수 있는 충분한 동기가 있어야 했다. 곧 경제적 이득, 모험심, 황제의 명령, 또는 이들 요인의 복합적 작용이 많은 사람을 지속적으로 자극할 수 있어야만 아시아 문명의 동서 중심지를 오가는 정기적인 왕래가 가능했을 것이다. 특히 경제적 이익은 오랫동안 많은 사람을 움직일 수 있는 가장 강력한 힘이었다. 교역의 수익성은 양 문명 공동체에서 높은 가치를 인정받는 상품의 수요와 공급에 달려 있었으며, 길고 위험한 여행의 위험과 비용을 감수할 만한 가격이 유지되어야 했을 것이다.

중국의 문헌에는 기원전 126년 이후 짧은 기간 동안 중국측이 서방에 문호를 개방하면서 적극적인 교류를 시도했지만 황제의 명령이라는 자극이 없어지자 이내 시들해졌다는 기록이 나온다. 그러다가 서기 1세기에 이르면 교역이 다시 활기를 되찾았다. 정치상황이 안정되자 기나긴 교역로를 오가는 대상행렬이 줄을 이었다. 이런 식으로 서방에 전해진 중국의 주요 상품이 비단이었기 때문에, 로마인은 이 교역로를 실크로드라 부르기 시작했다. 로마와 지중해 연안 도시의 여인들이 반투명한 비단옷을 즐겨 입기 시작하면서 비단 교역은 서기 100년경에 전성기를 맞았다. 안티오크[고대 시리아의 수도]에서는 튼튼하게 짠 중국산 비단을 풀어서 느슨하게 다시 직조함으로써 지중해의 여성들이 원하던 반투명의 옷을 만들어냈다.[44]

아시아 대륙을 횡단하는 정기적인 대상교역이 본격화되자, 이 대륙의 거시기생 패턴에도 중대한 변화가 초래되었다. 물건을 운반하던 상인들은 실크로드 곳곳에서 지역의 권력자들에게 세금을 내야 했다. 물건이나 돈으로 보호세를 지불하면 그 대가로 호위부대를 내주는 식이었다. 대상행렬에 합류하지 않을 경우 호위부대는 경쟁세력에 맞서 자신들이 추종하는 지도자의 영향력을 강화하고 확장하기 위해 대기하고 있었을 것이다. 따라서 이런 교역은 로마령 시리아로부터 중국의 북서쪽 변경에 이르기까지 교역로를 따라 늘어서 있던 국가들의 정치적 기반을 강화시켰다.

 반사막지대였던 실크로드의 성공적인 지배자들은 초원의 유목민이거나 유목민의 후예였다.(유목생활은 가축과 목초지를 보호할 수 있는 용기와 전사적 자질을 요구했다. 또한 기마생활을 위주로 하는 유목민은 정착민보다 기동력에서 앞섰기 때문에 다른 집단을 급습할 때 적을 압도하는 전력을 집중시킬 수 있었다.) 초원 유목민족의 족장과 중앙아시아의 오아시스에 살던 지배자들 사이에는 상호침투가 빈번해졌고, 그 결과 역사상 유례없는 규모의 안정된 국가조직이 등장하게 되었다.[45]

 초원의 실세들과 무역상인의 공생관계는 매우 미묘해서 깨지기도 쉬운 상태에 있었다. 대상으로부터 지나치게 많은 세금을 거두면, 위험을 무릅쓰고 교역에 종사하는 상인들의 의욕을 꺾어버릴 수 있었다. 반면에 상인들의 입장에서도 교역로를 보호해주는 호위부대에게 넉넉한 비용을 지불하지 않을 경우, 멀리 떨어진 스텝지대에서 호시탐탐 기회를 엿보고 있던 유목민 집단들(정당하게 세금을 요구할 자격도 없는)의 남하를 자초해 귀중한 물품을 빼앗길 수도 있었다. 이런 불안정한 관계는 새로운 질병의 특징인 생태적 불안정성과 다르지 않았다. 또한 대부분의 새로운 질병이 그러하듯, 완벽하게 안정된 교역과 보호체계는 결코 이루어지지 않았다. 그러므로 서기 2세기 중엽부터 실크로드 주변의 정치적(그리고 아마도 역학적) 난관으로 인해 대상교역이 활기를 잃게 된 것은 그리 놀라운 일이 아니다.[46]

 지중해와 인도, 중국을 연결하는 해상교역의 조직도 거의 같은 속도로 진행되었다. 그리스의 한 탐험가는 기원 이전에 이미 인도양의 계절풍을 '발견'했다. 이때부터 인도인이 '야바나스'라 불렀던 이오니아 상인들이 홍해의 항구를 출발해서 인도 연안의 여러 곳에 모습을 나타내기 시작했는데, 이런 항해의 횟수나 빈도를 추정하기는 어렵다. 또 다른 항해자들은 벵골 만을 거쳐 남중국해에 이르는 해상교역로를 개척했다. 이 항로의 개발에는 인도네시아와 동남아시아의 주민들이 주도적인 역할을 했으며, 인도의 항해자들도 참여했다.

인도양과 남중국해에서 항로가 개발되자 기원이 시작되기 직전부터 인도의 왕실문화가 동남아시아의 하천 유역과 섬 일부에 전파되는 괄목할 만한 결과가 나타났다. 그리하여 기온과 습도가 좀더 높다는 점만 빼면 갠지스 강 유역과 기후가 비슷한 광범위한 지역에 문명이 발달했다. 그러나 몇 세기 동안 동남아시아의 신생국들은 농민의 정착에 걸림돌이 되었던 울창한 열대우림에 둘러싸인 채 고립된 문명의 이식지에서 벗어나지 못했으며, 오늘날까지도 그 우림지대는 완전히 개발되지 않고 있다. 이런 자연환경에서 문명의 확대가 지연되는 것은 습도가 높은 열대기후대에 인구가 밀집되면서 나타나는 위생상의 문제와도 밀접한 관련이 있다. 말라리아와 뎅그열을 필두로, 각종 수인성 소화기 감염증과 엄청난 식성을 과시하는 다양한 다세포 기생생물로 이루어진 강도 높은 미시기생은, 동남아시아에서 중국문명과 인도 문명을 지탱해주었던 것과 비슷한 수준의 인구성장이 실현될 수 없었던 주된 요인이었다. 강력한 문명이 탄생하기에 충분한 지리적 공간을 차지하고 있었음에도 불구하고 동남아시아의 하천 유역에서 중국이나 인도의 제국에 비견될 만한 견고하고 거대한 국가가 등장한 적이 없다는 사실로부터 미시기생의 영향이 컸음을 추론할 수 있다.[47]

동남아시아의 왕실은 교역을 장려했는데, 이는 지중해 연안 주변의 야만족 지배자들이 지중해의 도시문명을 지탱해준 교역 패턴을 조장했던 것과 그 양상이 비슷하다. 하지만 한 가지 중요한 차이점이 있었다. 지중해의 경우와 달리 식량은 주요 교역품이 아니었다. 동남아시아의 왕실과 도시주민은 아시아 대륙의 다른 지역과 마찬가지로 비교적 가까운 지방, 예컨대 강의 상류에 살던 농민으로부터 지대나 조세 명목으로 거둔 식량에 의존했다.

남방의 바다를 연결해주던 거대한 교역망은 서기 166년에 로마 상인들이 중국에 도착하면서 주목을 받았다. 로마 황제 마르쿠스 아우렐리우스의 사절이라고 자칭했던 이들이 바친 공물은 중국의 사관(史官)들에게 깊은 인상을 심어주지 못했지만, 이런 사건이 결코 예사로운 일은 아니었기에 한나라 왕실의 공식기록에 남게 되었다.[48] 기원후 약 2세기 동안 이루어진 남방교역의 규모가 컸다는 사실은, 1945~1948년에 남인도 연안의 퐁디셰리 부근에 있었던 교역기지를 발굴한 결과 생생하게 입증되었다. 로마의 상인들은 아우구스투스 황제(서기 14년 사망) 재위기에 통상을 목적으로 그곳에 기지를 만들었고 서기 200년경까지 상주했던 것으로 보인다.[49] 이런 고고학적 발견은 그리스의 지리학자 스트라본(B.C. 63년경~A.D. 24년경)의 기술을 뒷받침해주는 것으로, 그가 살았던 시절에도 인도와의 교역이 상당히 큰 규모로 이루어졌다는 사실을 증명해준다.[50]

따라서 기원후 2세기에 걸쳐 지중해 동부와 인도, 중국 간의 교역이 정기적으로 이루어졌고, 그 규모도 과거의 원거리 교역을 압도하게 되었다. 대상들은 육로로 중앙아시아의 오아시스와 사막지대를 누비며 정기적으로 교류했으며, 교역선들은 인도양과 주변 해역을 자유롭게 오갔다.

이처럼 멀리 떨어진 지역 간의 정기적인 왕래는 물자뿐 아니라 전염병의 교환도 초래했다.[51] 생소한 감염증이 감수성 있는 주민들에게 확산될 수 있는 기회가 늘어났던 것이다. 실제로 서기 2세기가 끝나기 전에 지중해의 주민들에게 전염병의 재난이 닥쳤는데, 중국인에게도 비슷한 일이 벌어졌을지 모른다. 그런데 지중해 연안과 중국 사이에 위치한 구세계 문명의 중심지에서는 치사율이 높은 미지의 전염병에 노출되어 인구가 급감하는 비극적인 사태는 일어나지 않았던 것 같다. 서아시아나 인도의 도시주민은 중국인이나 지중해인 사이에 정착한 질병들을 두려워하지 않았으며, 오히려 다른 곳에 퍼지면 치명적인 위력을 발휘할 자신들만의 질병들을 갖고 있었다. 어쩌면 남아 있는 기록들이 불완전한 탓에 서아시아와 인도에서 발생했을지도 모르는 질병의 피해를 확인할 수 없는 것일 수도 있다.

간접적인 증거를 종합해보면 인도나 서아시아가 새로운 감염증에 노출되어 피해를 본 적은 거의 없었던 것 같다. 예를 들어 메소포타미아에서 고대의 수로체계를 조사한 자료에 따르면 이 지역의 인구는 서기 200~600년 사이에 크게 증가했는데, 바로 이 시기에 로마와 중국에서는 전염병의 유행으로 인구가 크게 감소했다.[52] 인도의 경우 굽타왕조(서기 320~535)가 정치적 통합과 문화적 발전을 이룩했다는 것은, 서력기원 초기의 몇 세기 동안 그때까지 떨어져 있던 질병상생지들이 서로 교류한 결과 신종 전염병이 유입되어 인구가 급격히 줄어드는 재앙이 일어나지 않았다는 사실을 증명해주지는 못해도 암시한다.

이처럼 겉으로 보기에 모순투성이인 상황도 1500년 이후 해상교역에 의해 야기된 질병의 유포가 막상 질병전파의 새로운 패턴을 유발한 선박과 선원들의 출항지인 유럽에는 미미한 영향을 미쳤을 뿐이었다는 사실을 상기하면 쉽게 이해할 수 있다. 물론 리스본과 런던은 외국에서 들어온 열병이나 이질로 악명이 자자했지만, 전반적으로 서유럽은 전염병의 영향을 별로 받지 않았다. 이에 비해 아메리카 대륙의 원주민이나 그외의 종족들은 수백만 명씩 사망하는 재앙을 겪었다. 분명 16세기까지 유럽인은 다른 지역에 새로운 감염증을 전파했지만, 다른 지역에서 들어온 질병의 피해를 보지는 않았다. 그러나 기원 초 수세기 동안 유럽과 중국은 이후 아메리카 원주민이 체험한 것과 유사한 역학적 상황에 처해 있었다. 즉 새로운 전염성 질환의 공격으로 인해 사회적으로 심각한 타격을 받았던 것이다.

로마 지배하의 세계는 서기 2세기부터 6세기 사이에 심각한 전염병의 재앙을 겪었다. 로마에 관한 자료는 얼마 되지 않지만 다른 지역에 비해 많이 연구된 바 있기 때문에, 유라시아 대륙을 횡단하는 정기교류가 확립된 이후 수세기에 걸쳐 유럽에 어떤 질병이 나돌았는지 먼저 검토한 다음 다른 대륙의 상황을 살펴보기로 하자.

* * *

물론 돌발적인 전염병의 유행은 서기 2세기를 맞은 로마의 역사에서 드문 일이 아니었다. 리비우스*의 기록에 따르면, 공화정 시대에 전염병으로 인한 재난은 기원전 387년부터 적어도 열한 차례나 발생했다.[53] 서기 65년에도 또 다른 전염병이 로마 시를 엄습했다.[54] 그러나 이런 경험들은 서기 165년부터 로마 제국 전역에 퍼지기 시작한 질병에 비하면 사소한 것이었다. 이 전염병은 메소포타미아 원정군을 통해 지중해 지역으로 유입되었는데, 그 후 몇 년 사이에 제국 전체로 퍼져 나갔다. 이 '역병'이 오늘날의 어떤 질병에 해당하는지는 분명치 않지만, 천연두(또는 그 병의 옛 형태)라는 의견이 가끔 제시되었다.[55] 이 전염병은 적어도 15년 동안 창궐했고, 해마다 각 지방을 돌며 유행하다가 때로는 이미 침범했던 도시들로 되돌아오기도 했다.

증거가 부족하긴 하지만, 이 질병은 그것에 노출된 적이 전혀 없어서 아무런 선천적·후천적 저항력도 갖지 못한 집단에서 발생했을 때 으레 나타나는 병의 진행과정을 보여주었다는 점에서 지중해의 주민

---

* Livius(B.C. 59~A.D. 17). 『로마사』를 저술한 고대 로마의 역사가.

들에게는 생소한 병이었다고 추정할 수 있다. 이 병은 치사율이 높았으며, 지역에 따라 주민의 25~33%가 죽기도 했다.[56] 이러한 질병이 모든 지역에 퍼지는 것은 아니기 때문에 로마 제국 전체의 인구가 급격히 감소하지는 않았지만, 사망자가 눈에 띄게 많았던 것은 분명하다. 더욱 중요한 사실은 이 전염병의 유행을 신호탄으로 그 후 500년 동안이나 일부 지역을 제외한 지중해 전역에서 인구 감소추세가 지속되었다는 것이다.[57]

로마 제국의 인구가 계속해서 감소했던 것은 미지의 악성 전염병이 연쇄적으로 발생했기 때문이다. 서기 165~180년에 걸친 안토니누스 황제(마르쿠스 아우렐리우스를 말함) 시대의 전염병에 견줄 만한 신종 전염병이 241~266년에 걸쳐 로마를 강타했다. 이때 로마 시의 인명 피해는 더욱 심각했는데, 전염병이 기승을 부리던 기간에는 하루에 5천 명씩 죽었다고 전해진다. 또한 농촌인구가 받은 타격은 안토니누스 시대에 전염병이 유행했을 때보다도 더 컸다고 한다.[58]

165~180년에 유행했던 전염병과 마찬가지로 3세기에 로마를 황폐화시켰던 이 질병(또는 질병들)의 정체를 분명히 밝힐 수 있는 자료는 거의 남아 있지 않다. 그렇지만 몇 가지 정황을 종합해볼 때, 지중해 지역의 인구를 감소시켰던 두 차례의 재난은 우리에게 익숙한 소아병 가운데 파괴력이 큰 홍역과 천연두가 이 지역에 정기적으로 출몰한 결과였으리라 짐작된다. 앞서 지적했듯이 히포크라테스의 시대에는 이 두 전염병에 대한 기록이 나오지 않는다. 그러나 바그다드에서 활약한 아라비아의 의사 알라지(850~923)가 처음으로 홍역과 천연두에 대한 정확한 임상기록을 남긴 9세기 무렵, 서아시아 지역에서는 피부발진을 일으키는 전염병들이 널리 알려져 있었다.[59]

피부발진을 일으키는 열병에 대한 오래된 자료 중 이목을 끄는 것으로는, 서기 580년에 프랑스 남부에서 유행했던 발진성 전염병에 관해

투르의 그레고리우스*가 남긴 기록을 들 수 있다.[60] 물론 이보다 앞선 시기에도 전염성 피부발진에 대한 언급이라고 해석될 수 있는 자료가 없는 것은 아니지만, 모호하기 짝이 없어 신뢰하기 어렵다. 후대에 깊은 영향을 미친 의서들을 저술했던 위대한 의사 갈레노스는 안토니누스 시대의 '역병'에서 살아남았지만 별로 도움이 될 만한 기록을 남기지 않았다. 갈레노스는 단순한 피부반점보다는 각혈이 훨씬 중요한 증상이라고 생각했기 때문에, 이 질병을 폐의 농양으로 분류했다. 또한 그는 농포를 수반하는 유행성 열병에 관해 몇 번 언급했으나, 그의 체액병리설†에 따르면 이런 증상은 별로 의미가 없는 것이었다. 안타깝게도 갈레노스의 서술이 명료하지 않은 탓에 그가 무슨 병에 대해 말하고 있는지 현대적 관점에서 진단하기는 무척 어렵다.[61]

천연두와 홍역이 별개의 질병이라는 사실을 유럽 의학자들이 인식하게 된 16세기 무렵이면, 이미 이 두 질병은 유럽 전역에서 전형적인 소아병으로 뿌리를 내린 상태였고, 때로는 합병증을 일으키며 많은 어린이의 목숨을 앗아갔다는 점에서 인구성장에도 상당한 영향을 미쳤다. 문헌기록에 따르면 이 두 전염병이 지중해 주민들에게 정착한 것은 서기 2~3세기에 걸친 시기였을 가능성이 크다. 두 번 연속 발생한 악성 전염병(서기 165~180년의 첫 번째 유행병과 251~261년의 두 번째 유행병)이 몰고 온 피해는, 전염성이 강한 이 두 질병이 인구밀도도 높고 아무런 저항력도 지니지 못했던 지중해 세계의 주민들을 차례로 공격했을 때 일어날 수 있는(어쩌면 일어날 수밖에 없는) 파국 그 자체였다.

두 번의 전염병 유행 때문에 얼마나 많은 인구가 희생되었는지 만족스러운 통계를 제시하기는 힘들다. 많은 인명이 희생된 것은 분명하지

---

* Gregorius de Tours (539~594). 『프랑크사』를 저술한 프랑크 왕국의 주교 겸 역사가.
† 점액·흑담즙·황담즙·혈액의 네 가지 체액(사람의 기질과 특성을 좌우하는 액체)이 균형을 이루어야 건강할 수 있으며, 이 균형이 깨지면 질병이 생긴다는 갈레노스의 이론.

만, 지중해 주민들을 공격했던 게 질병만은 아니었기 때문이다. 235년부터 시작된 사회적 혼란과 야만족의 침입은 로마 제국을 파멸의 구렁텅이로 몰아넣었고, 기근도 자주 일어났다. 군역을 제공받는 조건으로 야만족들이 로마 국경 안에 정착할 수 있도록 허락하기도 했는데, 이런 조치는 2세기에 시작되었고 이후에도 여러 차례 이루어졌다. 이는 납세 및 국방의 의무를 지는 로마 시민을 다른 곳으로 이주시키지 않고도 새로운 이주민들에게 할당할 수 있는 빈 땅이 많았다는 사실을 말해준다. 특히 디오클레티아누스 황제(285~305년 재위) 때부터 시행된 일련의 법률은 농민이 경작지로부터 무단이탈하는 것을 금하고 몇 가지 다른 직업을 가업으로 의무화시켰다. 이런 법의 목적은 로마 제국의 행정기구를 유지하는 데 필요한 임무를 주민들에게 강제로 부과하는 것이었다. 이런 입법이 절실했던 것은 분명 국가의 운영에 필요한 기능을 자발적으로 수행할 수 있는 인력이 늘 부족했기 때문이다.

이처럼 지중해 일대에서는 미시기생과 거시기생이 심화된 결과 오랫동안 인구가 감소했다. 아우구스투스 황제가 파괴적인 내란을 종식시키고 평화로운 시대를 연 서기 1세기에도, 로마 제국의 여러 곳(특히 그리스와 이탈리아)은 번영을 구가하지 못했다. 로마 제국은 바다에 가까운 지역에서 세금을 징수해 국경지대의 주둔군에 자금을 보내는 제도를 유지했는데, 이는 충분히 실행 가능한 방안이었다.(아우구스투스나 다른 황제들이 가끔 군인들의 봉급을 제대로 지불하지 못하는 어려움을 겪긴 했지만.) 하지만 서기 165~266년에 창궐했던 낯선 전염병이 지중해 심장부의 재정에 심각한 타격을 가한 후 사정은 완전히 달라졌다. 지중해에서도 가장 활발한 상업의 중심지에서 도시인구가 급감하자, 그만큼 국고의 세입이 줄어들었던 것이다. 그 결과 군인들에게 관례대로 봉급을 지불할 수 없게 되었고, 반란을 일으킨 군대는 시민사회에 등을 돌리고 주력부대를 동원해 로마의 평화기에 형성된 지중해 일대의 중심지에서 약탈을 자행했다. 이에 따라 경제는 파탄에 이르렀고 인구는 계속 감소했으며 재난이 끊이지 않았다.

서기 3세기의 군사반란과 내전으로 인해 농민에게 지대를 받아 일정액을 세금으로 납부함으로써 로마 제국의 주요 도시에서 그리스·로마의 고급문화를 유지시켜주던 지주계급 쿠리알레스*가 순식간에 몰락했다. 이와 동시에 농촌에 기반을 둔 신흥 지주계층이 발흥했는데, 이들은 제국정부에 대한 납세의무를 부당하게 면제받는 경우가 많았다. 상황이 이렇게 전개되자 힘겹게 살아가던 로마 제국의 농민은 지주에게 지대를 내고 국가에 세금을 바치던 이중부담에서 벗어나 지역의 지주들이 요구하는 것만 제공하게 되었다. 그렇다고 해서 농민에게 가해지는 전반적인 부담이 눈에 띄게 줄어든 것은 아니었다. 오히려 지방유지들의 수중에 흘러들어가는 재화가 늘어나고 중앙정부의 행정기구가 쓸 수 있는 재원이 줄어들면서, 외부의 공격에 대한 제국의 방어력은 점점 취약해졌다. 그 결과 잘 알려져 있는 것처럼 서부에서는 제국의 행정조직이 붕괴되었고 더 많은 인구가 살고 있던 동부에서만 겨우 그 명맥을 유지하게 되었다.

전통적으로 역사가들은 이런 총체적 국면에서 거시기생의 측면을 강조해왔다. 이런 경향은 남아 있는 자료의 성격과 무관치 않다. 이 자료들은 서로마 제국의 몰락을 초래한 전쟁과 이주, 난민 등에 대해 제법 정확하게 서술하고 있다. 그렇지만 군대의 폭동, 과다한 지대, 세금징수자의 가렴주구보다 지중해의 주민들에게 더 큰 고통을 안겨준 것은 거듭해서 창궐하는 전염병이었다. 언제나 그렇듯이 전염병은 행진하는 군대와 도피하는 난민들 틈에서 새로운 보금자리를 찾았다.

지중해 각지에서 일어났던 사태는 다음과 같이 요약할 수 있다. 서

---

* curiales. 로마 제국에서 자치도시의 행정과 재정을 책임지던 지주계층.

기 1세기까지 그럭저럭 유지되던 거시기생체제—그리스·로마의 도시적 생활양식을 지향하던 다양한 지방 토호집단을 기반으로 한 로마제국의 군대와 관료조직—는 2~3세기에 제국을 휩쓴 치명적인 전염병의 공격을 받은 후 과중한 재정부담을 감당할 수 없는 지경에 이르렀다. 그 후 로마 사회의 거시기생적 요소들은 인구감소와 생산성 저하를 부채질한 주범이 되었고, 이에 따른 사회적 혼란, 기근, 속출하는 난민과 부랑자 등은 전염병이 유행하기에 적합한 새로운 환경을 조성함으로써 인구를 더욱 감소시켰다. 이렇게 야기된 악순환은 일시적인 안정기나 국지적인 인구증가에도 불구하고 몇 세기 동안 지속되면서 로마를 쇠락의 구렁텅이로 몰고 갔다.[62]

역사가들은 로마가 멸망하는 과정에서 전염병이 큰 비중을 차지했다는 사실을 오래전부터 인식하고 있었다. 그러나 저항력과 면역력을 지니지 못한 집단에 침입한 신종 전염병의 파괴력이 얼마나 큰지 깨닫지 못했기 때문에, 그들은 최초로 발생한 두 번의 전염병이 로마의 전반적인 퇴보를 촉발하는 데 결정적인 역할을 했다는 점을 과소평가하기 일쑤였다. 풍부한 역사적 사례가 입증하듯이, 전염병은 그것을 처음으로 경험하는 집단에게 무서운 재앙을 안겨준다. 5장에서 자세히 설명하겠지만, 고립되어 생활하던 여러 집단(아메리카 원주민이 대표적인 경우이다)이 1500년부터 유럽의 전염병들을 접한 후 겪어야 했던 일련의 파국적인 사태는 미지의 전염성 질병에 노출되었을 때 얼마나 끔찍한 결과가 발생하는지 여실히 증명해준다.

지중해 지역에서 거시기생과 미시기생이 심화되면서 야기된 정치적·경제적·문화적 결과는 이미 잘 알려져 있으므로 여기서 새삼 강조할 필요는 없을 것이다. 야만족의 거듭된 침입과 이에 따른 도시의 황폐화, 직인들의 낙향, 능력(학식을 포함한)의 손실과 행정기구의 붕괴는 이른바 서양의 암흑기를 특징짓는 익숙한 항목들이다.

이와 동시에 그리스도교의 발흥과 확립은 기존의 세계관을 근본적으로 바꾸어놓았다. 그리스도 교도들이 당대의 이교도들보다 우위에 있던 점 하나는 무서운 전염병이 기승을 부리는 시기에도 병자들을 돌보는 것을 종교적 의무로 생각했다는 것이다. 통상적인 의료활동이 모두 중단된 상황에서는 기본적인 간병만으로도 치사율을 크게 낮출 수 있었다. 예를 들어 일시적으로 몹시 쇠약해진 환자들에게 음식과 물을 제공해주면 이들은 비참하게 죽어가는 대신 스스로 회복할 힘을 얻는다. 더욱이 이런 보살핌으로 생존하게 된 사람들은 자신들의 생명의 은인에게 감사하는 마음과 함께 따뜻한 유대감을 느꼈을 것이다. 따라서 치명적인 전염병이 발생한 결과 대부분의 제도가 신용을 잃고 있던 와중에 그리스도교는 교세를 오히려 확장했다. 그리스도 교도인 저술가들은 이런 힘의 원천을 잘 알고 있었으며, 악성 전염병이 유행할 때 이교도들이 매정하게 병자들을 팽개치고 도망갔던 반면에 그리스도 교도들은 서로에게 도움을 주었다는 사실을 자랑 삼아 기록에 남겼다.[63]

이교도들에 비해 그리스도 교도들이 지닌 또 하나의 이점은, 갑작스럽고 충격적인 죽음 앞에서도 인간의 삶을 의미 있게 여기도록 가르치는 신앙의 힘이었다. 고통으로부터의 해방은 언제나 실현되는 것은 아니었지만 누구나 바라던 바였다. 전쟁이나 질병 또는 양자 모두를 겪으면서도 천신만고 끝에 목숨을 부지한 일부 생존자들은, 선량한 그리스도 교도로 살다 간 친척이나 친구들이 천국에서 영생을 누릴 수 있으리라 상상하면서 슬픔을 떨쳐버리고 마음의 위안을 얻을 수 있었다. 전지전능한 신은 행복한 순간은 물론 재앙이 닥친 시기에도 인생에 의미를 부여했다. 예상치 못한 힘겨운 재난은 이교도들의 자존심을 짓밟고 세속적인 제도들을 붕괴시켰지만, 평온한 시기보다 신의 존재를 더욱 극명하게 드러내는 계기가 되기도 했다. 그러므로 그리스도교는 고난과 질병, 비참한 죽음이 판을 치는 역경의 세월에 완벽하게 적응할 수 있는 사상과 정서의 체계였다.

그리스도 교도인 저술가들은 이런 사실을 잘 알고 있었다. 카르타고의 사제였던 키프리아누스는 서기 251년 한 소책자에서 당시 기승을 부리던 전염병을 찬미했다.

> 죽음의 재앙 속에서 우리 중 많은 사람이 죽어가고 있다. 아니, 우리 중 많은 사람이 이 세상으로부터 자유로워지고 있는 것이다. 이 무서운 재앙은 유대인이나 이교도, 그리스도의 적들에게는 파멸이지만, 신을 모시는 그리스도 교도에게는 축복받은 출발이다. 인종에 상관없이 악한 자뿐 아니라 의로운 자도 죽는다고 해서, 이 재앙이 악인에게나 의인에게나 똑같은 의미를 갖는다고 생각해서는 안된다. 착한 사람들은 새 생명을 얻기 위해 부름을 받은 것이고, 나쁜 사람들은 고통을 받기 위해 소환된 것이다. 믿음이 있는 사람에겐 보살핌이 주어지고, 믿음이 없는 사람에겐 징벌이 주어질 뿐이다. ……전염병의 유행은 언뜻 보기엔 두렵고 치명적인 것 같지만, 모든 사람을 공평하게 처리하고 인간의 마음을 검증하니 ……이 얼마나 적절하고도 필요한 일인가.[64]

일찍이 겪어보지 못했던 전염병의 공포나 정신적 충격에 대처해서 얻은 지고한 포용력이야말로 억압받던 로마 제국의 주민들에게 위안을 주는 그리스도교의 가장 큰 매력이었다. 이에 비해 스토아 철학이나 이교도들의 사상체계는 비인격적인 힘에 의한 성장소멸과 자연법칙만을 강조함으로써, 늙은이든 젊은이든, 부자든 가난한 자든, 착한 사람이든 악한 사람이든 상관없이 무차별적으로 닥치는 죽음을 제대로 설명하지 못했다. 그리하여 서기 165년 이후 로마 주민에게 영향을 미친 미시기생적 변화는 제국의 종교적·문화적 역사는 물론 사회적·정치적 발전에도 영향을 미쳤음이 틀림없다.

물론 이런 추론은 나름대로 설득력을 갖춘 것처럼 보여도 입증할 수는 없다. 다시 지중해 연안에서 발생했던 질병의 역사로 돌아가 근거가 확실한 이야기를 해보자. 서기 542년 지중해 지역에는 다시 심각한 전염병이 발생하여 750년까지 간헐적으로 맹위를 떨쳤다. 프로코피우스*가 남긴 상세하고 정확한 기록에 따르면, 542~543년에 유행한 이른바 유스티니아누스 대제 시대의 역병은 선페스트라고 단언할 수 있다.65) 그러나 그 후 2세기에 걸쳐 지중해 연안의 각지에 출몰했던 전염병은 선페스트가 아닐 수도 있다.66) 의학자 에페소스의 루푸스(B.C. 200년경)가 언급한 이야기를 믿는다면, 선페스트(또는 그와 흡사한 병)는 기원전 3세기에 이집트와 리비아에 나타났다. 그 후 이 병은 유스티니아누스 대제 시대까지 자취를 감추었다.67)

선페스트가 발생하게 된 배경으로는 멀리 떨어진 지역과의 교류가 확대된 점을 꼽을 수 있다. 이 병은 그 진원지인 인도의 동북부 또는 중앙아프리카에서 지중해 지역으로 들어왔고, 지중해 내에서는 선박에 의해 각지에 번졌을 것이다. 이런 사실은 프로코피우스가 기록한 감염의 패턴이나 구체적인 발병양상에 비추어볼 때 거의 확실하다. 아마도 인도양과 홍해의 항로를 가로지르던 배들이 이 전염병을 처음 지중해에 유입시켰던 것 같다.

프로코피우스를 신뢰할 수 있는 근거는 선페스트가 인간에게 전파되는 근대적 패턴이 그의 서술과 완전히 일치한다는 점이다. 19세기와 20세기에 이루어진 의학적 연구를 통해, 특수한 환경에서 환자의 기침이나 재채기에 의해 공중에 떠돌게 된 비말(飛沫)이 누군가의 폐로 들어가면 페스트가 사람에서 사람으로 직접 감염된다는 사실이 밝혀졌

* 6세기에 활약한 비잔틴 제국의 역사가.

다. 근래에 개발된 항생물질이 없다면 이런 형태의 폐(肺)페스트는 치사율이 매우 높을 것이다. 폐페스트가 치명적인 결과를 낳는다는 것은 그 유행이 오래 지속되지 않는다는 것을 뜻하기도 한다. 가장 흔한 전염경로는 균을 보유한 벼룩에 물리는 것인데, 페스트에 걸린 쥐(또는 다른 설치류)로부터 병원균을 체내에 받아들인 벼룩은 자연상태의 숙주인 쥐나 설치류가 죽으면 사람을 숙주로 삼는다. 감염된 쥐들이 우글대지 않는 한 폐를 침범하는 형태의 페스트는 오래가지 않는다. 따라서 쥐나 설치류의 개체수가 감염을 매개할 수 있을 정도로 많은 지역에서만 인간이 페스트에 걸릴 수 있다.

유럽에 페스트를 매개했던 '곰쥐'는 원래 인도에 서식했던 것으로 보인다. 오늘날에도 이 쥐는 인도의 여러 곳에서 야생상태로 살고 있는데, 오랫동안 그 상태로 있으면서 인가나 그 주변에서 '성가신 종'으로 살아가는 법을 익혔을 것이다. 그러다가 잡초처럼 성가신 존재인 쥐들은 원래의 고향에서 멀리 떨어진 곳까지 확산될 수 있는 새로운 생태적 적소를 찾아냈다.[68] 사람과 마찬가지로 쥐가 멀리 여행하는 데 가장 편리한 수단은 배였다. 곰쥐는 물체를 기어오르는 능력이 뛰어나므로 정박용 밧줄을 타고 쉽게 배에 올랐을 것이며, 이국의 항구에 도착한 후 상륙하는 것도 어렵지 않았을 것이다. 그러므로 곰쥐가 지중해 지역에 당도한 것은 이집트와 인도의 해상교역로가 개통된 결과였으며, 그 후 수세기에 걸쳐 이 녀석들은 항만으로부터 내륙으로 세를 확장했을 것이다. 그러나 유스티니아누스 대제 시대까지만 해도 곰쥐는 북유럽에 도달하지 못했던 것 같으며, 따라서 당시의 페스트는 선박들이 별 어려움 없이 드나들 수 있었던 지중해 연안에서만 발생했다.[69]

그러나 페스트는 곰쥐에게도 안정적인 감염증은 아니다. 사람과 곰쥐 모두에게 치명적인 전염병이라는 점에서, 페스트는 곰쥐 및 사람과 같은 관계에 있다. 쥐는 자기들끼리 벼룩을 옮기거나 야생 설치류와 접촉함으로써 페스트에 걸린다. 야생 설치류가 파놓은 땅굴에는 페스트 병균인 파스튜렐라균이 살고 있는데, 오늘날에도 '도시' 지하에 땅굴을 파고 사는 설치류가 많은 지역은 페스트균에 감염되어 있다.[70] 이런 감염의 근원지는 대부분 20세기에 생겨났으나 더 오래된 곳도 세 군데 있다. 인도와 중국 사이에 있는 히말라야의 산록지대, 중앙아프리카의 대호수지대,* 만주에서 우크라이나에 이르는 유라시아의 스텝지대가 그것이다. 다음 장에서 살펴보겠지만 스텝지대는 14세기 전까지는 감염의 진원지가 아니었을 것이다. 그렇다면 먼 옛날 중앙아프리카나 인도의 동북부지역에서 페스트균과 혈거성 설치류 집단이 공생을 시작해서 오늘날에 이르렀다고 볼 수 있다.

 이 두 지역 중 어느 곳이 더 오래된 페스트균의 근원지인지 결정할 수 있는 근거는 없는 듯하다. 다만 사람을 페스트균에 노출시킬 수 있는 감수성 있는 설치류의 개체수 증가가 관건이었을 것이다. 이런 역할은 곰쥐와 그것에 기생하는 쥐벼룩에 의해 수행된다. 우리가 상상할 수 있는 시나리오는, 사람들이 한곳에 모아놓은 식량을 먹어 치우면서 생식범위를 확대해가던 인도의 곰쥐들이 어디선가(아마도 아프리카에서) 페스트균을 만났다는 것이다. 그런 다음 인도양 연안의 여러 곳에 이미 퍼져 있던 쥐와 선박의 네트워크를 통해 페스트가 히말라야 지역의 혈거성 설치류 공동체를 감염시켰고, 그 공동체 속에서 안정적이고 지속적인 형태의 감염증이 되었을 것이다. 또 다른 시나리오는, 처음부터 히말라야 지역에서 페스트균과 혈거성 설치류가 진화과정을 통해 서로 적응했다는 것이다. 이때 페스트균은 곰쥐에 의해 확산되다가 어느 시점에선가 중앙아프리카의 설치류 가운데 적당한 집단을 택해 새로운 숙주로 삼았을 것이다. 다음 장에서 살펴보겠지만, 이런 전파

---

* 빅토리아 호, 탕가니카 호, 키부 호, 차드 호 등의 커다란 호수가 밀집해 있는 지역.

방식은 20세기 들어 페스트가 남북아메리카와 오스트레일리아, 남아프리카의 설치류 집단에 확산되는 과정과 비슷하다.

페스트균의 최초 발생지가 어디이든, 히말라야의(또는 중앙아프리카의) 질병 진원지는 적어도 기원 전후로 거슬러 올라간다. 이는 남아 있는 기록을 통해 전문가들이 확인할 수 있는 최초의 페스트가 자취를 드러내기 이전에도 페스트균이 존재했음을 뜻한다. 물론 기록이 없다고 해서 페스트가 지중해 지역을 엄습하기 전에 인도나 아프리카 같은 지역에서 발생한 적이 없다고 확신할 수는 없다.

불행히도 페스트에 대한 학문적 논의는 성서에 나오는 역병을 모두 페스트로 간주하는 무비판적 태도 탓에 혼란을 겪어왔다. 킹 제임스판 성서* 번역자들이 'plague'란 용어를 사용한 것은 당시 그들에게 무서운 기억을 남긴 유일한 전염병이 선페스트(bubonic plague)였기 때문이다. 그 후 '역병'(plague)이란 말은 영국인의 정서에서 어떤 특별한 의미를 띠게 되었으며, 다른 유럽 지역에서도 사정은 비슷했다. 그리하여 게오르크 스티커를 비롯한 19세기의 많은 학자들은 「사무엘상」 제5장 6절에서부터 제6장 18절에 걸쳐 나오는 '필리스티아인의 역병'을 선페스트로 보는 통념을 그대로 답습했다. 그러나 역병으로 번역된 히브리어 단어는 특정 질병을 의미하지 않는다. 성서 속의 역병을 선페스트와 동일시하는 통념을 타파하려는 학자들의 노력에도 불구하고 선페스트가 먼 옛날부터 존재해왔다는 생각은 뿌리 깊게 남아 있다.[71]

홍해와 지중해를 분리하고 있는 이집트 북동부의 지협(地峽)은 선박에 서식하던 쥐와 쥐벼룩의 전파에 확실한 걸림돌이었다. 따라서 인도양 연안의 여러 항구에서 오랫동안 쥐와 벼룩, 사람들을 감염시키고

---

* King James Version. 1611년 영국 왕 제임스 1세의 후원으로 출판된 영역성서. 이후 영어문체에 많은 영향을 미쳤으며, 300년 이상 표준 영어성서로 널리 받아들여졌다.

있던 페스트가 우연한 기회에 통상적인 지리적 장벽을 극복하고 지중해 지역의 미경험 주민들에게 침입하자 형언할 수 없는 미증유의 참화가 빚어졌다. 지중해 주민들은 그 질병에 대한 저항력도 없었고 효과적인 대처방안도 모르고 있었다. 인도와 아프리카에서 인명을 위협하긴 했으나 만성화된 질병이었던(따라서 사람들의 지혜나 경험에 바탕을 둔 적절한 민간요법을 탄생시켰던) 페스트가 유스티니아누스 대제의 세계로 무대를 옮기자 파멸적인 사망률을 동반한 역병으로 돌변했다.

역사적 증거에 따르면 6세기와 7세기의 페스트가 지중해 지역에 미친 영향은 그 유명한 14세기 흑사병의 파괴력에 견줄 만한 것으로 보인다. 감염된 도시주민의 상당수가 발병 초기에 사망했고, 전반적으로 감소한 인구수를 회복하기까지는 수세기가 걸렸다. 정확한 통계를 제시하기란 불가능하다. 하지만 프로코피우스의 보고에 따르면, 542년에 출몰한 페스트는 콘스탄티노플[이스탄불]에서 네 달이나 기승을 부렸으며, 한창 때는 하루에 1만 명의 목숨을 앗아갔다고 한다.[72]

서기 165~180년과 251~266년의 두 차례에 걸친 무서운 역병과 마찬가지로, 6~7세기의 페스트가 미친 정치적 파장은 대단했다. 지중해 지역을 재건하려던 유스티니아누스 대제의 노력이 무위로 돌아간 것은 페스트로 인해 제국의 인적·물적 자원이 급격하게 감소한 탓이라고 할 수 있다. 그 후 로마와 페르시아가 서기 634년 아라비아 반도에서 쳐들어온 이슬람 군대에 변변한 저항을 할 수 없었던 것도, 서기 542년 이후 줄기차게 지중해 연안에 나타난 전염병 때문에 인구가 급격히 감소했다는 사실을 고려하면 쉽게 이해할 수 있다. 이슬람 제국이 세력을 확대하던 초창기의 중대한 고비마다 적국의 인구가 급감하는 현상이 일어났던 점도 흥미롭다.[73] 앙리 피렌*의 유명한 지적처럼

---

* Henri Pirenne (1862~1945). 중세사 연구로 유명한 벨기에의 역사학자.

지중해 일대는 유럽 문명을 대표하는 중심지로서의 지위를 상실해갔고 좀더 북쪽에 위치한 지역의 비중이 커지게 되었는데, 이러한 중심 이동에는 오랫동안 발생한 역병이 단단히 한몫했다. 당시 페스트는 지중해 연안의 항구들과 쉽게 교류할 수 있는 지역 내에서만 맹위를 떨쳤다.[74)]

물론 비슷한 시기에 북유럽에 전염병이 전혀 유행하지 않았던 것은 아니다. 예를 들어 664년에 휫비 교회회의*에 참석하기 위해 아일랜드·웨일스·잉글랜드의 성직자들이 모임을 가진 후 영국제도(諸島)에 심각한 질병이 만연했다. 이 전염병의 정체가 페스트, 천연두, 홍역, 인플루엔자 중 어느 것인지, 아니면 다른 어떤 질병인지에 대해서는 아직도 의견이 분분하다.[75)] 이것은 전염병 도래에 대한 가장 중요한 사례이지만, 영국에서 출몰했던 유일한 전염병은 아니었다. 앵글로색슨족의 기록에 따르면, 서기 526년부터 1087년까지 적어도 49회에 걸쳐 전염병이 발생했다고 한다.[76)] 대부분의 전염병은 비교적 미미한 것이었다. 전염성 질병의 발생빈도는 늘어나지만 유독성은 줄어드는 현상은, 숙주와 기생생물이 서로 적응하여 안정적이고 만성적인 관계가 정립됨에 따라 사람들이 신종 전염병과 공존하는 법을 터득했을 때 나타난다.

게르만족과 슬라브족이 살던 농촌지역보다 도시화된 지중해 지역에서 전염병의 유행이 더 심각한 것이었는지는 분명치 않다. 어떤 질병은 도시처럼 인구가 밀집된 곳(또는 병사들이 모여 있는 군대나 난민행렬)에서만 전염병으로 비화된다. 장티푸스나 이질처럼 식수를 통해 전염되는 수인성 전염병이 그런 범주에 속한다. 페스트를 비롯한 일부 질병은 지중해 연안에서만 유행했던 것 같다. 인도에서 들어온 곰쥐가

* Synod of Whitby. 앵글로색슨 왕국의 그리스도교 교회가 켈트족의 관습과 로마의 관습 가운데 어느 것을 따를 것인지를 결정하기 위해 모인 회의.

대서양 연안의 항구까지 퍼져 나가지는 못했기 때문이다. 그러나 홍역이나 천연두 같은 전염병은 농촌공동체에서도 만연할 가능성이 있었다. 그리고 그때까지 고립되어 있던 농촌주민은 질병에 단련된 도시주민에 비해 전염병의 유행으로 훨씬 심각한 타격을 입게 마련이었다. 이처럼 현실은 연역적 추론과 반대로 나타날 수도 있다는 점을 감안할 때, 도시화된 지중해 지역의 주민과 북유럽의 농촌주민 중에 누가 전염병으로 더 큰 고통을 받았는지 일률적으로 규정할 수는 없다.

분명한 사실은 서기 900년에 이르기까지 북유럽의 게르만족이나 슬라브족은 로마 제국과 지중해의 도시주민이 남부의 농민에게 부과했던 것과 같은 생산물에 대한 거시기생적 착취를 당하지 않았다는 것이다. 이처럼 북유럽 주민들은 거시기생적 측면에서 유리했을 뿐 아니라, 북부의 특징인 고립분산적인 농촌의 주거양식 덕분에 미시기생적 측면에서도 이점이 있었기 때문에 인구가 크게 증가할 수 있었다. 5~8세기에 걸친 북유럽의 인구증가를 잘 보여주는 증거로는 슬라브족의 발칸 반도 정복과 게르만족의 브리튼 섬 및 라인 강, 도나우 강 유역 진출을 들 수 있다. 또한 800~1000년의 바이킹 침략은 스칸디나비아 반도의 협만이나 연안지역에 인구가 넘쳐났던 것이 그 배경이었다.

분명히 미시기생과 거시기생 간의 균형 외에 다른 요인들도 유럽의 인구에 영향을 미쳤을 것이다. 특히 볏쟁기*가 널리 보급되면서 영농법이 크게 발전해 서기 5~11세기에 걸쳐 북서유럽에서 식량생산이 늘어났다. 이런 발전은 북유럽에서 새로운 양식의 문명──행정기구를 갖춘 국가, 위계질서가 정립된 교회, 약탈이든 교역이든 해상과 육로를 통한 대규모의 물자이동──이 탄생하는 밑거름이 되었으며, 이후 북유럽은 남방의 지중해 지역과 자주 접촉하게 되었다. 이로써 기후풍

---

* moldboard plow. 흙을 파는 넓은 날인 보습, 고랑을 뒤엎는 볏, 그리고 보습 뒤쪽 옆면에는 갈아엎을 때 생기는 측면압력을 흡수하는 판이 달린 개량 쟁기.

토나 인구밀도가 다르다는 일정한 한계 내에서 유럽 각지(심지어 멀리 떨어져 있었던 스칸디나비아나 아일랜드까지)의 주민들은 하나의 질병상생지를 공유하게 되었다.

이런 과정이 진행되면서 유럽에 처음 유입되었을 때 매우 치명적이던 전염병들도, 감염사슬이 유지될 수 있을 정도로 많은 사람이 모여 사는 지역에서는 풍토병으로 자리를 잡았다. 그러나 안정된 풍토병을 유지할 만큼 인구가 많지 않은 주변지역에서는 인구에 심각한 피해를 주는 전염병이 때때로 발생했다. 이런 역병은 각지에 흩어져 있는 집단들을 도시와 연결시켜주던 교역 및 교통망을 타고 풍토병의 소재지에서 빠져나와 농촌지역에 출몰했다. 이런 상황은 농촌과 벽지, 특히 도서지역에서 19세기까지 지속되었다.[77]

하지만 그러한 전염병을 많이 경험하게 되면 사망자수는 감소한다. 한 공동체에서 전염병이 발생하는 주기가 짧아지면, 주민 중 그 병에 이미 걸린 바 있어 면역력을 획득한 사람의 비율이 늘어나게 된다. 만약 10년 정도 간격을 두고 다시 같은 전염병이 유행한다면, 이 병에서 살아남은 사람들만이 자녀를 가질 수 있었을 것이므로 전체적으로 높은 수준의 저항력을 갖춘 인구집단이 형성된다. 그 결과 숙주와 기생생물이 공존하는 비교적 안정된 패턴을 향해 진화가 급속히 진행된다.

살아남은 자들에게 면역력을 부여하는 전염병이 한 공동체에 5~10년의 간격으로 발생하면 그 병은 자동적으로 소아병이 된다. 그리고 어린이, 특히 유아들은 다시 낳을 수도 있으므로 어린이들이 걸리는 전염병이 지역의 인구에 미치는 영향은, 전혀 신종 전염병이 노소를 가리지 않고 공격할 때와 비교하면 아주 미미하다. 이런 역학적 적응 과정은 유럽 전체로 볼 때 이른바 중세 암흑기에 활발하게 이루어졌다. 그 결과 유럽에서는 신종 전염병이 유행하여 급격히 인구가 감소하는 현상이 수세기 안에 자취를 감추었다.

서유럽 지역에서 미시기생에 대한 적응은 일찍부터 이루어졌지만, 거시기생을 제대로 견제할 수 있게 된 것은 그보다 훨씬 후였다. 정식으로 무장하고 훈련을 받은 기사계급이 농촌마을의 지원을 받으며 유럽 북서부의 비옥한 지역에서 바이킹 해적들을 효과적으로 격퇴할 수 있을 정도의 병력과 전투력을 갖춘 것은 서기 950년 이후의 일이었다. 그 후에도 국지적인 소요와 산발적인 약탈행위는 계속되었지만, 이 지역의 인구는 급격한 성장기에 접어들었다.

이 무렵이면 서기 2세기부터 시작된 문명별 질병상생지 간의 상호교류에 따른 생물학적·정치적·심리적 파장은 완전히 가라앉았을 것이다. 서유럽은 라틴 그리스도교 국가들이 마침내 문명권에 완전히 편입되자 어수선한 시대에 그곳에 보급했던 기술적·제도적 혁신의 열매를 따먹을 수 있게 되었다.

그러나 아직도 유럽 외의 지역에서는 새로운 질병에 점진적으로 적응해 나간 역사적 상황을 제대로 밝혀내기가 어렵다. 한문에 능통한 학자들이 동아시아에서 유행했던 질병에 관한 정보를 담고 있는 중국 문헌을 꼼꼼히 검토한다면, 전염병의 유행에 따른 초기의 참화와 이후 새로운 질병에 역학적으로 적응해 나가는 과정이 좀더 명확히 드러날 것이다. 의료에 관련된 중국의 문헌은 오래되었을 뿐 아니라 그 양도 풍부하다. 또한 공식적인 왕조의 실록과 기타 문헌에도 돌발적인 질병의 발생에 관한 각종 기록이 자주 등장한다. 그러나 여전히 해석상의 난관이 남아 있으며, 고대 중국과 일본의 질병에 조금이나마 관심을 기울여오던 학자들도 이런 연구에서 빠뜨려서는 안되는 질문들이 무엇인지 심사숙고하지 않은 채 문제에 접근하기 일쑤였다. 따라서 전문가에 의한 세심한 연구가 이루어지기 전에는 방대한 중국 및 일본 문헌에 파묻혀 있을 문제의 해답에 접근할 수 없을 것이다.

그렇지만 몇 가지 사항은 우리의 관심을 끌 만하다. 중국에는 전염병의 유행을 기록한 두 권의 편찬서가 있다. 하나는 송대(960~1279)의 학자 쓰마광(司馬光)이 쓴 것이고, 또 하나는 황제의 명으로 1726년에 집대성한 백과전서이다.* 이 두 책은 판본에 따라 필사과정에서 발생한 오기(誤記)나 연대 해석상의 부정확한 점이 있기는 하다. 그러나 이 두 기록을 대조해서 인용된 전거를 검토해보면 몇 가지 잘못은 바로잡을 수 있을 것이다. 이 책의 부록에 실린 중국의 전염병 연표는 그렇게 해서 작성된 것이다.[78]

이런 식으로 기원 초기에 발생했던 전염병을 연대순으로 정리하면, 161~162년과 310~312년에 전염병이 크게 유행해 특히 많은 사망자를 냈음을 알 수 있다. 기록에 따르면 162년에 북서부 변경지대에서 유목민과 대치하고 있던 중국군대에 악성 전염병이 발생해 10명당 3~4명이 사망했다고 한다. 그 후 310~312년에는 메뚜기가 극성을 부리고 흉년이 든 후 전염병이 만연해 중국 북서부에서 100명당 한두 명만 겨우 살아남았다고 한다. 그 후 10년쯤 지나 322년에 다시 전염병이 발생해 중국 전역에서 10명당 2~3명이 사망했다고 되어 있다.

이런 기록에 남아 있는 수치가 사실에 가깝다면, 틀림없이 두 차례의 전염병 가운데 두 번째 것은 어떤 미지의 질병이 중국에 처음 도래한 사실을 시사하는 것이며, 첫 번째 전염병도 아마 그럴 것이다. 그렇지 않고서야 치사율이 그렇게 높지는 않았을 것이다. 두 번째 전염병은 발진과 고열을 동반하는 병이었는데, 이런 질환에 관한 최초의 기록은 중국의 유명한 의학자 거훙(葛洪, 281~361)†의 저서에 나온다. 그의 책에서 관련된 구절은 다음과 같다.

---

* 쓰마광(1019~1086)이 쓴 편년체 역사서 『자치통감』(資治通鑑)과 청나라 옹정제 때 완성된 백과전서 『흠정고금도서집성』(欽定古今圖書集成)을 말한다.
† 호는 포박자(抱朴子). 불로장생의 선도(仙道)와 연금술을 연구했던 중국 진(晉)나라 때의 학자.

근래에 머리·얼굴·몸통에 발진이 생기는 전염병으로 고통받는 사람들이 많다. 발진은 순식간에 온몸으로 퍼진다. 이것은 하얀 고름이 들어 있는 종기의 형태를 띤다. 일부 농포가 없어지는 사이에 새로운 것이 생겨난다. 빨리 치료하지 않으면 환자는 대개 사망한다. 회복되어도 얼굴에 자줏빛 흉터가 남아 오래도록 사라지지 않는다.[79]

이 기록은 분명히 천연두나 홍역의 증상을 묘사한 것 같은데, 다음 단락을 보면 몇 가지 의문이 생긴다.

사람들이 전하는 바에 따르면 이 창병(瘡病)은 당나라의 제3대 황제인 고종 4년(653)에 서쪽에서 동쪽으로 전파되었으며 멀리 바닷가까지 번져 나갔다고 한다. 아욱을 익혀 마늘과 섞어 먹으면 이 병의 진행을 막을 수 있다. 이 병에 처음 걸린 환자는 그 혼합물을 소량의 밥과 함께 먹으면 치료가 된다. 이 전염병은 건무(建武) 연간(서기 317년 또는 서기 25~55년) 중국군이 난양(南陽)에서 야만족을 토벌했을 때 유입되었기 때문에 야만족으로부터 전해진 창병이란 뜻에서 '만창'(蠻瘡)이라 불린다.[80]

거홍이 살던 시대보다 300년 후에 일어난 사건을 언급하고 있다는 점에서, 천연두에 관한 이 기록이 언제 작성되었는지 의문스럽다. 예로부터 중국의 학자들은 책의 권위를 높이기 위해 자신이 쓴 글도 옛 선인이 썼다고 주장하는 경우가 다반사였으므로, 이 기록을 거홍 자신이 쓴 것인지 아닌지는 불확실하다. 또 4세기 초에 천연두가 중국에 들어왔다는 사실도 의심스럽긴 하지만, 실제로 그랬을 가능성도 높다.

이런 단편적이고 불완전한 자료에서 얻을 수 있는 결론은 서기 37년부터 653년 사이의 어느 시점에 천연두나 홍역과 유사한 질병이 중국에 들어왔다는 사실이다. 북서쪽으로부터 육로를 통해 들어온 이 새로운 질병들은 그것에 전혀 경험이 없는 주민들 틈에서 기승을 부렸을 것이다. 전염병이 인구동태에 미친 영향은 같은 시기에 로마 제국이 체험했던 것과 비슷했을 것이다.

선페스트에 관한 중국 최초의 기록은 서기 610년으로 거슬러 올라간다. 그 후 642년에 또 한 사람이 페스트에 대해 언급하면서 광동(廣東, 성도는 광저우)에 널리 퍼져 있었지만 내륙지방에는 드물었다는 중요한 기록을 남겼다.[81] 이런 기록들에 의거해 선페스트는 해로를 통해 7세기 초 중국에 당도했다고 추정할 수 있다. 이 시기는 같은 병이 지중해 지역에 침입했던 542년보다 두 세대쯤 늦은 것이다.

지중해 지역에서와 마찬가지로 중국에서도 선페스트의 유행에 앞서 곰쥐와 쥐벼룩이 널리 산재했다. 대규모의 페스트가 창궐할 수 있는 여건을 조성하는 데 부족함이 없을 정도로 쥐의 개체수가 늘어나는 데는 아마 몇 세기가 걸렸을 것이다. 어쨌든 중국의 해안지역에서는 일련의 전염병이 발생했는데, 762년에는 "산둥(山東) 성 주민의 반 이상이 사망했다." 그 후 때때로 출몰하던 전염병은 806년 저장(浙江) 성에 나타나 비슷한 치사율을 기록했다고 한다.[82]

불완전하나마 이런 증거에 입각해 새롭고 무서운 감염증이 육로나 해로를 통해 중국에 들어왔다고 본다면, 기원 이후 몇 세기 동안 중국의 질병사는 지중해 세계가 겪었던 것과 비슷하다고 말할 수 있다. 게다가 중국의 총인구가 2세기에 기록된 5,850만 명으로부터 급격히 감소했다고 믿을 만한 충분한 근거도 있다. 물론 지중해 지역과 마찬가지로, 인구의 급격한 감소는 행정기구의 붕괴를 동반했으며, 남아 있는 기록들은 단편적이어서 믿기 어렵다. 중국에서 다소 신뢰할 만한 인구통계를 얻을 수 있는 742년에 중국의 가구수는 890만 호라고 기록되어 있는데, 2세기에는 1,230만 가구가 등재되어 있었다. 그 사이에 나온 단편적인 각종 자료를 보면, 중국의 일부 지역에서는 매우 급격하게 인구가 감소했음을 알 수 있다. 특히 남부는 북방 유목민의 공격으로부터 비교적 안전했지만, 그보다는 전통적인 중국식 농경법에 의존하던 농민에게 발생하기 쉬운 질병의 위협이 더 컸기 때문에 인구가 급감했다. 예컨대 5세기 중반에 이르자 양쯔 강 중류에 위치한 난징(南京) 일대에서는 140년에 비해 겨우 20% 정도의 가구밖에 등록되지 않았다. 물론 북부지방의 인구도 크게 감소했지만, 남부지방에 비한다면 그 폭이 작았다.[83]

널리 알려져 있듯이 이 시기 로마와 중국의 역사에는 또 다른 유사한 현상이 있다. 서기 220년 중국에서는 한 왕조가 멸망하면서 제국의 행정기구가 붕괴되었다. 스텝지대에서 이민족이 거듭해서 침입했고 정치적 분열이 뒤따랐는데, 4세기에 이르자 16개의 군소국가가 출현하여 중국 북부를 차지하기 위해 쟁탈전을 벌였다. 극심한 정치적 혼란과 때를 같이 해서 서기 317년에 천연두 또는 홍역, 아니면 두 질병 모두 중국에 나타났던 것으로 보이는데, 당시의 사망률이 쓰마광이 기록한 바("100명당 한두 명만 살아남았다")에 가까웠다면 그 이유는 불보듯 뻔하다. 서기 140년에 490만이었던 중국 북부의 가구는 370년에 250만으로 격감했다. 이 수치는 질병이라는 변수를 고려하지 않았던 학자들이 생각하는 것 이상으로 신뢰성이 높은 것일지도 모른다.[84]

지중해에서 로마 제국을 재건하려던 유스티니아누스 대제(527~565년 재위)의 노력은 실패했지만, 중국은 서기 589년 다시 한 번 정치적 통일을 이룩했다. 유스티니아누스의 제국은 542년 이후 거듭된 페스트의 유행으로 크게 쇠락했으나, 중국에서는 이에 비견될 만한 페스트의 습격이 762년까지 나타나지 않았으며 이후에도 바다에 인접한 지역에만 영향을 미쳤다는 것이 결정적인 차이였다. 그렇지만 755년의 군사적 반란[안사의 난을 말함]에 따른 중앙정부의 권위 실추는 페스트의 발생시기와 거의 일치했다. 선페스트처럼 치명적인 질병이 유행한 지역에서는 상당수의 인구가 피해를 보기 십상이므로, 중앙권력은 반란의 영향을 별로 받지 않은 연안지역에서도 반란을 진압하는 데 필요한 물자를 거둬들일 수 없었을 것이다. 할 수 없이 황제[숙종]는 유목민 위구르족의 도움을 요청했다. 난이 진압되자 터키어를 쓰는 위구르족은 여러 가지 무리한 요구를 하면서 상당한 재원을 유용했다.

종교사의 측면에서도 로마와 중국에서는 놀랄 만큼 비슷한 현상이 전개되었다. 서기 1세기경 한나라에 들어온 불교는 얼마 지나지 않아 지배계층에서 많은 신자를 확보했다. 불교는 3세기부터 9세기까지 왕실의 공식적인 종교로서 영향력을 행사했다. 이는 같은 시기 로마 제국에서 그리스도교가 세를 확장하던 현상과 비슷하다. 그리스도교와 마찬가지로 불교도 현세의 고통에 대한 종교적 혜안을 제시했다. 중국에 뿌리를 내린 불교는 로마 제국의 그리스도교가 그랬듯이 상심에 빠진 생존자와, 전쟁과 질병의 희생자들에게 위안을 주었다. 불교는 물론 인도에서 유래했는데, 인도는 차가운 기후대에서 발달한 문명들에 비해 질병발생률이 높은 곳이었다. 그리스도교 또한 기온이 낮고 인구가 적은 지역에 비해 전염병이 발생하기 쉬운 예루살렘·안티오크·알렉산드리아 같은 도시적 환경 속에서 탄생했다. 따라서 처음부터 그리스도교와 불교는 질병으로 인한 갑작스러운 죽음을 인생에서 중요한 사실의 하나로 다룰 수밖에 없었다. 결국 두 종교가 죽음이란 고통으로부터의 해방이며 사랑하는 사람들이 행복한 내세에서 다시 만나 이승에서 받았던 핍박이나 고통을 보상받을 수 있는 축복이라고 설파한 것은 결코 우연이 아니다.

인구가 회복되어가는 양상도 동양과 서양이 서로 비슷했다. 10세기 후반까지 수세기에 걸쳐 중국의 주민들은 북서유럽의 주민들과 마찬가지로 자신들의 조상에게 큰 피해를 주었던 미지의 질병에 생물학적으로 적응하는 데 성공했다. 그리하여 인구는 계속 증가해 1200년에 이르자 중국의 총인구는 약 1억이 되었다.[85] 이 정도의 거대한 인구가 형성되려면 두 가지 요소가 필요했다. 하나는 양쯔 강 유역과 그 이남의 생태적 조건에 대한 적절한 미시기생적 적응이며, 다른 하나는 중국의 농민에게 충분한 식량을 남겨주어 여러 세대에 걸쳐 인구의 자연증가를 유도하도록 거시기생을 통제하는 것이다. 이런 조건이 마련된 후에야 논농사를 짓던 수백만의 농민이 중국 중남부로 이주해 광활한 토지를 경작하게 되었다.

중국 남부에서 생명을 유지해가는 데 필요한 생물학적 적응을 이루기까지는 오랜 세월이 걸렸을 것이다. 8세기까지는 양쯔 강 유역과 그 남쪽에 많은 사람이 살고 있다는 징후가 눈에 띄지 않았다. 송 왕조(960~1279)에 접어든 후에야 황허 유역과 같은 인구밀도가 양쯔 강 유역과 그 남쪽에도 나타나기 시작했다. 2장에서 살펴본 바와 같이 말라리아, 주혈흡충증, 뎅그열은 중국인이 남부로 진출할 때 가장 큰 걸림돌이었다. 감염증에 대한 사람들의 선천적인 저항력 차이, 종이 다른 종의 모기들 사이의 미묘한 균형, 각종 온혈동물의 분포상황(사람은 모기에게 필요한 피를 공급하는 수많은 온혈동물의 일종일 뿐이다), 병원생물의 독성 정도 같은 요인들이 그런 질병의 발생률과 병세의 경중을 결정했을 것이다. 그러나 중국의 농민이 남부지방에서 어떻게 목숨을 부지하고, 논농사 생활양식이 허용하는 범위 안에서 높은 인구밀도를 달성하게 되었는지는 알 수가 없다. 다만 이런 적응이 이루어진 것은 서기 700년 이후였으며, 양쯔 강 이남에 농민이 완전히 정착하게 된 것은 서기 1100년경부터였다고 짐작된다.

이제 거시기생적 측면에 대해 살펴보자. 960년에 송 왕조가 등장함에 따라 비교적 성공적인 관료제도가 중국의 대부분 지역(북쪽의 변방은 여전히 야만족의 지배하에 있었다)을 관할하게 되었으며, 고급인력을 육성하고 선발하는 대단히 합리적인 제도가 갖춰졌다. 지방관의 압제가 완전히 자취를 감춘 것은 아니었지만, 그 폐해는 송 왕조에 이르러 줄어들었다. 관료계층에 대한 조직적인 감사가 상시 행해져 적어도 노골적인 부패가 판을 칠 여지는 없어졌기 때문이다. 대규모의 인구가 남방으로 진출했다는 사실은 들판에서 땀 흘려 일하는 농민이 먹고사는 데 지장이 없을 정도의 수준에서 지대와 조세가 책정되었음을 입증한다. 물론 늘어난 자식들을 양육하기 위해서는 새로운 토지를 개간할 수 있었어야 한다는 단서가 붙는다.

이처럼 중국은 수세기에 걸쳐 유럽과 비슷한 방식으로 질병을 경험했고, 미시기생과 거시기생 간의 균형을 달성했다는 점에서 적어도 단기적으로는 서구보다 훨씬 성공적이었다. 이 시기 유럽에서는 수많은 기사들로 이루어진 지역의 방어체제가 평화를 보장해주지 않았다. 기사들과 그 주인인 봉건영주들은 툭하면 싸움을 벌였고, 그 결과 농민의 생명과 생산에 막대한 손해를 끼쳤다. 이런 점에서 북쪽과 서쪽에서 호시탐탐 기회를 노리던 호전적인 야만족들의 침입을 계속해서 막아낼 수 있었던 중국의 관료적 행정기구는 분명히 서구보다 한수 위였다. 또한 미시기생 면에서도 중국인의 적응방식이 우월했다고 말할 수 있다. 중국인은 질병에 걸릴 위험이 큰 고온다습한 남쪽으로 진출해 전염병에 적응하는 길을 모색한 반면에, 유럽인은 겨울이 길고 기온이 낮은 북쪽으로 이동함으로써 전염병의 위험에서 벗어나는 길을 택했다.

중국이 미시기생 및 거시기생적 조건의 변화에 성공적으로 적응했다는 사실은 중국의 종교와 문화의 역사에도 반영되어 있다. 845년 이후 면모를 일신한 유교는 불교를 대신해 국교가 되었다. 이는 로마 황제의 칭호를 부활시킨 샤를마뉴 대제(742~814)가 이교신앙을 왕실종교로 부흥시킨 것과 비슷하다. 물론 불교는 이후에도 중국에서 사라지지 않았으며, 주로 농민을 비롯해 교육수준이 낮은 계층에서 받아들여졌다. 그러나 승리자인 유교도 과거 왕실을 매료시켰던 불교의 형이상학적 교의를 수용했다. 그리하여 외래의 질병이 중국인의 혈액에 새로운 항체를 만들었듯이, 공식종교인 유교도 불교의 교리를 접목하게 되었다. 유교에 흡수된 새로운 원리들은 교육수준이 낮은 하층계급에게 여전히 영향력을 행사하고 있던 불교식 구원사상의 흡인력에 맞서는 도덕적·지적 항체였던 셈이다.

한편 일본은 지리적 특성 때문에 다른 나라에서 유행했던 각종 전염병으로부터 격리되어 있었다. 하지만 이런 축복은 현상의 일면일 뿐이다. 섬나라로 고립되어 있는 상황은 인구증가를 부추겼고, 새로운 질병이 바다를 건너 일본열도에 상륙하면 늘어난 사람들 틈에서 무서운 전염병으로 퍼져 나갔다. 일본의 농촌인구는 논농사가 본격화된 17세기 이전까지 중국에 비해 훨씬 적었다. 그리고 아주 최근까지도 일본의 도시는 중국의 도시에 비해 규모가 작았다. 따라서 중국에서는 이미 만성질환이 된 몇 가지 치명적인 주요 질병이 일본에서는 13세기까지 자리를 잡지 못했다. 결과적으로 각종 전염병이 풍토병으로 정착될 정도로 일본의 인구밀도가 높아지기 전까지 600년 동안 일본열도는 심각한 전염병의 침입으로 인한 피해를 계속 겪어야 했다.

일본이 대륙과 처음 접촉한 것은 한반도의 사절단*이 불교를 전하기 위해 일본을 방문했던 서기 552년이라고 기록되어 있다. 이들과 함께 천연두로 여겨지는 미지의 치명적인 질병이 유입되었다.[86] 그 후 한 세대 후인 585년에 다시 같은 전염병이 기승을 부렸는데, 이 무렵이면 552년의 전염병을 통해 획득했던 면역력이 거의 사라졌을 것이다. 698년에 발생한 전염병은 일본 전역에 퍼져 나가면서 그 후 15년 동안이나 지속되었다. 이 병은 735~737년과 763~764년에도 재발했으며,

---

* 백제 성왕 때 일본에 불교를 전해준 노리사치계(怒利斯致契) 일행을 말한다.

26년 후인 790년에는 "30세 이하의 모든 남녀에게 고통을 안겨주었다." 이 질병의 재발을 기록한 자료들은 13세기까지 이어진다. 결국 13세기 중반에 이르러서야 이 병은 소아병이 되어(이 기록이 처음 나타난 것은 1243년이다), 풍토병으로 일본열도에 영구히 안착하게 되었다.[87]

다른 전염병들이 일본에 유입된 시기와 풍토병으로 정착한 시기는 분명치 않다. 808년에 "전 인구의 절반 이상을 죽게 한" 새로운 질병이 나타났다. 중국 해안지방에 페스트로 여겨지는 전염병이 확산된 것이 762~806년 사이였다는 사실로부터 선페스트가 일본에 침입했을 가능성을 상정해볼 수 있지만, 구체적인 임상기록이 없으므로 이는 단순한 추측에 지나지 않는다. 861년부터 862년에 걸쳐 새로운 질병인 '해역'(咳逆)이 열도를 강타했고, 그 후 872년과 920~930년에 재발하여 수많은 희생자를 냈다. 유행성 이하선염(귀밑샘이 부어오르는 특징 때문에 고문헌에서도 쉽게 확인할 수 있다)은 959년에 일본에 나타났고 1029년에 다시 유행했다. 또 994~995년에 또 다른 전염병이 발생해 "주민의 과반수가 죽었다"고 한다. 이 통계가 사실에 가깝다면, 이처럼 높은 치사율은 분명 미지의 전염병이 저항력을 갖추지 못한 집단을 감염시킨 결과였을 것이다. 홍역에 관한 기록도 흥미롭다. 현재 홍역을 지칭할 때 사용되는 전문용어 '마진'(麻疹)과 비슷한 '진질'(疹疾)이 756년의 문헌에 처음 보이는데, 이 병이 심각하고 반복적인 전염병이 된 것은 11세기 이후(1025년, 1077년, 1093~1094년, 1113년, 1127년)였다. 그리고 홍역이 최초로 소아병으로 묘사된 것은 1224년이었는데, 이는 '천연두'가 소아병이 된 시기보다 19년 앞선 것이다.

이상의 기록은 일본열도가 13세기에야 중국이나 그 밖의 문명들이 겪었던 질병의 패턴을 두루 경험하게 되었다는 사실을 보여준다. 하지만 그렇게 되기까지는 600년 이상의 시간이 걸렸으며, 따라서 일본은 인구가 많고 교류가 활발했던 나라들에 비해 전염병으로 더 많이 고생했던 셈이다. 천연두나 홍역 같은 치명적 질병을 토착적인 소아병으로 만들기에 충분할 정도로 일본의 인구가 증가하기까지, 이 두 질병과 그 밖의 질병들이 거의 한 세대를 간격으로 계속 유행함으로써 인구를 감소시켰을 뿐 아니라 경제나 문화의 발전도 심각하게 저해했다.

이와 비슷한 현상이 영국에서도 목격된다. 중세에 영국의 인구는 프랑스·이탈리아·독일에 비해 훨씬 적었는데, 이는 무엇보다도 각종 전염병에 대한 도서주민의 저항력이 약했기 때문일 것이다. 그러나 충분한 연구결과가 나오기 전에는 영국의 질병경험을 유럽 대륙의 경험과 비교할 수 없다. 유럽 대륙에는 찰스 크레이턴의 고전인 『영국 전염병사』에 필적할 만한 책이 없기 때문이다. 크레이턴이 영국에 관해 그렇게 많은 자료를 모을 수 있었던 것은, 유럽 대륙보다 영국에서 전염병이 더 심각한 문제였다는 점을 반영하는 것이라고 볼 수도 있다. 유럽 대륙에는 오래전부터 인구가 많았고 사람들이 질병의 진원지인 도시(처음에는 지중해 연안의 도시)와 끊임없이 접촉했기 때문에, 전염병이 풍토병으로 정착한 시기가 영국보다 빨랐을 것이다.

그렇지만 영국과 일본의 인구밀도가 일정 수준을 넘어서면서 양국은 마침내 전염병의 재앙에서 벗어나게 되었다. 일본은 13세기에 이런 전기를 맞이했다. 영국에서는 14세기 중반에 대재앙을 몰고 왔던 흑사병 탓에 1430년 이후에야 인구가 꾸준히 증가하기 시작했다. 일단 역학적인 임계점을 넘어서자 일본과 영국의 인구는 인접 대륙보다 훨씬 빠른 속도로 증가했다. 일본의 인구변화는 극적인 것이었다. 일본의 연대별 인구는 다음과 같이 추정된다.[88]

연대	인구(단위: 백만)
823년경	3.69
859~922	3.76
990~1080	4.41

| 1185~1333 | 9.75 |

영국의 경우 이와 비슷한 추산이 가능한 곳은 잉글랜드뿐이다.[89]

연대	인구(단위: 백만)
1086	1.1
1348	3.7
1377	2.2
1430	2.1
1603	3.8
1690	4.1

잉글랜드에서는 흑사병으로 인한 인구감소가 뚜렷이 드러난다. 일본의 경우 1080년부터 1333년 사이의 약 250년 동안 인구가 두 배 이상 증가했으며, 잉글랜드에서도 1430년부터 1690년 사이에 이와 비슷한 현상이 벌어졌다.

　이처럼 영국과 일본이 감염증에 뒤늦게 적응한 사실은 두 섬나라의 정치적·군사적 역사와도 밀접한 관련이 있다. 영국제도의 변방에 살던 켈트족의 영토를 정복하려 했던 잉글랜드의 노력은 잘 알려져 있다. 나아가 1337년 이후 프랑스를 정복하려던 잉글랜드의 시도는 급격히 성장한 인구의 힘을 활용하려는 야심만만한 계획이었다. 물론 흑사병이 창궐하면서 잉글랜드의 두 계획은 모두 물거품이 되었다. 영국의 팽창은 16세기 후반 엘리자베스 여왕의 치세에 이르러서야 재개되었다. 일본의 경우 내적으로는 (원주민이던 아이누족을 희생시키며) 열도 전체를, 외적으로는 인접국(고려와 중국)을 대상으로 13세기부터 대단히 신속하고 강도 높은 세력 확장이 추진되었다. 이런 현상을 가능케 한 가장 큰 요인은 일본사회에서 새로운 질병의 균형이 이루어져 막대한 피해를 주던 외래 전염병들이 그다지 위험하지 않은 풍토병으로 탈바꿈했다는 것이다.

불행히도 학술적인 자료가 부족한 탓에 다른 나라에 대해서는 이와 같은 질병의 역사를 재구성할 수 없다. 유럽과 동아시아의 주민들이 서기 1세기부터 1200년 사이에 적응해야 했던 대부분의 새로운 질병은 그에 앞서 인도나 서아시아에서 진화했을 가능성이 크다. 적어도 페스트는 인도양의 항로를 통해 동서로 확산된 것이 분명해 보인다. 그리고 로마 제국과 중국을 강타했던 발진과 열병은 아마도 서아시아 지역으로부터 육로를 통해 들어왔을 것이다.

페스트는 비슷한 시기에 로마뿐 아니라 메소포타미아와 이란도 습격했으며,[90] 서아시아 지역도 지중해 세계 못지않게 큰 피해를 보았을 것이다. 관개수로의 유지에는 1년 내내 막대한 노동력이 필요했으므로, 메소포타미아의 인구가 감소하게 되면서 과거에 사용했던 수로도 버려졌을 것이다. 최근의 조사에 따르면 아라비아가 침공한 651년 직전까지 몇 세대에 걸쳐 수로가 폐기되었으며, 이 현상은 아라비아의 정복 이후에도 계속되었다.[91] 이슬람 침략자들이 관개시설을 파괴했다고 생각할 만한 근거는 없다. 아라비아인은 관개시설의 중요성을 익히 알고 있었으며, 관개시설을 파괴함으로써 잠재적인 납세자들을 곤경에 빠뜨릴 까닭이 없었다. 메소포타미아의 인구균형을 무너뜨린 주범은 따로 있었을 것이다. 염분 제거나 다른 기술상의 문제로 인해 관개시설을 버렸을지도 모르지만, 거듭해서 페스트가 기승을 부린 결과 메소포타미아의 인구가 격감했고 이에 따라 수로가 폐기되었으며 결국 7세기에 아라비아에 정복당했다고 보는 것이 훨씬 타당한 설명이다.

인도에 천연두의 신상(神像)을 모시는 신전이 있다는 것은 아득한 옛날부터 천연두(또는 그것과 아주 비슷한 질병)가 힌두교도에게 매우 큰 의미가 있었다는 사실을 말해준다. 안타깝게도 기록이 남아 있지 때문에 1200년 전까지 인도에서 어떤 전염병이 유행했는지는 설명할 길이 없다.

＊　　＊　　＊

　천연두와 홍역은 특히 감염을 경험한 적이 없는 주민들에게 무서운 결과를 초래했고 페스트는 발생할 때마다 참화를 일으켰기 때문에, 이 세 전염병은 갑자기 대규모의 인구를 몰살시킨 사건들의 주범으로서 문헌기록의 대부분을 차지하고 있다. 그러나 사람들의 교류형태가 변화하면서 이런 질병뿐 아니라 다른 질병들도 종래의 경계에서 벗어나 새로운 지역으로 확산되었다. 오늘날 의학자들이 나병이라 부르는 질병의 경우도 마찬가지였다. 1만 8,000구 이상의 유골을 특별히 조사한 결과 이집트·프랑스·영국에서 발견된 6세기 이전의 유골에서는 나병의 흔적을 찾을 수 없었다.[92] 물론 구약성서에서 나병이라 지칭된 피부질환들은 그보다 오래전부터 존재했을 것이다. 유럽에서는 4세기부터 나병환자를 위한 특수시설이 만들어졌다는 기록이 있지만,[93] 이것이 곧 새로운 질병의 도래를 입증한다고 해석하기는 어렵다. 그것은 아마 로마 제국이 그리스도교로 개종하면서 피부가 심하게 훼손된 환자들의 치료에 관한 성서의 권고를 진지하게 받아들인 결과였을 것이다.

　그 밖의 질병들도 기원 이후 수세기에 걸쳐 새로운 지역으로 확산되었을 것이다. 그 중에서도 결핵, 디프테리아, 인플루엔자, 다양한 형태의 이질 등은 천연두, 홍역, 페스트에 못지않게 인구동태에 영향을 미쳤을 것이다. 게다가 예전까지 맹위를 떨치던 토착질병들이 새로 침입한 여러 감염증과의 경쟁에서 밀려 소멸되기도 했다. 다음 장에서 구체적으로 설명하겠지만, 새롭고 치명적인 전염병들이 유럽에 들어오면서 그런 현상이 나타났다고 믿을 만한 증거가 있다.

　모든 지역에서 감염의 양상이 동일했던 것은 아니다. 하지만 기후나 생태적 요인들로 인한 무수한 지역적 변이에도 불구하고, 서기 1세기 이후 개시된 정기적인 교역의 부산물로 구세계의 문명권 내에는 상당히 균질적인 질병상생지가 형성되었다. 10세기까지 유럽과 중국에서는 감염 패턴의 균질화에 따른 생물학적 적응이 충분히 이루어졌고, 결과적으로 이 두 문명권에서는 다시 인구가 증가하기 시작했다. 그리하여 중국과 유럽은 서아시아나 인도에 비해 상대적으로 강성해졌다. 10세기 이후의 세계사는 이런 사실을 중심으로 서술할 수 있다.

또한 아시아와 동서아프리카의 곳곳에 살고 있던 변방민족들도 오래된 문명권을 중심으로 짜여 있던 질병의 순환권에 조금씩 발을 들여놓기 시작했다. 이슬람 및 그리스도교 무역상과 선교사들은 멀리 유라시아의 스텝지대와 북쪽의 삼림지대까지 진출했다. 또 다른 문명의 개척자들은 아프리카에 침투했다. 이들은 가는 곳마다 문명 특유의 다양한 질병을 전파할 가능성을 지니고 있었으며, 원주민들은 적어도 한 세대 또는 한 세기에 한 번쯤은 그런 질병에 노출되었을 것이다.

고립되어 살아가던 주민들이 전염병 때문에 떼죽음을 당하는 일은 자주 일어났을 것이다. 살아남은 민족들 중에서 특히 스텝지대의 주민들은 북서유럽의 주민에 못지않게 새로운 역학적 패턴에 빠르게 적응해 나갔다. 이렇게 말하는 것은 아시아나 유럽의 문명지대에 침입한 투르크족이나 다른 유목민족들이 전염병의 피해를 크게 받지 않았던 것으로 보이기 때문이다. 만약 스텝지대에서 문명 특유의 다양한 질병을 전혀 경험하지 않았다면, 이 침입자들은 전염병 때문에 곧 죽어버렸을 것이다.

투르크족과 몽골족이 서기 1000년을 전후해 광활한 영토를 정복하고 이민족을 침략할 수 있었던 것은, 이들이 문명 특유의 질병에 대해 주요 문명의 중심지에서나 볼 수 있는 수준의 면역력을 획득하고 유지했기 때문이라고 볼 수 있다. 초원지대에서 성행했던 교역 패턴이나 정치조직에 대한 각종 정보는 이런 추론을 뒷받침한다. 빈번하게 장거리를 이동하고 급습 또는 사냥(몽골의 연례행사였다)을 위해 때때로 많은 사람이 모이다 보면, 유목민들 사이에서 각종 전염병이 교환되고 확산되었을 것이며, 중국의 기록이 보여주듯이 기동력이 떨어지는 문명화된 집단에 전염병을 옮기기도 했을 것이다.

유라시아의 스텝지대를 오갔던 이슬람 무역상과 선교사들은 아프리카 오지에도 진출했다. 이들 역시 신종 전염병을 전파했겠지만, 아프리카의 곳곳에는 특유의 질병들이 도사리고 있어서 지구상의 어떤 지역보다도 외부인이 침입하기 어려웠다. 따라서 문명이 침투하는 데 한계가 있었으며, 아마 아프리카 대륙은 아시아의 스텝지대에 비해 문명세계의 질병에 완전히 노출되지는 않았을 것이다. 한편 1500년부터 신세계로 끌려왔던 아프리카의 노예들이 유럽의 질병을 접한 후에도 그리 많이 죽지 않았다는 사실로 미루어, 이들은 적어도 1200년 이후 아프리카에서 문명 특유의 소아병들을 경험한 적이 있었음에 틀림없다.

이와 대조적으로 신대륙에서는 기원후 1천년기 동안 유라시아 대륙의 주민들이 겪었던 것과 같은 역학적 경험이 전혀 없었다. 인구가 증가하고 멕시코와 페루에 문명의 중심지가 출현하면서 아메리카 대륙에는 수많은 공동체가 생겨났는데, 이들은 구대륙의 질병에 매우 취약했다. 1200년 이후 문명화되기 시작한 아메리카 대륙의 원주민은 기원 초에 지중해와 극동의 주민들이 그랬듯이 전염병 때문에 많이 희생되었다. 아메리카의 숙명적인 비극을 탐구하기에 앞서, 14세기의 흑사병을 중심으로 유라시아 대륙에서 일어난 두 번째 역학적 격변에 대해 검토해보기로 하자.

4 몽골 제국의 발흥과 질병 균형의 격변: 1200~1500년

　3장에서 재구성한 구세계의 질병사가 대체로 정확하다면, 유라시아의 문명화된 공동체들이 지리적 거리를 극복하고 항상적으로 교류하면서 시작된 역학적 적응은 서기 900년경 비교적 안정된 패턴에 접어들었다고 결론지을 수 있다. 다시 말해 이 시기에 이르면 유라시아와 아프리카의 여러 곳에서 따로 발전해왔던 다양한 전염병이 합류하여 뒤섞이게 되는데, 이런 전염병에 사람들이 적응하게 되었다. 지구상에서 일정 수준 이상의 인구가 정착해 살고 있는 지역은 사람에서 사람으로 감염되는 주요 전염병들을 체험하게 되었던 것이다. 물론 그때까지도 많은 지역에서는 병에 걸리기 쉬운 연령층이 축적된 경우에만 일정한 간격을 두고 그러한 질병들이 유행할 수 있었다.

　그러나 두 가지 구조적인 불안요인이 남아 있었다. 하나는 서기 900년경이 되면 중국인과 유럽인이 오래된 역학적·기술적 난관을 타파함으로써 극동과 서유럽의 인구가 꾸준히 성장하게 되었다는 것이다. 이런 인구증가는 결국 구세계의 거시기생의 균형에 현저한 영향을 미쳐, 이후에는 중국과 서유럽이 군사적·경제적·문화적 문제를 좌지우지하게 되었다. 유라시아 세계의 균형 속에서 900년부터 1200년 사이에 대두된 또 하나의 구조적 불안요인은 해로와 육로를 통한 교류 패턴에 불어 닥친 변화의 물결이었다.

기존의 거시기생 및 미시기생 패턴에 뚜렷한 영향을 준 최초의 변화는 아시아 대륙을 횡단하는 대상교역로의 확장으로, 육로를 통한 대상교역은 칭기즈칸(1162~1227)이 창건한 몽골 제국의 지배하에서 절정에 달했다. 몽골 제국은 전성기(1279~1350)에 중국 전역과 러시아의 대부분(변방의 노브고로트만 독립상태를 유지했다)은 물론 중앙아시아, 이란, 이라크에까지 세력을 확장했다. 하루에 160km씩 몇 주일 동안 달릴 수 있는 파발꾼과, 그보다는 느리지만 먼 거리를 왕래하는 대상 및 군대로 이루어진 광범위한 교역망은 1350년대까지 제국의 영토를 빈틈없이 연결시켰다. 그 후 중국에서 한족(漢族)의 반란이 일어나 1368년 몽골족은 풍요로운 점령지에서 완전히 추방되었다.

그런데 몽골 제국이 멸망하기 전까지 수많은 사람이 유라시아 대륙을 오갔지만, 여기에 대한 문서기록은 거의 남아 있지 않다. 예를 들어 마르코 폴로의 유명한 여행기도 우연히 세상에 모습을 드러내게 된 것이었다. 그가 전쟁포로가 되어 제노바의 감옥에 갇혀 있을 때 동료 죄수 한 명이 그의 이야기를 가치 있는 것으로 판단해 기록해두지 않았다면, 마르코 폴로라는 인물이 존재했다는 사실 자체가 알려지지 않았을 것이다. 다른 기록들도 몽골 제국의 치하에서 유라시아 대륙 내의 교류가 빈번해졌다는 사실을 이따금 전해줄 뿐이다. 이를테면 플랑드르 출신의 가톨릭 수사였던 루브루크의 빌렘이 1254년 프랑스 왕의 사절로 몽골의 수도 카라코룸에 갔을 때 동향 출신의 여성을 만났는데, 그녀의 사연인즉슨 14년 전 몽골군이 중부 유럽을 침략했을 때 붙잡혀 왔다는 것이었다.[1]

몽골 제국 지배하에서 교통의 발전은 또 하나의 중요한 결과를 초래했다. 단지 수많은 사람이 문화적·역학적 경계를 벗어나 먼 거리를 여행하게 되었을 뿐 아니라, 과거에는 별로 왕래가 없었던 북쪽의 통로를 집중적으로 이용하게 되었다는 것이다. 중국과 시리아를 연결하는 고대의 실크로드는 오아시스에서 오아시스로 이동하며 중앙아시아의 사막을 횡단하는 것이었다. 당시의 대상, 병사, 파발꾼들은 이 오래된 교역로 외에 북쪽의 넓은 초원지대를 가로지르는 새로운 교역로를 개척했다. 이렇게 해서 만들어진 광범위한 교통망을 통해 카라코룸에 있는 몽골의 총사령부는 볼가 강 유역의 카잔과 아스트라한, 크림 반도의 카파*와 중국의 칸발리크†뿐 아니라 그 사이사이에 위치한 수많은 대상기지와 연결되었다.

대상들의 교역망이 북쪽으로 올라간 것은 역학적인 관점에서 매우 중요한 사태를 초래했다. 사람들의 왕래가 빈번해지자 스텝지대의 야생 설치류가 새로운 질병 보균생물들과 접촉하게 되었는데, 그 새로운 질병 중에는 선페스트도 있었을 것이다. 그 후 오랜 기간에 걸쳐 이들 설치류 중 일부는 만성적으로 페스트균에 감염되었을 것이다. 설치류가 파놓은 땅굴은 시베리아나 만주의 혹한에도 불구하고 페스트 병원균이 사시사철 살아남을 수 있는 국지기후(局地氣候)를 조성해주었다. 그런 땅굴에서는 동물과 곤충이 복합적 공동체를 이루어 존속했기 때문에 페스트 감염이 영구적으로 지속되는 것이 가능했고 실제로도 그랬다.

유라시아 스텝지대의 혈거성 설치류가 언제부터 페스트균 보균생물이 되었는지는 단언할 수 없다. 이들 설치류가 선페스트균을 지니고 있다는 사실은 만주에서 발생한 페스트를 조사하기 위해 파견된 국제 역학조사단의 활동(1921~1924)을 통해 밝혀졌다. 역학조사단의 탐구는 1890년대에 남부 러시아의 돈-볼가 강 유역을 연구해 다양한 설치류가 페스트 보균생물이라는 사실을 발견했던 기존의 성과에 바탕을

---

* 우크라이나 크림 주에 있는 도시 페오도시야의 옛 명칭. 카파는 원래 13세기에 들어선 제노바 교역소의 이름이었다.
† 원나라의 수도로 대도(大都)라고도 하며, 지금의 베이징을 말한다.

둔 것이었다. 당시로서도 감염의 패턴은 오래된 것이었고, 페스트의 위험에 대처하기 위한 지역적 관습 역시 오래전부터 존재해왔다. 그렇다고 해서 러시아 학자들이 주장하듯이 페스트가 역사시대 이전부터 자리 잡고 있었다고 보기는 어렵다.[2] 오히려 나는 몽골 제국의 등장으로 과거에는 고립되어 있던 지역들 사이에 왕래가 잦아지면서 유라시아 스텝지대의 설치류가 페스트균에 처음 노출되었다고 생각한다.

이런 가설을 평가하기 위해 이 장에서 다루는 연대기적 순서에서 벗어나 19~20세기에 발생한 페스트의 유행을 좀더 면밀히 검토하고자 한다. 국제적인 의학자들이 협력하여 페스트 발생을 억제한 것은 근대 의학의 값진 승리였다.

이야기는 중국 내륙 깊숙한 오지에서 시작된다. 이미 지적한 바와 같이 페스트는 기원 초기에, 어쩌면 그보다 전에 이미 중국과 인도의 국경지대에 가까운 히말라야 지방에 정착해 있었을 것이다. 19세기 초에 살윈 강 상류는 페스트에 감염된 지역과 감염되지 않은 지역을 나누는 경계였다. 그런데 1855년 윈난(雲南)에서 군사반란이 일어나자, 중국군은 이를 진압하기 위해 살윈 강을 건너야 했다. 페스트에 감염된 경험이 전혀 없던 중국군은 쉽게 병에 걸렸고, 다시 살윈 강을 건너 돌아와서는 중국 곳곳에 페스트를 퍼뜨렸다. 이후 중국의 내륙 각지에서는 페스트가 계속 발생했지만 외부세계의 관심을 거의 끌지 못했다. 그러다가 1894년에 광저우와 홍콩에서 페스트가 발생하자 이들 항구에 살던 유럽인은 공포에 휩싸였다.[3]

1894년만 해도 세균학은 걸음마 단계에 머물러 있었다. 당시까지 유럽인의 뇌리에 생생히 남아 있던 페스트의 재발소식을 접한 파스퇴르와 코흐의 제자들은 페스트 전염의 신비를 풀기로 작정했다. 국제조사단이 현장에 급파되었고, 몇 주일 만에 일본 세균학자[기타사토 시바사부로(北里柴三郞)]와 프랑스 세균학자[알렉상드르 예르생]가 각각 페스트의 간균(杆菌)*을 발견했다. 그 후 10년에 걸쳐 홍콩·봄베이·시드니·샌프란시스코·부에노스아이레스 등지에서 활약한 국제조사단들의 작업을 통해 이 병원균이 설치류로부터 벼룩을 통해 사람에게 옮겨진다는 구체적인 감염경로가 확인되었다.

페스트에 대한 국제적인 관심이 높았던 것은 그 무서운 질병이 홍콩에 출현한 후 10년 동안 세계 각지의 주요 항구에서 발생했기 때문이다. 대부분의 지역에서는 페스트를 조기에 제압할 수 있었으나, 인도에서는 그 병이 내륙까지 파고들어 1898년 봄베이에서 처음 발생한 지 10년 만에 600만 명가량의 목숨을 앗아갔다.[4] 각지에서 소규모로 재발하던 페스트가 유럽과 아메리카, 아프리카의 주민들에게 번지면 크나큰 재앙이 닥칠 것이 자명했기 때문에 모든 위험지역에서는 연구에 박차를 가했다.

그 결과 캘리포니아·남아프리카·아르헨티나에서 혈거성 야생 설치류 집단이 사람보다 쉽게 페스트균을 받아들인다는 대단히 중요한 사실이 밝혀졌다. 1900년에는 캘리포니아의 땅다람쥐가 페스트에 감염되었다는 사실이 처음 보고되었고, 같은 해에는 샌프란시스코의 중국인 거주구역에 소규모의 페스트가 발생했다. 사람들을 감염시킨 페스트는 금세 소멸되었지만 땅다람쥐 사이에서는 페스트균이 증식했으며, 이 현상은 오늘날에도 계속되고 있다. 그 후 채 10년도 지나지 않아 남아프리카의 더반과 아르헨티나의 부에노스아이레스에서는 사람들에게 페스트가 유행했는데, 그 직후에 두 항구도시의 외곽에 서식하던 설치류도 페스트균에 감염된 사실이 드러났다.

야생 설치류의 종이 지역에 따라 다르다거나 방금 언급한 지역의 설치류 집단이 아시아의 설치류 무리와 다르다는 사실은 별 의미가 없

---

* 바실루스(bacillus). 막대 모양으로 생긴 분열균, 결핵균, 대장균, 디프테리아균, 백일해균, 페스트균 따위가 있다.

다. 지역적인 구성비가 어떻든 설치류가 파놓은 굴은 페스트균에게 좋은 환경을 제공하기 때문이다. 실제로 샌프란시스코 교외에서 처음 페스트균이 관찰된 후 해마다 북아메리카의 페스트 감염지역은 확대되었다. 그 결과 1975년에 이르자 페스트 감염지대는 미국 서부의 대부분 지역은 물론 캐나다와 멕시코까지 확장되었다. 사실 이렇게 넓은 감염지역은 구세계에서 오랫동안 페스트의 진원지 노릇을 해왔던 그 어떤 지역에도 뒤지지 않는 것이다.[5]

북아메리카에서 페스트 감염이 지리적으로 확대된 것은 어떤 의미에서는 자연스러운 것이라고 말할 수 있다. 땅에 굴을 파고 사는 설치류의 생활양식이 한 지하'도시'로부터 다른 지하'도시'로 페스트를 전파할 수 있는 좋은 여건을 만들기 때문이다. 설치류는 어느 정도 성장하고 나면 자신이 태어난 땅굴에서 쫓겨나 새로운 가정을 꾸리기 위해 가까운 곳에 굴을 판다. 그 중 일부는 자신의 무리를 완전히 버리고 들판을 헤매다가 몇 킬로미터씩 떠나기도 한다. 그러다가 적당한 설치류 집단을 발견하면 이들에 합류한다. 이런 생활양식은 유전자를 교환하는 데 매우 효과적인 방식이며, 이런 유전적 교환이 종의 진화를 초래한다는 것은 잘 알려져 있다. 그런 생활양식은 해마다 한 설치류 무리에서 15~30km나 떨어져 있는 다른 설치류 무리로 감염증이 확산되는 계기가 되기도 한다. 북아메리카의 야생 설치류 사이에 페스트가 만연하게 된 데에는 인간의 활동도 한몫했다. 목장주들은 소가 뜯어 먹을 귀중한 목초를 훼손하는 프레리도그* 무리를 감염시켜 그 수를 줄여볼 요량으로 병든 설치류를 트럭으로 수백 킬로미터씩 운송해왔다. 그러나 이런 행위가 어느 정도 영향을 준 것은 사실이지만, 북아메리카의 페스트 확산이 인위적인 힘에 의해 좌우된 것은 아니었다. 1940년에

---

* prairie dog. 북아메리카의 초원지대에 사는 5종의 설치류. 우는 소리가 개와 비슷하다.

이르자 미국에서는 설치류 34종이 페스트균을 보유하게 되었으며, 35종의 벼룩도 보균생물이 되었다.[6)]

1900년 이후 북아메리카와 아르헨티나, 남아프리카에서는 산발적이긴 하지만 계속해서 페스트가 발생했다. 1940년대에 항생물질이 개발되어 제때에 적절한 처방만 하면 간단하고 확실히 병을 치료할 수 있게 되기 전까지, 페스트 감염자들의 치사율은 60% 정도를 유지하고 있었다. 그러나 목동들을 비롯해서 20세기 아메리카와 남아프리카의 반건조지대에 살던 사람들은 페스트균이 우글거리는 설치류 및 벼룩의 무리를 효과적으로 차단할 수 있는 나름의 생활습관을 만들어냈다. 이에 따라 세계 각지의 새로운 감염지역에서 인간에게 페스트가 발생하는 경우는 거의 없어졌고, 페스트는 자연히 사람들의 관심에서 멀어졌다. 여기에는 자신의 관할구역에 그토록 무서운 전염병이 존재한다는 사실을 되도록이면 감추려 했던 각 지역 관계당국의 속셈도 작용했다.

하지만 1911년에 만주에서 대규모의 페스트가 새로 발생했고, 1921년에 재발했다. 그러자 이 전염병의 확산을 막기 위한 국제조사단이 신속하게 조직되었다. 조사원들은 이 페스트가 마멋으로부터 옮은 것이라는 사실을 밝혀냈다. 마멋은 굴을 파고 사는 대형 설치류로, 그 털은 국제 모피시장에서 비싼 값에 팔리고 있었다. 근래에 감염된 북아메리카의 땅다람쥐나 다른 설치류와 마찬가지로 마멋도 때때로 페스트균을 보유하고 있었던 것이다.

이 동물의 서식처인 스텝지대의 유목민 부족들은 마멋으로부터 페스트에 감염되는 것을 방지하기 위해 다소 신비스럽긴 하지만 나름의 근거가 있는 역학적 규정을 지키고 있었다. 이들은 덫을 놓아 마멋을 잡는 것을 금기시했고 반드시 사살하는 것을 원칙으로 삼았다. 또한 행동이 민첩하지 못한 마멋은 건드리지 않았고, 마멋 집단에 병이 생긴 것 같으면 불행을 피하기 위해 천막을 걷고 다른 곳으로 이동하는 습관을 가지고 있었다. 이처럼 관습화된 처방은 사람들이 페스트에 감염될 가능성을 낮춰주었을 것이다.

그러나 1911년 만주족이 세운 청나라가 붕괴위기에 몰리면서 오랫동안 한족의 만주 이주를 금지해왔던 규제가 유명무실해졌다. 이에 따라 만주지역으로 몰려든 한족 이주자들은 너나없이 모피를 구하기 위해 마멋 사냥에 나섰다. 만주지역의 실정이나 전통을 알 리 없는 이들은 덫을 이용해 병든 마멋이건 건강한 마멋이건 닥치는 대로 잡았다. 그 결과 이들 사이에 페스트가 발생했고, 이 질병은 만주의 신흥 중심도시로 급부상한 하얼빈으로부터 새로 건설된 철도를 따라 사방으로 퍼졌다.[7]

페스트를 제압하기 위한 최상의 방책을 모색하고 있던 전문 의료진들은 1894년부터 1921년까지 연속적으로 발생한 사건들의 진행과정을 예의 주시했다. 이들은 페스트가 새로운 지역의 주민들에게 침입하는 전파경로를 밝혀내는 데 상당한 진통을 겪기도 했다. 만약 이런 조사연구를 통해 효과적인 예방책이 개발되지 않았다면, 페스트는 20세기 초반에 전 지구를 뒤덮었을 것이며, 그로 인한 사망자수는 유스티니아누스 대제 시대나 유럽 및 대부분의 구세계에서 흑사병이 창궐했던 14세기의 기록을 압도했을 것이다.

인류가 19세기와 20세기에 경험한 페스트에 대해 지금까지 밝혀진 것 가운데 다음과 같은 세 가지 사항이 눈길을 끈다.

첫째, 1870년대 이후 급속히 발달한 기선(汽船)의 항로망은 지구 전체에 페스트를 전파하는 매체였다. 실제로 광저우와 홍콩에서 페스트가 발생한 후 다른 항구로 전파된 속도는 감염된 쥐와 벼룩을 가득 실은 기선의 속도에 비례했다. 기선의 속도는 항구와 항구를 잇는 감염사슬이 유지되는 데 결정적인 역할을 했다. 페스트균의 침투로부터 살아남으면 면역력이 생기기 때문에, 한 배에 타고 있는 쥐나 벼룩, 사람들 가운데 감수성 있는 숙주들은 몇 주 내에 씨가 마를 것이다. 돛단배에 의존하던 시절에 페스트가 배 안에서 감염의 사슬을 유지하기에는 한마디로 바다가 너무 넓었다. 따라서 페스트균이 항구마다 보금자리를 마련하고 아메리카나 남아프리카의 설치류를 기다린다는 것은 불가능했다. 그러나 오랫동안 감염이 순환될 수 있을 만큼 많은 수의 쥐를 한꺼번에 실은 큰 규모의 기선들이 빠른 속도로 이동하게 되자, 바다는 더 이상 전염병의 침투를 가로막는 장벽이 아니었다.

둘째, 페스트에 감염된 배에 서식하는 쥐와 그것에 기생하는 벼룩은 세계 각지의 항구에서 인간숙주에게 페스트균을 옮겼을 뿐 아니라, 지구상 곳곳의 반건조지대에 생식하던 야생 설치류에게도 균을 전파했다. 캘리포니아, 아르헨티나, 남아프리카에는 페스트균의 숙주가 될 수 있는 야생 설치류가 오래전부터 존재해왔다. 장애물(이 경우에는 바다)을 넘어 이미 많은 수의 설치류가 살고 있는 지역으로 페스트균을 전파할 수만 있다면, 자연계에 페스트의 새로운 진원지를 만들어낼 수 있었다. 설치류는 지역에 따라 생활양식도 다르고 그 종류도 다양했지만, 페스트에 걸리기 쉬울뿐더러 감염의 사슬을 무기한 유지할 수 있는 것으로 드러났다.

인류에게 중대한 의미를 갖는 감염증이 누구도 의도하지 않았는데 그토록 먼 거리를 이동한 사건은, 의학자들이 그런 현상을 관찰할 수 있는 능력을 갖게 된 이후 처음 발생한 것이었다. 그렇다고 해서 이전에는 그와 비슷한 돌발적인 질병의 전파가 없었다고 단언할 수는 없다. 오히려 19세기와 20세기에 걸친 페스트 병원균의 역사는 그러한 이동의 모델이자 전형적인 패턴을 제시하는 것으로, 병의 전파를 가로막던 장벽이 제거되면 감염증이 순식간에 새로운 지역에 침투한다는 사실을 입증한다. 19~20세기에 페스트균이 올린 개가는 일면 돌발적이고 경이롭게 보일지언정, 실은 정상적인 생물학적 현상에 속하는 것이다. 인간이든 다른 생물이든 모든 유기체는 새로운 생태적 적소를 재빨리 점령해서 자신의 종을 번식하려는 습성을 갖고 있기 때문이다.

셋째, 윈난이나 만주처럼 페스트균을 보유한 설치류가 서식하던 지역에서는 주민들이 오랫동안 지켜온 독특한 관습들이 페스트 감염을 효과적으로 막아주었다. 외부에서 들어온 사람들이 지방 고유의 '미신적 관습'을 따르지 않았을 경우에만 페스트가 사람에게 옮았다. 더욱이 두 지역에서는 역학적 지식이 없는 이방인의 침입이 군사적·정치적 봉기와 연결되어 전염병의 참화를 유발하는 사태가 종종 벌어졌다.

전통적 관습이라는 방역수단이 윈난이나 만주에서 확실히 효과적이었다는 것을 생각하면, 1898년부터 1924년까지 성공적으로 개발된 의학적인 방역조치도 과거에 비해 훨씬 빠르고 효과적이긴 했지만 전염병 유행이라는 위급한 사태에 인간이 반응한 지극히 정상적인 대응책에 지나지 않았다는 것을 알 수 있다. 그때까지 시행착오를 거듭하면서 신화나 관습에 의존해 전염병의 피해를 줄일 수 있는 적절한 행동양식을 결정해왔던 인류는 마침내 과학적인 의학을 통해 새로운 행동규범을 고안해내기에 이르렀고, 전세계적인 정치구도 안에서 작동하는 국제적인 격리검역체제를 채택함으로써 모든 사람이 새로 규정된 행동양식에 따를 것을 요구하게 되었다. 이런 관점에서 파악하면 20세기 의학과 공중보건행정의 눈부신 성과도 마냥 신기한 것만은 아니다. 물론 선페스트와 관련된 20세기의 의학적 발견은 과거에 관습을 통해 그 병을 억제하던 것과는 비교할 수도 없을 정도로 효과적인 처방을 제시해준다. 이제 의사들과 보건요원들은 전세계적인 인구성장 추세(과거와는 사뭇 다른 우리 시대의 특징)를 방해하거나 역전시킬 수도 있는 전염병을 사실상 예방할 수 있게 되었다.[8]

이처럼 근대에 세심하게 관찰된 사례를 염두에 두고, 13세기로 되돌아가 몽골 제국이 창출했던 인구이동의 새로운 패턴이 유라시아 대륙의 페스트균 분포에 어떤 영향을 미쳤는지 알아보기로 하자. 몽골 제국의 정복에 앞서 페스트는 이미 하나 이상의 설치류 집단에서 틀림없이 풍토병으로 정착되었을 것이다. 그런 지역에 살던 사람들은 감염기회를 최소화할 수 있는 관습적인 행동양식을 만들어냈다. 3장에서 지적했듯이 페스트균의 진원지는 히말라야의 산록에 위치한 인도·중국·버마의 국경지대나 중앙아프리카의 대호수지대에 존재했을 것이다. 하지만 만주와 우크라이나 사이에 펼쳐진 유라시아의 스텝지대는 13세기 이전까지는 페스트의 진원지가 아니었을 가능성이 크다.

이런 사실을 확인하려면 유스티니아누스 대제 시대에 페스트가 처음으로 유럽에 재난을 불러온 이후의 역사와 1346년 흑사병이 도래한 후의 상황을 비교해보면 된다. 유스티니아누스 시대의 페스트는 결국 그리스도교가 지배하던 유럽에서 완전히 자취를 감추었다. 그리스도교 사료에서 페스트가 마지막으로 언급된 것은 767년이다.[9] 아랍 세계의 저자들도 1340년대에 이르기 전 적어도 150년 동안은 페스트에 관해 전혀 언급하지 않았다.[10] 그러므로 지중해 일대에서 여러 도시를 전전하며 쥐, 벼룩, 사람 사이에서 겨우 명맥을 유지하던 페스트의 감염사슬이 끊어진 것은, 페스트균이 영원히 머무를 수 있는 안정적이고 지속적인 생태적 적소를 찾아내는 데 실패했기 때문이라고 보면 된다.

이와 대조적으로 1346년 이후 유럽과 서아시아에서는 페스트가 완전히 자리를 잡고 오늘날까지 계속되고 있다.[11] 비록 17세기 이후 북서유럽은 페스트의 고통에서 벗어났지만, 동유럽은 계속해서 페스트에 노출되었다. 소아시아의 항구도시 스미르나(터키 서부에 위치한 이즈미르의 옛 이름)에서 발생했던 페스트의 역사를 생생히 보여주는 영사관 보고서에 따르면, 18세기에 들어서도 내륙(아나톨리아 고원이나 그 너머에 있는 스텝지대)으로부터 대상들을 통해 전해진 페스트가 항구도시 스미르나에서 바다를 통해 다른 항구들로 전파되었음이 분명하다. 스미르나에서 1713년부터 1792년 사이에 페스트의 영향을 전혀 받지 않았던 기간은 20년에 지나지 않으며 전염병이 아홉 번이나 유행해 사망자수가 도시 총인구의 35%에 이르렀다는 사실로 미루어, 치명적인 페스트 감염이 계속되었음을 알 수 있다.[12]

1346년 이전의 550년 동안 유럽에서 자취를 감추었던 페스트가 1346년 이후 계속해서 발생했다는 것은 유럽을 페스트 감염에 노출시킨 어떤 결정적인 계기가 있었음을 시사한다. 페스트균은 19세기에 기선의 출현으로 마련된 기회를 놓치지 않고 활동반경을 넓혔듯이, 14세기에도 비슷한 방식으로 유라시아의 초원에 살고 있던 설치류에 침입함으로써 페스트가 풍토병으로 정착할 수 있는 길을 열었을 것이다. 1920년대에 의학자들이 만주와 우크라이나의 혈거성 설치류에서 발견했던 페스트 감염은 그렇게 시작되었을 것이다.

페스트균이 히말라야 산록지대에서 유라시아 북부의 광대한 초원지대로 이동할 수 있었던 정황은 어렵지 않게 파악할 수 있다. 13세기 후반에(1252~1253년부터) 몽골 기병대는 윈난과 버마를 침공함으로써 오늘날까지 야생 설치류가 페스트균의 숙주노릇을 하고 있는 지역에 발을 들여놓았다. 이들 지역은 몽골군이 도착하기 전에도 수세기 동안 비슷한 질병에 감염되어 있었을 것이다. 1855년 이례적인 군대의 이동을 통해 페스트균이 살윈 강을 넘어 세계 곳곳에 침투했듯이, 13세기에도 몽골의 침략자들은 페스트 감염을 막기 위한 지방 특유의 규제나 관습을 무시했을 가능성이 크다. 몽골인은 20세기 초에 마멋을 사냥하던 한족처럼 질병에 감염되었을 것이며, 부지불식간에 기존의 지리적 경계를 넘어 질병을 전파하는 데 한몫했을 것이다.

기마병의 이동속도를 감안할 때 13세기의 페스트는 19세기나 20세기에 못지않게 빠른 속도로 넓은 지역에 확산되었을 것이다. 감염된 쥐와 벼룩은 식량이나 전리품이 들어 있던 보따리에 숨어들어 신속하게 이동하는 몽골 파견대를 따라 질병의 전파를 가로막던 강이나 그 밖의 장애물을 쉽게 통과할 수 있었다. 따라서 윈난 성과 버마를 침략했던 1252년 이후 몽골군은 자신들도 모르는 사이에 고향인 초원지대의 설치류에 페스트균을 전파했으며, 이에 따라 오늘날 만주지역에서 흔히 발견되는 만성적인 감염 패턴이 시작되었다고 보는 것이 터무니없는 상상만은 아닐 것이다.

물론 이런 지리적 이동이 언제 어떻게 이루어졌는지 정확히 알 수는 없다. 이는 캘리포니아나 아르헨티나의 야생 설치류에 어떻게 페스트균이 전파되었는지 밝히기 어려운 것과 마찬가지이다. 다만 19~20세기에 발생한 사건들을 토대로 유추해볼 때, 스텝지대의 땅속에 살던 설치류가 감염되기 시작한 것은 13세기 중반에 몽골 정복자들이 윈난-버마와 몽골 사이를 오가는 기마부대를 편성한 직후라고 가정할 수 있다. 하지만 몽골 지역의 감염이 전 스텝지대로 퍼져 나가는 데는 어느 정도 시간이 걸렸다. 따라서 페스트균은 1900년 이후 북아메리카에서 일어났던 사례와 마찬가지로, 거의 100년에 걸쳐 유라시아의 대초원을 가로지르며 하나의 설치류 집단에서 다른 집단으로 옮아가는 식으로 전파되었을 것이라 상상된다.

이에 입각해 몽골군이 윈난과 버마에서 귀환한 1253년 직후 페스트균이 몽골의 야생 설치류 집단에 전파되어 뿌리를 내렸을 것이라는 하나의 가설을 세울 수 있다. 그 후 이 감염증은 스텝의 서쪽으로 확산되었는데, 간헐적으로 인구가 이동하면서 감염된 쥐와 벼룩, 사람들이 새로운 설치류 무리에 병원균을 옮겼을 것이다. 그러다가 1346년 직전이 되면 설치류에 뿌리를 내린 감염원이 자연적인 한계에 이르게 되었다는 것이다.[13]

그러나 역사적 사건들을 이런 식으로 재구성하는 것은 전반적으로 개연성이 없어 보인다. 중국의 기록에는 허베이(河北) 성에 무서운 전염병이 돌아서 열 명당 아홉 명꼴로 사람이 죽었다는 1331년 전까지 전염병과 관련된 특기할 만한 사건이 없다는 게 가장 큰 문제이다. 더욱 광범위한 지역에서 유행했던 전염병에 관한 기록은 1353~1354년에야 보인다. 그 2년 사이에 중국 곳곳에 멀리 흩어져 있는 여덟 개 지방에서 전염병이 창궐해 "인구의 3분의 2가 죽었다"고 사관들이 기록했다.[14] 몽골군의 중국 정벌(1213~1279)이 오래 지속되면서 지역적 혼란과 일상적인 행정업무의 마비로 인해 기록을 남기는 일이 쉽지 않았다 하더라도, 질병으로 인한 대규모 사망사태가 발생했다면 과거의 기록을 편찬하던 사관들 — 이들이 제시하는 재난의 목록은 중국에서 발생했던 전염병에 대한 유일한 기초자료이다 — 의 눈과 귀를 피해 가지는 못했을 것이다.

이 문제를 해결하기 위해서는 역학적 지식을 바탕으로 현존하는 중국의 모든 고문헌(방대한 분량이다)을 주의 깊게 연구해야 할 것이다. 그러나 이런 연구가 실행되기 전까지는 1346년에 유럽을 휩쓸었던 페스트가 1331년 전에는 중국에 나타나지 않았다고 가정할 수밖에 없다. 그렇다면 페스트균이 1250년대부터 스텝의 설치류 사이에서 새로운 보금자리를 찾았다는 가설을 지지하기는 쉽지 않다. 만약 중국에서 페스트가 1331년 이전에 출현했다면, 마르코 폴로가 전해주는 쿠빌라이 칸(1257~1294년 재위) 시대의 거대한 도시들과 휘황찬란한 왕실도 존재할 수 없었을 것이다.

그러나 1331년 이후, 특히 1353년 이후 중국은 재앙의 시대에 접어들었다. 페스트가 창궐했을 뿐 아니라 몽골의 지배에 대한 한족의 저항이 격화되면서 내전이 빈발했다. 결국 중국인은 1368년 이민족 통치자들을 몰아내고 명나라를 건국했지만, 전쟁과 전염병이 겹쳐 수많은 희생자를 냈다. 믿을 만한 통계를 보면, 몽골족의 침략이 시작되기 전인 1200년경에 1억 2,300만 명이던 중국의 인구는 몽골족의 지배에서 벗어난 지 한 세대 후인 1393년에는 6,500만 명으로 격감했다.[15] 몽골족의 포악성만으로는 이렇게 인구가 급감한 현상을 설명할 수 없다. 중국의 인구가 절반으로 줄어든 데는 분명 전염병이 큰 역할을 했을 것이다. 특히 유럽의 경우와 마찬가지로 중국에 처음 출현한 후 자주 재발하던 선페스트가 인구감소의 주범이었을 가능성이 크다.

중국의 자료에 대한 이런 해석은 유럽과 서아시아에 살던 당대의 박식한 관찰자들이 페스트의 기원에 대해 서술한 바와도 잘 들어맞는다. 알레포[시리아 북부의 도시]를 엄습한 페스트를 몸소 겪었던 이슬람 교도 이븐 알 와르디의 기록에 따르면, 이 전염병은 '암흑의 땅'에서 유래해 북아시아에 퍼진 후 중국을 거쳐 인도와 중동 같은 문명세계로 확산되었다고 한다.[16] 알레포는 원래 대상들이 드나들던 도시로 14세기에 아시아의 초원지대를 가로지르는 복잡한 교역망의 요지였다는 점에서 페스트의 확산에 대한 정확한 정보를 얻기에 적합한 장소였다. 흑사병의 연원을 탐구한 한 그리스도 교도는 페스트가 중국(알 와르디의 설명에 따르면 페스트의 두 번째 경유지)에 처음 나타난 후 아시아 대륙을 횡단하여 크림 반도까지 퍼져 나갔다는 결론을 내렸다.[17]

이런 견해를 종합해볼 때 가장 그럴듯한 시나리오는, 윈난-버마 같은 자연상태의 오래된 감염 중심지나 만주-몽골 스텝지대의 혈거성 설치류에 뿌리를 내린 새로운 감염원으로부터 전파된 페스트균이 1331년 중국에 침입했다는 것이다. 그 후 15년 동안 이 전염병은 아시아의 대상교역로를 경유해 1346년 크림 반도에 도달했으며, 거기서부터 선박을 통해 여러 곳의 항구에 옮겨진 페스트균이 다시 내륙지방으로 퍼지는 식으로 대부분의 유럽과 서아시아 지역에 침투했을 것이다.

중앙아시아와 동유럽의 전역에 뻗어 있던 대상들의 기지망은 페스트균이 인적이 드문 지역을 통과해 다른 곳으로 확산되어갈 수 있는 좋은 경로였다. 대상들이 정기적으로 묵는 숙소에는 틀림없이 수십 내지 수백 명의 여행객과 낙타를 먹일 수 있는 상당량의 식량이 비축되어 있었을 것이고, 따라서 쥐와 벼룩도 아주 많았을 것이다. 서유럽 내륙지방의 제분소 주위에 밀집해 있던 쥐와 마찬가지로 대상기지에 모여 있던 쥐와 벼룩은 페스트균이 나타날 때마다 어김없이 감염되었고 그 균을 다른 지역으로 퍼뜨렸다. 페스트에 감염된 지역에서 사람들에게 치명적인 결과가 나타나자 할 수 있는 사람은 너나없이 도피했을 것이므로 병균은 자연히 새로운 지역으로 전파되었고, 이런 식으로 감염은 계속 확산되었다.[18]

이렇게 가정하면 페스트균이 유라시아의 초원지대에서 설치류의 지하 '서식처'에 전파되어 안정적인 감염상태를 유지하게 되기까지 걸린 시간은, 미국에서 인간의 별다른 개입 없이 페스트균이 한 설치류 집단에서 다른 집단으로 전파되는 데 걸린 시간보다 훨씬 짧았다. 비록 단편적이긴 하지만 페스트가 단시일에 유라시아 대륙 전체에 퍼졌다는 가설을 뒷받침하는 증거도 있다. 1338~1339년에 중앙아시아의 이시크쿨* 인근에 거주하던 네스토리우스교† 상인집단에 전염병이 발생했다는 것이다. 이들의 유골을 발굴했던 러시아의 한 고고학자는 사체에 대한 통계적 분석과 고문헌 조사에 바탕을 두고 이들의 사인이 선페스트였다는 결론을 내렸다.[19]

따라서 1331년부터 1346년 사이에 발생했을 법한 현상은, 페스트가 대상기지들을 통해 아시아와 동유럽을 가로지르며 전파되었고, 이 과정에서 인접한 도시들에도 침투했으며, 초원에 살고 있던 설치류의 지하 '서식처'에도 파고들었다는 것이다. 한편 페스트균은 숙주의 면역반응을 유발할 뿐 아니라 치사율이 워낙 높았기 때문에, 지상의 사람-쥐-벼룩 공동체에 영원한 보금자리를 마련하지 못하고 치명적인 불청

---

* 중앙아시아의 키르기스스탄 북동부에 있는 주.
† Nestorian. 소아시아와 시리아에서 생겨난 그리스도교의 작은 교파. 이들은 그리스도에게 신성(神性)과 인성(人性)이 공존한다는 점을 강조한다. 중국에서는 경교(景敎)라 불렸다.

객에 머물 수밖에 없었다. 하지만 페스트균은 설치류가 사는 스텝지대의 지하에서 영원한 둥지를 찾았다. 이 병균은 후에 북아메리카와 남아프리카의 설치류 무리[20]에 정착했으며, 오늘날에는 남아메리카의 설치류에 뿌리를 내리고 있다.

그렇지만 유라시아의 초원지대에서 발생한 역학적 격변이 유럽에 재앙을 몰고 온 유일한 요인은 아니었다. 흑사병이 유럽을 휩쓸기 전에 두 가지 조건이 충족되어야 했다. 첫째로, 선페스트를 사람들에게 옮길 수 있는 벼룩이 기생하는 곰쥐가 유럽 전역에 널리 분포해 있어야 했다. 둘째로, 지중해 지역과 북유럽을 연결하는 선박의 교역망을 통해 페스트균에 감염된 쥐와 벼룩을 여러 항구에 실어 나를 수 있어야 했다. 곰쥐가 북유럽으로 확산된 것 자체도 지중해와 북유럽의 항구들 사이에 선박을 통한 교역이 증가한 결과였다. 1291년에 제노바의 한 제독〔베네데토 자카리아〕이 당시까지 지브롤터 해협의 자유로운 항해를 방해해왔던 모로코 해군을 격파함으로써 이 해협에 그리스도교 국가의 배가 드나들 수 있는 길을 연 후 지중해와 북유럽 사이에 선박을 통한 교역이 정기적으로 이루어졌다.[21] 13세기에는 개량된 선박의 구조 덕에 역사상 처음으로 사시사철 항해가 가능해져, 유럽인은 겨울에도 삭풍이 부는 대서양을 안전하게 횡단할 수 있었다. 끊임없이 출항하는 배들은 무엇보다도 쥐를 안전하게 먼 곳까지 운송하는 수단이 되었다. 결과적으로 유스티니아누스 대제의 시대에 존재했던 것으로 보이는 지중해의 지리적 경계를 뛰어넘어 먼 곳까지 쥐가 퍼져 나갈 수 있게 되었다.

14세기가 되자 마침내 북서유럽 각지의 인구가 포화상태에 이르렀다. 900년부터 시작된 변방 개척을 통해 장원이나 농장이 늘어나면서 적어도 인구가 밀집한 지역에서는 삼림이 남아나지 않았다. 연료 및 건축자재의 공급원으로 매우 중요한 삼림지대가 점점 줄어드는 추세는 사람들의 생활에 심각한 문제를 야기했다. 토스카나 지방에서는 농업자원이 팽창하는 농민인구를 감당하지 못하게 되면서, 흑사병이 유행하기 100년 전부터 인구가 감소하기 시작했다.[22] 14세기의 기상악화는 더 큰 문제였다. 특히 북유럽의 농토에서는 겨울이 길어지고 추위가 심해지면서 흉작이 잦아졌다.[23]

14세기 중반에 이르자 이런 모든 요인이 동시에 작용해 무시무시한 흑사병이 창궐할 수 있는 발판이 마련되었다. 이 질병은 1346년 크림 반도의 교역도시 카파를 포위공격하던 한 몽골 왕자의 군대에서 처음 발생했다. 몽골군은 포위망을 풀고 퇴각할 수밖에 없었으나 이미 흑사병은 카파 시를 덮친 후였고, 그곳에서 선박을 통해 지중해 전역으로 퍼져 나간 흑사병은 순식간에 유럽의 북쪽과 서쪽으로 확산되었다.(지도 참조)

흑사병 발생 초기(1346~1350)의 충격은 엄청난 것이었다. 사망자 수는 지역에 따라 크게 달랐다. 몇 개의 작은 공동체는 완전히 사라졌지만, 밀라노처럼 재난이 비켜간 곳도 있었다. 페스트의 피해가 커진 것은 벼룩만이 아니라 사람을 통해서도 ― 감염자가 기침이나 재채기를 할 때 공기 중에 뿌려지는 비말의 병원균을 다른 사람이 들이마심으로써 ― 전염되었기 때문이다.[24] 1921년 만주에서 이런 식으로 폐페스트에 감염된 사람들의 경우 치사율은 100%였다. 만주에서 발생했던 폐페스트는 근대 의학자들이 이 질병의 전파과정을 직접 목격한 유일한 사례이기 때문에, 14세기의 폐페스트도 비슷한 치사율을 보였을 것이라고 가정하는 것도 무리는 아니다.

14세기에 폐페스트가 유럽인에게 얼마나 영향을 미쳤든 치사율이 매우 높았던 것은 분명하다. 근래 들어서는 벼룩에 물려 선페스트에 감염된 사람들의 경우 치사율이 30~90%로 다양하다. 1943년에 항생제가 개발되어 페스트를 사소한 질병으로 만들기 전까지는 근대적인

4장 몽골 제국의 발흥과 질병 균형의 격변: 1200~1500년 187

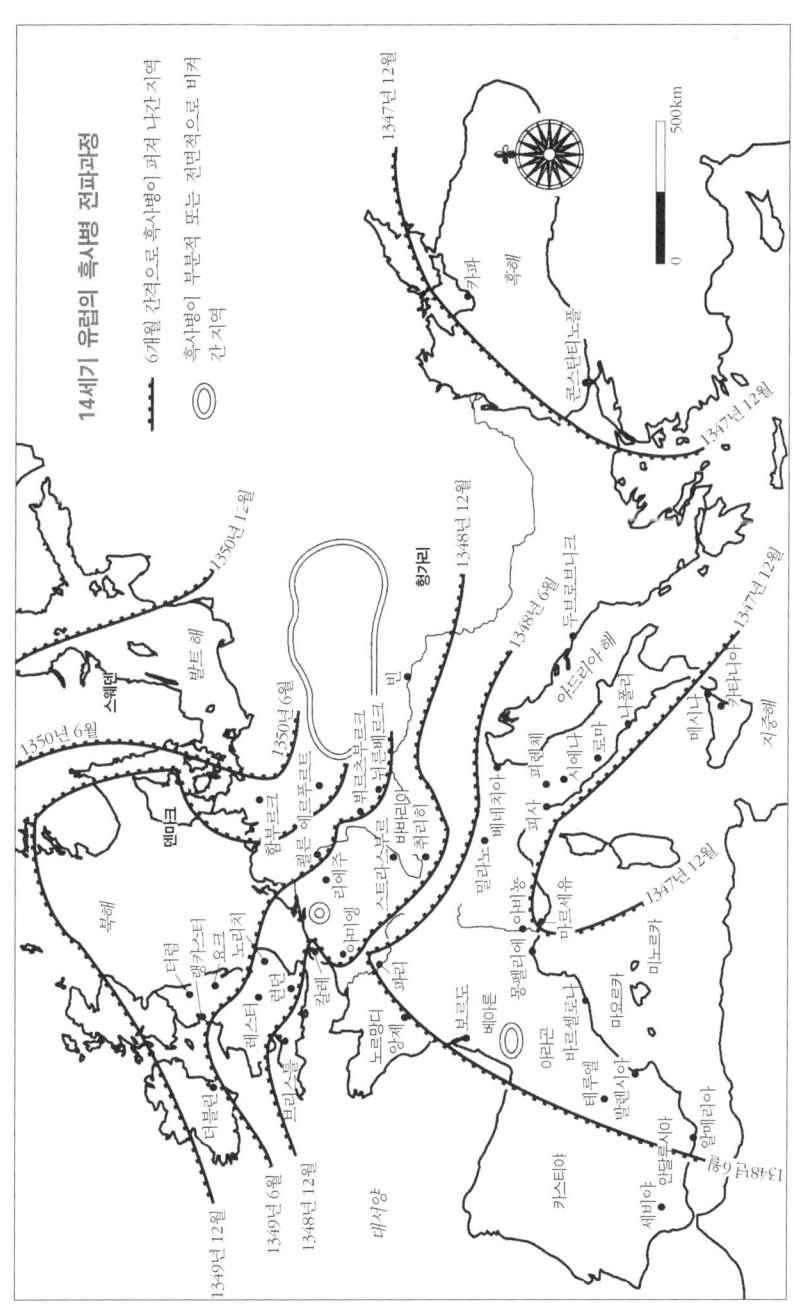

시설을 갖춘 병원에서 치료를 하더라도 감염자들의 평균 치사율이 60 ~70%였다는 점을 명심해야 한다.[25]

이런 유독성에도 불구하고 중세 유럽은 교통망이 그다지 긴밀하게 짜여 있지 않았던 탓에 모든 사람이 감염되지는 않았다. 물론 감염된 쥐를 실은 배가 항로를 벗어나는 통에 그린란드를 비롯해 유럽 중심부에서 멀리 떨어진 곳까지 페스트를 옮기는 경우도 있었다.[26] 전반적으로 1346년부터 1350년까지 유럽 전역에서 유행한 페스트 때문에 죽은 사람은 전체인구의 3분의 1 정도였을 것으로 추산된다. 이 통계는 영국제도에 페스트가 창궐했을 때의 추정사망률을 유럽 전역에 적용한 것인데, 2세대에 걸친 연구를 통해 오차범위를 상당히 줄일 수 있었던 학자들은 페스트 유행 초기에 영국제도에서 약 20~45%의 인구가 감소했다고 제시했다.[27] 하지만 이처럼 영국의 통계를 유럽 대륙 전체에 적용해도 기껏해야 근사치밖에 얻을 수 없다. 이탈리아 북부나 프랑스의 지중해 연안에서는 희생자가 더 많았을 것이고,[28] 보헤미아나 폴란드에서는 희생자가 훨씬 적었을 것이다. 러시아와 발칸 반도에 대해서는 아직까지 사망자 규모를 추정하려는 시도가 이루어진 적이 없다.[29]

흑사병의 파급효과는 공동체에 따라 크게 달랐을 것이며 그 실상을 완전히 파악한다는 것은 거의 불가능하지만, 사람들의 일상생활이나 그들이 품고 있던 미래의 전망에 엄청난 충격을 던져주었을 것이 분명하다. 더욱이 페스트는 가공할 만한 위력을 선보인 뒤로도 유럽에서 사라지지 않았다. 페스트는 불규칙한 간격을 두고 다양한 양상을 띠며 재발했는데, 때로는 병세가 심해지기도 하고 때로는 약화되기도 했다. 페스트가 최초로 발생했을 때 화를 면한 곳은 대체로 다음 유행 때 많은 사망자를 냈다. 반면에 이미 그 피해를 겪었던 지역에 페스트가 다시 나타났을 경우, 앞선 유행에서 살아남은 사람들은 면역력을 얻었기 때문에 그 이후에 태어난 연령층에 사망자가 집중되었다.

유럽의 대부분 지역에서는 페스트가 최초로 유행했을 때 인구의 25%가 사라졌어도 그 영향이 오래가지 않았다. 1346년 이전에 이미 가용자원에 비해 인구가 지나치게 많았으므로 빈자리를 메울 사람은 얼마든지 있었다. 농장관리인이나 라틴어 교사처럼 전문적인 기술을 필요로 하는 직업에서만 인력이 부족했을 것이다. 그러나 1360년대와 1370년대에도 페스트가 계속 발생하자 상황이 급변해 농업이나 단순한 직종에서도 인력난을 겪게 되었다. 유럽 각지에서는 피라미드형으로 세워진 사회경제적 구조가 여러 모로 바뀌기 시작했고, 사회 전반에 비관적인 사고와 정서가 팽배해 페스트만큼이나 고질적인 문제로 비화되었다. 한마디로 유럽은 새로운 시대에 접어들었다. 유럽 대륙은 각 지역별로 페스트의 참화를 독자적인 방식으로 수습해 나가는 과정을 통해 1346년 이전에 주류를 이루었던 사회적 패턴에서 벗어나 역사상 유례없이 다양성을 포용하는 방향으로 나아갔다.[30]

페스트에 관한 학문적 연구가 상당 수준에 올라 있는 영국에서는 100년 이상이나 불규칙하지만 꾸준하게 인구가 감소하여, 1440~1480년 사이에 최저점에 달했다.[31] 유럽의 다른 지역에 대해서는 영국처럼 확실한 수치를 제시할 수 없지만, 그 피해가 어느 정도였든 페스트가 18세기에 이르기까지 유럽 대륙의 인구에 영향을 미친 중요한 요소였던 것은 분명하다.[32] 유럽 대륙에서도 영국만큼 오랜 기간에 걸쳐 지속적으로 인구가 감소했다고 가정하면―지역에 따라 예외가 많았겠지만 전반적으로는 개연성이 높은 가정이다[33]―중세 유럽의 인구가 페스트의 충격을 흡수하는 데는 5~6세대에 해당하는 100~133년 정도의 시간이 걸렸다. 이 기간은 훗날 아메리카 대륙의 원주민이나 태평양 제도의 주민이 새로운 역학적 조건들에 적응하는 데 필요했던 시간과 거의 일치한다. 이런 현상은 1950~1953년 사이에 점액종증에 노출된 오스트레일리아의 야생토끼[34]가 보여주었듯이, 치명적인 질병에 갑작스럽게 노출된 경우 초기에는 희생이 매우 크지만 결국에는 인구에 미치는 영향을 조절해주는 자연적인 리듬이 작용한다는 사실을 시사한다.

이러한 생물학적 과정과 함께 문화적인 과정도 진행되었다. 사람들(아마 쥐도 마찬가지일 것이다)이 감염의 위험을 줄일 수 있는 요령을 터득하게 되었던 것이다. 사람들은 1346년에 이미 환자를 격리해 검역하려는 생각을 해냈다. 이런 생각은 나병환자의 격리를 규정한 성경구절에서 유래했다. 페스트 환자를 일시적인 나병환자인 것처럼 취급하는 것[35]—나중에는 40일 간의 격리가 표준이 되었다—은 건강한 사람들이 페스트에 대한 공포와 혐오감을 표현하는 공인된 방법이었다. 그렇지만 19세기 말까지는 이 병의 전파에 쥐와 벼룩이 중요한 역할을 한다는 사실을 몰랐기 때문에 격리검역조치가 언제나 효과를 거둔 것은 아니었다.

그러나 절망에 빠져 앉아서 죽음을 기다리는 것보다는 뭔가 대책을 강구하는 것이 심리적인 면에서 훨씬 효과적이었으므로, 격리검역은 라구사*(1465)와 베네치아(1485)에서 차례로 제도화되었다. 이후 지중해의 다른 지역에서도 아드리아 해의 두 무역항에서 시작된 검역조치를 따라하게 되었다.[36] 원칙적으로 페스트 감염이 의심되는 항구로부터 도착한 배는 모두 격리된 장소에 닻을 내리고 40일 동안 육지와 접촉할 수 없었다. 물론 이런 요구사항이 항시 집행되었던 것은 아니며, 집행되었다 하더라도 사람은 그렇다 치고 쥐나 벼룩의 상륙까지 막을 수는 없었을 것이다. 하지만 이런 조치가 페스트의 확산을 억제한 경우도 많았을 것이다. 격리가 제대로 이루어질 경우 40일이라는 기간은 감염의 사슬이 배 안에서 소진되기에 충분한 시간이었기 때문이다. 따

---

* 아드리아 해에 면한 크로아티아의 항구도시 두브로브니크의 옛 지명.

라서 16세기에 지중해 지역 그리스도교 국가들의 항구에서 일반화된 격리검역제도는 나름대로 근거가 있는 것이었다.

이런 장벽에도 불구하고 페스트는 지속되었으며, 중세 후반부터 근세에 이르기까지 유럽 전역에서 인구변화에 영향을 주는 주된 요인으로 남아 있었다. 지중해 지역은 흑해나 소아시아의 여러 항구를 통해 설치류 감염의 중심지들과 접촉할 가능성이 높았다.[37] 그런 만큼 페스트의 발생도 잦았고, 지중해의 주요 항구에서는 계속 격리검역조치를 취할 수밖에 없었다. 그러다가 19세기 들어 전염성에 대한 새로운 관념*이 등장하면서 검역이 완화되었다.[38] 지중해 서부에서 마지막으로 크게 유행한 페스트는 마르세유와 그 근방에서 1720~1721년에 발생했다.[39] 17세기까지는 페스트가 자주 발생했으므로 한 해에 도시인구의 3분의 1 내지 절반이 목숨을 잃는 것은 다반사였다.[40] 예컨대 16세기 후반부터 믿을 만한 통계가 남아 있는 베네치아의 경우, 1575~1577년과 1630~1631년에 도시인구의 3분의 1 이상이 페스트로 사망했음을 알 수 있다.[41]

지중해 일대를 제외한 나머지 유럽 지역에서는 페스트가 자주 나타나지 않았던 탓에 중세 후반부터 근세까지 방역조치를 제대로 취하지 않았다. 그 결과 일단 페스트가 유행하면 더욱 파멸적인 피해를 입히곤 했다. 특히 흥미로운 사례는 1596~1602년에 스페인 북부를 휩쓸었던 페스트이다. 이 전염병으로 인해 50만 명이 사망했다는 통계도 있다. 이어서 1648~1652년과 1677~1685년에도 페스트가 유행해, 17세기 들어 스페인에서 페스트로 인한 사망자수는 100만 명을 넘어서게 되었다. 따라서 페스트균은 스페인의 정치적·경제적 세력을 약화

---

* 격리의 이론적 근거는 전염병이 사람들간의 접촉에 의해 퍼진다는 것이었다. 19세기 중반부터 이런 감염설에 대항해 생활환경의 오염이 전염병의 주범이므로 공중위생에 역점을 두어야 한다는 주장이 제기되었다.

시킨 중요한 요인 가운데 하나였다고 판단할 수밖에 없다.[42]

북유럽에서는 페스트에 대한 검역제도나 행정조치(의학적이건 종교적이건)가 전혀 없었던 탓에, 페스트로 인해 야기되는 대중적 증오나 공포심이 격한 형태로 표출될 수밖에 없었다. 특히 가난한 사람들이 부자들에 대해 오랫동안 쌓아왔던 불만이 자주 폭발했다.[43] 각 지역에서 일어난 폭동과 개인주택 약탈은 때때로 당시의 사회체제를 위협할 정도였다.

1665년 런던의 페스트 대유행[44]을 마지막으로 페스트균은 북서유럽에서 물러났지만, 지중해 동부나 러시아에서는 18세기를 지나 19세기까지 페스트가 유행했다. 1665년 이전이든 이후든 검역과 공중보건 대책이 페스트의 발생을 억제한 결정적인 요인이었다고 보기는 어렵다. 그보다는 유럽 각지의 주민들이 벼룩 및 설치류와 공존하던 생활방식에 의도하지 않은 변화가 생긴 것이 더 큰 요인이었을 것이다. 예를 들어 서유럽의 많은 지방에서는 목재가 부족해지자 돌이나 벽돌로 집을 짓게 되었는데, 그러자 같은 건물에 살던 사람과 설치류의 관계가 멀어졌고, 벼룩이 죽어가는 쥐로부터 감수성 있는 사람에게 옮아가기도 훨씬 어려워졌다. 특히 초가지붕은 쥐가 숨기에 좋은 장소였고, 벼룩이 지붕에서 사람에게 떨어지기도 쉬웠다. 그러나 1666년의 대화재 이후 런던에서 초가지붕을 기와로 교체하자, 그런 식으로 병이 감염될 기회는 대폭 줄어들었다. 따라서 1666년의 대화재가 런던 시에서 페스트를 몰아냈다는 속설에도 일리는 있다.

18세기 들어 유럽 대부분의 지역에 새로운 종류의 집쥐가 확산됨으로써 쥐와 사람의 거리가 더 멀어졌다는 견해도 있다. 새로 등장한 시궁쥐는 더 사납고 용의주도한 녀석으로, 곰쥐처럼 지붕이나 벽에 숨어 있지 않고 땅속에 굴을 파고 살기를 좋아했다. 그렇지만 시궁쥐가 페스트균에 잘 감염되지 않았다는 통념은 근거 없는 것이다. 따라서 유럽에서 페스트가 사라진 원인을 시궁쥐가 곰쥐를 대체했다는 사실에서 찾으려는 주장은 역학적인 면에서 오류일 뿐 아니라 시대착오적인 것이기도 하다. 이 신종 쥐가 서유럽에 들어온 것은 18세기 말이었기 때문이다.[45]

다소 모호하긴 하지만 이보다 중요한 것은 북서유럽에서 나타난 감염 패턴의 변화일 것이다. 예를 들어 건조기후대에 비해 비말 감염이 일어나기에 적합한 한랭다습한 유럽 지역에서는 페스트균의 돌연변이라 할 수 있는 가(假)결핵균(Pasteurella pseudo-tuberculosis)이 사람에서 사람으로 전염되는 흔한 병균으로 정착했을 수도 있다. 이 균이 일으키는 '가결핵증'은 치사율이 높지 않고 증상은 장티푸스와 비슷하다. 또 이 병에 걸리고 나면 적어도 부분적으로는 페스트에 대한 면역력이 생긴다. 불행히도 그 증상이 소화기 감염으로 인한 다른 열병과 혼동될 수 있기 때문에 다른 질병과 구별되는 가결핵증만의 역사를 구성할 수는 없다. 게다가 페스트균과 가결핵균의 관계를 정확히 서술하기에는 불확실한 요소가 너무 많다. 일부 세균학자들은 페스트균으로부터 가결핵균으로 돌연변이가 일어나는 과정을 관찰했다고 주장하지만, 다른 전문가들은 그 결과를 의심한다.

이런 문제들이 해명되기 전에는 페스트균이 가결핵균으로 변형되는 과정이 유럽에서 실제로 일어났다고 단정하기는 어렵다. 하지만 이런 현상은 초기에 높은 치사율을 보이던 감염증이 오랜 적응과정을 통해 숙주와 안정된 관계를 이루었을 경우 충분히 예상할 수 있는 것이다. 그리고 중간숙주도 없이 감염자를 하루 안에 100% 죽게 만드는 폐페스트가 사람들 틈에서 질병으로 살아남기 위해서는 그러한 돌연변이를 겪지 않을 수 없었을 것이라는 점 또한 분명하다.[46]

이런 요인들이 실제로 어떻게 영향을 미쳤는지는 몰라도 서유럽에서 나타난 결과는 확실하다. 3세기 동안 유럽인의 뇌리에서 떠나지 않앉던 무서운 전염병이 17세기 후반에 소멸된 것이다. 이처럼 페스트균의 활동영역이 지리적으로 다소 축소된 것을 확대해석하여, 페스트가 6세기, 14세기, 20세기(의학자들의 노력으로 확산이 저지된 사례)에 걸쳐 세 차례의 세계적인 범(汎)유행병으로 나타났다고 주장하는 거창한 이론이 등장했다. 20세기에 페스트 예방에 관여했던 의학자들 사이에서 싹텄던 이런 생각은 본인들의 작업에 특별한 의미를 부여했다는 점에서 충분히 납득이 가는 것이었다.[47] 그렇지만 페스트 감염의 진원지였던 유라시아의 스텝지대 근처에서는 페스트가 사라지지 않았으며, 범유행병 이론가들의 주장과는 달리 페스트가 출몰하는 지역에서 병의 독성이 약해지지도 않았다. 따라서 쥐와 벼룩, 사람이 상호작용하는 방식에 영향을 주는 주거·운송·위생습관 같은 요인에서 나타난 변화가 페스트의 진퇴를 결정했다고 보는 편이 합당할 것 같다. 빈약한 증거들을 취합하여 세 차례의 세계적인 범유행병에 끼워 맞추려는 시도는 서유럽의 페스트 경험을 유라시아 전역에 적용하는 우를 범하는 것으로 보인다.[48]

그 밖에도 유럽에서는 질병 패턴에 몇 가지 중대한 변화가 생겼는데, 그것이 1346년 이후 페스트가 빈번하게 발생한 결과인지, 아니면 몽골 제국이 유라시아 대륙에 개척한 이동로를 타고 페스트균 외의 다른 병원균들이 서쪽으로 몰려왔기 때문인지는 분명치 않다. 가장 두드러진 현상은 흑사병이 유행하기 전까지 중세 유럽의 중요한 질병이었던 나병의 발생이 감소했다는 것이다. 물론 나병이라는 병명은 피부에 보기 흉한 증상을 일으키는 이런저런 감염증을 지칭하는 일반적 용어였다. 오늘날 그 이름으로 불리는 특정 질병은 1873년 노르웨이의 의학자 한센이 최초로 발견한 세균의 감염으로 발생한다. 이 감염증과 종전까지 '나병'이라 불렸던 다른 질병들을 구별하기 위해 '한센병'이라는 용어가 사용되기도 한다.

한센병은 6세기에 유럽과 지중해 세계에 뿌리를 내린 것으로 보이는데,[49] 그 후 나병으로 분류된 다른 여러 감염증과 함께 14세기까지 대단히 중요한 질병으로 취급되었다. 수천 개에 달하는 중세도시의 외곽에는 나병환자 수용소가 세워졌다. 한 통계에 따르면 13세기까지 그리스도교 국가들에 설립된 나병환자 수용소는 1만 9천 개에 달했다고 한다.[50]

치사율이 높은 흑사병으로 인해 수많은 사람이 죽었기 때문에 많은 나병환자 수용소가 비게 된 것은 분명하지만, 나병환자가 모두 죽었기 때문에 이 병이 사라졌다는 주장은 잘못된 것이다. 한센병은 스칸디나비아 반도에서 상당한 규모로 남아 있었고, 유럽의 다른 지역에서도 드물기는 하지만 분명히 존재했다. 그러나 부정할 수 없는 사실은 나병환자의 수가 다시는 1346년 이전의 수준으로 회복되지 못했으며, 또 나병환자 수용소는 다른 환자들을 치료하는 병원으로 개조되거나 베네치아의 경우처럼 페스트 감염이 의심되는 사람들을 격리하기 위한 검역소로 전용되었다는 것이다.

어떤 생태적 상황이 유럽에서 나병을 현저히 감소시켰는지 재구성할 수는 없다. 최근의 의학적 연구는 음식물에 들어 있는 비타민 C의 양이 중요한 역할을 했을 것이라고 제안한다. 비타민 C에는 나병균이 사람의 피부조직에 파고드는 화학적 과정을 억제하는 힘이 있다고 한다.[51] 그러나 흑사병이 창궐한 후 유럽인의 식사에 어떤 큰 변화가 있었다 하더라도, 그것만으로 나병이 광범위한 지역에서 급격히 감소한 사실을 설명한다는 것은 어쩐지 옹색하다.

오히려 질병 사이의 경쟁 패턴이 변화한 점에 주목하는 가설이 훨씬 설득력 있다. 구체적으로 말하면, 유럽인에게 폐결핵이 늘어났기 때문에 나병이 물러났다는 것이다. 이런 주장이 당시의 정황을 설명할 수 있다고 보는 근거는 다음과 같다. 결핵균이 일으키는 면역반응은 적어도 일정한 조건하에서는 한센병의 병원균이 만드는 면역반응과 중복되므로, 둘 중 한 병에 노출되면 다른 감염증에 대한 숙주의 저항력이 증강된다. 이런 경쟁관계에서 결핵은 분명 유리한 위치를 차지했다. 결핵환자가 기침이나 재채기를 할 때 공중에 내뱉는 비말을 통해 사람에서 사람으로 옮아가는 결핵균은 나병균보다 훨씬 유동적이다. 한센병이 어떻게 한 숙주에서 다른 숙주로 전달되는지는 아직 확실히 규명되지 않았지만, 이 병의 감염력이 결핵보다 약하다는 것은 확실하다. 한센병의 병원균은 장기간의 접촉을 거쳐야 새로운 숙주에 정착하는 것으로 보인다.

따라서 1346년 이후 실제로 유럽에서 폐결핵이 크게 위력을 떨쳤다면, 한센병의 감염사슬을 차단할 수 있었으리라고 짐작된다. 결핵균이 유럽인의 혈액에 빨리 도착해서 먼저 항체를 만들어냈기 때문에 뒤처져 온 나병균의 침투력은 현저히 약화될 수밖에 없었다. 따라서 유럽인의 나병에 대한 저항력은 높은 수준에 이르게 되었을 것이다.[52]

하지만 이런 가설은 과연 유럽에서 페스트가 크게 유행한 뒤 결핵이 급격하게 늘어났는지, 또 그랬다면 그 이유가 무엇이었는가 하는 의문을 남긴다. 결핵균은 먼 옛날부터 지구상에 널리 퍼져 있던 세균이다. 결핵에 감염될 가능성은 인류가 출현하기 전부터 존재했다. 석기시대나 이집트 고대왕조의 유골에도 결핵을 앓은 흔적이 남아 있다고 밝혀진 바 있다. 비록 폐결핵이 존재했다는 증거는 얼마 되지 않지만 말이다.[53]

근대적인 도시환경은 결핵균이 전파되는 데 좋은 여건을 마련해주었다. 이방인들이 빈번하게 접촉하게 되면서 기침이나 재채기를 통해 결핵균이 사람에서 사람으로 옮겨지게 되었던 것이다.[54] 서유럽에서 도시는 서기 1000년경부터 점차 중요한 위치를 차지하게 되었지만, 14세기 후에도 유럽 전역에서 도시주민의 수는 전체인구에 비해 미미한 수준에 머물러 있었다. 따라서 중세도시의 발달만으로는 한센병이 줄어들고 폐결핵이 늘어난 당시의 추세를 설명하기에 불충분하다.

　나병의 감소를 둘러싼 수수께끼를 풀기 위해, 1346년 이후 유럽의 나병환자 수용소를 공동화하는 데 한몫했던 또 다른 질병의 변화를 살펴보는 우회적인 방법을 택해보자. 매종은 중세의 의사들이 나병으로 분류했으리라 생각되는 병이다. 이 병은 매독균과 구별되지 않는 스피로헤타 감염에 의해 일어나는데, 이미 감염된 사람과 직접 접촉할 경우 피부를 통해 체내에 침입하며, 깊게 패인 상처를 남긴다. 매종이 도대체 중세 유럽에 존재했는지, 만약 존재했다면 어느 정도 유행했는지는 알 수 없다. 흉측한 외상 때문에 이 병은 으레 나병으로 인식되었을 것이기 때문이다. 하지만 콜럼버스가 아메리카 대륙을 발견하기 전부터 유럽에 스피로헤타 감염이 존재했다고 믿을 만한 이유가 있다. 이 감염증은 결핵과 마찬가지로 인류가 경험한 가장 오래된 질병에 속하며, 인류가 지구 전체에 확산되는 과정에서 수렵채집인들이 각지에 퍼뜨렸다는 게 일부 전문가들의 주장이다.[55]

　매종이 1346년 이전 유럽에서 나병으로 분류되었던 감염증의 하나였다는 전제를 받아들이면, 이 병도 14세기 이후 분명히 쇠락의 길을 걸었다고 볼 수 있다. 15세기 말에 매독이 맹위를 떨쳤을 때, 이 병은 마치 유럽인에게 전혀 알려지지 않은 새로운 질병인 양 심한 증상을 나타냈고 인체의 조직적인 저항에도 부딪히지 않았기 때문이다. 그런데 매종을 일으키는 스피로헤타와 매독을 유발하는 스피로헤타는 같다. 다만 한 숙주에서 다른 숙주로 감염되는 방식이 다르고, 각 세균이 침입하는 위치에 따라 인체 안에서 순환되는 경로가 다를 뿐이다.

　따라서 흑사병의 후유증에 빠져 있던 유럽인 사이에서 감염경로를 바꾸었던 질병은 하나가 아니라 두 개였던 셈이다. 그렇다면 그 원인은 무엇이었을까? 피부와 피부의 접촉 정도는 무엇보다도 당시의 주민들, 특히 가난한 사람들이 옷과 연료를 얼마나 이용할 수 있었는지에 크게 좌우되었다. 겨울에 입을 만한 따뜻한 옷이 없고 주거공간을 덥혀줄 연료도 부족한 상황에서는 서로 몸을 밀착해서 지내는 것이 체온을 보존할 수 있는 유일한 방법이었을 것이다. 서유럽의 여러 지역에서 나무가 부족했던 13세기에 농민들이 혹독한 겨울밤을 이겨내기 위해서는 달리 방도가 없었다. 그러나 14세기에 많은 사람이 죽었기 때문에, 1400년에 이르면 40%가량 감소한 인구가 과거와 동일한 지리적 공간에서 생계수단을 찾게 되었다. 이는 보통사람들이 더 많은 땔감과 양털을 이용할 수 있게 되었음을 뜻한다. 더구나 14세기에는 기상악화로 겨울이 더 추워졌던 탓에 아무리 몸을 밀착해도 체온을 유지할 수 없었다. 따라서 좀더 따뜻했던 13세기의 겨울에 비해 든든한 방한복이 더욱 절실해졌다.

14~17세기 사이에 서유럽에서 모직물 생산이 현저히 발전했다는 것은 잘 알려진 사실이다. 레반트〔동지중해 연안〕와 아시아 시장에 양질의 모직물이 수출되었다는 사실은 기록에 분명히 남아 있지만, 지역 농민이 입었을 값싼 모직물 생산에 관해서는 별로 알려진 바가 없다. 그러나 영국과 스페인에서 양의 수가 점점 늘어나고 기온도 떨어지던 상황에서, 유럽인이 좀더 두툼한 옷을 걸치게 되었으리라는 것은 쉽게 짐작할 수 있다. 페스트로 인해 일손이 부족해지자 임금이 올라갔고, 실질소득의 상승으로 임금노동자들은 더 좋은 옷을 살 수 있었다. 물론 실질임금의 상승이 보편적이고 지속적인 현상은 아니었겠지만, 서부 유럽에서 양모생산량의 증가에 비해 인구가 적었던 것만은 의심의 여지가 없는 사실이다. 그러므로 가난한 사람들도 과거보다 몸을 제대로 가릴 수 있었고, 이에 따라 유럽인은 피부접촉을 통해 전파되던 한센병이나 매종의 감염 패턴을 단절시킬 수 있었을 것이다. 그렇다면 유럽의 나병환자 수용소가 텅 비게 된 사실도 쉽게 납득할 수 있다.

하지만 모직물의 공급이 증가하면서 이와 반대도 늘어나 발진티푸스 같은 전염병이 만연하게 되었다. 발진티푸스는 1490년에 유럽 각국의 군대에 막대한 타격을 주면서 처음으로 모습을 드러냈다.[56] 모직물 생산증가의 또 다른 부산물로 품위의 관념이 생겨나, 특별한 경우가 아니면 몸의 대부분을 옷으로 가리고 생활하지 않으면 안되게 되었다. 16~17세기에 프로테스탄트와 가톨릭을 신봉하는 국가들에서 일어났던 청교도의 개혁운동은 인간의 성이나 육체적 기능을 되도록 감추려는 풍조를 진작했다. 이는 가난한 사람들도 벗은 몸을 충분히 가릴 수 있을 만큼 옷이 풍부했음을 시사한다. 이런 운동이 추진되었다는 것은 1346년 이후 유럽에서 실제로 의복이 풍족해졌다는 나의 가정을 확인해주는 간접적이지만 유력한 증거이다.

유럽 기후의 한랭화와 모직물 공급의 증가로 인해 한센병의 병균과 매종의 스피로헤타는 생존의 위기에 처했다. 매종은 결국 성기의 점막을 감염시킴으로써 한 숙주에서 다른 숙주로 이행하는 대안을 찾아냈다. 이 과정에서 병의 증상도 완전히 달라졌는데, 16세기 초 유럽의 의사들은 이 병에 매독이란 새로운 이름을 붙였다.[57] 과거에 매종은 가난한 사람들 사이에 만연했던 감염증으로, 특히 어린이에게 많았고, 극도로 저항력이 떨어진 경우를 제외하곤 치명적인 해를 입히지 못했다. 그러나 이제 스피로헤타는 성인의 신체만 침범하게 되었으며, 적어도 발병 초기에는 그 증상이 훨씬 심했다. 이는 우리에게 익숙한 소아병인 홍역이 어린이가 아닌 청년층에서 발생했을 때 더 심각한 증상을 유발하는 것과 마찬가지다.[58]

그러나 한센병의 병균은 새로운 감염경로를 찾지 못하고 스칸디나비아 반도에서만 어느 정도 세력을 유지했다. 그곳에서는 추위가 심하고 양모의 공급도 늘어나지 못했던 탓에 오래된 생활습관이 남아 있었으며, 이 때문에 나병균이 오래된 감염 패턴을 유지할 수 있었을 것이다. 서부유럽의 다른 지역에서 폐결핵에 노출되는 사례가 늘어난 것이

한센병의 쇠퇴를 유발했는지는 향후의 과제로 남겨두어야 할 것 같다. 중세의 여건에서 결핵을 경험함으로써 나병에 대한 부분적인 면역력을 얻었던 것이 사실이라면, 결핵과 한센병의 함수관계는 하나의 가능성으로 남아 있다.

이런 생각들은 어디까지나 가설이라는 점을 새삼 강조하지는 않겠다. 어쩌면 의복이 풍족해진 것보다는 섭생의 변화, 기후의 변화, 공중목욕 관습의 변천 같은 요인들이 더 중요한 역할을 했을지도 모른다. 그렇지만 페스트의 거듭된 발생, 유럽 인구의 감소, 모직물 생산량의 증가, 나병환자 수용소의 공동화도 빼놓을 수 없는 사실이다.

이런 각종 요인이 어떻게 상호작용했든 1490년대에 이르면 기존의 미시기생적 균형에 가해진 충격—1346년부터 1420년경까지 극적으로 표출되었던—도 성공리에 진정되었다. 유럽의 인구가 다시 증가세에 접어들면서 새로운 시대가 서서히 열리고 있었다.

이런 발전에는 거시기생 패턴의 변화도 중요한 역할을 했다. 그러나 1346~1500년 사이에 유럽이 겪은 정치적·군사적 변화는 매우 다양해서 일반화하기 어렵다. 일반적인 추세 가운데 하나는 지역적인 폭력사태가 점차 줄어들었다는 것이다. 1453년에 백년전쟁이 끝난 후 프랑스에서는 분명히 국지적인 소요가 사그라졌다. 이런 현상이 보편화된 것은 조세수입이 점차 중앙으로 집중되고 이에 따라 조직적인 군사력이 소수 권력자의 수중에 들어갔기 때문이다. 그러나 모든 곳에서 이런 현상이 나타났던 것은 아니다. 예컨대 폴란드에서는 전혀 다른 방향으로 사태가 진행되었다. 심지어 왕권이 크게 강화된 프랑스·영국·스페인에서도 17세기 중반까지는 무장봉기가 심심찮게 일어나 지역적으로 큰 피해를 주기도 했다.

세금과 마찬가지로 지대는 농민의 부를 일정량 수탈하는 수단이었다. 유럽의 거시기생적 균형을 결정하는 세 번째 중요한 변수는 생산성이었다. 생산량이 많은 농민과 직인(職人)은 더 많은 양을 바치고도 살아남았고, 생활수준을 높일 수도 있었다. 지대와 세금, 생산성의 실태는 지역에 따라 천차만별이므로 적어도 내가 아는 한 전반적인 패턴을 상정할 수는 없다. 분명한 변화들은 미시기생적 측면에서만 일어났으므로, 15세기 말부터 유럽의 인구동향이 증가세로 돌아선 데는 미시기생의 변화가 가장 큰 역할을 했다고 생각하는 게 타당할 것이다.

그 후로도 지속적인 안정기라 부를 만한 시기는 도래하지 않았다. 유럽인이 페스트의 충격과 페스트가 초래한 다양한 역학적 결과 및 부작용에서 충분히 회복된 지 얼마 지나지 않은 1492~1522년에 유럽의 탐험가들은 세계 곳곳에서 바닷길을 여는 쾌거를 이룩했다. 하지만 그 결과 인류는 여러 가지 충격적인 질병을 경험해야 했고, 이때부터 전염병은 지구 전체에 영향을 미치게 되었다.

이 주제를 더 고찰하기 전에 페스트 유행이 14세기와 뒤이은 몇 세기 동안 유럽에 미친 심리적·경제적·문화적 파장에 관해 언급할 필요가 있다. 그 다음에는 몽골 제국이 초원지대에 정기 교역로를 열면서 아시아와 아프리카 대륙에 어떤 질병이 나타났는지 살펴보기로 하자.

문화적·심리적 차원에서 나타난 유럽인의 반응은 명백하고도 매우 다양했다. 페스트의 창궐은 공동체 전체를 눈앞에 닥친 죽음에 대한 공포로 몰아넣었으며, 절체절명의 위기 속에서 일상적인 통념이나 관습적 규제는 허물어지기 일쑤였다. 때맞추어 사회적으로 공인된 방식을 통해 불안감을 해소하려는 여러 가지 의식이 출현했다. 그러나 14세기에는 지역적 공황상태에서 기이한 행동이 돌출하기도 했다. 페스트에 대한 반응을 의례화하려던 최초의 중요한 시도는 극단적이고 추악한 형태로 나타났다. 독일과 그 인접지역에서 채찍질 고행파* 집단들이 피가

---

* Flagellant. 중세 유럽에 있었던 광신파 중 하나. 세상의 죄를 속죄하기 위해 대중 앞에서 채찍질하며 행진했다.

철철 흐르도록 서로를 채찍질하고 유대인(전염병 전파의 주범으로 몰렸던)을 습격함으로써 신의 노여움을 가라앉히려 했다. 채찍질 고행파는 교회와 국가의 권위를 전혀 인정하지 않았으며, 관련기록이 사실이라면 그들의 의식은 참가자들을 집단자살로 몰아갔다고 한다.[59]

채찍질 고행파의 선동으로 독일계 유대인 공동체에 대한 박해가 늘어나자, 유럽에 거주하던 유대인 인구의 중심은 동부로 이동하게 되었다. 페스트의 첫 번째 유행에서 면제되었던 폴란드에서도 시민들이 유대인을 습격하는 일이 벌어졌지만, 폴란드 왕실은 독일 유대인의 도시화된 기술을 받아들이고자 이들을 환영했다. 그러므로 이후 동유럽에서 유대인 사회가 발달한 것(과 유대인들의 관리 아래 비수아 강 및 니만 강 유역에서 시장지향적인 농업이 발전한 것)은 크게 보면 14세기의 대중이 페스트에 반응한 결과에서 비롯한 것이다.

이와 같은 폭력적인 사태들은 페스트가 유럽인의 의식에 가한 초기의 충격이 얼마나 강렬했는지를 입증한다. 그러나 시간이 지나자 초창기의 두려움과 공포가 완화되었다. 보카치오, 초서, 랭런드* 같은 작가들은 한결같이 페스트를 인간사에 흔히 나타나는 위기, 다시 말해 기후의 변화 같은 신의 행위로 서술했다. 페스트가 문학에 미친 더 지속적인 영향은, 학자들이 지적하는 대로 과거에 서유럽의 지식인층에서 공식 언어로 통용되던 라틴어가 쇠퇴하고 여러 가지 일상어가 전문적인 문서에 사용되기 시작했다는 것이다. 이런 현상은 고대 라틴어에 능통한 성직자나 교사가 페스트 때문에 무더기로 사망하면서 가속화될 수밖에 없었다.[60] 그림도 갑작스럽고 이해할 수 없는 죽음을 거듭 경험하면서 자연히 나타난 암울한 인생관을 반영했다. 일례로 토스카나 지방의 화가들은 평온함을 추구하는 조토의 화풍에 반발해 종교적

---

* William Langland(1330년경~1400년경). 종교적 언어와 개념을 이해하기 쉬운 상징과 이미지로 표현했던 영국의 시인.

인 풍경이나 인물을 더욱 장엄하고 성스럽게 묘사했다. '죽음의 무도'는 미술의 공통된 주제가 되었고, 죽음과 관련된 각종 모티프가 유럽 예술의 레퍼토리에 추가되었다.[61] 유럽의 대성당들이 건설되던 13세기의 밝고 자신에 찬 분위기는 어수선한 시대를 맞아 자취를 감추었다. 경제적 계급 사이의 첨예한 사회적 대립과 갑작스러운 죽음에 익숙해진 서글픈 현실은 모든 이의 삶에서 전에 없이 중요한 의미를 차지하게 되었다.

흑사병의 경제적 파급효과는 엄청났다. 그러나 지난 시대의 학자들이 생각했던 것보다는 지역별 편차가 훨씬 컸다. 북부 이탈리아나 플랑드르처럼 고도로 발달한 지역에서는 13세기의 호경기가 역사 속으로 사라지면서 여러 계급 간의 극심한 알력이 표출되었다. 페스트는 임금과 가격구조를 교란시킴으로써 적어도 단기적으로는 그런 갈등을 부추겼다. 약 90년 전에 토럴드 로저스는 흑사병이 하층민의 생활수준을 개선했을 뿐 아니라 농노제를 무너뜨림으로써 자유를 고양시켰다고 주장했다.[62] 그는 페스트로 인해 노동력이 부족해지자 임금노동자들이 여러 명의 사용자와 흥정을 벌일 수 있어서 실질임금이 상승하게 되었다고 생각했다. 오늘날 이런 견해를 믿는 사람은 별로 없다. 지방마다 사정은 크게 달랐다. 노동자와 마찬가지로 사용자들도 죽었고, 활발한 시장경제가 실질임금의 단기적인 상승에 강력한 영향을 미치는 도시에서 인력부족은 일시적인 현상에 지나지 않았기 때문이다.[63]

시간이 지나자 페스트가 야기한 혼란은 점차 수습되었다. 14세기 후반과 15세기에 유럽의 문화와 사회에는 두 가지 일반적인 변화가 일어났는데, 이런 변화는 무시무시한 페스트를 반복적으로 경험하게 된 시대상황과 관련이 있었다.

페스트가 기승을 부릴 때는 아주 건강하던 사람도 24시간 만에 비참하게 죽어갔다. 이런 현실은 세상사의 신비를 소박하게 설명해보려는 모든 노력을 철저히 불신하게 만들었다. 토마스 아퀴나스(1274년 사망) 시대의 특징이었던 합리주의적 신학에 대한 믿음은 처참히 무너졌다. 변덕스럽고 불가해한 재앙을 설명할 여지가 있는 세계관만이 페스트가 활개 치는 무자비한 현실에서 살아남을 수 있었다. 향락주의나 몇몇 숙명론적 이교도 철학도 가능한 대안이었지만, 거기에 기대는 사람은 언제나 소수에 한정되었다. 이때 대중적인 신뢰를 등에 업고 등장한 것이, 설명할 수도 예측할 수도 없는 진지하고 극히 사적인 방식으로 신과 교류하려는 신비주의였다. 그리스 정교회의 헤시카슴*이나 라틴계 그리스도교의 다양한 운동—라인란트 지역의 신비주의자들이나 공동생활 형제단† 또는 이단집단인 영국의 롤라드파 등이 보여준 관행—은 아퀴나스 신학이나 그때까지 경건한 신앙으로 공인되어온 것보다 좀더 개인적이고 반(反)율법주의적인 방식으로 신에게 접근할 필요가 있음을 천명했다.[64] 거듭된 페스트의 유행은 17세기 중반에 이르기까지 이런 심리적 욕구에 불을 지폈다. 따라서 그리스 정교회와 로마 가톨릭, 프로테스탄트를 비롯한 모든 그리스도교 조직이 개인적 신비주의나 신과 교류하는 이단적 방식들을 용인했던 것은 결코 우연이 아니다. 물론 교회 당국은 지나치게 개인적인 열정에 몰입하는 세태에 불편한 심기를 감추지 못했다.

두 번째 사회문화적 변화는 교회의 전통적 의식이나 관리능력만으로는 페스트라는 전례 없는 긴급사태를 수습할 수 없다는 인식이 팽배하여 사회 전반에 불안감이 감돌았다는 것이다. 14세기에는 많은 성직자가 사망했는데, 제대로 된 교육을 받지 못했던 그 후계자들은 미심쩍은 눈초리로 공공연히 적대감을 드러내는 신도들을 다루기에는 역

---

* Hesychasm. 신비적 정숙주의. 끊임없이 기도에 몰입하며 신을 명상함으로써 거룩한 고요함을 추구하는 수도생활의 한 유형.
† The Brethren of the Common Life. 14세기 말 네덜란드의 종교개혁자 흐로테(Groote)가 필경사들의 모임을 기초로 창설한 교육수도회.

부족이었다. 페스트가 살 자와 죽을 자를 택하는 상황에서 신의 정의를 찾는 것은 부질없는 일 같았다. 설사 신도들이 숭앙하는 성직자가 존재한다 해도, 성사(聖事)를 통해 신의 은총이 베풀어진다는 가르침은 치명적인 감염과 돌발적인 죽음이 난무하는 종잡을 수 없는 현실 앞에서 아무런 심리적 위안도 주지 못했다. 물론 반교권주의(反敎權主義, anticlericalism)는 유럽의 그리스도교에서 새삼스러운 현상은 아니었지만, 1346년 이후로 공공연히 확산되어 훗날 루터의 종교개혁이 성공하는 밑거름이 되었다.

가톨릭 교회의 성스러운 의식은 매우 보수적이었기 때문에, 페스트의 창궐이 초래한 거듭되는 위기에 적응하는 데는 몇 세기나 걸렸다. 다시 말해 반종교개혁[가톨릭 부흥운동] 시대에 이르러서야 치명적인 전염병에 심리적으로 대응할 수 있는 적절한 의식과 상징들이 마련되었다. 이 과정에서 기원 초기에 이미 아폴론 신의 자질을 부여받았던 성 세바스티아누스가 페스트 예방을 위한 의식에서 중요한 인물로 부각되었다. 화살에 맞아 고통스럽게 죽어간 이 성인은 악성 전염병이라는 보이지 않는 화살에 맞아 사망한 사람들의 상징이 되었으며, 종교 미술에서도 자주 묘사되었다. 두 번째 중요한 인물은 성 로크였는데, 그는 성 세바스티아누스와는 다른 특성을 부여받았다. 성 로크는 자선 및 간병의 귀감이자 수호성인으로서, 페스트가 가장 많이 발생한 지중해 지역의 여러 도시에서 그 충격을 완화시켜주는 역할을 했다.[65]

유럽의 프로테스탄트 국가에서는 위급한 전염병에 대처하는 특별한 의식이 발달하지 않았다. 성서는 대규모의 전염병 발생에 어떻게 대처해야 하는지 언급하지 않았고, 페스트가 북유럽에 영향을 미치는 경우는 거의 없었으므로(하지만 일단 발생하면 그 피해가 심각했다) 프로테스탄트들이 특별한 의식을 만들 만한 동기가 없었던 것이다.

특유의 경직성에 사로잡혀 있던 교회와는 대조적으로 도시정부들

(특히 이탈리아의)은 파괴적인 전염병의 도전에 신속히 대처했다. 도시의 행정관들은 실무 차원의 대처방법을 잘 알고 있었다. 그들은 역병이 발생하면 사망자를 매장하고 식량공급을 확보하고, 격리검역을 실시하고 의사를 고용하며 각종 공적·사적 행동지침을 마련했다. 도시당국이 이렇게 효율적인 조치를 취할 수 있었던 것은 도시국가가 번성했다는 징표이기도 했다. 실제로 1350년부터 1550년까지 유럽의 여러 도시, 특히 중앙정부와의 권력다툼이 별로 없었던 독일과 이탈리아의 도시들은 황금시대를 구가했다.[66]

이탈리아와 독일에서 도시의 시정당국자와 사업가들은 자기 지역의 문제를 해결했을 뿐만 아니라, 유럽의 각 지역을 긴밀히 연결해주는 시장경제를 발전시키는 데 앞장섰다. 1500년경이 되면 이 도시들은 보다 세속화된 생활양식과 사고방식을 만들어내면서 유럽 전역의 이목을 집중시켰다. 중세에서 르네상스로 넘어가면서 문화적 가치가 바뀐 것이 물론 페스트 때문만은 아닐 것이다. 하지만 페스트가 발생했다는 점, 그리고 도시정부들이 페스트 유행에 성공적으로 대처했다는 점이 유럽인의 감수성을 전반적으로 바꾸어놓는 데 기여한 것만은 분명하다.

* * *

유럽을 제외한 구세계에서 신종 전염병 패턴이 어떤 영향을 미쳤는지에 대해서는 답답할 정도로 알려진 바가 없다. 유럽에서는 흑사병의 경위와 결과에 대한 학문적 논의가 100년 이상 계속되어왔지만, 지구상의 다른 지역에 대한 연구자료는 빈약하기 그지없다. 그렇다고 해서 페스트가 중국과 인도, 서아시아에 영향을 주지 않았다고 생각할 수는 없다. 또한 만주에서 우크라이나에 이르는 유라시아 초원지대의 설치류 집단에 영구히 정착한 페스트 감염원으로부터 스텝지대의 주민이 엄청난 압박을 받지 않았으리라 생각하는 것은 더욱 불가능하다.

이슬람 세계에서도 유럽에서처럼 페스트가 무서운 재앙을 불러일으키며 거듭되었다는 충분한 증거가 있다. 특히 이집트와 시리아는 오랫동안 지중해 연안과 밀접한 교류를 해왔기 때문에 페스트 경험도 공유했다. 페스트가 처음 침입했던 1347~1349년에 이집트 인구의 약 3분의 1이 사망한 것으로 보이며,[67] 그 후에도 페스트는 여러 차례 나일 강 유역에 나타났는데, 마지막으로 모습을 드러낸 것은 1940년대였다.

이집트는 동유럽의 스텝지대와 특별한 관계를 맺고 있었기 때문에 페스트가 자주 발생했던 것은 어찌 보면 당연하다. 1382년에서 1798년까지 나일 강 유역은 카프카스 지역에서 모집된 맘루크라는 전사조직의 지배하에 있었다. 이들은 부족한 인원을 보충하기 위해 흑해 연안의 여러 항구와 끊임없이 교류하고 있었다.

전염병이 이집트에 미친 영향은 매우 심각했다. 아랍 작가들이 언급한 전염병의 유행횟수만 단순히 합산해보아도, 15세기 이집트에서 지중해 지역이나 다른 이슬람 국가에 비해 악성 전염병의 발생빈도가 급상승했다는 사실을 알 수 있다.[68] 그 결과 인구가 감소하고 경제사정이 어려워졌는데, 여기에는 맘루크의 강압과 실정도 한몫했을 것이다. 그러나 예로부터 질병은 사람의 완력보다 더욱 강력한 살인도구였으므로, 맘루크의 학정보다는 서부 초원지대와 이집트의 특별한 유대관계에 내재하는 미시기생적 위험이 이집트의 부와 인구를 감소시킨 일차적 원인이었을 것이다. 맘루크의 지배가 계속되는 동안 이집트는 유럽인 사이에서 불길한 나라로 평판이 나빴다. 유럽인은 지중해 지역에 새로 페스트가 발생하면 으레 그 기원을 알렉산드리아나 카이로에서 찾곤 했다. 그리스도교 국가들이 이집트를 혹평한 것은 외래종교에 대한 혐오감 때문이었던 것 같다. 그런 편견은 나폴레옹이 1798년에 맘루크의 지배를 종식시키고 이집트와 흑해 연안의 오랜 유대를 끊어버림으로써 이집트에서 페스트가 크게 감소하고 1844년 이후 수십 년 동안 자취를 감춘 뒤에도 사라지지 않았다.[69]

이슬람 세계의 다른 지역에서도 선페스트는 여러 마을과 도시를 전전하며 몇 년씩 유행했는데, 감수성 있는 인간숙주들이 모두 죽은 뒤에야 감염사슬이 끊어져 한동안 나타나지 않았다. 유럽의 경우와 마찬가지로 이런 페스트의 재난은 20~50년의 간격을 두고 불규칙적으로 되풀이되었다. 다시 말해 페스트는 이미 질병에 감염된 적이 있는 구세대를 새로운 세대가 대체한 뒤에 출몰하는 경향을 보였다.[70]

페스트에 대한 이슬람교의 반응은 수동적이었다. 마호메트의 시대에도 아라비아에는 전염성 질병이 존재했다. 악성 전염병의 발생에 어떻게 대처할 것인지에 대한 예언자 마호메트의 여러 지침은 이슬람 세계의 식자층이 인생의 지침서로 떠받들던 전통 중 일부였다. 핵심적인 말씀은 다음과 같다.

> 만약 어느 지역에 전염병이 돌고 있다는 사실을 안다면 그곳에 가지 말지어다. 하지만 너희가 사는 고장에 전염병이 발생했다면 떠나지 마라.
>
> 전염성 질병으로 죽는 자는 순교자이다.
>
> 그것은 알라 신이 당신의 의지에 따라 누군가에게 내리시는 징벌이다. 그러나 신은 당신을 믿는 자들에겐 자비를 베푸신다.[71]

이슬람교의 이런 가르침은 페스트에 조직적으로 대처하려는 의욕을 억지하는 결과를 가져왔다. 물론 여기서 '전염성 질병'으로 번역된 단어가 의미하는 것은 페스트가 아니라 마호메트 자신의 시대에 만연했던 다른 전염병, 바로 천연두를 가리킨다. 천연두는 아라비아가 비잔틴 제국과 페르시아의 사산 왕조를 정복했을 당시뿐 아니라 그 이전에

도 기승을 부렸을 것이다.[72]

그리스도교 세계에서 페스트에 대응하는 격리검역제와 그 밖의 방역대책이 확립된 16세기 무렵에도 이슬람교에서는 알라 신의 의지에서 벗어나려는 어떤 노력도 도리에 어긋난 행동이었다. 자신의 관저에 페스트가 발생했으니 주거지를 옮기게 해달라는 콘스탄티노플 주재 신성로마제국 대사의 요청에 대한 오스만 제국 술탄의 대답은 그런 분위기를 잘 전해준다. "짐의 궁전에도 페스트가 발생하지 않았느냐? 그래도 과인은 다른 데로 옮길 생각을 하지 않았다."[73] 이슬람 교도들은 그리스도 교도의 위생수칙을 조롱했으며, 그 때문에 이웃해 있는 그리스도 교도보다도 페스트로 인해 훨씬 많은 사망자를 내게 되었다.

발칸 반도와 인도에서는 이슬람 교도가 도시의 지배층을 형성했는데, 이것이 인구학적인 측면에서 불리하게 작용했다. 이런 도시에서 감염력이 매우 강한 질병은 기승을 부렸다. 피지배 주민들이 꾸준히 이슬람교로 개종하지 않았다면, 페스트와 여러 감염증으로 인한 이슬람 교도의 인구감소를 상쇄하기 어려웠을 것이다. (인도에서는 그렇지 않았지만) 발칸 반도의 경우 농민들이 고유의 신앙을 꿋꿋이 고수했던 지역에서는 개종하는 자들이 점차 줄어들다가 18세기에는 거의 없어졌는데, 이렇게 되자 이슬람 문명의 지배를 위한 인적 기반이 급속히 무너져갔다. 발칸 반도의 그리스도 교도들이 19세기에 일으켰던 민족해방운동은 이런 인구학적 동향이 없었다면 성공하지 못했을 것이다.

중국의 경우에는 14세기 이후 두 군데의 변경이 페스트의 침입에 취약했다. 하나는 스텝지대의 페스트 진원지에 접한 북서부였고, 다른 하나는 히말라야 산록의 병원균 보유지역에 접한 남서부였다. 그러나 19세기에 이르기까지는 선페스트와 다른 치명적 전염병을 구별할 수 있는 근거가 없었다. 히말라야 산록의 병원균 보유지역으로부터 윈난에 들어와 1894년에 해안지대를 따라 퍼진 페스트가 전세계적으로 광범위하게 관심을 끌었다는 사실은 이미 지적한 바 있다. 중국에서는 1855년 이전에도 치명적인 감염증이 자주 발생했으며, 그 중에는 선페스트도 적지 않았을 것이다. 그러나 현존하는 자료만으로는 이보다 구체적인 설명은 제시할 수 없다. 다만 1200년에서 1393년 사이에 중국의 인구가 절반으로 줄어든 현상은 몽골인의 만행―중국의 전통적인 역사서술에서 강조되는 요인―보다는 그 당시 창궐했던 페스트에서 원인을 찾는 것이 타당하다고 본다.[74]

아시아에서 중국만 페스트의 피해를 본 것은 아니었다. 히말라야의 북부에서도 14세기에 인구가 뚜렷이 감소했다고 보는 게 옳을 것이다. 그때까지만 해도 그 일대의 초원지대가 페스트에 노출된 지 얼마 되지 않았던 탓에 사람들이 치명적인 전염병에 미처 적응할 틈이 없었을 것이다. 그러나 관련자료는 절대적으로 부족한 형편이며, 근대의 학자들이 어쩌다 마주치게 된 단편적이고 간접적인 기록만 남아 있을 뿐이다. 일례로 한 아랍 작가의 보고에 따르면, 1346년 크림 반도에 도달한 페스트가 지중해 지역을 초토화하기 전에 서부 스텝지대에 위치한 우즈베크 마을들이 전염병 때문에 완전히 공동화되었다고 한다.[75]

초원지대의 동쪽으로 눈을 돌리면, 1368년 중국에서의 철수로 상징되는 몽골 제국의 쇠락이, 페스트균이 초원지대 전역에 확산되었으리라고 추정되는 시점에 가속화되었다는 사실에 놀라게 된다. 물론 선페스트가 기승을 부린 것이 몽골 제국의 군사력을 약화시킨 결정적 요인이었다고 단정하기는 어렵다. 하지만 내가 제시하는 가설이 옳다면, 아무르 강 어귀부터 도나우 강 어귀에 이르는 스텝지대의 유목민들은 매우 치명적인 전염병에 새롭게 노출됨으로써 급격한 인구감소를 겪었으리라고 짐작된다. 이런 사실을 받아들인다면 중국이나 페르시아, 러시아 등의 정착민족에 대한 몽골의 지배권 유지에 필수적이었던 인적자원의 보충이 곤란했던 이유나, 유목민족의 군주들이 아시아와 동유럽에서 한때 그들의 지배를 받던 농민공동체들에 의해 타도되거나 흡수되는 과정이 가속화되었던 사정도 납득이 된다.

실제로 인구가 급감했다면 14세기 전반에 상당히 중요한 역할을 했던 교역도시들을 비롯하여 스텝지대에 퍼져 있던 주요 도시들이 몰락했을 것이다. 볼가 강 유역의 여러 도시가 파괴된 것은 흔히 잔인무도한 절름발이 티무르의 소행—1369~1405년에 정복활동을 벌였음—이라고 간주되어왔다. 분명 티무르는 수많은 직인을 수도 사마르칸트로 끌고 갔으며, 인도와 소아시아, 유라시아 스텝의 서부에 이르는 광활한 지역에서 약탈·살육·방화를 일삼았다. 그러나 정복자의 파괴행위는 결코 새로운 현상이 아니었다. 그리고 인구가 많은 주변의 농촌에서 새로운 주민들을 흡수할 수만 있다면 파괴된 도시를 복구하는 것은 시간문제였다. 티무르가 휩쓸고 지나간 후 소아시아나 인도에선 실제로 이런 현상이 일어났지만, 서부 스텝지대는 부활하지 못했다.

초원의 교역도시들이 쇠퇴한 것은 이들의 번성에 밑거름이 되었던 대상의 교역체계 자체가 취약성을 안고 있었기 때문이다. 원거리 교역이 성공적으로 운영되기 위해서는 광범위한 지역에 걸쳐 교역에 유리한 여건이 조성되어 있어야 한다. 거시기생체가 지나치게 횡포를 부린다거나 일부 대상기지의 마비로 교역망에 구멍이 뚫리면 대상에 의한 상품운송이라는 막대한 비용이 드는 활동은 좌절될 수밖에 없다. 이런 까닭에 아시아 서부의 초원지대는 티무르의 침략 후 회복될 기미조차 보이지 못했다. 그렇지만 미시기생 패턴의 변화도 아주 중요한 역할을 했을 것이다. 사실 1346년 이후 초원지대에서 정치적 혼란이 가중된 것은, 페스트로 신음하던 상인이나 직인들—과거에 많은 세금을 납부함으로써 중앙아시아와 동유럽에서 국가를 건설하는 데 필요한 제반 경비를 충당해주던—로부터 더 이상 높은 수입을 거두어들일 수 없었던 지배자들이 근시안적으로 마구 폭력을 휘둘렀기 때문이다.

상품을 수집해 안전하게 운송하고 또 대상로나 대상기지에서 사고파는 일에 종사하던 사람들은 특히 페스트에 취약했다. 더구나 전염병이 발생한 지 얼마 지나지 않아 아직 시행착오를 거쳐 나온 마땅한 대응책이 없던 당시로서는 많은 사람이 죽을 수밖에 없었을 것이고, 그 결과 몽골 제국의 정복지를 따라 유라시아의 초원지대에 생겨났던 대상교역망이 마비되었을 것이다. 이런 사건의 재구성에 근거가 충분하다면, 스텝지대 특유의 생활방식에 잠재하는 전투력을 극대화해서 광활한 영토를 정복했던 몽골인의 성공 자체가 유라시아의 유목민족들을 전염병의 재난에 노출시킴으로써 유목민의 전사, 목동, 상인을 몰락시킨 주범이었다는 것은 아이러니가 아닐 수 없다.[76]

14세기 이후 유라시아의 인간 생태계에 나타났던 명백한 변화를 고려하면 초원지대의 인구학적 재앙에 대한 이런 가설은 그 입지가 한층 강화된다. 스텝지대의 유목민은 14세기에 이르기까지 3천 년 이상 우월한 기동성과 전투력을 이용해 남부의 문명화된 농경지대로 세력을 확장했다. 정복자, 노예, 용병 등 때에 따라 그 모습은 달랐지만, 초원을 벗어나 유라시아의 농경지대로 침투하려고 노력했다는 면에서는 한결같았다. 때로는 유목민의 거대한 이동이 언어나 민족의 경계를 허물기도 했다. 인도유럽어와 터키어의 분포는 이 과정의 규모와 지속성을 입증해준다. 특히 1300년 이전 수세기 동안에 유목민의 대규모 이동이 이루어졌는데, 셀주크 왕조*와 오스만 제국의 확장, 그리고 무엇보다도 몽골 제국의 급속한 팽창은 이를 여실히 보여준다.

그러나 1346년 이후 이런 이주 패턴은 사라졌다. 16세기까지 서부 초원지대에서는 인구이동의 방향이 완전히 뒤바뀌었다. 과거 수천 년 동안 이어지던 전통, 곧 초원지대의 유목민이 외부로 팽창해 농경지를

---

* 오구즈 투르크멘 부족의 족장이었던 셀주크가 창건한 왕조로, 11세기에 서아시아를 침공해 메소포타미아·시리아·팔레스타인·이란의 대부분을 포함하는 제국을 세웠다.

잠식하는 형태는 사라지고, 늦어도 1550년이 되면 개척농민이 서부의 스텝지대에 진출하기 시작했던 것이다. 이들이 진출한 곳은 대부분 사람이 살지 않던 대초원이었다.

역사가들은 보통 1500년경의 상황을 '정상적'인 것으로 받아들이고 말지만, 중세 말기와 근세 초반에 유럽의 초원지대가 버려진 상태였다는 사실은 해명이 필요한 문제이다. 러시아의 농민이 곧 실증해주었듯이 우크라이나의 초원지대는 양질의 농토였다. 또한 이곳은 몽골 서부에서 최상의 목초지여서 유목민의 보금자리로도 전혀 손색이 없었다. 그런데 왜 근세 초기까지 이곳에 사람이 살지 않았을까? 15세기 후반에 이르자 조직화된 형태의 급습, 특히 노예사냥을 위한 습격이 빈발하여 이 지역의 인구를 감소시켰을 것이다. 오스만 제국에는 엄청난 규모의 노예시장이 형성되어 있었다. 이 점에 착안한 크림 반도의 타타르 기마병들은 텅 빈 초원을 가로질러 러시아의 마을들을 공격해 노예로 팔아넘길 사람들을 붙잡아 갔다. 그러나 이와 같은 노예사냥이 초원지대에 사람이 살고 있지 않았던 현상을 설명해주는 것은 아니다. 도대체 유목민과 가축떼는 어디로 사라졌을까?

유목민이 초원지대를 떠나 어느 정도 도시화된 크림 반도를 택한 것은 신중한 행동이었을지도 모른다. 그렇게 함으로써 오스만 문명과 긴밀하게 접촉할 수 있었고 여러 가지 문명의 혜택도 누렸을 것이다. 그러나 우크라이나의 풍요로운 목초지에 살던 유목민 전원이 크림 반도의 협소한 경계 안으로 들어갔다는 것은, 그 전에 이미 어떤 대재해로 인해 유목민의 인구가 크게 줄어들었고, 생존자들은 크림 반도에서 안전한 피난처로서의 매력을 발견했던 게 아닌가 생각된다.[77]

스텝지대의 동부에서 나온 증거를 바탕으로 추론해보면, 17세기나 그보다 조금 이른 시기에 몽골과 만주의 주민들은 페스트에 감염되지 않는 효과적인 방법을 터득하게 되었다. 그렇지 않았다면 만주족은

1640년대에 중국을 정복하지 못했을 것이다. 이 사건은 13세기 몽골 제국의 침략에 맞먹는 것으로, 만주족의 새로운 왕조가 지속되기 위해서는 잘 훈련된 대규모의 군사력, 곧 '팔기군'(八旗軍)의 존재가 필수적이었다.

이와 동시에 몽골과 티베트에서는 새로운 종교적·정치적 운동이 17세기부터 활발해져, 라마 불교에서 유래한 이른바 '황모파'(黃帽派)가 등장하게 되었다. 그 결과 새롭게 재편된 유목민 사회는 상당한 세력을 갖추게 되었으며, 1650년대부터 청나라 만주족 지배자들의 골칫거리로 떠올랐다. 마침내 만주족은 중국의 방대한 자원을 이용해 정복사업에 나서 티베트와 몽골을 자신의 제국에 편입시켰다. 하지만 여기에는 많은 노력이 요구되었으며, 천연두가 발생해 칼미크족*을 주축으로 마지막까지 항전하던 초원지대 연합군을 붕괴시킨 1757년에야 중국군은 최종적인 승리를 거둘 수 있었다.

이런 정치적·군사적 사실은 17세기 중반에 동부 초원지대의 유목민이 중국의 정착사회에 대항하는 그들의 전통적인 역할을 수행할 정도로 인구를 회복해서 유지하고 있었음을 암시한다. 물론 어떻게 유목민이 세력을 되찾았는지는 알 수 없다. 그러나 이미 살펴보았듯이 국제의학조사단이 페스트균의 생태를 발견하고 그 균과 만주 및 몽골 지역의 혈거성 설치류와 마멋, 사람의 관계를 연구하던 무렵이면, 이미 효과적인 민간요법이 개발되어 사람들이 페스트에 감염되는 경우가 드물어졌다. 이런 민간요법이 17세기(또는 그 이전)부터 존재했다고 가정한다면, 동부 초원지대의 유목민이 정치적·군사적·종교적 발전력을 되찾게 된 사정을 충분히 이해할 수 있다.

반면에 이슬람교의 영향 아래 있던 서부 초원지대의 유목민은 페스

---

* 카스피 해 북서안의 칼미키야 공화국에 거주하는 몽골족.

트를 불가피한 것으로 받아들였다. 또한 이들은 동부 초원지대에 서식하는 것과는 종류가 다른 설치류를 상대해야 했으므로, 페스트를 예방하는 적절한 민간요법을 만들어내기가 더 어려웠을 것이다. 어쨌든 동유럽에서는 근세 이후 20세기까지 페스트가 자주 발생했다. 이와 비교해볼 때 극동에서 근래에 페스트가 발생한 것은 앞서 지적했듯이 새로운 개척지에 이주해 온 한족이 멋도 모르고 유목민의 관습적인 예방수칙—주의 깊게 준수할 경우 인간을 감염으로부터 보호해줄 수 있는—을 무시한 결과였다.

13~15세기에 스텝지대의 인구를 대폭 감소시켰던 파괴적인 질병들에 뒤이어, 두 가지 주목할 만한 사건이 발생했다. 그 하나는 1499년에 유럽의 항해가들〔바스코 다 가마 일행〕이 아프리카를 거쳐 아시아로 가는 항로를 개발함으로써 유럽과 다른 문명의 중심지들을 연결하는 해상교역망이 열렸다는 것이다. 이때부터 중국의 물품을 유럽에 실어나르고 유럽의 상품을 중국으로 들여오는 가장 저렴한 방법은 스텝지대의 대상교역로가 아니라 해상교역로를 이용하는 것이었다. 육로를 통해 물자를 운송할 이유가 없어지면서 초원지대의 경제가 부흥할 수 있는 기반도 무너져 내렸다. 이어서 17세기에 뛰어난 성능을 지닌 권총이 개발됨에 따라, 초원지대 기병대의 전통적인 궁수(弓手)들은 잘 훈련된 보병대의 적수가 되지 못했다. 이런 상황이 전개되자 농업에 기반을 둔 안정된 주변 제국들이 앞다투어 유라시아 대초원의 분할에 참여했는데, 그 최대 수혜자는 러시아와 중국이었다.[78]

그러므로 유라시아 대륙에서 선페스트의 분포상황이 변하면서 초원지대에 기반을 둔 사회가 해체되었다고 가정하는 것도 무리는 아니다. 그러나 이런 견해를 실증할 수 있는 문헌이 발견될 가능성은 매우 낮다. 그래도 고대 언어에 정통하고 문제의식을 가진 학자들이 중국·이슬람·인도의 고문헌을 꼼꼼히 검토한다면, 유럽의 그것에 못지않게 이들 사회의 인구변동과 질병의 역사를 복원할 수 있는 기반이 마련될 것이다. 하지만 그러한 고된 작업은 아직 시작되지도 않았기 때문에, 18세기 이전 중국을 제외한 아시아 국가들의 인구사에 대한 일반적인 진술은 그 근거가 박약하다. 심지어 중국의 경우에도 1200년에서 1400년 사이에 인구가 반으로 격감한 현상에 질병이 얼마나 영향을 미쳤는지 판단하기 위해서는 지방지를 연구하는 작업이 선행되어야 한다.

초원지대에 새로 형성된 페스트의 감염원으로부터 멀리 떨어져 사는 사람일수록 질병 패턴의 변화에 별다른 반응을 보이지 않았다. 예컨대 오래전부터 만성적으로 페스트에 감염되어 있던 혈거성 설치류 집단의 본거지인 인도는 북쪽에서 몽골인이 만들어낸 변화에 별로 영향을 받지 않았다. 더욱 멀리 떨어져 있던 사하라 남쪽의 아프리카에서도 사정은 마찬가지였다. 이들 지역에서는 페스트가 배를 통해 인도양과 인접 지역에 처음 발을 들여놓았던 오랜 옛날부터 페스트를 견딜 만한 수준으로 억제해주는 습속과 관행이 확립되어 있었을 것이다. 결과적으로 이집트를 경유해 북쪽에서 침투했거나 다른 경로를 통해 전파된 페스트균에 노출되었다 하더라도 이미 페스트를 경험한 바 있는 아프리카나 인도의 주민들은 별다른 피해를 보지 않았을 것이다. 따라서 14세기에 인도의 인구가 크게 감소했다는 특별한 징후가 발견되지 않는 것은 어찌 보면 당연하다. 그러나 관련 문헌이 거의 없기 때문에 이런 추론이 특별한 의미를 갖지는 못한다. 1200년부터 1700년 사이에 인도나 동아프리카에 페스트가 존재했던 것은 분명하지만 그 영향이 얼마나 심각했는지는 아무도 모른다.

몽골 제국이 13세기에 만들어낸 새로운 교류 패턴의 전반적인 파급 효과는 기원후 첫 몇 세기에 일어났던 현상의 재판이다. 다시 말해 유럽과 중국에서 나타났던 대규모 전염병과 이에 따른 군사적·정치적 소요는 기원 초기와 14세기에 극동과 서유럽의 인구를 격감시켰다. 그러나 이 두 문명권 사이에 위치한 지역에서는 전염병사와 인구사를 복원할 길이 없다. 기원 초의 몇 세기 동안은 다양한 전염병이 유행했으며, 특히 유럽의 경우 인구를 회복하는 데 오랜 시간이 걸렸다. 반면에 14세기에는 페스트라는 하나의 전염병 때문에 유럽 각지에서 인구가 급격히 감소했으나, 유럽과 중국의 인구는 과거에 비해 빠른 속도로 회복되었으며, 15세기 중반 이후 구세계의 양대 문명권에서 인구는 다시 증가세로 돌아섰다. 모스크바 대공국과 오스만 제국처럼 초원지대의 페스트 감염원에 인접한 국가에서도 16세기부터(어쩌면 그 이전부터) 인구가 뚜렷이 증가하기 시작했다.[79]

이와 같은 인구 증가세가 한계에 도달하기 전에 유럽인이 신대륙을 발견함으로써 생태적·역학적 균형이 무너지는 새로운 사태가 전개되었다. 이런 사태가 야기한 급격하고 극적인 역학적 결과를 고찰하는 것이 다음 장의 주제이다.

5 대양을 뛰어넘은 질병의 교환: 1500~1700년

앞선 장들에서는 신세계의 질병경험에 대해 별로 논의하지 못했다. 설명이 구세계에 치우칠 수밖에 없는 것은 신세계의 경우 문자기록이 거의 없고, 아메리카 대륙 원주민 유적지에서 나온 유골에 대한 의학적 연구성과도 미미하기 때문이다. 스페인인에 의해 신세계와 구세계 간의 전면적인 질병 교환이 개시된 후 발생한 사태를 돌이켜보면 아메리카 인디언은 콜럼버스가 도착하기 전에는 그다지 많은 질병에 노출되지 않았던 게 분명하다. 만약 일부의 주장과 달리 매독이 아메리카 인디언으로부터 유래한 것이 아니라면, 신세계의 주민들은 유럽이나 아프리카의 침입자들을 감염시킬 만큼 심각한 미지의 전염병을 갖고 있지 않았던 셈이다. 반면에 유럽과 아프리카 주민이 약 4천 년이라는 오랜 문명의 역사를 통해 조금씩 체험해왔던 수많은 질병에 갑자기 노출된 아메리카 원주민은 인구가 급감하는 재앙을 당했다.

이런 불균형의 이유는 간단하다. 구세계의 규모와 생태학적 복잡성에 견주면 신세계는 하나의 거대한 섬에 지나지 않았다. 유라시아와 아프리카의 동식물은 넓은 땅덩이에 존재하는 광범위한 생태적 조건에 적응하느라 고도로 진화했다. 결과적으로 유럽인이 아메리카 대륙에 들여온 동식물은 아메리카 자생종을 대체하기 일쑤였고 기존의 생태적 균형을 극심하게 교란시켜 적어도 초창기에는 매우 불안정한 상태가 지속되었다. 예컨대 보통사람들은 켄터키의 잔디, 민들레, 데이지처럼 오늘날 북아메리카의 자연계에서 흔히 볼 수 있는 식물이 모두 구세계에서 건너온 것이라는 사실을 잘 모른다. 마찬가지로 수입산 돼지, 소, 말 등의 가축은 신세계에서 거대한 야생동물 무리로 성장해 채소를 짓밟고 지표면을 심하게 손상시켰다.[1] 아메리카 대륙의 식용식물은 1500년 이후 유럽·아시아·아프리카 주민의 식생활에서 상당한 비중을 차지하게 되었지만, 아메리카의 토착생물이 야생상태에서 구세계의 생물과 경쟁해 살아남은 경우는 거의 없었다. 물론 예외가 없었던 것은 아니다. 예를 들어 진디의 일종으로 아메리카 원산인 포도뿌리혹벌레는 1880년대에 유럽의 포도밭을 거의 황폐화시켰다.

그러므로 아메리카 원주민의 질병경험이 일천했다는 것은 좀더 광범위한 생물학적 취약성의 일면에 지나지 않지만, 인간의 생명에는 대단히 무서운 결과를 초래했다. 콜럼버스가 도착하기 전에 아메리카의 질병상태가 어떠했는지에 대한 정확한 지식을 얻기는 어렵다. 콜럼버스 이전 시대의 인골에서 일종의 감염증 때문에 생긴 것으로 보이는 손상이 발견되는데, 매독이 아메리카에서 유래했다는 사실을 입증하려는 의학자들은 흔히 이 손상을 매독과 관련된 것으로 해석한다. 그러나 이런 주장에는 문제가 많다. 미생물들이 뼈를 공격하는 방식은 매우 유사하며, 이런 침입에 대한 조직반응 역시 병원체에 상관없이 엇비슷하기 때문이다.[2] 콜럼버스 이전 시대의 매장지에서 장내 기생충과 원충류가 존재했다는 확실한 증거가 나왔지만, 그렇다 하더라도 기생충의 종류는 구세계에 비해 그리 다양하지 않았다.[3]

아스테카의 고문서에는 질병이 유행하여 사람들이 죽었다는 기록이 나오지만, 이는 기근이나 흉년과 관련된 것이지 구세계의 경우처럼 사람에서 사람으로 병을 옮기는 감염사슬이 존재했기 때문은 아닐 것이다. 게다가 질병으로 인한 재난은 오랜 간격을 두고 나타났는데, 현재 남아 있는 고문헌에는 단 세 차례의 재난이 언급되어 있을 뿐이다.[4] 스페인이 아메리카를 정복한 뒤에 나이든 원주민들의 이야기에 따르면 그들이 젊었을 때는 어떤 형태의 질병도 존재하지 않았다고 한다.[5] 따라서 멕시코와 페루의 거주지는 규모나 인구밀도 면에서 전염성 병원균이 기본적인 감염사슬을 유지할 수 있는 경계를 넘어서 있긴 했지만, 원주민 공동체가 질병으로 고통받는 일은 거의 없었던 것 같다. 이런 점에서 아메리카 인디언 문명은 고대 수메르나 이집트와 유사한 점이 많고 16세기 스페인이나 아프리카처럼 많은 역병을 경험해서 저항력이 강해진 공동체와는 달랐다고 할 수 있다.

멕시코와 페루의 주요 주거지에서 사람에서 사람으로 감염되는 질병의 사슬이 유지될 정도로 인구가 늘어난 후 여러 세기(어쩌면 천년 이상)가 흐르는 동안에도 그러한 질병이 뿌리를 내린 흔적은 찾아볼 수 없다. 이런 현상은 아메리카 원주민이 사육하던 가축이 일정 규모 이상의 인간집단에게 병원균을 옮길 수 있는 가축성 감염증을 앓고 있지 않았던 데 기인한 듯하다. 구세계에서는 동물이 사람에게 질병을 전파하는 경우가 허다했다. 유라시아 대륙의 초원이나 삼림지대에 흩어져 살던 야생 소나 말은 그 수가 많았을 뿐 아니라 야생상태에서 한데 무리를 이루고 살았기 때문에 중간숙주를 거치지 않고도 자기들끼리 병을 주고받으며 감염증을 계속 보유하고 있었다. 이와는 대조적으로 안데스 고산지대의 야생 라마와 알파카는 뿔뿔이 흩어져 소규모 집단을 이루고 살았다. 이들은 수도 적고 고립되어 있었던 탓에 자연상태에서 감염증을 유지할 수 없었다. 아메리카 원주민의 독특한 가축이었던 기니피그의 조상이 야생상태에서 어떻게 살았는지는 잘 알려져 있지 않다. 인류가 오래전부터 길들여왔던 개는 오늘날 많은 감염증을 인간과 공유하지만, 야생상태에서는 비교적 작은 규모의 고립된 집단으로 존재했다. 따라서 아메리카 원주민이 사육한 동물은 최초로 이 대륙에 들어왔던 수렵군단들과 마찬가지로 문명화된 질병의 특징인 감염의 사슬을 유지할 수 없었다.(단 기니피그는 예외적으로 사람에게 감염증을 옮겼을 수도 있다.) 이로 말미암아 구세계와 접촉하게 된 멕시코와 페루의 원주민은 유럽과 아프리카에서 흔히 발견되는 소아병 때문에 많은 희생을 치를 수밖에 없었다.[6]

전염병으로 인한 재난이 그토록 심각했던 것은 유럽인이 아메리카 대륙을 발견할 즈음 멕시코 중부와 잉카 제국의 중심부에 많은 사람이 모여 살았다는 것을 반증한다. 아메리카 대륙에서 가장 중요한 작물이었던 옥수수와 감자는 쌀을 제외한 구세계의 어떤 작물보다도 단위면적당 칼로리 생산량이 많았다. 따라서 아메리카는 동아시아의 벼농사 지역을 제외하면 구세계의 어느 지역보다도 일정 면적의 농경지에 더 많은 인원을 수용할 수 있었다.

더욱이 아메리카 원주민의 전통적인 옥수수 조리법은 옥수수 위주의 식사에서 생기기 쉬운 영양학적 문제를 예방해주었다. 옥수수 낟알을 석회수에 담가 두면 옥수수의 일부 분자가 파괴되면서 인간이 소화 흡수를 할 때 옥수수에 없는 비타민이 합성된다. 이렇게 처리하지 않고 옥수수를 주식으로 삼으면 니코틴산 결핍증에 걸린다고 한다. 펠라그라*라 불리는 이 결핍증은 옥수수를 경작하는 유럽과 아프리카 주민들을 무기력하게 만들기도 했다. 그러나 인구가 너무 밀집해 사냥이 불가능해진 지역에 살던 아메리카 원주민은 '가공한 옥수수 낟알'을 주식으로 섭취하고 부족한 영양분은 콩으로 보충함으로써 펠라그라에 걸리지 않았다.[7]

스페인인들이 침입해서 모든 것을 송두리째 흔들어놓기 전부터 멕

---

* 비타민 B군의 부족으로 생기는 영양장애로 치매, 피부염, 설사 등의 증상을 보인다. 균형 잡힌 식사를 하는 지역에서는 거의 발생하지 않으며, 곡류를 주식으로 하는 곳에서 흔한 질병이다.

시코와 페루의 생태계는 신음하고 있었다. 멕시코에서는 토양의 침식이 이미 심각한 상태였고, 페루의 해안가 관개농지 일부에서는 토양에 염분이 늘어나 피사로가 등장하기 전부터 인구가 감소하고 있었다.[8] 모든 정황을 종합해보면, 스페인인이 당도할 무렵 멕시코와 페루에서는 인구증가의 압박 때문에 이용 가능한 경작지가 바닥났던 것 같다. 더구나 가축의 수도 그리 많지 않았던 탓에 구세계와는 달리 농산물의 총생산량에서 인간이 직접 소비하는 양을 빼고 나면 남는 것이 별로 없었다. 유라시아 대륙에서는 가축이 식량 공급원 노릇을 톡톡히 했다. 다시 말해 흉년이 들거나 다른 사정으로 식량위기가 발생하면 가축을 도살해 먹음으로써 위기를 모면할 수 있었다. 또한 인구가 과잉상태에 이르면 목초지를 농경지로 전환해 적어도 당장의 문제는 해결할 수 있었다. 그러나 가축이 사람의 식생활에서 차지하는 비중이 미미했던 아메리카 대륙에는 그와 같이 완충작용을 해주는 존재가 없었다.

이런 여러 가지 요인이 작용했던 탓에, 아메리카 원주민은 스페인인과 아프리카인이 바다를 건너 가져왔던 병원균에 근본적으로 취약했다. 전염병이 초래한 참화의 규모는 최근에 와서야 명백히 밝혀졌다. 전반적으로 아메리카 원주민의 인구를 낮게 추정했던 제2차 세계대전 이전의 학설들은 콜럼버스가 히스파니올라 섬*에 상륙했을 당시 약 800~1,400만 명 정도가 살고 있었다고 보았다.[9] 하지만 공물목록에 대한 표본조사, 선교사들의 보고서, 정교한 통계적 분석 등에 바탕을 둔 최신 자료에 따르면, 스페인의 정복 직전 아메리카 원주민의 인구는 과거 추정치의 10배가 넘는 1억 명 정도로 추산된다. 이 중 2,500~3,000만 명은 멕시코 문명권에 거주했고, 안데스 문명에도 비슷한 수의 인구가 살았으리라 추정된다. 이 두 문명 사이에 위치한 나머지 중

---

* 카리브 해 서인도제도의 중앙에 있는 섬으로, 현재 섬의 서부에는 아이티 공화국이, 동부에는 도미니카 공화국이 있다. 에스파뇰라 섬이라고도 한다.

앙아메리카 지역의 인구밀도도 제법 높았을 것이다.[10]

그렇게 많던 인구는 급격히 감소하기 시작했다. 코르테스의 정복을 계기로 원주민과 유럽인이 질병을 비롯한 각종 교환을 개시한 후 50년도 채 되지 않은 1568년에 멕시코의 인구는 코르테스가 상륙하던 당시의 10%에 불과한 300만 명으로 줄어들었다.[11] 그 후 감소세가 다소 둔화되긴 했지만 50년 동안 인구는 계속 줄어들어 1620년에는 약 160만 명이라는 최저치를 기록했다. 그 후 약 30년 동안 인구는 회복세에 접어들지 못했으며, 18세기에 이르기까지 이 지역의 인구는 아주 조금씩 늘어났을 뿐이다.

남북아메리카의 다른 지역에서도 원주민 사회가 급속히 붕괴되었으며, 이런 현상은 20세기까지 계속되었다. 고립되어 살아왔던 변방의 부족들이 외부세계와의 접촉을 통해 육체와 정신을 파괴하는 각종 전염병에 노출될 때마다 재난은 어김없이 찾아들었다. 근래의 역사를 보더라도 무자비한 그 과정이 불가항력의 것임을 잘 알 수 있다. 1903년 남아메리카의 인디언 부족인 카야포족(族)은 한 명의 선교사를 받아들였는데, 그 선교사는 자신의 신자들을 문명세계의 악과 위험으로부터 보호하고자 온갖 노력을 아끼지 않았다. 그가 처음 도착했을 때는 6,000~8,000명의 건강한 부족민이 살고 있었으나, 1918년에는 500명만이 살아남았다. 1927년에는 겨우 27명이 살아 있었고, 1950년에 이르면 카야포족의 혈통을 물려받았다는 두세 명을 제외하고 부족은 완전히 소멸했다. 이 선교사는 외부세계와의 접촉을 통해 질병이나 각종 위험요소가 유입되지 않도록 온갖 정성을 쏟았지만, 카야포족의 재난을 막을 수는 없었다.[12]

이처럼 회복이 불가능할 정도로 급속하게 인구가 감소한 사례는 얼마든지 있다. 1942~1943년에 알래스카 간선도로가 개통되자 외딴 인디언 공동체 한 곳은 1년 사이에 홍역·풍진·이질·백일해·유행성 이하선염·편도선염·수막염·카타르 황달 등에 감염되었다. 다행히 근대적 설비를 갖춘 병원에 재빨리 공수한 덕에 환자 130명 중 7명만 사망했다. 이보다 1세기쯤 앞선 1837년, 고원지대에 살던 만단족(族)이 수족(族)에게 포위당한 채 막사 두 곳에서 버티고 있을 때 전염병이 발생했다. 그 결과 2천 명 정도였던 만단족의 수는 몇 주일 만에 30~40명으로 줄어들었고, 생존자들마저 곧 적에게 생포됨으로써 만단족은 흔적도 없이 사라져버렸다.[13]

전세계적으로 인구가 증가하는 시대에 살고 있는 우리로서는 그러한 참사를 상상하기 어렵다. 만단족이나 카야포족처럼 집단 자체가 완전히 사라진 경우는 아니더라도, 멕시코와 페루에서 120년 동안(곧 5~6세대 사이) 90%나 인구가 감소했던 현상은 적지 않은 심리적·문화적 파장을 몰고 왔다. 엄청난 재앙 앞에서 기성 제도와 종교에 대한 믿음은 쉽게 무너졌을 것이며, 예로부터 물려받은 각종 기술과 지식도 사라졌을 것이다. 이에 따라 스페인인은 자신들의 문화와 언어를 신세계에 이식할 수 있었으며, 과거에 수백만 명의 원주민이 고유한 기준과 관습에 따라 생활해왔던 지역에서조차 스페인의 문물이 규범으로 자리 잡게 되었다.

인구감소가 야기한 또 다른 문제는 노동력 부족과 경제적 퇴보였다. 이런 와중에 사회질서를 유지하기 위해서는 강제로 노동력을 동원하고, 질병의 피해가 집중된 도시의 노동력을 농촌으로 분산시키는 각종 제도적 조치가 불가피했다. 이런 면에서 로마 말기의 제도와 17세기 멕시코의 제도는 신기할 정도로 비슷한 점이 많은데, 이는 스페인이 로마법을 계승했다는 사실만으로는 제대로 설명하기 어렵다. 지주나 조세징수자들은 자신들이 기생하는 주민의 인구가 급격히 줄어드는 현상에 직면했을 때 필연적으로 동일한 반응을 보였고, 그것이 말기의 로마 제국과 17세기 스페인 제국에서 일어났던 것으로 보인다.

따라서 로마 말기의 강제노동 제도와 멕시코의 노예노동*이 법적 형태는 달라도 내용 면에서 거의 흡사했던 것은 결코 우연이 아니다. 로마 말기에 장원이 발흥했듯이 17세기 멕시코에서는 아시엔다(대농장)가 등장했다. 이와 함께 양 사회에서는 오래된 중심도시의 주민이 대거 농촌으로 빠져나갔다. 물론 차이도 있었다. 로마는 국경지대를 방위해야 하는 심각한 문제에 봉착했지만, 신세계의 스페인 제국은 바다를 통한 잠재적 침략에만 대비하면 충분했으므로 국경을 지키는 데 필요한 군사비용을 상당히 절감할 수 있었다. 한편 아메리카 원주민이 구세계의 각종 감염증에 집중적으로 노출되면서 크나큰 희생을 치른 것에 비한다면 로마인이 겪은 전염병의 피해는 작은 편이었다. 결과적으로 로마 당국이 노동력을 끌어냈던 주민은 신세계에서 스페인 제국의 강제노역에 차출되던 원주민들처럼 급격히 쇠망하지 않았다.

아메리카 원주민 공동체들이 파괴된 데는 사기가 땅에 떨어진 원주민들이 삶의 의욕을 상실했다는 점도 크게 작용했다. 갓난아이를 돌보지 않고 죽게 내버려 두는 일이 다반사였고, 자살하는 사람들마저 속출했다는 것은 인디언들의 당혹감과 절망감이 얼마나 심각했는지를 단적으로 보여준다. 유럽인의 군사행동과, 대규모 공사를 위해 강제로 징집한 노동력에 대한 학대도 전통적인 사회구조를 뿌리째 뒤흔들었을 것이다. 그러나 폭력이나 잔혹행위가 아메리카 인디언의 인구를 격감시킨 주된 요인은 아니었을 것이다. 사실 잠재적인 조세납부자와 노동력이 줄어드는 것은 스페인이나 다른 유럽인에게도 득이 되지 않는다. 원주민 사회를 파멸시킨 원흉은 분명히 전염병이었을 것이다.

전염병과의 첫 만남은 천연두가 히스파니올라 섬에 당도해 원주민을 무참히 공격했던 1518년이었다. 스페인의 역사가 라스 카사스에 따

* peonage. 채무변제를 명목으로 한 비자발적 강제노동의 형태.

르면, 이때 살아남은 자들은 겨우 1천 명 정도였다고 한다. 히스파니올라 섬에서 시작된 천연두는 1520년 멕시코에 상륙했는데, 코르테스와 내통했던 해안의 틀락스칼라 동맹군뿐 아니라 코르테스를 공격했던 아스테카군에게도 영향을 미쳤다. 이 전염병이 육로를 통해 전파된 과정을 구체적으로 밝히기는 어렵다. 그렇지만 코르테스가 퇴각한 지 약 넉 달 뒤 테노치티틀란〔오늘날의 멕시코시티〕에서 발생한 천연두는 스페인군을 공격했던 자들에게 내리는 신의 징벌처럼 보였을 것이다. 그 결과 코르테스가 멕시코의 심장부로 되돌아왔을 때 호수 근처에 살던 아스텍인들은 그를 따르기로 결정했다. 이는 매우 중요한 사건이었다. 코르테스가 이끄는 스페인군이나 해안의 인디언 동맹군은 그 수가 부족했던 탓에 관습적으로 테노치티틀란에 식량을 공급해왔던 주변 공동체들의 협력 없이는 도시를 함락할 수 없었기 때문이다. 몬테수마 휘하의 남은 병력들이 필사적으로 저항했지만, 호반의 주민들이 자신들의 조국을 저버리는 순간 아스테카의 운명은 결정된 것이나 마찬가지였다.

만약에 그때 천연두가 발생하지 않았다면 코르테스 원정군의 승리는 더욱 힘겨웠을 것이며 어쩌면 불가능했을지도 모른다. 피사로의 페루 침략도 마찬가지였을 것이다. 멕시코에서 발생한 천연두는 아스테카 영토 내에서만 기승을 부린 것이 아니었기 때문이다. 천연두는 1520년에 과테말라로 퍼져 나갔고, 계속 남하하여 1525년 또는 1526년에 잉카 제국까지 침범했다. 그 결과는 아스테카에서 일어났던 것만큼이나 극적인 것이었다. 당시 잉카 제국의 왕은 수도를 벗어나 북쪽에서 군대를 지휘하던 도중 천연두로 죽었고, 왕위 계승자마저 사망해 적통을 이을 후계자가 없어져버렸다. 결국 내란이 일어나 잉카 제국의 정치구조가 결정적인 위기에 처했을 때, 피사로와 그 일당이 쿠스코에 도착해 보물을 약탈해 갔다. 이들은 이렇다 할 군사적 저항도 받지 않았다.

이런 현상과 관련해서 두 가지 점을 강조할 필요가 있다. 첫째, 스페인 사람들은 물론 원주민들도 전염병이란 신이 내린 무서운 징벌이라고 믿어 의심치 않았다. 역병을 신의 노여움으로 해석하는 것은 구약성서를 비롯한 그리스도교 전통에 스며들어 있는 고정관념을 스페인인이 물려받은 것이었다. 치명적인 일련의 전염병을 전혀 경험해본 적이 없었던 아메리카 원주민은 그 생각에 동의할 수밖에 없었을 것이다. 원주민의 종교 역시 신들이 초인적인 힘을 지니며 인간에 대한 노여움을 행동으로 나타내기도 한다고 설파하고 있었다. 따라서 원주민이 전대미문의 재난을 몰고 왔던 전염병의 원인을 초자연적인 힘에서 찾으려 한 태도는 지극히 자연스러운 것이었다. 다시 말해 원주민이 보인 반응은, 너무 당황한 나머지 넋이 나가버린 그들에게 파국에 대한 그리스도교의 해석을 강요했던 스페인 선교사들의 노력과는 무관한 것이었다.

　둘째, 스페인인은 아메리카 원주민에게 가공할 위력을 떨쳤던 이 전염병에 면역이 되어 있었다. 대부분의 스페인인은 어렸을 때 이 병에 감염되어 실질적인 면역력을 갖게 되었던 것이다. 양측이 역병의 원인을 똑같이 해석했다면, 신이 일방적으로 침략자들만 두둔하는 현상이 의미하는 바는 뻔한 것이었다. 그리스도 교도들의 하느님뿐 아니라 아스테카의 신들마저도 백인 침략자들의 모든 행위를 인정해주는 것처럼 보였다. 도덕성이나 신앙심이 의심되는 백인들에게 마냥 은총을 베푸는 신이 원주민에게만 가혹한 벌을 가하는 이해할 수 없는 현실 앞에서, 스페인이 지배하는 아메리카 대륙 개종자들의 도덕적·종교적 생활을 담당하게 된 그리스도교 선교사들조차 고뇌에 빠지곤 했다.

　아연실색한 원주민들로서는 스페인의 우월성을 받아들일 수밖에 없었다. 비록 그 수도 적고 행동도 잔인하고 비열했지만 스페인인은 우세했다. 전통적인 권력구조는 무너졌고, 원주민들은 오랫동안 숭배해

온 신들을 저버렸다. 이런 분위기는 집단개종으로 이어졌고, 선교사들은 이를 자랑스럽게 기록했다. 성직자, 총독, 지주, 광산주, 조세징수자 등 하얀 피부를 가진 이들이 목청을 높여 명령하면 순순히 복종해야만 했다. 신과 자연의 섭리가 한결같이 원주민의 전통과 신앙을 저버리는 마당에 저항할 무슨 근거가 남아 있겠는가? 스페인이 불과 수백 명의 군사로 수백만 명이 살고 있던 광활한 지역을 손쉽게 정복하게 된 사실을 달리 설명할 수는 없을 것이다.

인구의 약 3분의 1을 희생시킨 천연두가 창궐한 후에도 역학적 안정은 이루어지지 않았다. 천연두에 뒤이어 1530~1531년에는 멕시코와 페루에 홍역이 번졌다. 이 질병에 노출된 적이 없어 저항력이 없었던 동시에 인구밀도가 높아 감염사슬을 유지할 수 있었던 원주민 집단에서는 많은 사람이 희생되었다. 15년 후인 1546년에는 또 다른 전염병이 찾아왔는데, 이 병의 정체가 무엇이었는지는 분명치 않지만 아마 발진티푸스였을 것이다.[14] 발진티푸스는 당시 유럽인에게도 새로운 질병이었던 것 같다. 이 병의 증상에 대해 최초로 분명한 기록을 남긴 의학자들은 1490년에 스페인에서 전투 중이던 군대에서 발생한 것이 발진티푸스의 시초라고 생각했다.[15]

따라서 1546년에 아메리카 대륙에서 유행한 전염병이 발진티푸스였다면, 아메리카 원주민도 구세계의 주민에게 영향을 미치고 있던 전염성 질병을 함께 경험하기 시작했던 셈이다. 이런 현상은 1558~1559년에 인플루엔자가 아메리카 대륙을 휩쓸면서 명백해졌다. 이 전염병은 1556년에 유럽에서 발생해 1560년까지 유행하면서 대서양 양쪽에서 많은 인명을 앗아갔다. 한 통계에 따르면 인플루엔자로 인해 잉글랜드에서는 전체인구의 20% 정도가 사망했다.[16] 유럽의 다른 지역에서도 비슷한 수준의 인명손실이 있었다. 1550년대의 인플루엔자가 1918~1919년에 나타났던 인플루엔자처럼 정말 전세계적으로 유행한 현상이었는지는 분명치 않다. 다만 일본의 기록을 보면 1556년에 '해역'(咳逆)이 발생해 "수많은 사람이 죽었다"고 한다.[17]

16세기부터 아메리카 원주민이 유라시아 대륙에서 유행 중인 전염성 질병의 영향권 안에 포섭되었다고 해서 바다를 건너 들어오는 다른 감염증들의 피해에서 벗어났던 것은 아니다. 구세계에서 풍토병으로 정착한 사소한 질병도 후천적 면역력을 전혀 갖추지 못한 신세계 주민에게는 치명적인 전염병이 되는 경우가 많았다. 16세기와 17세기 내내 디프테리아와 유행성 이하선염, 그리고 두 가지 치명적인 전염병인 천연두와 홍역이 간헐적으로 계속 발생했다. 종전까지 고립되어 있던 지역이나 집단이 외부세계와 자주 접촉하게 되면, 반복적인 감염증의 주기에 탄력이 붙어 무기력한 주민들을 무더기로 희생시켰다. 예를 들어 바하칼리포르니아*에서는 전염병이 발생했다는 기록이 처음 등장하는 17세기 말부터 급격하게 인구가 감소했다. 80년쯤 지나자 인디언들을 보호하려는 스페인 선교사들의 정성 어린 노력에도 불구하고 인구의 90% 이상이 사라졌다.[18]

물론 유럽인이 기록을 남기지 않은 지역에서는 질병과 인구감소의 관계를 정확히 추적하기 어렵다.[19] 유럽인과의 본격적인 접촉이 이루어지기 전에 전염병이 먼저 상륙한 경우도 있었을 것이다. 사람들이 별로 살지 않던 북부와 남부에서도 그런 현상이 발견된다. 프랑스인은 오늘날의 노바스코샤 위치에 있던 포트로열에 주둔지를 설치했는데, 이 덕분에 우리는 1616~1617년에 매사추세츠 만 일대에 역병이 크게 유행했다는 사실을 알 수 있다. 영국인뿐만 아니라 원주민들도 이 사건을 3년 뒤 신세계에 건너올 영국의 퓨리턴 이주자들을 위한 신의 정지작업이라고 생각했다. 그 후 1633년부터 천연두가 기승을 부리자

---

* Baja California(영어 지명은 Lower California). 멕시코 북서부에 있는 반도.

식민지 개척자들은 신의 뜻이 인디언과 싸우고 있는 자신들 편에 있다고 확신하게 되었다.[20]

캐나다와 파라과이에서 활동하던 예수회 선교사들의 기록에도 비슷한 체험담이 많이 나온다. 남북아메리카 오지의 소규모 공동체들도 인구밀도가 높은 멕시코나 페루와 마찬가지로 유럽의 감염증에 취약했다. 다만 인구가 적었던 탓에 한 곳에서 감염의 사슬이 오래 유지될 수는 없었다. 1699년에 한 독일인 선교사가 남긴 말은 되뇔 만하다. "인디언들은 너무도 쉽게 죽어갔기 때문에 마치 스페인인의 모습과 냄새가 그들의 영혼을 빼앗는 것 같았다."[21] '냄새' 대신에 '입김'이라고 말했다면 더욱 정확한 표현이었을 것이다.

아메리카 인디언이 직면한 것은 연이어 발생한 치명적인 유럽의 질병만이 아니었다. 신세계의 열대지역은 아프리카의 감염증 몇 가지가 뿌리를 내리는 데 적합한 기후조건을 갖추고 있었는데, 그런 감염증은 아프리카 대륙에 침입한 이방인들의 건강을 위협하던 것이었다. 그 가운데 신세계에 뿌리를 내린 두 가지 중요한 질병은 말라리아와 황열병이었다. 이 둘은 신대륙의 열대 및 아열대 지방에서 사람들의 주거 및 생존 양식에 결정적인 영향을 미쳤다.

치사율이 높은 열병들은 초창기에 신세계에 정착한 유럽인을 괴롭히기도 했다. 예컨대 1496년에 콜럼버스는 히스파니올라 섬에 있던 본거지를 좀더 위생적인 장소로 옮겨야 했다. 탐험가들이나 입식자들이 겪어야 했던 이런저런 재앙은 유럽인의 배가 대서양을 건너기 전부터 아메리카 대륙에 말라리아나 황열병 같은 질병이 있었다는 증거로 제시되기도 한다. 그러나 대부분의 재앙은 현지에서 식량을 조달해야 하는 원정에 뒤따르기 십상인 극도의 영양부족 현상으로 설명될 수 있다.[22] 또한 콜럼버스 도착 이전에 아메리카 대륙에는 말라리아나 황열병이 존재하지 않았다는 것을 분명히 보여주는 몇 가지 증거가 있다.

말라리아의 경우 가장 설득력 있는 주장은 말라리아 내성에 관련된 유전적 특성의 분포를 연구한 결과에 바탕을 둔다. 아메리카 원주민은 말라리아 내성에 관련된 유전적 특질을 전혀 지니고 있지 않다. 또한 신세계의 야생 원숭이를 감염시키는 말라리아 병원체는 인간의 혈액으로부터 이행된 구세계의 병원체와 동일한 것으로 보인다. 아프리카에서 일어났던 말라리아 원충의 놀라운 세분화는 아메리카에서는 발견되지 않고, 그 결과 각양각색의 말라리아 원충이 서로 다른 종의 숙주를 감염시키며 상이한 종류의 모기를 대체숙주로 삼는 현상도 나타나지 않는다. 이런 사실로 미루어볼 때 말라리아는 아메리카 대륙에 새로 들어온 질병이었으며, 콜럼버스 이전에는 사람이나 원숭이가 말라리아 기생체를 보유하고 있지 않았음이 거의 확실하다.[23]

스페인 침략 초기의 문서기록도 이런 견해를 뒷받침한다. 예를 들어 1542년 아마존 일대를 조사하던 스페인 탐험대는 원주민의 습격으로 3명, 기아로 7명의 대원을 잃었다고 하는데, 여기에 열병에 관한 언급은 없다. 1세기 후 또 다른 탐험대가 아마존 강을 거슬러 올라가 안데스 계곡에 있는 키토〔에콰도르의 수도〕에 도달했는데, 이 여행에 관한 자세한 보고서에도 도중에 열병에 걸렸다는 기록은 없다. 또 강 유역에는 많은 원주민이 살고 있었는데, 이들은 건강하고 활력이 넘쳤다고 한다. 오늘날에는 아무도 아마존 유역의 원주민수가 많다고 말하지는 않을 것이며, 이미 외부인들과 접촉한 부족들은 건강하지도 정력적이지도 않다. 19세기에는 물론이고 오늘날에도 이 지역을 여행하는 모든 유럽인은 키니네 같은 항(抗)말라리아 약품을 넉넉히 준비하지 않으면 건강을 유지하기 어렵다. 이런 사실로부터 말라리아는 1650년 이후에 아마존 유역에 유입된 것이 분명하다는 결론이 나온다.[24]

신세계에서도 특히 사람들의 왕래가 잦은 지역은 말라리아가 일찍 자리를 잡았을 것이다. 그렇지만 말라리아 원충이 처음 등장한 시기와 장소는 분명치 않다. 유럽인과 아프리카인이 만성적으로 시달리는 질병이었으므로, 말라리아는 분명히 여러 차례 신세계에 유입되었을 것이다. 말라리아가 아메리카의 자연환경에 뿌리를 내리고 확산되기 위해서는 적절한 종류의 모기가 말라리아 원충에 적응해야만 했다. 일부 지역에서는 구세계의 말라리아 모기가 이 새로운 풍토에 정착했을 것이다. 각기 다른 모기 종의 분포를 결정하는 요인은 아직까지 속 시원히 밝혀지지 않았다. 그러나 유럽에서 이루어진 연구에 따르면, 상충하는 각종 요인에서 나타나는 미세한 차이가 특정 모기 종의 존재 여부에 영향을 미친다고 한다.[25] 20세기 들어 남북아메리카의 혈거성 설치류 집단이 페스트균에 잘 감염된 것과 마찬가지로, 어쩌면 말라리아 원충에 감염되기 적당한 학질모기 종들이 이미 신대륙에 존재하고 있었을지도 모른다. 만약 그랬다면 말라리아가 빠른 시일 안에 신세계에서 중요한 질병으로 자리 잡았다는 설에 신빙성이 더해진다. 어쨌거나 말라리아는 열대 저지대에 살던 아메리카 원주민을 공격하여 과거에 많은 사람이 살던 지역을 거의 황폐화시켰던 것으로 보인다.[26]

황열병이 서아프리카에서 카리브 해 지역으로 처음 전파된 것은 유카탄과 아바나에서 그 병이 발생한 1648년이었다. 황열병이 아메리카 대륙에 비교적 늦은 시기에 정착한 것은 열대숲모기(Aedes aegyti)로 알려져 있는 특수한 종의 모기가 신대륙의 자연환경에서 적소를 발견하고 둥지를 튼 연후에야 병이 전염될 수 있었기 때문이다. 이 모기는 사실 인간의 생활과 깊은 관련을 맺고 있다. 이놈은 산란장소로 조금 고여 있는 물을 선호하는데, 진흙이나 모래가 바닥에 깔린 자연상태의 웅덩이에는 절대 산란하지 않고, 물통·물탱크·함지박 같은 인공적인 용기에 들어 있는 물에 알을 낳는다고 한다.[27]

이 모기가 배에 실린 물통에 숨어 바다를 건넌 후 기온이 항상 섭씨 22도 이상 유지되는 곳에 상륙해 서식하기 전까지, 황열병은 신대륙에서 확산될 수 없었을 것이다. 그러나 일단 이런 조건이 충족되자 황열병은 사람과 원숭이의 전염병으로 뿌리를 내렸다. 유럽인도 원주민과 마찬가지로 이 감염증에 잘 걸렸다. 황열병은 갑자기 발생하는데다 치사율도 높아서 백인들은 말라리아보다 이 병을 더 무서워했다. 그렇지만 영국인 선원들이 '노란 잭'이란 별명을 붙인 황열병보다는 말라리아가 훨씬 넓게 퍼져 있었을 뿐 아니라 더 많은 사람의 목숨을 앗아갔던 게 분명하다.

열대숲모기가 유난히 물통을 좋아한다는 사실은 황열병을 감염시키는 모기가 선원들 사이를 옮겨 다니며 배 안에서 몇 주 내지 몇 달씩 살아남을 수 있다는 것을 의미한다. 이런 점에서 황열병은 다른 전염성 질병과 구별된다. 배에서 발생한 대부분의 질병은 빨리 소멸되는 편이다. 인플루엔자처럼 거의 모든 사람이 함께 앓다가 동시에 회복되는 질병도 있고, 그때까지 면역력을 얻지 못한 소수의 개인만 감염시키는 질병도 있다. 그러나 유럽의 성인이 황열병에 걸리면 죽는 게 다반사였으므로 이 병에 면역력을 가진 선원은 거의 없었다. 결과적으로 수개월씩 걸리는 항해에서는 황열병의 치명적인 공격이 끊임없이 이어졌고, 승무원 중 누가 언제 감염되어 죽을지 전혀 알 수 없었다. 온도에 민감한 열대숲모기가 증식하기에 적당한 카리브 해나 다른 열대해역을 항해하는 선원들에게 '노란 잭'은 그야말로 공포의 대상이었다.

파괴적인 유럽의 감염증에 뒤이어 아프리카에서 들어온 열대성 전염병마저 뿌리를 내린 지역에서는 기존의 아메리카 원주민 집단들이 거의 궤멸되는 비극적인 결과가 나타났다. 반면에 멕시코 내륙의 고원지대나 페루의 알티플라노[페루 남동부의 고원지대]처럼 열대성 전염병이 침투할 수 없었던 지역에서는 콜럼버스가 들어오기 전에 비해 인구가 현저히 줄어들긴 했지만 완전히 소멸될 정도는 아니었다.[28]

막대한 노동력을 요하던 플랜테이션이 즐비한 카리브 해 연안의 도서지역에서는 사라진 아메리카 원주민의 자리를 아프리카 출신의 노예들이 채웠다. 아프리카에서 온 노예들은 이미 말라리아나 황열병에 잘 적응되어 있었으므로 이들 질병으로 인한 피해는 별로 없었지만 익숙하지 않은 감염증, 특히 소화기관 질병으로 인해 많이 죽었다. 노예의 대부분이 남성이었고, 어린애들을 키우기에는 환경이 열악했으며, 아프리카에서 노예들이 새로 들어올 때마다 지역의 질병 패턴이 교란되었던 탓에, 19세기가 되기까지 카리브 해 연안의 흑인 인구는 급속하게 늘어나지 않았다. 그러다가 새로운 노예의 유입이 끊어지고, 250년 동안 아메리카와 아프리카 양 대륙에 질병을 퍼뜨려왔던 악명 높은 노예선이 더 이상 바다를 누비지 않게 되자, 카리브 해 연안의 도서지역에서 흑인인구가 상승곡선을 그리기 시작했다. 이에 비해 백인들의 비율은 상대적으로 줄어들었으며, 때로는 절대적인 의미에서 그 수가 급감하기도 했다. 이런 결과가 나타난 것은 노예제도가 폐지되고 사탕수수 재배에만 매달린 나머지 땅이 척박해지는 등 사회경제적 여건이 변화했기 때문이다. 하지만 말라리아에 저항력을 지닌 흑인의 역학적인 우월성도 한몫했다.[29]

전염성 질병이 별로 문제가 되지 않는 시대에 살고 있는 우리로서는 아메리카 원주민에게 닥쳤던 재앙의 규모를 상상조차 하기 힘들다. 지역적 편차는 있겠지만, 콜럼버스 이전 시대와 이후 최저점을 기록한 시점의 원주민 인구는 20:1 또는 25:1 정도의 비율을 나타내는 것으로 보인다.[30] 이 냉엄한 통계수치 뒤에는 사회가 와해되고 가치관이 무너지고 전통적인 생활양식이 의미를 상실하게 되면서 인간이 겪어야 했을 끝없는 고통과 번뇌가 숨어 있다. 몇 가지 기록이 당시의 상황을 생생히 전해준다.

죽음의 악취는 강렬했다. 우리의 아버지들과 할아버지들이 돌아가신

후, 수많은 사람이 벌판에서 떼죽음을 당했다. 개와 독수리는 시체를 먹어 치웠다. 죽음은 정말이지 끔찍했다. 우리의 할아버지들처럼 왕의 아들들도, 형제와 친척들도 죽었다. 이렇게 우리는 고아가 되었단다, 내 아들들아! 우리는 어려서부터 오갈 데 없는 신세가 되었다. 너 나없이 같은 처지였다. 우리는 죽기 위해 태어났던 것이다![31]

아메리카 원주민이 새로운 질병체제의 주요한 희생자였음은 틀림없지만, 다른 집단들도 바다를 통한 물류이동과 그에 따른 내륙 교역망의 재편이 촉발한 질병전파 패턴의 변화에 적응해야만 했다. 세부적인 사항을 재현할 길은 없으나 전반적인 구도는 분명히 알 수 있다.

특히 아메리카 원주민처럼 고립적인 생활을 영위해왔던 집단들은 유럽이나 그외 지역의 항해자들과 접촉하게 되면서 주기적으로 많은 인구를 잃는 아픔을 맛보아야 했으며, 이로 인해 아메리카 대륙의 역사도 바뀌었다. 문명세계의 질병 중 어느 것이 가장 큰 손실을 입혔는지는 경우에 따라 달랐다. 기후풍토에 따라 또는 언제 어떤 질병이 도입되었는가에 따라 결과가 달라졌을 것이다. 그러나 외부세계와 단절된 채 살아왔던 주민들이 그러한 질병에 잘 걸렸다는 것은 생사에 관련된 엄연한 역학적 사실이었다. 1500년 이후 지역에 따라 인구가 급감하는 참사는 끊임없이 반복되었다.

하지만 문명세계의 주민들에게서는 정반대의 결과가 나타났다. 바다를 통해 이루어진 빈번한 원거리 교역은 점차 전염성 질병을 균질화시켰다. 이에 따라 산발적이고 치명적이던 전염병들이 풍토병의 형태로 정착하게 되었다. 선박들이 대양을 오가기 시작한 후 세계 곳곳의 해안선을 연결하는 하나의 교역망이 탄생하기까지, 처음 몇 세기 동안은 질병분포의 균질화 과정이 새로운 지역에 여러 가지 질병을 확산시켰다. 새로운 질병은 갈수록 자주 보급되었고, 일부 지역에서는 파괴적인 전염병으로 돌변하기도 했을 것이다. 런던이나 리스본 같은 도시는 질병의 온상으로 유럽에서 악명이 높았는데, 사실 그런 소리를 들어 마땅했다. 그러나 1700년경이 되자 항해하는 선박들이 미지의 질병을 새로운 고장에 퍼뜨리는 시대는 막을 내렸다. 이후 전염병이 창궐하여 인구가 크게 감소하는 사태는 점차 사라지기 시작했다. 결과적으로 다른 요인들이 개입하지 않는 한, 각종 질병에 노출되어 풍부한 질병경험을 축적한 지구상의 모든 집단에서 큰 폭의 인구성장이 지속되는 근대적 현상이 나타나게 되었다.

외부세계와 담을 쌓고 살던 공동체들이 급격히 쇠퇴한 반면에 질병을 경험한 지역의 인구성장 가능성이 범세계적으로 높아지면서, 세계질서의 균형은 일거에 유라시아의 문명화된 공동체 쪽으로 기울어졌다. 각종 질병이 고립된 공동체들을 파괴하고 그 생존자들은 팽창일로의 문명사회로 흡수되는 해묵은 과정이 지구상 곳곳에서 가속화되면서 자연히 인류의 문화적·생물학적 다양성도 줄어들었다.

이에 관한 구체적인 정보는 가끔 발견될 뿐이다. 따라서 아프리카 일부 지역의 고립된 공동체, 예컨대 남단의 코이코이족에게 역학적 재앙이 일어났던 것은 분명하지만, 어떤 질병이 언제 발생해서 얼마나 많은 인명을 앗아갔는지는 알 수 없다. 아프리카의 서부와 중부에서는 노예무역으로 말미암아 여러 지역의 주민들이 뒤섞였고, 전혀 다른 질병환경으로 이동하는 일도 전에 없이 증가했다. 그 결과 감염의 패턴이 자연적인 한계점에 이르렀을 것이 분명하지만, 그로 인해 인간의 삶에 어떤 중대한 변화가 일어났는지는 알 수 없다. 다만 노예공급이 줄어들지 않았다는 사실로 미루어 보건대, 수많은 인명을 앗아간 대규모의 재난이 발생했던 것 같지는 않다. 물론 노예사냥꾼들이 내륙의 무수한 마을에 큰 피해를 주었다는 것은 의심할 여지가 없다.

그러나 아프리카의 사하라 이남에서 활발하게 순환되던 각종 감염증이 인구감소에 얼마나 큰 영향을 미쳤든(사실 상당한 영향을 미쳤음에 틀림없다[32]), 아프리카 농민에게 빠른 속도로 보급된 옥수수와 카사바 덕분에 개선된 영양상태는 질병으로 인한 사망자의 증가를 상쇄시키는 데 충분했다. 이 아메리카산 농작물의 도입으로 칼로리 생산량이 상승하자 경지면적당 인구밀도도 과거에 비해 크게 높아졌다. 통계자료는 남아 있지 않지만, 사하라 남쪽의 대부분 지역은 구세계의 다른 지역과 마찬가지로 17세기 후반부터 인구증가 대열에 가세했던 것으로 보인다.[33]

언제나 그렇듯이 다른 대륙보다는 유럽에서 일어났던 질병 관련 사건들이 훨씬 잘 알려져 있다. 1450~1550년의 대항해시대에 세 가지 새로운 감염증이 두드러졌는데, 하나같이 전쟁의 부산물로 유럽에 출현했던 것들이다. 이 가운데 이른바 '영국 발한병'은 잠시 유행한 후 사라져버렸고, 매독과 발진티푸스는 오늘날까지 계속되고 있다.

매독과 발진티푸스는 1494~1559년에 이탈리아에서 벌어진 기나긴 전쟁 중에 유럽에 나타났다. 프랑스 왕 샤를 8세는 1494년에 나폴리를 치기 위해 군대를 출정시켰는데, 이 군대에서 매독이 유행했다. 샤를 8세는 퇴각하면서 군대를 해산시켰고, 병사들은 이 병을 여러 인접지역에 퍼뜨렸다. 이 무렵 매독은 유럽에만 첫선을 보인 것이 아니었다. 인도에는 1498년에 바스코 다 가마 일행과 함께 나타났고, 중국과 일본에는 포르투갈인이 최초로 광저우에 출현하기 15년 전인 1505년에 등장했다.[34] 매독은 그 증상이 매우 끔찍해서 나타나는 곳마다 각별한 관심을 불러일으켰다.

당시의 정황은 매독이 구세계에 새롭게 등장한 질병이었음을 말해준다. 적어도 성행위를 통한 감염방식이나 그에 따른 증상은 그때까지 볼 수 없던 새로운 것이었다. 그러나 앞장에서 지적했듯이, 이 질병은 신대륙의 발견과 상관없이 독자적으로 나타난 것일지도 모른다. 매종을 일으키는 스피로헤타의 변종이 피부를 통한 감염이 어렵다는 점을 간파하고 그 대안으로 성기의 점막을 통해 한 숙주에서 다른 숙주로 옮겨가는 방식을 찾아냈을 수도 있다.

그러나 이에 대한 의학자들의 의견은 분분하다. 아직도 일부 전문가는 매독이 아메리카에서 유럽으로 건너갔다고 믿고 있는데, 당대의 학자들도 유라시아 주민들이 전혀 저항력을 갖추지 못했던 새로운 질병인 매독에 대해 같은 생각을 품고 있었다. 유럽에서 매독이 처음 유행한 시기와 장소는 콜럼버스의 선원들이 아메리카에서 이 병을 들여왔다는 전제하에 우리가 예상할 수 있는 결과와 잘 맞아떨어진다. 이 이론은 1539년에 공표된 이후 아주 최근까지도 유럽의 식자층에서 보편적으로 받아들여졌다. 그러나 실험실 검사를 통해 매종을 일으키는 스피로헤타와 매독을 유발하는 스피로헤타를 구별할 수 없다는 사실이 밝혀지면서 일부 의학사가들은 콜럼버스 유입설을 완전히 부정하게 되었다. 앞으로 정확하고 믿을 만한 방법이 개발되어 고대인의 유골에 상처를 낸 미생물이 무엇인지 판명된다면, 매독의 기원이나 전파경로를 밝히는 결정적인 증거가 될 것이다. 이 작업이 생화학적 기술의 발달로도 해결될 수 없는 것이라면, 매독의 기원에 관한 두 주장 가운데 하나를 선택할 근거를 제시한다는 것은 요원한 일인 듯하다.[35]

당시의 매독은 증상이 뚜렷하고 환자 본인에게는 매우 고통스러운 병이었겠지만, 인구에 큰 영향을 미치지는 않았다. 각국의 왕족들이 이 병에 자주 걸리곤 했는데, 프랑스의 발루아 왕조(1559~1589)와 오스만 제국(1566년 이후)이 정치적으로 몰락한 것도 이 두 국가의 왕실에서 매독이 유행한 일과 무관치 않을 것이다. 마찬가지로 많은 귀족들도 고통받았다. 왕가나 귀족의 집안에서 건강한 아이를 출산하지 못하자 사회지배층에 공백이 생겼지만 전체사회의 유동성에는 별다른 변화가 없었다. 매독이 기승을 부리던 16세기 내내 유럽 인구가 꾸준히 증가했다는 사실을 통해 알 수 있듯이, 하위계층에 대한 매독의 파괴력은 대단치 않았다. 16세기 말에 이르자 매독의 기세는 한풀 꺾였다. 숙주와 기생체 사이의 정상적인 적응이 이루어지는 과정에서 병의 맹독성이 수그러졌던 것이다. 다시 말해 병독성이 약화된 매독균의 변종이 숙주를 너무 빨리 죽여버리는 스피로헤타를 대체하면서, 이 병원체에 대한 유럽인의 저항력이 높아졌다. 자료가 부족해 단정할 수는 없지만, 구세계의 다른 지역에서도 인구가 크게 감소하는 일 없이 비교적 빨리 매독에 적응했던 것으로 짐작된다.

발진티푸스의 경우도 같은 양상을 보였다. 발진티푸스는 1490년 유럽에 최초로 출현하면서부터 독립된 질병으로 인식되기 시작했다. 이 병은 키프로스에서 전투를 벌였던 병사들을 통해 스페인에 들어왔으며, 그곳에서부터 이탈리아 반도의 지배권을 놓고 다투던 스페인과 프랑스의 전쟁을 통해 이탈리아에 침투했다. 1526년 나폴리를 포위공격하던 프랑스 군대는 발진티푸스가 돌자 퇴각하지 않을 수 없었는데, 이때부터 이 병은 악명을 떨치게 되었다. 그 후 발진티푸스는 간헐적으로 군대를 괴멸시키거나 감옥이나 빈민구제소처럼 이가 득실거리는 시설을 공동화시키는 위력을 발휘했고, 제1차 세계대전에서는 200~300만 명의 목숨을 빼앗았다.[36]

그러나 발진티푸스가 이따금 군사적으로나 정치적으로 큰 영향을 미친 것은 사실이지만, 당시의 인구동태에 대한 피상적인 자료들이 제시하는 바에 따르면 유럽이나 다른 어떤 지역에서도 현저하게 인구를 감소시키지는 않았다. 결국 발진티푸스는 밀집된 인구와 빈곤층을 파고드는 질병이었다. 그런데 통계적으로 추정해볼 때, 발진티푸스로 사망한 대부분의 빈민은 이 병에 감염된 기생체(이)가 명을 재촉하지 않았더라도 다른 질병 때문에 조만간 죽을 수밖에 없었다. 특히 도시 빈민가를 비롯해 영양실조에 걸린 사람들이 모여 살던 곳에서는 결핵이나 이질, 폐렴 같은 다른 감염증도 많았다. 그러므로 발진티푸스가 다른 전염병에 비해 사람들의 목숨을 빨리 앗아갔다는 사실은 발진티푸스로 인한 사망자수가 시사하는 바와는 달리 인구학적인 측면에서 그다지 중요한 의미를 갖지는 않는다.

제3의 새로운(또는 그렇게 보이는) 감염증으로 등장한 '영국 발한병'은 두 가지 점에서 흥미롭다. 우선 이 질병은 발진티푸스와는 정반대로 사회적 영향력을 행사했다. 곧 근자에 발생했던 소아마비처럼 상류계급을 주로 공략했던 것이다. 둘째로, 이 병은 1485년 갑자기 나타났던 것처럼 1551년 신비에 싸인 채 사라졌다. 병의 이름이 암시하듯이 이 병은 헨리 7세가 장미전쟁의 대미를 장식한 보즈워스 전투에서 승리해 왕관을 차지한 직후 영국에서 처음 발생했다. 그 후 유럽 대륙으로 번져 상류계급 인사들을 많이 죽임으로써 적지 않은 사회적 파장을 불러일으켰다. 증상은 성홍열과 비슷했지만, 의학사가들은 대개 두 병을 다른 것으로 취급한다. 영국 발한병이 당시에 새로운 질병으로 받아들여졌다고 해서, 다른 지역에서 평범한 소아병 같은 풍토병의 형태로 존재해왔을 가능성을 배제할 수는 없다. 그럴 가능성이 있던 지역으로는 특히 프랑스를 지목할 수 있는데, 프랑스는 헨리 7세에게 왕관을 씌워준 병사들의 일부가 징집된 곳이었다.[37] 그러나 발한병이 사람들에게 미친 영향은 매독이나 발진티푸스에 비해 미미했던 것이 분명하므로, 전반적인 인구감소를 초래하지는 못했을 것이다.

한편 1529년에 발생했던 무서운 '발한병'은 성찬식에 관한 조항을 합의하려던 루터와 츠빙글리의 마르부르크 회담을 돌연 중단시키기도 했다.[38] 물론 회의가 계속되었더라도 완고한 두 종교개혁가가 합의점을 찾았을지는 의심스럽다. 그렇지만 이들이 감염의 위험을 피해 황급히 떠나버렸기 때문에 루터파와 스위스파(후에 칼뱅파가 됨)의 분열이 굳어진 것은 분명한 사실이다. 이들의 분열은 향후의 유럽 역사에 큰 영향을 미쳤으며, 오늘날까지 지속되고 있다.

이런 역사적 사건에는 인간의 행위를 결정하는 전혀 다른 요인들이 상호작용한다. 하나는 이데올로기적이고 의식적인 것이며, 다른 하나는 역학적이고 인간의 의도와는 무관한 것이다. 역사학자들은 '우발적인 사건'을 다루는 데 익숙하지 않았으며, 이 때문에 고래의 역사학자들은 질병의 역사에 거의 관심을 기울이지 않았다. 오늘날 우리가 보기에 1529년 마르부르크에서 나타났던 감염증에 대한 두려움은, 전염병을 예측할 수 없고 이해할 수도 없는 신의 섭리로 풀이했던 선조들의 생각과 별로 다르지 않다. 계몽주의자들은 모든 것을 설명해야 직성이 풀리는 자들로서, 경우에 따라 설명하기 어려운 것은 서슴지 않고 무시해버렸다. 계몽주의의 후계자인 20세기의 역사가들도 그런 역사적 사건을 경시하기 일쑤였다. 이들은 인간의 경험을 이해할 수 있게 해주는 자신들의 해석 및 설명 체계를 망쳐놓는 사건들은 거들떠보지도 않았다.

이런 잘못된 풍조를 바로잡는 동시에 전염성 질병이 인류사의 형성에 미친 영향을 공정한 시각에서 평가하려는 게 이 책의 목적이다. 하지만 우연한 사건은 그로 인해 심각한 결과가 초래되었을 가능성이 있는 경우에도 지나치게 사소해 보인다는 이유로 중대한 의미를 부여받기 어렵다는 게 문제이다. 프로테스탄트 운동의 두 분파는 결국 대립할 수밖에 없었는지, 만약 루터와 츠빙글리가 1529년에 '발한병'을 피하기 위해 서둘러 작별을 고하지 않았다면 사태가 다른 식으로 전개되었을지 알 길이 없다는 게 안타까울 뿐이다.

역설적이지만 확실한 자료가 없어 어림짐작에 의존할 때에도 역사가들은 통계적 결과와 장기간의 인구동태에 대해 얘기하는 게 훨씬 쉽다고 생각한다. 따라서 유럽의 인구, 또는 합리적인 추정치를 제시할 수 있는 유럽 일부지역의 인구가 15세기 중반(페스트로 인한 인구감소에서 회복하기 시작한 시기)부터 1600년까지 꾸준히, 그리고 비교적 빠른 속도로 증가했다고 주장할 때 역사가는 왠지 마음이 편안하다.[39] 그런데 이 기간은 해로가 속속 발견되면서 유럽의 선원들이 세계 각국의 항구로부터 자신들의 고향으로 새로운 감염증을 들여왔던 때이다. 그럼에도 해상교역이 촉발한 새로운 질병의 위험은 유럽인에게 그리 심각한 영향을 주지 않았다. 당시 유럽의 도시와 마을이 처한 상황과 유럽의 기후 속에서 유행하던 대부분의 감염증은 구세계 내에서 질병이 순환한 덕분에 이미 유럽 대륙에 침투해 있었을 것이기 때문이다.

문명화된 다른 지역과 마찬가지로 유럽에서도 주요 항구와 기타 교통의 중심지에서는 낯익은 전염병에 감염되는 일이 빈번해졌다. 재발하는 주기가 짧아진 감염증들은 소아병이 되었다. 나이 든 사람들은 여러 차례의 질병경험을 통해 단련된 탓에 높은 수준의 면역력을 얻게 되었을 것이다. 따라서 역설적으로 들릴지 모르지만 공동체가 질병을 자주 경험할수록 전염병으로 인한 피해는 줄어든다. 유아사망률이 아주 높으면 아기를 다시 낳으면 된다. 사망한 어린이 대신에 새로 아기를 낳아 양육하는 데 드는 비용은 전염병이 불규칙한 주기로 엄습해 많은 성인을 희생시킬 때 발생하는 사회적 손실에 비하면 미미한 것이었다.

결과적으로 유럽 각지를 나머지 세계와 연결시켜주는 교통망이 촘촘해질수록 파국적인 재난을 겪을 가능성은 줄어들었다. 범세계적인 교역 및 교통망이 고도로 발달해 모든 문명집단 사이에서 온갖 질병이 자주 순환되는 시대에 접어들자, 병원체의 유전적 돌연변이나 기생생물이 다른 숙주로부터 인간에게 이행되는 새로운 사태만이 치명적인 전염병을 유발할 수 있게 되었다. 이런 현상은 1500년에서 1700년경 사이에 실제로 나타났다. 1346년부터 17세기 중반에 이르기까지 유럽의 여러 도시에서 기승을 부렸던 파괴적인 전염병들은 점차 위력을 잃

으면서 소아병으로 변했다. 발생범위가 현저히 축소된 페스트와 말라리아가 바로 그런 경우였다.[40]

17세기 말엽에 페스트와 말라리아가 거의 사라진 북서부의 주민을 비롯해 유럽 각지의 주민들의 미시기생에 대한 부담이 줄어들면서 규칙적인 인구성장의 가능성이 열렸다. 하지만 이는 어디까지나 가능성에 지나지 않았다. 국지적인 인구증가는 언제나 새로운 문제를 야기했다. 특히 식량이나 식수의 공급과, 종래의 폐기물 처리 시스템을 비웃듯 극성을 부리는 도시 특유의 감염증이 골치 아픈 문제로 떠올랐다. 1600년 이후 이런 요인들은 유럽 주민들에게 상당한 영향을 미치기 시작했는데, 이에 대한 효과적인 해결방안은 18세기 이전에는 나오지 않았다.

이처럼 전염병 감염의 양상이 변한 것은 인류 생태계 사상 획기적인 전환점으로, 더 많은 관심을 받아야 마땅하다. 1300년부터 1700년 사이에 일어난 전염성 질병의 '사육화'(飼育化)는 몽골인이 개척한 육상교역과 유럽인이 선도한 해상교역이라는 두 가지 위대한 운송혁명의 소산으로서, 세계사에 한 획을 그은 중요한 사건이었다.

사람에서 사람으로 감염되는 문명화된 형태의 전염병은 도시가 탄생하고 상호교류하는 50만 정도의 인구가 나타나면서 인간사에 발을 들여놓았다. 이런 현상이 일어나기 위해서는 농업생산성이 높아야 했고 각종 자원을 도시나 제국의 중심지에 쉽게 운반할 수 있는 지역적 수송망이 갖춰져야 했는데, 인류역사의 초창기에는 이런 지역이 몇 군데밖에 없었다. 그 후 수천 년 동안 문명 특유의 감염증은 이중 역할을 수행했다. 그것들은 한편으로는 문명중심지에서 건너온 질병 보유자들과 접촉하게 된 고립된 공동체의 주민수를 줄임으로써, 확장일로에 있던 문명 공동체의 지배기구가 원시적인 소규모 집단들을 '흡수'하는 과정을 촉진시켰다. 다른 한편으로 그 감염증은 문명화된 공동체 내에서조차 완벽하게 순환되지는 않았던 탓에 가끔 특정 도시나 농촌 공동체를 엄습해 피해를 주기도 했는데, 그 위력은 고립된 공동체들에 가해졌던 것만큼이나 치명적이었다.

특히 문명권 간의 경계를 넘어서 전염병이 교류될 때에는 문명화된 집단의 인구가 상당히 줄어들 가능성이 엄존했다. 기원후 몇 세기에 걸쳐 수많은 사람이 희생된 것이 좋은 예다. 1300년 이후 구세계의 주요 문명들은 갈수록 자주 접촉하게 되었다. 이에 따라 교환되는 질병이 늘어나면서 참화도 잦았지만, 사회 전체를 마비시키는 결과가 나타나지는 않았다. 아메리카 인디언의 사망률이 절정에 달했던 16~17세기에 문명 특유의 전염병은 전세계적으로 균질화되기 시작했다. 그 결과 오랜 세월에 걸쳐 다양한 병원 미생물에 노출된 탓에 어린이를 제외한 대부분의 주민들이 복합적인 면역력을 얻게 된 지역에서는 옛날처럼 한 해 동안 특정 공동체 주민의 절반 이상을 희생시키는 간헐적인 전염병은 더 이상 발생하지 않았다.

그리하여 사람과 그 기생생물 사이에 새로운 관계가 정립되었다. 그것은 과거에 비해 더욱 안정된 형태의 기생현상으로서, 숙주인 사람에게도 덜 치명적이고 기생생물에게도 안전한 관계였다. 이제 병원균은 주기적으로 새로 공급되는 감수성 있는 어린이들에 의존하게 되었는데, 질병에 걸리기 쉬운 어린이의 수는 통계적으로 변동폭이 적은 편이다. 질병의 유행 패턴에 따라 인간을 감염시키는 병원균이 포식과 기아 사이를 오가던 때와는 상황이 완전히 달라진 것이다. 따라서 인간과 기생생물 모두 안전해졌고, 이런 면에서 형편이 나아졌다고도 할 수 있다. 각 항구마다 전염병이 풍토병으로 정착되기 시작하고 그곳에서 주요 이동경로를 따라 내륙으로 들어간 뒤 서서히 농촌으로 퍼져나가면서, 새로운 생태적 시대가 시작되었다. 새로운 질병체제가 최초로 보여준 가시적인 결과는 문명화된 집단의 인구는 크게 증가하는 반면 고립상태의 집단은 급속하게 붕괴되는 것이었는데, 우리는 이런 질병체제를 '근대적'이라고 표현한다. 근대적인 미시기생체제는 얼마 지나지 않아 식량공급의 한계를 비롯해서 인간이 환경에 적응하며 살아가는 데 제약을 가하는 각종 문제에 직면하게 된다.

물론 전염병에서 풍토병으로의 이행이 완전한 것은 아니었다. 최근에 인류가 경험했던 천연두나 콜레라 같은 전염병에 관해서는 6장에서 다룰 것이다. 그렇지만 1700년 또는 늦어도 1750년까지는 유럽뿐 아니라 전세계적으로 근대적인 감염 패턴이 분명히 모습을 드러냈다.[41]

아시아와 아프리카의 질병 및 인구의 역사를 살펴보기 전에, 유럽의 질병경험과 관련된 또 하나의 중요한 사실을 지적하고자 한다. 근세에 엄습한 기상여건 악화로 북유럽에 빈발한 흉년과 기근은 질병발생의 양상이 근본적으로 바뀐 사실의 의미를 분간하기 어렵게 만든다.[42] 같은 시기에 지중해 일대도 식량과 연료가 절대적으로 부족해 전면적인 위기를 겪었다.[43] 또한 유럽의 여러 지역이 전쟁으로 인해 황폐해졌다. 예컨대 1494~1559년 이탈리아에서, 그리고 1618~1648년 독일에서 전쟁이 계속되었다. 당시의 전쟁은 굉장히 참혹했다. 각국 정부는 용병들에게 군수품을 제대로 보급할 형편이 못되었기 때문에, 군인들은 적군 아군 할 것 없이 무차별적인 약탈을 일삼았다.[44]

더욱이 북유럽에서는 기존의 위생시설이 감당할 수 없을 정도로 도시가 급성장했으며, 런던이나 암스테르담 같이 번영을 누리던 도시에서는 사망률이 치솟았다.[45] 그러나 전반적으로는 공중보건의 질을 향상시키기 위한 노력이 강화되어 큰 재앙을 막을 수 있었던 것으로 보인다. 이런 대책들은 페스트 유행 당시 이탈리아의 정책을 본떠 북유럽에서 추진되었던 것으로, 이탈리아의 도시들은 유럽에서 가장 발달한 공중위생 및 보건체계를 갖추고 있었다.[46] 그러므로 질병발생 패턴의 변화에 내재하는 지속적인 인구성장 경향은 정반대 방향으로 작용하는 몇 가지 인구감소 요인으로 인해 거의 200년 동안이나 가려져 있었던 셈이다. 그러나 분명한 사실은 국지적인 후퇴와 일시적인 위기, 기상악화와 전쟁에도 불구하고 유럽의 인구는 조금씩이나마 계속 늘어나고 있었다는 것이다.

유럽의 팽창은 근대사에서 워낙 중차대한 사실인 탓에, 우리는 그 사실을 너무도 당연히 받아들인 나머지 당시의 상황을 제대로 인식하지 못하는 경향이 있다. 인구를 감소시킬 수도 있는 갖가지 위험한 모험을 완수하는 데 필요한 충분한 인력을 해외에 파견할 수 있었던 것은, 당시의 생태적 상황이 이례적이라 할 만큼 유럽인에게 유리했기 때문이다. 유럽은 변화된 질병 패턴이 구세계의 모든 문명에 가져다주었던 인구성장의 새로운 기회를 성공적으로 활용할 수 있었다. 아메리카 인디언이 사라진 땅,[47] 태평양 제도와 오스트레일리아의 원주민이 사라진 땅,[48] 시베리아의 여러 부족이 사라진 땅,[49] 코이코이족이 사라진 땅[50] 등 늘어난 인구를 흡수할 수 있는 땅은 무궁무진했다. 유럽인은 그 모든 지역에 진출하는 데 유리한 입장에 있었다. 이들은 대양을 건널 수 있는 항해술 및 그 밖의 운송수단을 장악하고 있었을 뿐만 아니라 질병으로 거의 공동화된 지역의 원주민보다 월등히 뛰어난 기술력을 갖추고 있었다. 그러나 이 모든 과정에서 역학적 요인은 기술적 요인 못지않게 중요했다. 원주민의 인구가 급감한 것이나 비어 있는 방대한 공간을 점유할 정도로 유럽의 인구가 많았던 것은 독특한 근대적 역학 패턴의 산물이었다.

구세계의 다른 문명에서 일어난 일들을 살펴보면 유럽의 확장을 가져다준 복합적 요인 가운데 전염병 패턴의 변화가 핵심적이었다는 사실을 확인할 수 있다. 유럽을 제외한 구세계의 다른 지역에서도 정기적인 교역을 위해 바닷길이 열리고 배와 선원들이 드나들면서 접촉이 빈번해지자 인구동태와 질병양상에 뚜렷한 변화가 생겼을 것이다.

인도, 중국, 일본, 서아시아에 새로 발생한 유일한 질병은 매독이었는데, 매독이 이들 지역의 인구에 미친 영향은 유럽의 경우와 비슷했던 것 같다. 다시 말해 발생 초기에는 혼란을 초래하면서 세인들의 입에 오르내렸지만 점차 증상이 가벼워지면서 진정국면에 접어들어 결국에는 만성적인 풍토병으로 정착했다.[51]

유럽과 마찬가지로 아시아에서도 널리 알려진 질병들이 여전히 전염병의 형태로 유행했으며, 전염병의 발생빈도도 증가했던 것으로 보인다. 중국의 기록에 따르면 전염병 발생횟수는 가파르게 상승했는데, 이런 사실은 조지프 차 박사의 조사에 근거하여 작성된 아래의 표에서 분명히 드러난다.[52]

연대	전염병 발생횟수
1300~1399	18
1400~1499	19
1500~1599	41
1600~1699	37(정치적 혼란기)
1700~1799	38
1800~1899	40

불행히도 이 표가 제시하는 것처럼 역병의 발생횟수가 갑자기 증가했다고 단정할 수는 없다. 근대의 기록에 비해 과거의 기록이 훨씬 단편적이기 때문이다. 그러나 16세기에 전염병 발생횟수가 두 배 이상 증가한 것은 실제로 중국에 들어왔던 전염병의 수가 늘어난 사실과 일치한다. 당시 중국의 정치체제는 안정되어 있었으므로 전쟁이나 반란 때문에 질병이 늘어났을 리는 없다. 오히려 바다를 통해 유럽과 접촉하게 된 새로운 현상이 전염병 증가의 원인이었던 것으로 보인다. 그렇다면 중국에서는 1500년 이후 인구성장을 뒷받침하는 역학적 기반이 마련되었으며, 지속적인 인구증가는 그 후 중국 역사의 뚜렷한 특징이 되었다고 가정할 수 있을 것이다. 중국의 총인구에 대한 믿을 만한 추

정치는 다음과 같다.[53]

연대	인구(단위: 100만 명)
1400	65
1600	150
1700	150
1794	313

1600년과 1700년 사이에 중국의 인구성장세가 주춤한 것은 같은 기간에 서유럽의 인구증가세가 더뎌진 것과 비슷하다. 겨울이 더 추워지고 농작물의 생육기간이 단축된 탓에 17세기 중국의 인구는 제자리걸음을 했던 것 같다. 겨울에 양쯔 강 유역의 호수가 얼어붙은 횟수를 기초로 작성된 온도변화표에 따르면, 중국 역사상 가장 추웠던 시기로 기록된 것은 17세기 중반이며,[54] 이는 사회적 혼란이 극에 달했던 명청 교체기와 일치한다. 결국 추운 날씨와 사회적 혼란이 겹쳐 17세기에 중국의 인구성장이 멈출 수밖에 없었다고 설명하는 게 옳을 것이다. 그러나 17세기의 정체기를 전후해 인구가 급격히 증가했던 현상은 세계적으로 진행된 감염증의 균질화 추세에 따른 질병체제의 변화를 반영하는 것으로 보인다.

따라서 중국의 근대적 인구동태와 질병경험은 유럽의 경우와 일치하지만 일본의 인구동태는 전혀 다르다. 비교적 정확한 인구조사 결과가 남아 있는 1726년까지 4세기 동안 급격히 증가했던 일본의 인구는 그 후 19세기 중반까지 정체되어 있었다. 그 추정치는 다음과 같다.[55]

연대	인구(단위: 100만 명)
1185~1333	9.75
1572~1591	18.0
1726	26.5
1852	27.2

이런 인구정체의 원인으로는 널리 퍼져 있던 영아살해 관습이 손꼽힌다. 그러나 질병도 중요한 역할을 했을 것이다. 후지카와 유(富士川游)가 집계한 전염병 발생횟수에 따르면, 일본의 인구가 성장을 멈춰버린 1700년 이후에 전염병이 눈에 띄게 늘어난 것을 알 수 있다.[56]

인도와 서아시아의 인구사에 대해서는 학술적 연구가 부족해 신뢰할 만한 통계를 제시하기 어렵다. 다만 오스만 제국의 인구는 지중해 일대의 다른 지역과 비슷한 추세를 보였을 것이다. 대담한 인구학자들은 무굴 제국이 1526~1605년에 걸쳐 인도 아대륙의 대부분을 정복한 후 17세기 중반부터 정국이 안정됨에 따라 인도의 인구가 증가했다고 주장하기도 한다.[57]

인도와 아시아 내륙에서 전염병이 어떤 식으로 진행되었는지는 불투명하다. 그러나 인도의 항구들도 유럽 선박이 전세계의 해양으로 확장시킨 교역망의 일부였던 만큼, 인도에서도 질병의 순환이 가속화되었음이 분명하다. 이를 입증하기에는 자료에 허점이 많지만, 아시아의 문명화된 지역에서도 근대적인 질병 패턴이 확립되었으리라고 추정하는 데는 별로 무리가 없다. 그 과정은 유럽에 비해 덜 획일적이었고 더 완만했지만 거의 동일한 방식으로 진행되었을 것이다.

하지만 해양을 횡단하는 항해가 늘어난 결과 문명세계에 일률적으로 전파되었던 중요한 생물학적 품목은 질병만이 아니었다. 농작물도 같은 식으로 보급되었다. 처음 보는 신기한 식물이 가치(단지 새롭다는 가치를 포함해서)가 있다고 생각되면, 사람들은 그것을 소중히 여기고 정원이나 밭에서 기르기 시작했다.

새로운 농작물 가운데 가장 중요한 것들은 아메리카 대륙에서 나왔다. 콜럼버스가 아메리카 대륙을 발견한 후 옥수수·감자·토마토·칠레 고추·땅콩·카사바가 유라시아와 아프리카에서 재배되기 시작했다. 구세계의 많은 지역에서는 그 중 몇 가지 작물을 재배하여 단위면적당

칼로리 생산량을 과거보다 훨씬 높일 수 있었다. 이에 따라 새로운 작물들을 재배하게 된 지역에서는 인구성장의 상한선도 올라갔다. 아메리카산 농작물은 중국과 아프리카는 물론 유럽에도 심대한 영향을 미쳤다.[58]

아메리카산 농작물이 중요했던 것은 단지 경지면적당 칼로리 생산량이 증가했기 때문만은 아니었다. 예를 들어 칠레고추와 토마토는 풍부한 비타민의 공급원으로 오늘날에도 지중해 지역과 인도에서 매우 중요한 식물이다. 아메리카의 새로운 농작물이 얼마나 빠른 속도로 널리 보급되어 비타민이 부족한 식단을 보충할 수 있게 되었는지는 분명치 않지만, 새로운 식물이 처음으로 소개된 것은 16세기로 거슬러 올라간다. 부자는 물론 가난한 사람에게도 이런 식물이 널리 보급됨으로써 인도와 지중해의 주민들은 좀더 균형 잡힌 식사를 할 수 있었으며, 따라서 건강수준도 높아졌을 것이다.[59] 한편 중국에서 재배되던 오렌지를 비롯한 각종 감귤류는 유럽인에 의해 전세계에 전파되었는데, 그후 감귤류 과즙은 항해 중에 자주 발생하는 괴혈병 예방에 탁월한 효과가 있는 것으로 밝혀졌다. 그러나 언제 어디에서 감귤류 섭취가 식생활의 중요한 일부로 자리 잡았는지는 정확히 알 수 없다.

더 많은 식량을 생산할 수 없었다면 17세기 말부터 대부분의 문명세계에서 시작된 인구성장 현상이 오래갈 수 없었을 것이다. 그러므로 아메리카산 농작물의 월등한 생산성과 영양가는 구세계의 모든 곳에서 인간의 생활에 대단히 중요한 존재였던 셈이다.

질병발생 패턴의 변화와 아메리카산 식용작물의 보급에 따른 생산성 제고는 근세에 문명세계의 인구성장을 촉발한 두 가지 중요한 요인이었다. 이에 따라 지구상의 많은 인구가 성인이 될 때까지 생존할 수 있게 되었는데, 이는 과거에는 상상조차 할 수 없는 일이었다. 하지만 이들 못지않게 중대한 요인이 있었으니, 바로 거시기생적 변화였다.

대포라는 새로운 무기가 지구 곳곳에 확산되면서 소수의 정부가 방대한 영토에 걸쳐 지배력을 행사하며 질서를 유지할 수 있게 되었다. 대포도 병원균이나 식용작물처럼 항로를 따라 전세계로 퍼져 나갔다. 이 대형 화기가 들어선 곳에서는 소수의 손에 막강한 권력이 집중되었다. 대포를 만들려면 많은 양의 금속이 있어야 했고, 이를 조작하기 위해서는 고도의 기술이 필요했다. 그만큼 대포는 값비싼 무기였다. 그렇지만 적군을 공략할 때 새로 개발된 대포 한 문만 있으면 몇 시간 내에 견고한 요새에 큰 구멍을 낼 수 있었다.

난공불락의 성채를 쉽게 돌파할 수 있는 대포의 위력은 지방 토호들의 군사력을 근본적으로 약화시켰다. 신병기 몇 개를 보유하고 있거나 그 제조에 필요한 기술을 동원할 수 있는 소수는 이제 자신의 의지를 강압적으로 관철할 수 있었다. 그 결과 막강한 '대포제국'이 탄생했다. 말기의 명·청 제국, 무굴 제국, 도쿠가와 시대의 일본, 페르시아의 사파비 왕조, 오스만 제국, 모스크바 대공국, 스페인 제국, 포르투갈 제국 등은 모두 정부직속의 포병대를 앞세운 막강한 군사력을 독점했던 국가로 분류될 수 있다. 이들 국가의 지리적 팽창과정에서 제국정부의 포병들은 지방세력의 근거지인 견고한 요새를 쉽게 허물어뜨렸다. 이에 따라 이들 제국이 확고하게 자리를 잡게 되는 17세기 후반부터 아시아의 대부분과 유럽의 많은 지역에서는 평화를 만끽하기 시작했다. 엄격한 관료체제 아래 전쟁과 약탈은 점차 줄어들었고, 그 무대도 인구가 희박한 변경으로 한정되었다.[60]

인류의 역사에서 거시기생의 패턴이 이처럼 전반적으로 변화한 것은 기원전 1000년경 철기시대가 시작된 이후 처음 있는 일이었다. 철기시대에 접어들어 각종 무기와 도구를 값싸게 만들게 되면서 인간들이 서로를 해치는 폭력행위가 급증했다. 그로부터 2,500년 후 대포가 발명되면서 무기 생산비용은 상승했다. 이에 따라 새로운 기술은 과거와 반대방향으로 작용했다. 잘 무장한 군대가 야전이나 포위공격에서 발휘할 수 있는 살상력이 커진 것은 사실이지만, 신무기를 장악한 국가가 조직적인 폭력이 발생할 여지를 최소화함으로써 전쟁터에서 또는 전쟁의 여파로 사망하는 사람들의 수는 오히려 줄어들게 되었다.

새로운 군비를 유지하기 위해 부과되는 조세는 무거웠다. 정부의 관료체제가 대포라는 신무기 덕분에 군사력을 확실히 장악하게 되면서, 아시아와 유럽 일각에서는 조세징수가 정기적으로 이루어졌다. 그러나 농민이나 직인의 입장에서는 부담스럽긴 해도 정기적으로 일정한 세금을 내는 것이 과거 무장집단들이 일삼던 습격이나 약탈로 인한 재산과 인명의 피해에 비하면 오히려 나았다. 기원전 1200년 이후 철제 칼과 방패로 무장한 야만족들이 서아시아 지역의 성채들을 공격하기 시작한 이래 각종 무장집단이 농민을 괴롭혀왔다. 따라서 제국정부의 소수 관료집단과 대포의 공생관계는 17세기 후반부터 오늘날까지 전 세계적으로 인구가 성장할 수 있게 해준 세 번째 보편적인 요인으로 꼽을 수 있다.

이상의 세 요인은 20세기에도 인류의 삶에 영향을 미치고 있다. 1492년 이후 선박들이 공해를 자유롭게 오가기 시작한 결과 바다라는 장벽이 무너지고 대륙간 교류가 활발해졌는데, 이로부터 시작된 일련의 충격적인 사건은 여전히 세계의 생물계에 반향을 불러일으키고 있다. 그렇지만 해양을 통한 새로운 교류 패턴이 야기한 초창기의 극심한 혼란이 수습되자, 이번에는 주로 과학과 기술에 관련된 또 다른 요인들이 지구 생태계와 인간의 균형상태에 극심한 변화를 초래했다. 이런 요인들을 살펴보는 것이 다음 장의 과제이다.

6 1700년 이후 의학과 의학조직이 초래한 생태적 영향

　　지금까지는 질병의 패턴이 어떻게 변화해왔으며 그것이 인류의 역사에 어떤 의미를 갖는지 이해하려고 노력했는데, 그러다 보니 의학이 실시해온 치료에 대해서는 거의 언급하지 못했다. 질병에 걸릴 위험을 줄여보려는 민간요법은 인류의 사회나 언어만큼 오랜 역사를 지녔다. 이런저런 근거로 합리화된 다양한 습속도 역학적으로 중요한 결과를 초래했으며, 긍정적으로 작용한 경우도 더러 있다. 예컨대 4장에서 살펴보았듯이 만주의 유목민은 자신들의 조상이 마멋으로 환생한다는 속설에 기초해 페스트 감염의 위험을 줄일 수 있었다. 페스트균을 가진 마멋은 조상과 동격이었던 탓에 특별히 조심스럽게 다루어졌던 것이다.[1] 근대에 나타난 민간의 또 다른 생활습관이 말레이시아의 플랜테이션에서 일하던 남인도 출신 타밀 노동자들의 건강을 보호해주었다. 이들이 고집하는 습속에 의하면 물은 하루에 한 번만 집안에 들여야 하며 실내에 물을 저장해두어서는 안된다는 것이었다. 물론 이런 습속은 모기가 실내에서 알을 낳아 번식하는 것을 막아주었다. 그 결과 중국인과 말레이인은 비슷한 환경에서 생활하고 일했지만 타밀족의 관습을 따르지 않았기 때문에 뎅그열이나 말라리아에 감염되는 경우가 훨씬 많았다.[2]

　　이런 믿음이나 행동규범은 갖가지 상황에서 인류공동체를 질병의 사슬로부터 보호해주었음에 틀림없다. 이와는 반대로 보편적으로 적용되리라 여겨지던 신의 계시에 따른 권위 있는 위생수칙이 부작용을 초래하는 불행한 경우도 있었다. 예멘에 있는 이슬람교 사원의 경우 세정식을 위한 목욕탕에는 주혈흡충이 득실거렸다.[3)]

일반적으로 종교적인 순례는 전쟁 못지않게 전염병을 퍼뜨리는 주된 요인이었다. 질병이 신의 의지라는 교리에 충실하다 보면, 전쟁이나 순례에서 질병을 피하려는 의식적인 조치는 신의 뜻을 거스르는 불경스러운 행위로 해석될 여지가 많았다. 순례의 의미는 위험을 무릅쓰고 성스러움을 찾아 나서는 것이었다. 경건한 신자들이 순례 도중에 죽는 것은 순례자를 지상의 고통스러운 삶에서 구제해 자신의 곁으로 데려가려는 신의 역사하심이었다. 따라서 질병과 순례는 역학적으로나 심리학적으로 상호 보완적인 것이었다. 자신이든 적이든 언제 갑자기 죽을지 모른다는 면에서 전쟁도 본질적으로 마찬가지였다.

인간공동체를 질병의 위협에서 보호해준 습속이나 신앙이 있었던 반면에, 이와 같이 질병의 돌발을 초래하고 촉발시켜온 요인들도 있었다. 아주 최근에 이르기까지 의학적 이론이나 치료법도 이처럼 모순적인 행동양식들이 뒤엉킨 혼란스러운 것이었다. 어떤 치료법은 효과가 있었지만 어떤 것은 아무런 효과도 없었으며, 또 열병환자에 대해 널리 행해져온 사혈(瀉血)처럼 대부분의 환자에게 대단히 해로운 치료법도 있었다. 민간요법과 마찬가지로 의학이론도 허술한 경험에 기초했거나 지나치게 교조적이었다. 몇 권의 유명한 책에서 제시된 교리들은 대단한 권위를 부여받았다. 유럽과 이슬람 세계에서는 갈레노스와 이븐 시나*가, 그리고 인도에서는 차라카†가 추앙받는 의학자였다. 중국에서는 유명한 의서의 저자들이 권위자의 지위를 함께 누렸다. 실제

---

* 페르시아의 철학자 겸 의사(980~1037). 유명한 『치유의 서』와 『의학정전』의 저자이다.
† 인도의 2대 고대 의서 중 하나로 꼽히는 『차라카 상히타』의 편찬자.

경험에 의해 얻은 지식도 그런 이론에 입각해 해석되었고, 이에 따라 치료가 행해졌다.

전문적인 의료행위가 가져온 생리학적 효과가 일반적인 치료법으로 인한 해악을 보완할 수 있었는지는 극히 의심스럽다. 의사라는 직업에서 실천상의 기초는 인간의 심리이다. 위급한 상황에 처한 환자는 진료비가 비싼 잘나가는 전문의를 부를 수 있다면 심리적으로 안정될 것이다. 의사들은 다른 사람들을 대신해 무엇을 할 것인지 결정해야 하는 책임을 떠맡았다. 이런 면에서 의사의 역할은 성직자의 직무와 매우 비슷했다. 성직자들이 인간의 정신적 고민을 덜어주었듯이 의사들은 환자의 육체적 고통을 줄여주었다.

그렇지만 중요한 차이도 있었다. 의사는 현실세계의 문제를 다루었으며, 그들의 기술이나 지식도 오랜 세월 실제경험에 의해 점점 정교해졌다는 점이다. 질병을 치료하기 위해 이런저런 방법을 써보다가 우연히 좋은 결과를 얻으면 그 방법을 소중하게 여긴다는 점에서 의료 전문가도 일반서민과 전혀 다를 바가 없었다. 새로운 처방에 대한 이런 비교적 개방적인 태도는 서양의 의료 전문가들이 갖추고 있던 가장 큰 덕목으로, 지난 1세기 동안 의학이 눈부신 발전을 이룬 원동력이었다. 17세기 들어 유럽의 의사들이 갈레노스 의학의 기초가 되었던 체액병리설에 의문을 제기하기 시작하면서, 오랫동안 성역으로 여겨졌던 갈레노스의 이론도 수정되었다. 그러나 아시아에서는 어떤 의학적 사상이나 치료법이 일단 고전의 반열에 오르고 나면 새로운 도전에 직면하는 경우가 별로 없었다.[4]

유럽에서 의과대학과 병원을 중심으로 의사라는 전문집단이 형성되어 있던 것도 새로운 질병에 대해 보다 유기적으로 대응하는 데 결정적인 역할을 했다. 병원은 한 질병의 증상과 경과를 반복해서 관찰할 수 있는 기회를 제공해주었다. 한번 효과를 본 치료법을 다른 환자에게도 시술해볼 수 있었고, 동료 의사들이 곁에서 그 결과를 지켜보았다. 어떤 의사가 시도한 치료법이 잘 듣는다면 동료들의 찬사와 존경을 받게 되었을 것이고, 성공적인 치유책을 개발한 자는 뛰어난 실력을 지녔다는 명성을 얻는 동시에 높은 수입도 보장받았을 것이다. 이런 까닭에 야심만만한 의사들은 적극적으로 임상실험에 임하면서 새로운 치료법을 시도하고 그 결과를 관찰했다. 더욱이 환자의 증상에 대한 세심한 관찰을 중시하는 유서 깊은 히포크라테스의 전통은 의사들의 능동적인 행위를 훌륭한 직업의식의 발로라고 치켜세웠다. 따라서 유럽의 의사들이 1200~1700년에 나타난 새로운 질병들과 조우했을 때 고전적인 이론이나 실천의 핵심부분을 고쳐서 그 질병에 대처한 것은 그리 놀랄 일도 아니다. 이와는 대조적으로 아시아의 전문 의학자들은 병원이라는 작업환경에서 일하지 않기 때문에 고대의 권위 있는 의학이론을 고수하면서—또는 새로운 치료법을 시행할 때도 고대 의서에 나오는 처방이라 강변하면서—같은 시기에 등장한 질병현상에 대응하려 했다.

물론 유럽에서도 페스트의 대유행이라는 긴급사태에 대한 명실상부한 의학적 대책이 마련되기까지는 거의 100년이 소요되었다. 그러나 15세기 말에 이르면 이탈리아의 의사들은 도시국가의 틀 안에서 검역을 통해 페스트를 예방하고, 만약 발생했을 경우 인명피해를 줄일 수 있는 일련의 공중보건 대책을 만들어냈다. 16세기에는 이런 대책이 좀더 정교해졌고 효과적으로 시행되었다. 예방을 위한 격리검역제는 실제로 페스트 감염의 사슬을 끊는 데 크게 이바지했다. 감염설이 득세해 격리검역을 정당화했으며, 양모와 직물이 페스트균을 옮긴다는 믿음—숙주인 쥐가 죽은 후 양모뭉치에 피신해 있다가 양모를 푸는 사람의 팔을 물어 끼니를 때우는 굶주린 벼룩의 행동양식이 입증해주는 믿음—처럼 실생활의 경험에서 나온 항간의 속설이 책과 논문을 통해

거론되는 명예를 누리기도 했다.[5]

아메리카 대륙의 발견이 초래한 질병상의 여러 결과에 대해 유럽 의사들이 보인 반응은 그들의 선배들이 페스트를 대하던 것과 거의 같았다. 매독에 대한 학문적인 토론은 이 병이 처음 나타났을 때의 증상만큼이나 격렬한 것이었다. 새로 등장한 질병들도 매독 못지않은 관심을 끌었는데, 고전적 의학이론에 들어맞는 병은 하나도 없었다. 고전의학의 명예는 근본적으로 흔들렸고, 전통적인 의술이나 의학교육은 실추된 명예를 다시 회복하지 못했다. 아메리카 대륙에 대해 점차 많은 것이 알려지면서, 사람들은 근대적 지식이 고대의 지식을 능가한다는 생각에 눈떴다. 이런 견해는 의학의 혁신 가능성을 활짝 열었으며, 스위스의 의사 파라켈수스(1493~1541)로 하여금 갈레노스의 권위를 전면적으로 부정하도록 고무했다. 매독과 같은 새로운 질병에는 '더욱 강력한' 새로운 약품이 필요하다는 주장은 파라켈수스의 화학약품과 신비주의적 의학사상을 옹호하는 단골메뉴가 되었다.[6] 이렇게 의학의 근본개념이 의문시되자 문제를 논리적으로 해결할 수 있는 유일한 방안은 고전적인 갈레노스 의학의 이론에 따른 치료결과와 파라켈수스의 새로운 이론에 입각한 치료결과를 비교·관찰해서 효과가 뛰어난 쪽을 선택하는 것이었다. 그 결과 유럽 의학은 다른 문명의 의학적 전통을 능가하는 비약적 발전을 이룩하게 되었다.

그럼에도 18세기 이전까지는 그런 전문적 의술이 인구동태에 미친 영향은 미미했다. 값비싼 치료비를 지불하고 의사의 진료를 받을 정도로 경제적 여유가 있는 사람은 많지 않았다. 생사의 기로에 서 있던 사람들이 의사의 진료 덕분에 목숨을 건지기도 했지만, 최상의 의료 서비스를 받고도 병세에 차도가 없는 경우도 더러 있었으며 때로는 거꾸로 회복이 늦어지는 경우도 있었다. 이런 이유로 17세기까지의 전염병 양상을 다룬 이 책의 앞 장들에서는 의술의 구체적인 방법과 그 역사에 대해 다룰 필요가 없다고 판단했던 것이다. 그러나 18세기에 들어서자 상황이 달라지기 시작했다. 1850년경 이후로 의료행위와 의료기관이 인간의 평균수명과 인구성장에 커다란 영향을 미치기 시작했던 것이다.

그보다 훨씬 전인 17세기 중반 이후 세계 각지의 문명에서 새로운 생태적 균형이 뚜렷이 모습을 드러내기 시작했다. 이 시기부터 이미 많은 인구를 보유하고 있던 중국과 유럽에서는 역사상 유례를 찾기 힘들 정도로 인구가 크게 증가했다. 오랫동안 유럽과 아프리카의 질병에 노출되었던 아메리카의 여러 지역도 약 1650년 이후 인구수가 바닥을 벗어나기 시작했고, 18세기 중반이 되면 아메리카에 정착한 구대륙 이주민이 괄목할 만한 인구증가세를 나타내기 시작했다. 한편 오세아니아 원주민의 경우처럼 과거에 고립되어 있던 지역의 인구는 계속 감소했다. 하지만 이런 현상을 보이는 인구는 얼마 되지 않았다.[7] 17세기 이후 어지간한 규모의 인간공동체는 유럽의 선박이 전세계의 대양과 연안지대에 던져 놓은 질병의 그물을 빠져 나갈 수 없었기 때문이다.

많은 연구가 이루어진 지역에서조차 17세기의 인구통계는 신뢰하기 어렵다. 이 때문에 오늘날의 인구통계학자들은 과거의 학자들처럼 1650년까지 거슬러 올라가지 않고 1750년 이후의 인구동태를 일반화의 대상으로 삼고 있다.[8] 그렇지만 1650년에서 1750년 사이의 어느 시점에(오늘날의 의견은 1750년 쪽으로 기울고 있다) 유럽 일각에서 '인구혁명'이 일어나 대륙 전체에서 인구가 크게 증가했다는 것은 아무도 의심하지 않는 사실이다. 중국에서도 새로 등장한 청나라가 1683년 이후 전국을 평정한 다음 한 세기에 걸쳐 인구가 증가하기 시작해, 1700년에 약 1억 5천만 명이던 중국의 인구는 1794년에는 3억 1,300만 명으로 두 배 이상 불어났다.[9]

이에 비해 유럽의 총인구는 1800년에 겨우 1억 5,200만 명에 달했다.[10] 게다가 중국의 인구는 전역에 걸쳐 대단히 빠른 속도로 증가했지만, 유럽에서 중국 수준의 인구성장률을 보인 지역은 동쪽으로는 스텝지대, 서쪽으로는 영국 및 아메리카에 한정되었다. 유럽 대륙의 중심부는 전쟁과 흉년에 내내 시달렸던 탓에 18세기 말에 가서야 중국과 같은 대규모의 인구성장 추세를 보이게 되었다.

산업혁명이라 불리는 산업화의 확대와 인구증가 사이의 관계는 역사가, 특히 영국 역사가들의 뜨거운 관심사이다.[11] 영국은 18세기에 산업의 획기적인 변화와 급격한 인구증가를 경험했다. 새로운 산업은 노동자들을 요구했고 팽창하는 인구는 새로운 생계수단을 필요로 했다는 점에서, 양자는 분명히 상호 보완적으로 작용했다. 영국의 교구 기록을 면밀히 연구하면 이 문제와 관련해 많은 정보를 얻을 수 있을 것이다. 그러나 전반적인 과정을 이해하기 위해서는 유럽과 해외 식민지들이 하나의 총체적인 틀 안에서 유기적으로 작용하고 있었던 것으로 봐야 한다. 이런 시각으로 1650년부터 1750년에 이르는 유럽의 인구동태를 파악하면, 동부 변경에서 이루어진 농업개척 및 인구증가와 해외 식민지(특히 북아메리카)에서 나타난 유사한 과정이 별개의 현상이 아님을 알 수 있다. 같은 대륙의 미개척지로 이주하는 것과 바다를 건너 이주하는 것의 차이점은 두 변방에서 새로운 농업생산 기지가 동시에 확대되었다는 공통점에 비해 그다지 중요하지 않았다. 유럽의 심장부인 대영제국에서 활발하게 진행된 상공업 활동도 거시적으로 바라볼 필요가 있다. 우리가 산업혁명이라 부르는 것은 유럽의 중심지였던 영국 중부와 런던에서 발달하여 신구 양 대륙으로 확장된 새로운 상공업 패턴―특히 동력을 이용한 기계장치의 광범위한 사용―이기 때문이다. 그러나 이처럼 유럽의 범위를 확대시켜 식민지까지 포함시킨다 하더라도 1800년의 유럽 인구에는 고작 800~1,000만 명 정도가 추가될 뿐이다.[12] 이처럼 유럽의 인구증가는 같은 시기 중국의 인구성장에 훨씬 못 미치는 20% 정도에 머물렀다.

다른 문명세계에서도 1800년 이전까지는 별다른 인구변동이 없었던 것으로 보인다. 인도에서는 아우랑제브 황제(1658~1707)의 치세 후반에 이르자 각지에서 정국이 불안해지기 시작했고, 그 후 1818년까지 내란이 그치지 않았다. 이슬람 세계 어디에서도 인구가 증가한 징후를 찾아볼 수 없으며, 인도의 무굴 왕조와 마찬가지로 오스만 제국과 사파비 왕조의 사기와 능률이 떨어지면서 정치적 혼란만 커지는 추세였다.

따라서 18세기에 중국이 생태학적 균형의 변화에 적응한 것은 예외적인 경우였다. 다른 지역에서는 인구증가의 가능성을 상쇄하는 다양한 상황이 발생했다. 중국에서는 오랫동안 공공질서가 유지되었고 조세와 지대의 수준도 적절히 조정되는 등 민생을 파탄에 이르게 하는 거시기생현상이 거의 일어나지 않았다. 이와 동시에 빈번하게 발생하던 전염병들은 비교적 피해가 적은 풍토성 소아병으로 변해 인구변동의 요인으로 작용하는 경우가 드물어졌다. 이에 따라 인구의 급격한 증가에 수반되는 온갖 특징이 나타났다. 성인사망률이 감소해 부부가 함께 사는 온전한 가정이 많아졌고, 이런 부부들로 이루어진 세대(世代)의 인구가 증가하자 자연히 어린이의 수도 늘어났다.

눈덩이처럼 불어난 인구 때문에 중국의 농민은 제한된 땅에서 더 많은 식량을 생산해야 하는 난관에 봉착했다. 정치적·생태적 장애로 인해 더 이상 중국의 영토를 확장한다는 것은 무리였다. 명나라 조정이 1430년대에 해외이주를 금지한 후 지배자들은 이 조치를 고수했다. 따라서 아메리카 대륙의 태평양 연안, 또는 중국 본토와 가까운 필리핀이나 말레이 반도 등에 중국인이 대규모로 이주해 정착할 가능성은 원천적으로 봉쇄되었던 셈이다. 또 1640년대에 중국을 정복한 만주족 지도자들은 자신들의 조상이 살던 땅과 유목민의 생활양식을 보존한다는 명분 아래 한족이 만주나 몽골에 진출하는 것을 금지시켰다. 이래 저래 중국인이 진출할 여지가 있는 곳은 남쪽뿐이었다. 그러나 안남과 버마 왕국의 정치적 저항이 거세었고 우림지대의 역학적 위험이 상존했던 탓에 중국인이 남방에 개척할 수 있는 땅은 얼마 되지 않았다.

그렇지만 18세기에 접어들면 이미 중국에 편입되어 있던 광활한 경작지 내에서 과거에 비해 두 배 이상 늘어난 인구를 먹여 살릴 수 있는 식량생산이 가능해졌다. 중국인은 한정된 토지에 더 많은 노동력을 투입하고, 너무 가파르거나 건조해서 논농사를 지을 수 없었던 땅을 활용해 감자·고구마·땅콩 등 아메리카에서 건너온 새로운 작물을 경작함으로써 식량을 증산할 수 있었던 것이다.

다시 말해 당시 중국은 해양을 통한 교류의 결과인 질병체제의 변화, 새로운 농작물의 도입, 군사기술의 변화 등에 내재하는 가능성을 충분히 활용할 수 있는 상황에 있었다. 다른 지역의 농민은 19세기나 20세기에 들어서야 정치적 안정과 농업생산의 확대라는 조건을 갖추고 중국인과 유사한 방식으로 새로운 생태적 균형에 적응해 나갔다는 면에서, 사실상 중국은 다른 문명세계에 비해 1세기 이상 앞서 있었다. 중국이 다른 곳보다 일찍 개화했던 것은 대체로 중화제국의 문화적 전통에 기인한다. 오랜 옛날부터 제국정부에 의한 중앙집권체제를 정당한 통치형태로 받아들여 왔던 중국은 비교적 수월하게 정치적 통합을 이루었다. 그리고 유교의 원리는 아버지에서 자식으로 이어지는 가족의 연속성에 높은 가치를 부여했다. 이런 가치관은 중국의 인구가 일찍부터 급격히 증가하는 데 이바지했음에 틀림없다. 물론 급격한 인구 증가에는 질병체제의 변화도 아주 중요한 몫을 했다는 사실을 간과해서는 안된다.

각종 전염병에 풍부한 경험을 쌓은 다른 문명세계의 공동체들도 인구성장의 잠재력을 가지고 있었지만, 식량공급을 늘리지 못했거나 파괴적인 거시기생의 패턴을 억제할 수 없었던 탓에 19세기 전까지는 새로운 가능성을 실현하지 못했다. 다만 사람들이 별로 살지 않던 변경의 식민지에 문명화된 농경기술을 이식한 경우, 중국의 여러 지역에서 나타났던 것과 비슷한 상황들이 결합해 1800년 이전에도 인구가 폭발적으로 증가했다.

이렇게 인구가 늘어난 대표적인 지역으로는 러시아의 우크라이나 지방과 남북아메리카의 대서양 연안을 꼽을 수 있다. 러시아, 특히 우크라이나에서 18세기 내내 인구동태에 영향을 미칠 수 있는 중요한 요인은 혈거성 설치류로부터 선페스트에 감염될 위험이었다. 예컨대 1771년 모스크바에서 발생한 페스트로 인해 5만 6,672명이 사망했다는 공식기록이 있다. 이 수치는 1664~1666년에 유행한 그 유명한 런던 페스트 대유행의 사망자 기록에도 크게 뒤지지 않는다.[13] 그렇지만 쟁기로 경작하는 토지가 늘어나자 땅굴을 파고 사는 설치류의 자연서식지가 점차 사라졌고, 이에 따라 설치류로부터 인간에게 병이 옮을 가능성도 줄어들었다. 물론 쟁기질이 페스트를 없애지는 못했지만 서서히 페스트의 위험을 감소시켰던 것은 사실이다. 1724년에 1,250만 명으로 추정되던 러시아의 인구는 1796년에는 2,100만 명으로 급격히 증가했다.[14] 18세기 러시아의 괄목할 만한 인구성장은 농경지 확대에 따른 식량공급의 확충이 질병으로 인한 인명손실을 압도했다는 사실을 입증해준다.

아메리카 대륙의 개척자들은 선페스트를 두려워할 필요가 없었다. 하지만 이들은 유럽 문명 및 질병순환의 중심지로부터 반쯤 고립되어 있는 상황 때문에 특별한 문제에 봉착했다. 예컨대 아메리카 원주민에게 무서운 파괴력을 보였던 천연두는 백인 이주민들을 죽이기도 했다. 이들은 어렸을 때 천연두의 감염원과 멀리 떨어져 살다가 어른이 되어서야 이 질병에 걸렸으므로 전혀 저항력이 없었던 것이다. 이런 이유로, 잠시 후에 살펴볼 것처럼 아메리카인은 대체로 인두접종—18세기에 유럽의 의사들에게 널리 퍼진 방법—의 위험을 감수했다. 그러나 질병경험을 두루 갖춘 유럽의 공동체에서는 기껏해야 어린이들만 희생시키는 천연두 예방을 위해 위험을 무릅쓰려 하지 않았기 때문에, 19세기에 보다 효과적인 종두법이 개발되어 천연두의 치사율을 확연히 낮추기 전까지 인두접종은 유럽에서 대중의 호응을 얻지 못했다.

아일랜드는 18세기 변경 확장의 흥미로운 사례를 제공한다. 아일랜드가 확장한 땅의 규모는 대단치 않았으나 인구는 극적으로 증가했기 때문이다. 장기간의 잔인한 전쟁 끝에 이 나라는 1652년에 평화를 되찾았다. 그 후 잉글랜드인, 스코틀랜드인, 아일랜드인 등 독자적인 민족집단은 각기 다른 경제적 기대를 품고 다양한 농경방식을 동원해 거의 비어 있던 아일랜드 섬을 개척해 나갔다. 아일랜드인은 정치적으로 매우 불리한 처지에 있었지만, (경제적으로는) 대부분의 지역에서 우위를 차지했다. 이들의 성공비결은 일찍부터 감자를 주요 작물로 도입한 것이었다. 아일랜드인은 원래 소규모로 농사를 지었으며 잉글랜드인처럼 값비싼 가축을 동원해 쟁기질을 하지 않았기 때문에 쉽게 감자를 선택하게 되었다. 값싸고 풍부한 감자 덕분에 아일랜드인은 목숨을 부지할 수 있었고 잉글랜드인 이주자들을 효과적으로 밀어낼 수 있었다. 농업기술이나 생활수준이 아일랜드인과 거의 비슷했던 스코틀랜드인도 얼스터 지방에서 살아남을 수 있었다. 이들은 18세기 초 흉작으로 고생한 끝에 그때까지 천대받던 감자의 무한한 가치를 깨닫고 이 뿌리채소를 주요 작물로 취급하기 시작했다. 아일랜드의 폭발적인 인구증가가 본궤도에 오른 것은 18세기 말부터였는데, 묘하게도 당시 잉글랜드에서는 곡물가격이 올라 아일랜드를 지배하던 지주들은 농업으로 엄청난 수입을 올렸다. 지주들은 많은 노동력이 필요해졌고, 아일랜드 원주민들은 1에이커쯤 되는 작은 감자밭을 받고 노동력을 제공했다.

이들은 감자밭에 온 가족의 생계를 건 비참한 생활을 영위했지만, 제법 양호한 영양상태를 유지했다.[15]

18세기에 아일랜드와 중국에서 일어난 농촌인구의 급증이 후일 다른 지역에서 나타날 현상을 예고했듯이, 산업혁명이 본격화되면서 영국의 인구사 및 질병사도 특별한 의미를 띠게 되었다. 곡물과 기타 식량이 해외에서 대량으로 반입되기 시작한 1870년대 이전까지 영국의 도시인구가 증가하기 위해서는 주변 농촌의 식량증산이 선결과제였는데, 개량 농기구, 비료, 윤작, 엄격한 종자 선택, 식량 저장법과 보존법의 개선 등이 식량증산을 가능케 했다. 가장 중요한 변화는 잡초를 억제하는 방법이었던 휴경을 폐기했다는 것이다. 성장기에 조심스럽게 밭을 갈아줘야 하는 순무 같은 작물을 재배하면 잡초도 없애고 가치 있는 농작물도 얻을 수 있었다. 이렇게 해서 농업생산성은 3분의 1쯤 향상되었다.

17세기 후반에 북해를 중심으로 확산되기 시작했던 이 '새로운 영농법'은 또 하나의 뜻하지 않은 결과를 가져왔다. 순무와 자주개자리(휴경을 대체했던 또 다른 작물)는 유럽 농가에서 키우던 소에게 엄청난 양의 사료를 제공해주었다. 이에 따라 마리 수가 크게 늘어난 소는 사람들에게 더 많은 고기와 유제품을 공급함으로써 식생활을 개선시켜주었을 뿐 아니라 말라리아를 매개하는 아노펠레스 모기에게 피를 제공했다. 소는 말라리아 원충에게 적합한 숙주가 아니기 때문에, 사람 피보다 소의 피를 좋아하게 된 모기의 습성은 소의 수가 늘어난 유럽 일각에서 말라리아 감염의 사슬이 끊어지는 결과로 이어졌다. 이에 따라 말라리아는 여름에 강우량이 부족해 사료용 작물을 생산할 수 없었던 지중해 연안으로 점차 물러났다. 그 결과 몇 세기 동안 북유럽 주민들을 괴롭혀왔던 중요한 만성병 말라리아는 새로운 영농법이 널리 퍼진 지역에서는 전혀 힘을 쓰지 못하게 되었다.[16]

새로운 영농법의 확산은 복합적인 생태적 변화를 초래했다. 가축의 수가 늘어나자 사람들은 더 많은 우유와 고기를 먹을 수 있었고 자연히 단백질 섭취도 증가했다. 이에 따라 온갖 종류의 감염증에 저항하는 항체를 만들어내는 능력도 향상되었다. 항체 자체가 단백질 덩어리이며, 단백질이 제공하는 화학적 성분에 의해 생성되기 때문이다. 결국 전염성 질병 전반에 대한 각계각층의 저항력이 상당히 높아졌다.

또한 18세기 영국에서는 황무지나 공유지에 울타리를 쳐서 사유지로 삼는 현상(제2차 인클로저)이 급속하게 진행되었는데, 이에 따라 가축이 넘쳐나던 목초지는 사라지고 소수의 개인이 소와 양을 소유하게 되었다. 이렇게 되자 양떼와 소떼의 건강이 눈에 띄게 좋아졌다. 첫째, 공동 목초지에 될 수 있는 대로 많은 가축을 기르는 것이 마을사람 각자의 권리를 극대화하는 유일한 방안이었던 시절에 비해, 가축의 영양 상태가 개선되었다. 둘째, 가축 사이에 감염증이 번지는 사태를 막을 수 있었다. 과거에는 가축이 마을의 공동 목초지에서 자유롭게 돌아다녔으며, 각 마을에 속한 공동 목축지의 경계를 표시해주는 울타리가 없었기 때문에 이웃마을의 가축끼리 접촉할 여지가 있었다. 따라서 일단 질병이 발생하면 한 마을의 모든 동물이 쉽게 감염되었고, 이웃마을의 가축도 영향을 받았다. 울타리가 생기고 땅이 구획되면서 한 마을의 가축도 다른 우리에 격리·수용되자 가축의 유행병이 줄어들게 되었다. 이런 변화는 인간의 건강에도 중요한 의미를 띤다. 소의 결핵이나 브루셀라 병 같은 각종 동물 감염증은 언제든지 인간에게도 이행될 수 있는 것이었기 때문이다.[17]

가축 전염병의 감소와 말라리아의 소멸은 1650년부터 1750년 사이에 영국의 질병경험을 크게 변화시켰다. 이와는 대조적으로 인클로저가 일어나지 않았고 새로운 영농법도 시작되지 않았던 프랑스에서는 농민의 건강상태가 형편없었다. 프랑스 전역에서 전염병과 만성병이

횡행했다. 말라리아와 결핵은 여전히 건강을 위협하고 있었고, 그 밖에도 독감·이질·폐렴·'군대 발한병'(장티푸스) 등의 치명적인 전염병이 1775년(당국의 세심한 기록이 처음 나타나는 해) 이후 상당수의 프랑스 농민을 희생시켰다.[18] 18세기의 인구성장 면에서 영국이 프랑스에 월등히 앞섰다는 것은 두 나라 모두 기본적으로 농업국이었다는 점을 감안할 때 프랑스에 비해 영국 농촌의 건강상태가 훨씬 좋았다는 사실을 의미한다. 불행히도 프랑스 당국이 1775년부터 공식적으로 작성하기 시작한 질병 관련 기록 같은 것이 영국에는 없기 때문에 직접적인 비교는 불가능하다.

  1650년 이후 1세기 동안 영국 농촌의 건강상태가 향상된 결과 농사의 효율성이 눈에 띄게 높아졌다. 건강한 사람은 꾸준히 일을 잘하게 마련이다. 농작물이 한창 자라는 시기에 기승을 부리곤 하는 열병이나 그 비슷한 질병에 걸려 농민의 체력이 고갈되지 않는다면, 필요한 작업을 제때에 못해 농업생산에 차질이 생기는 사태가 벌어지지 않는다는 것은 자명한 일이다. 농민의 건강이 향상되자 소수의 농민이 다수의 도시민에게 식량을 공급할 수 있게 되었다. 이런 사정이 배후에 없었다면 18세기 후반의 발전을 특징짓는 영국의 도시화는 불가능했을 것이다.

  하지만 18세기 영국에서 질병 패턴이 획기적으로 변한 것은 이런 식의 우발적인 생태계의 변화 때문이 아니라 인두접종이라는 새로운 의학기술이 가져온 결과였다. 이 면역법은 1721년 영국에 도입되었고, 이듬해에는 왕실의 자녀들도 무사히 접종을 받았다. 이 방법은 천연두 환자의 고름에서 나온 물질을 접종 대상자의 피부에 집어넣어 감염시키는 것이었다. 때때로 이렇게 접종을 받은 사람들 중에는 천연두가 심각하게 진행되어 죽는 경우도 있었다. 그러나 대개는 발진만 조금 생길 뿐 가벼운 증상을 보였다. 그리고 접종 결과 얻게 되는 면역력은 자연적으로 천연두에 걸려서 얻게 되는 것과 다를 바가 없는 것으로 밝혀졌다.

이 접종법은 간단했고 그 효과가 널리 인정된 경우 집단접종도 용이하게 실시되었기 때문에 1740년대에 영국에 널리 보급되었다. 그 후 심각한 감염으로 진전될 위험을 줄이는 개량이 이루어져 1770년대 이후 농촌 공동체와 소도시에서 접종이 일반화되었다.

그러나 흥미롭게도 인두접종법은 런던 같은 대도시에서는 '주목'받지 못했다. 혁신적인 기술이 농촌이나 소도시에 확산되었지만 대도시에서 별로 인기를 끌지 못했던 진풍경은 두 환경을 지배하던 질병발생의 패턴이 전혀 다르다는 점을 상기하면 쉽게 이해될 수 있다. 대도시에서 천연두는 이미 소아병이었다. 그러나 농촌에서는 여전히 청장년층을 공격하던 전염병으로, 천연두로 인한 청장년들의 죽음은 어린이들이 사망하는 것보다 훨씬 더 심각한 문제였다. 따라서 소도시나 농촌마을에서는 인두접종에 대한 관심이 높을 수밖에 없었다. 인두접종은 이런 작은 공동체에 심각한 문제로 남아 있던 천연두를 해결해주었다. 하지만 어린애가 너무 많아 골머리를 앓는 빈민들이 득실거리던 런던에서는 천연두를 예방하기 위해 어떤 조치를 취해야 할 이유가 전혀 없었다.[19]

그러므로 천연두로 인한 사망은 18세기 내내 런던 사망표*에 뚜렷한 자취를 남겼다. 런던에서 천연두의 위협이 줄어들기 시작한 것은 좀더 안전한 우두접종이 소개되고 이에 대한 초창기의 거부감이 극복된 1840년대 이후였다.[20] 하지만 영국의 농촌과 소도시에는 천연두 바이러스를 이용한 인두접종이 이보다 70~100년쯤 앞서 확산되었

---

* London Bills of Mortality. 사망자 총계, 사망 원인, 사망자의 연령별 분포 등의 통계자료를 기록한 표로, 선페스트의 공격에 대비하기 위한 조기경보체제의 일환으로 16세기 초부터 작성되기 시작했다.

다. 그 결과 건강상태가 개선되면서 이미 영국 농촌에서 나타나고 있던 인구성장 추세는 더욱 탄력을 받게 되었다.

유럽 대륙에서는 인두접종에 대한 사회적 반대가 훨씬 오래갔다. 반대론자들은 인두접종이 신의 뜻에 개입하는 불경일 뿐 아니라 건강한 사람에게 위험한 감염증을 퍼뜨리는 어이없는 행동이라고 비난했다. 영국에서는 1721년부터 1740년 사이에 영국학사원이 주관한 세심하고 획기적인 통계연구 덕분에 후자의 주장은 꼬리를 내렸다. 그러나 프랑스에서는 루이 15세가 1774년에 천연두로 죽고 나서야 인두접종에 대한 조직적 저항이 자취를 감추었다. 그 후에도 19세기에 이르기까지 유럽 대륙에서는 천연두에 대한 인공적인 면역법이 널리 확산되지 못했다.[21]

한편 아메리카의 영국 식민지에서는 18세기 초에 인두접종법이 입지를 굳혔다. 천연두는 원주민 사이에서 자주 발생했기 때문에 이 병이 성인의 목숨을 앗아가는 가공할 위력을 지녔다는 사실이 잘 알려져 있었던 것이다. 또한 이주민 사회는 영국의 농촌이나 소도시와 비슷한 구조를 띠고 있었으므로 간헐적으로 찾아오는 전염병에 매우 취약할 수밖에 없었다.[22] 18세기에 아메리카 식민지의 인구가 놀랄 정도로 증가한 데는 인두접종이 보급됨에 따라 천연두로 인한 사망률이 하락한 것이 한몫했을 것이다. 변경에서 백인 개척지가 확대된 것은 전염성 질병 때문에 계속해서 인디언 집단들이 파괴되고 있던 상황과 무관치 않으며, 그 중에서도 천연두는 가장 무서운 병이었다. 실제로 원주민들에게 천연두가 창궐한 배후에는 고의적인 세균전이 있었던 것 같다. 예컨대 1763년에 제프리 애머스트 경은 천연두에 오염된 모포를 적대적인 원주민 부족들에 나누어주라는 명령을 내렸고, 이 명령은 실행되었다. 기대했던 결과를 얻었는지는 기록에 남아 있지 않다.[23]

반면에 라틴아메리카에서는 스페인 본국에서 예방법이 공인된 후 원주민을 천연두로부터 보호하려는 공식적인 노력이 시작되었다. 이런 조치는 영국 농촌에서 일하던 주도면밀한 의사 에드워드 제너가 백신을 발견하고 1798년에 그 성과를 세상에 알린 직후에 취해졌다. 제너는 소젖을 짜는 여인들이 천연두에 걸리지 않는다는 사실을 알아내고, 이 여인들이 우두에 걸려 천연두에 저항력이 생긴 것이라고 추정했다. 우두를 사람에게 접종하는 실험을 거듭한 결과 천연두에 대한 면역력이 생긴다는 사실이 밝혀졌다. 또 우두가 사람에게 끼치는 피해는 경미하다는 사실도 알아냈다. 이리하여 인두접종 수용을 거부하던 주요 명분이 사라졌고, 새로운 '백신' 방법은 유럽 전역으로 빠르게 확산되어갔다.

제너의 연구결과가 발표되고 겨우 5년이 지난 1803년, 스페인 본국에서 파견된 의료진이 멕시코에 도착해 현지 의사들에게 새로운 기술을 전수했다. 1807년에는 또 다른 의료진이 스페인 제국의 머나먼 전초지 필리핀에서 같은 작업을 되풀이했는데, 이 무렵 백신접종은 신세계의 의사들 사이에서 이미 널리 수용되고 있었다. 이후 인디언 공동체도 의료봉사의 혜택을 받게 되면서 오랫동안 스페인 치하의 아메리카 원주민을 괴롭혀왔던 치명적인 전염병의 공포는 사라지게 되었다.[24]

유럽 대륙의 그리스도교 국가들은 영국보다는 프랑스의 전철을 밟았다. 계획적인 의료행위를 통해 천연두를 제압하려는 노력은 1800년 직전에야 수용되기 시작했다. 예카테리나 2세는 1768년에 영국 의사 한 명을 초빙해 자신과 황태자에게 접종케 함으로써 러시아에 인두접종을 도입했다. 그러나 이 의사의 시술은 왕실에 국한되었다. 루이 15세가 천연두로 죽은 뒤인 1775년 프로이센의 프리드리히 2세는 인두접종을 받아들이고, 왕실의 의사들뿐 아니라 각 지방의 의사들도 그 기술을 전수받도록 조치했다. 그러나 인두접종이 유럽 대륙의 서민계층까지 파고든 것은 상부의 명령에 의해 모든 군대에서 강제접종이 실시된 이후였다. 1776년에 조지 워싱턴은 휘하 부대의 모든 병사에게 인두접종을 명령했고, 1805년에는 나폴레옹이 모든 병사에게 개량된 종두를 접종하도록 지시했다.[25] 어떻게 보면 유럽에서 효과적인 천연두 예방법이 보급된 것은 나폴레옹 전쟁의 부산물이었다. 유럽의 인구가 19세기에 유례를 찾기 힘들 정도로 성장할 수 있었던 것은 오랫동안 문명화된 인류공동체를 괴롭혀왔던 천연두를 효과적으로 제압하게 된 결과였다고 해도 무방하다.

하지만 인두접종이 가장 먼저 실시되었던 곳은 터키의 일부 지역이다. 사실 인두접종법은 터키에서 영국으로 전수되었다. 오스만 제국 주재 영국대사의 아내였던 메리 워틀리 몬터규 부인*은 1721년에 블루머〔헐렁한 여성용 바지〕와 터키풍 모자 같은 동방의 진기한 풍물과 함께 인두접종법을 런던에 소개했다.[26] 이탈리아 북부 파도바의 유명한 의과대학에서 서양의학을 배운 콘스탄티노플의 그리스 의사 두 명이 이 새로운 기법을 소개하는 역할을 맡았다. 이들은 터키의 민간요법에 대한 정보를 두 권의 소책자에 담아 유럽의 학계에 전수했는데, 이 책은 영국을 비롯한 여러 나라에서 광범위하게 유포되었다. 이들의 보고에 따르면 콘스탄티노플에서는 모레아와 테살리아에 살던 그리스 농촌여성들이 오래전부터 인두접종법을 알고 있었던 것으로 믿었다고 한다.

인두접종법은 아라비아, 북아프리카, 페르시아, 인도 등지에서 민간요법의 일환으로 실시되어왔던 것으로 보인다.[27] 천연두 바이러스를 묻힌 면봉을 환자의 콧속에 집어넣는 정교한 중국식 방법은 이미 1700년에 런던에도 알려진 바 있다.[28] 중국의 문헌들은 그 예방법이 11세기 초에 인도의 국경지역에서 온 한 현인에 의해 중국에 소개된 후 대

---

* 18세기에 영국을 풍미했던 다재다능한 여성작가.

중화되었다고 주장한다.[29] 따라서 어린이에게 인두를 의도적으로 접종하는 방법은 오래전부터 아시아의 여러 지역에서 민간요법으로 실행되어 오다가 한참 후에야 유럽 의사들의 주목을 받아 18세기에 공인된 의료기술로 정착하게 되었다고 봐도 무방할 것 같다.[30]

이 예방법이 민간요법으로 오래전부터 널리 퍼져 있었다면, 유럽 의학계와 지식인층이 18세기에야 그것을 받아들인 이유는 무엇이며, 다른 나라가 아닌 영국에서 이런 의료기술이 발전한 이유는 무엇일까?

여기에는 분명히 우발적인 요인도 작용했다. 몬터규 부인은 상류사회의 귀부인으로 사교계를 주름잡다가 천연두에 걸려 미모를 망쳐버린 개인적인 사연을 갖고 있었는데, 이 때문에 인두접종법에 관심을 갖게 되었다. 그러나 터키에서 날아온 그녀의 소식에 런던이 민감하게 반응했던 것은 18세기 초의 수십 년 동안 유럽의 왕가에서 있었던 천연두로 인한 사망사건이 두 차례에 걸쳐 영국의 정치나 외교에 심각한 영향을 주었기 때문이다. 1700년에 유일한 왕위계승자였던 앤 여왕의 아들이 천연두로 죽자, 영국에서는 왕위계승문제가 새롭게 부각되었다. 잉글랜드와 스코틀랜드가 동맹을 맺고 하노버 왕가로부터 왕을 영입하기로 합의한 지 얼마 지나지 않은 1711년, 이번에는 합스부르크 왕가에 천연두가 발생해 또 한 명의 중요한 인물〔신성 로마 황제 요제프 1세〕이 죽는 바람에 스페인 계열의 왕위계승분쟁에서 프랑스에 맞서고 있던 열강들의 연합구도가 깨져버렸다. 이 두 사건은 비교적 짧은 기간에 영국 정치사의 진로를 바꾸어놓았다. 자연히 영국의 지배층은 천연두의 위험에 촉각을 곤두세울 수밖에 없었다. 이런 상황에서 영국학사원의 학자들은 천연두로 인한 성인들의 예기치 못한 죽음을 예방할 수 있는 방법을 체계적으로 연구하고 있었다. 때마침 몬터규 부인이 앞장서 런던의 의학계와 왕실에 인두접종법을 소개하자 이 방법을 적극적으로 검토하고 과학적으로 평가하게 되었던 것이다.[31]

그러므로 개인적·정치적 사건, 과학적이고 전문적인 조직, 지식인들을 연결하는 정보망의 형성 등이 종합적으로 작용하여 18세기에 천연두로 인한 사망자수는 유럽의 의사들이 제어할 수 있는 수준으로 급감했다. 천연두 접종은 조직적인 의료활동이 인구성장에 현저하게 이바지한 역사상 최초의 사례였다. 물론 1700년 이전에도 중국이나 아시아 여러 지역에서 인두접종이 인구증가에 기여했을 수도 있지만, 이것은 어디까지나 민간요법의 수준을 벗어나지 못했으며, 세계 곳곳에서 인류가 만들어내고 각양각색의 신화를 통해 스스로 합리화해왔던 수많은 위생수칙과 비슷한 것이었다.

유럽의 지식인이 이 문제를 본격적으로 연구하기 시작할 무렵, 간단한 인두접종법은 이미 서아시아에서 각종 신화와 의례로 장식된 채 사회적 관행으로 정착되어 있었다. 접종을 받는 사람은 천연두를 '사는' 사람으로 간주되었고, 이 거래가 효과를 거두기 위해서는 접종을 시술하는 자에게 의례적인 선물을 주어야 했다. 인두접종은 대개 엄지손가락과 집게손가락 사이에 시술해 마맛자국이 확연히 드러나게 함으로써 피접종자임을 평생 알 수 있도록 했다. 의례 자체는 상거래 관행을 모방한 것처럼 보이는데, 아닌 게 아니라 인두접종은 대상들을 통해 일반인에게 확산되었을 가능성이 크다고 짐작된다. 대상교역에 종사했던 상인들에게 천연두 예방은 필수적이었다. 인두접종이 어느 지역에서 처음 발달했건, 풍문을 들은 대상들이 일단 접종을 시도해본 후 이것을 유라시아와 아프리카 각지의 장거리 교역망이었던 대상교역로를 통해 확산시킨 것이 민간요법으로 굳어진 게 아닌가 생각된다.[32]

이미 5장에서 지적한 바와 같이, 근대에 선페스트도 똑같은 경로를 통해 아시아와 동유럽의 주민에게 전파되었다. 페스트의 유행과 천연두에 대한 효과적인 예방법이 거의 같은 시기에 같은 길을 따라 확산되었던 데는 인구의 균형을 유지하려는 어떤 힘이 작용했던 게 아닌가 생각된다. 하지만 인두접종 기술이 서유럽에 전파되었을 때는 이미 페스트가 사라진 뒤였으므로, 결과적으로 유례없이 인구가 증가할 가능성만 커졌던 셈이다.

다른 지역과 달리 유럽은 의사라는 전문직이 잘 조직되어 있었기 때문에 새로운 치료법에 대한 소식은 순식간에 일반 개업의들에게 퍼져나갔고, 이들은 새로운 예방법에 대한 지역주민들의 요구에 부응해 집단적인 규모로 접종을 실시할 수 있었다. 따라서 유럽에서는 천연두 예방법이 일단 의사들의 관심을 끌게 된 후에는 중요한 치료행위의 일부가 되었다. 이는 처음부터 인두접종법을 개선할 방법을 모색하고 실험하려는 체계적인 노력이 이루어졌음을 뜻했다. 그 결과 인두접종이 도입된 지 100년도 안되어 우두를 이용한 백신접종법이 개발되고 수용되는 놀라운 현상이 벌어졌다.

더욱 놀라운 것은 백신기술이 유럽의 강력한 의학정보망을 통해 순식간에 전세계에 보급되었다는 점이다. 예컨대 당시 오지였던 켄터키주의 한 의사는 1803년까지 소도시 렉싱턴에서 약 500명에게 우두를 접종했다.[33] 1805년에는 러시아의 의사들이 중국과의 접경지대인 히아트카에서 원주민들에게 백신을 접종했고, 같은 해에 마카오의 포르투갈 상인들은 중국 남부에서 대규모 천연두가 발생하자 필리핀으로부터 급히 우두백신을 들여왔다.[34] 가장 놀라운 사례는 1812년에 부하라와 사마르칸트(당시에는 러시아의 영토가 아니었다)의 타타르 상인들이 제너의 종두법을 소개하는 소책자를 배포했다는 것이다. 아라비아어와 차가타이-터키어로 된 이 책자들은 카잔에서 인쇄된 것이었는데, 이는 새로운 기술을 러시아령 아시아에 보급하려는 러시아 정부의 조직적 노력의 일환이었던 것 같다.[35]

이쯤에서 질병의 역사와 유럽 발전의 일반적인 패턴이 어떻게 관련되는지 두 가지 면에서 살펴보기로 하자. 첫째, 18세기에 영국이 프랑스에 비해 비약적으로 발전한 것은 무엇보다도 뚜렷한 인구증가 덕분이었다. 영국에서는 프랑스보다 먼저 인구증가가 시작되었고, 그 추세가 훨씬 오랫동안 지속되었다. 물론 영국과 프랑스의 전반적인 차이는 정치제도, 석탄과 철광석의 분포, 사회구조, 가치관, 개인의 창조력 등이 복합적으로 작용한 결과였다. 그러나 영국의 농촌에서 페스트와 말라리아를 비롯한 전염병이 사라졌던 점이나 영국이 천연두 예방에 앞섰다는 점을 감안할 때, 영국과 프랑스의 서로 다른 질병경험이 그들의 상이한 인구동태와 밀접한 관련이 있다는 것은 자명해 보인다. 따라서 질병 패턴의 변화는 18세기 유럽과 세계의 역사를 형성하는 데 결정적인 역할을 했다. 1763년 이후 나타난 대영제국의 발흥과 프랑스의 대외 영향력 약화는 유럽뿐 아니라 아메리카·아프리카·아시아의 역사에서도 중대한 전환점이었음이 분명하다.

둘째, 18세기에 전염성 질병의 비중이 줄어든 것은 의학의 발전 덕이라기보다는—당시 의학은 그런 과학적 개가를 올릴 만한 수준에 이르지는 못했다—인간이 전혀 의식하지 못했던 생태적 적응에 기인하는 것이었지만, 아무튼 전염병의 감소는 '계몽주의적' 철학사상과 사회사상이 유행하게 된 근본적인 배경이었다. 모든 사람이 예기치 못한 돌발적인 죽음의 가능성을 두려워하는 세상에서, 거대한 기계와 같은 우주의 움직임이 규칙적이고 이해 가능하며 예측 가능하다는 관념은 눈앞에 펼쳐진 현실에 정면으로 배치되는 것이었다. 결국 전염병은 언제 어떻게 닥칠지 알 수 없는 변덕스러운 것으로, 그 위험에 노출된 사람들로서는 결코 무시할 수 없는 존재였다. 그러므로 17세기의 천문학자들과 수학자들이 이룩한 성과들이 대중적인 세계관의 발판이 되기 위해서는 인간의 몸과 마음을 지배하던 전염병이 완화되어야만 했다. 페스트와 말라리아가 물러나고 천연두가 억제된 것은 합리주의적 우주관이 확산되는 데 필수적인 전제조건이었으며, 실제로 18세기에 진보적인 진영에서는 이신론(理神論)이 유행했다.

치사율이 높은 전염병이 건장한 사람의 목숨을 한창나이에 별안간 앗아가는 일이 점차 사라지자, 이런 죽음을 설명하기 위해 신의 섭리 따위를 들먹일 필요가 없어졌다. 더구나 일정한 방향으로 진화가 진행되는 상황에서는 당연히 늘 그렇게 될 테지만, 새롭게 부각된 기계론적 세계관은 질병에 대응하는 좀더 효과적인 예방법을 탐구하도록 조장했으며, 전문 의료인들로 하여금 경험적인 바탕 위에서 새로운 처방을 더욱 체계적으로 실험하도록 고무했다. 그 결과 의학이 눈부시게 발전했고, 인간의 지성과 기능이 기술적인 문제뿐 아니라 건강문제에서도 삶을 개선할 수 있다는 사고방식이 점차 힘을 얻게 되었다.

이처럼 유럽의 질병양상과 문화적·정치적 발전단계는 서로 밀접히 관련되어 있다. 유럽인은 1494~1648년 사이에 바다를 통한 인간·재화·사상·질병의 교류가 초래한 최초의 충격에 적응해야 했기 때문에, 오랜 문화적 전통에 대단한 압력이 가해졌다. 종교개혁과 종교전쟁이라는 정치적·이데올로기적 폭풍은 그러한 압력이 표출된 결과였다. 전염성 질병이 감소하고 예측 가능하며 피해가 덜한 감염증이 그 자리를 대신하게 되면서 최초의 충격이 가라앉자, 이른바 구체제라 불리는 안정된 정치적·문화적 생활양식이 확립될 수 있었다. 물론 질병발생 양상의 변화는 이런 사회적 변화를 유발한 여러 요인 가운데 하나에 불과했으며 가장 두드러진 요인도 아니었다. 그런데도 여기에서 질병의 경험이나 치명적인 감염증의 패턴 변화를 강조하고자 하는 것은 지금까지 역사가들이 그것을 완전히 무시해왔기 때문이다.

* * *

모든 생태적 관계에서 하나의 유기체 또는 유기체들의 집단이 획기적으로 변하면 생태계 전체에 새로운 압력이 가해진다. 하지만 시간이 지나면 이런 압력이 점차 줄어들다가 결국에는 생태계의 교란이 억제된다. 1856~1960년에 오스트레일리아의 야생토끼가 그런 과정을 겪었고, 1750년부터 1850년 사이에 산업혁명이 진행되었던 북서유럽의 경우도 마찬가지였다. 신생 산업도시의 생활환경은 처음이나 이후에나 너무나 비위생적이었다. 반면에 수송수단의 발달로 식량배급이 원활히 이루어지자 각 지역에서 발생하는 기근에 효율적으로 대처할 수 있었다. 이에 못지않게 중요한 것이 식품의 보존방법이었다. 예컨대 1809년 통조림을 이용한 저장법이 발명되어 후한 포상금을 내건 프랑스 정부의 기대에 부응했다. 그리고 나폴레옹의 군대가 제일 먼저 통조림을 대량으로 사용했다.[36]

물론 나폴레옹 전쟁은 유럽인이 그때까지 겪은 가장 격렬한 전쟁이었다. 그러나 이 전쟁에서 발생한 전사자수는 발진티푸스 같은 전염병으로 인해 죽은 병사자수보다 훨씬 적었다. 발진티푸스는 유럽 대륙 곳곳에서 격돌했던 나폴레옹군과 그 적군을 늘 따라다녔다.[37] 그렇지만 1800년에 이르면 유럽 전역에서 급속한 인구증가가 시작되어 그러한 손실을 재빨리 만회할 수 있었다. 그 후 1840년대에 접어들자 유럽 대륙의 여러 지역에서 식량부족이 심각한 문제로 대두되면서 '굶주린 1840년대'가 시작되었다. 특히 페루에서 들어온 기생곰팡이가 확장일로에 있던 유럽의 감자밭에 확산된 1845년 이후에는 수백만 명이 기아에 허덕였다.[38] 곰팡이는 가난에 찌든 아일랜드인, 벨기에인, 독일인 수백만 명이 주식으로 삼고 있던 감자농사를 완전히 망쳐놓았다. 엎친 데 덮친 격으로 기근에 이어 발진티푸스를 비롯한 질병들이 발생했다. 수백만 명이 죽었고, 엄청나게 불어나던 아일랜드 농촌의 인구도 갑자기 증가세를 멈추고 오랫동안 정체에 빠졌다. 그 후 수십 년 동안 고향을 등진 아일랜드인 이주민들은 대영제국의 다른 지역뿐 아니라 북아메리카와 오스트레일리아에 적지 않은 영향을 미쳤다.

1845~1849년에 유럽의 감자밭을 강타했던 것과 같은 위기는 심각

하긴 해도 오래가지는 않았다. 하지만 기계의 힘을 이용한 육상 및 해상 운송수단의 발달로 대륙간 교류가 활발해지자, 유럽과 세계 각지의 주민들은 19세기에 잇달아 질병에 노출되었다. 이와 동시에 사람들이 인구가 많은 대도시로 속속 이주하면서 오랫동안 존재해왔던 익숙한 감염증들이 만연하게 되었다. 그 결과 의학의 발전을 도모하는 유럽의 의사들과 보건요원들은 생활환경의 변화가 촉발한 각종 감염증 및 만성병과 한바탕 경쟁을 벌이게 되었다.

19세기 말에 이르기까지 이 경쟁은 세계의 주요 대도시에서 치열하게 전개되었다. 위생시설을 개선하는 데 늑장을 부렸던 뉴욕을 포함한 아메리카의 여러 도시에서는 사망률이 가파르게 증가했다.[39] 그러나 1880년대부터 의학자들은 각종 질병을 일으키는 '세균'을 찾아내고 연구함으로써 일련의 극적인 개가를 올렸다. 전문가들은 세심한 연구를 통해 질병을 예방할 수 있는 효과적인 방법을 고안했다. 의사들은 신약을 합성해내거나 면역주사를 개발했고, 새로운 위생법을 고안했으며, 곤충과 설치류 같은 병원균의 숙주와 인간의 오랜 접촉경로를 바꾸어놓았고, 질병이 전파되는 기존의 패턴을 차단했다. 도시와 국가 단위의 전염병 대책을 지원하는 국제기구의 발족으로 힘을 얻은 예방의학은 20세기가 시작된 후 수십 년 동안 유럽인과 유럽계 이주민은 물론 아시아인과 아프리카인의 역학적 경험에 심대한 영향을 미치기 시작했다.

의학적 성공에 고무된 전문가들은 20세기 중반부터 오랫동안 인류를 괴롭혀왔던 몇 가지 전염병을 범세계적으로 박멸할 것을 진지하게 제의했으며, 이런 목표가 가까운 미래에 실현될 수 있으리라고 장담했다.[40] 그러나 빛이 있으면 그늘이 있듯이, 인류의 질병경험을 근본적으로 바꾼 대단한 성공은 장래의 화근을 배태하고 있었다. 19세기에는 새로운 산업도시들을 중심으로 국지적인 인구위기가 발생해 의료개혁가들이 대책 마련에 부심했는데, 이번에는 유럽 대륙 전체에 걸쳐 인구위기현상이 나타나게 되었던 것이다. 따라서 의료기술과 질병 간의 경쟁은 어느 한쪽의 승리 또는 패배로 기울지 않았으며, 생태적 관계의 성격상 그럴 가능성은 거의 없다.

산업화가 초래한 질병관계의 변화가 최초로 표출된 가장 중요한 현상은 콜레라의 범세계적인 대유행이었다. 이 질병은 원래 벵골 지방의 오래된 풍토병이었는데, 가끔 인도 내 다른 지역이나 이웃 나라에 번져 전염병으로 맹위를 떨치기도 했다. 콜레라는 물 속에서 오랫동안 독립적으로 생존할 수 있는 병원균 때문에 발병한다. 일단 입을 통해 들어온 콜레라균이 위산에 의해 죽지 않으면 소화기 내에서 급속하게 증식해 설사, 구토, 고열 등 심한 증상을 일으키며 발병한 지 몇 시간 만에 목숨을 빼앗을 수도 있다. 콜레라가 순식간에 생명을 앗아간다는 점은 특히 위협적이었다. 이 전염병이 돌면 아무리 건강한 사람도 돌연한 죽음을 피할 수 없었기 때문이다. 게다가 콜레라의 증상은 아주 끔찍했다. 탈수가 심하게 진행되면 환자는 몇 시간 만에 원래의 모습을 알아볼 수 없을 정도로 수척해졌고, 모세혈관이 파열되어 피부색도 검푸르게 변했다. 이런 모습은 죽음을 독특하게 연출하는 효과가 있었다. 마치 저속으로 촬영한 영화처럼 육체가 파괴되는 과정을 생생히 드러내는 그 광경을 목격한 사람들은 피할 수 없는 죽음의 공포를 떠올리며 몸서리쳤다.

통계적으로 보아도 콜레라는 때때로 심각한 피해를 입혔다. 1831년에 콜레라가 처음 발생했던 카이로에서는 총인구의 13%가량이 목숨을 잃었다.[41] 물론 이것은 예외적인 경우였고, 유럽의 여러 도시에서는 인명피해가 그 정도로 크지 않았다. 그러나 콜레라 같은 치명적인 전염병이 다가오고 있다는 사실이 주는 심리적인 충격은 컸다. 콜레라는 검역조치를 비롯한 모든 인위적인 장벽을 통과할 수 있는 것처럼 보였다. 콜레라는 모든 계층을 무차별적으로 공격했지만, 주로 유럽 도시의 하층민을 희생시켰다. 요컨대 콜레라는 그 자체만으로도 두려움의 대상이었을 뿐 아니라 근래에 유럽인이 경험해보지 못한 특이한 질병이었다. 사람들은 광란에 가까운 반응을 보였고 그 사회적 파장은 엄청났다.

이 질병이 처음 유럽인의 관심을 끌게 된 것은 1817년에 캘커타의 배후지에서 상당히 심각한 콜레라가 발생했을 때였다. 거기서부터 콜레라는 인도의 여러 지방으로 퍼져 나갔고, 얼마 지나지 않아 인도 아대륙과 인근에 한정되었던 이전의 경계에서 벗어났다. 다시 말해 잘 확립된 경로를 따라 인도 아대륙 곳곳에 퍼지던 콜레라의 기존 패턴이 영국의 주도하에 조성된 각종 교역로나 군대의 이동경로를 따라 전파되는 새로운 패턴과 만나게 된 것이었다. 그 결과 이 질병은 익숙한 경계를 뛰어넘어 새롭고 낯선 영역으로 퍼져 나갔는데, 이런 지역에는 콜레라에 대한 저항력이나 관습적인 대응책이 전혀 없었다.

아득한 옛날부터 콜레라는 힌두교의 순례나 축제를 위해 군중이 몰려들었던 갠지스 강 하류에서 일종의 풍토병으로 자리 잡고 있었다. 결과적으로 종교적 의식에 참여한 사람들은 다른 감염증과 함께 콜레라에 걸리기 쉬웠다. 순례지에서 객사하지 않은 사람들은 감염된 채 고향으로 돌아갔고, 콜레라는 그곳에서 많은 사람을 잔인하게 희생시키는 본연의 임무를 수행했다.[42] 오늘날에도 인도의 순례와 성스러운 축제는 콜레라와 연결된다.[43] 아마도 1817년 이전까지는 콜레라의 확산을 힌두교도의 순례 범위인 인도 아대륙으로 한정시켜주었던 일정한 관습이 발달해 있었을 것이다. 그럼에도 불구하고 때때로 콜레라 감염은 배를 통해 멀리 중국에까지 이르기도 했다. 이는 19세기 초에 콜레라가 오랜만에 중국 해안에 침입했는데도 중국인이 그것을 새로운 질병으로 보지 않았다는 기록에서 입증된다.[44]

그러나 1817년에 이례적으로 심각한 콜레라가 과거의 패턴에 따라 유행하기 시작했을 때 마침 현장에는 영국의 선박과 군대가 있었다. 이들이 캘커타 주변을 축으로 각 방면으로 이동함에 따라 콜레라는 완전히 새로운 지역으로 퍼져 나갔다.

콜레라는 두 경로를 따라 확산되었다. 하나는 육상을 통한 전파로, 그 범위는 비교적 제한적이었다. 1816~1818년에 인도의 북부 국경지대에서 일련의 전투를 벌였던 영국 군대는 자신들의 본부가 있던 벵골에서 콜레라를 옮겨와 적군인 네팔 및 아프가니스탄 군대에 퍼뜨렸다. 해상을 통한 콜레라 전파는 이보다 훨씬 극적이었다. 콜레라는 1820~1822년에 배편을 통해 실론, 인도네시아, 동남아시아 대륙부, 중국, 일본에 확산되었다. 1821년에는 영국 원정군이 노예무역을 금지시키고자 상륙했던 아라비아 남부의 무스카트〔오만의 수도〕에서도 콜레라가 발생했다. 콜레라는 무스카트로부터 노예상인들을 따라 아프리카 동부해안을 타고 남쪽으로 퍼져 나갔다. 이 감염증은 페르시아 만에도 진입해 메소포타미아와 이란을 침범했고 북쪽으로 올라가 시리아, 아나톨리아, 카스피 해 연안을 차례로 공격했다. 이들 지역에서 질병이 더 이상 확산되지 않았던 것은 러시아, 터키, 페르시아의 행정당국이 어떤 조치를 취했기 때문이 아니라 1823~1824년의 겨울이 몹시 추웠기 때문일 것이다. 중국과 일본에서는 콜레라가 오랫동안 유행했다. 사실 1826년에 두 번째 콜레라의 물결이 밀려들기 전에 중국에서 이 병이 소멸되었는지는 분명치 않다.[45]

그러나 이 유행은 1830년대에 범세계적으로 널리 확산된 콜레라 대유행의 전주곡에 지나지 않았다. 새롭게 유행한 콜레라는 1826년에 벵골 지방에서 나타나 기존의 전파경로를 타고 신속하게 러시아 남부로 침투했다. 러시아는 1826~1828년에 페르시아와, 1828~1829년에 터키와 전쟁을 치렀고, 1830~1831년에는 폴란드 반란을 진압하기 위해 군대를 동원했다. 이런 군사행동을 통해 1831년 콜레라는 발트 해까지 도달했고, 거기서 배편으로 영국에 전파되었다. 그리고 이듬해에 아일랜드에 침입했다. 아일랜드 이주민들을 따라 캐나다에 상륙한 이 질병은 남하를 시작해 1832년에는 미국으로, 1833년에는 멕시코로 퍼져 나갔다.

콜레라가 처음으로 유럽의 심장부까지 침입했다는 것보다 더 중요한 사실은 1831년 이슬람 교도의 순례 때 이 병이 메카에 뿌리를 내리게 되었다는 점이다.[46] 그 결과 인도에서 오랫동안 확립되어 있던 전염병 전파 패턴이 재연되었다. 그러나 이번에는 유행의 지리적 규모가 훨씬 확대되었다. 마호메트의 추종자들이 서쪽으로는 모로코, 동쪽으로는 민다나오 섬에 이르는 광범위한 지역으로 돌아가면서 콜레라를 확산시켰던 것이다. 그 후 메카와 메디나에서 콜레라가 마지막으로 발생한 1912년까지[47] 이 무서운 전염병은 으레 이슬람 교도의 순례를 따라다녔다. 1831년부터 1912년까지 적어도 40회나 발생했으니 평균적으로 2년에 1번꼴로 유행했던 셈이다.[48]

힌두 교도의 순례에 이어 이슬람 교도의 순례가 콜레라의 확산경로에 추가됨으로써, 인도 이외의 지역도 이 새로운 질병에 감염되는 경우가 잦아졌다. 또한 19세기 중반부터 기선과 철도의 이동속도가 빨라지면서 콜레라가 세계 주요 도시로부터 전세계에 확산되는 과정도 가속화되었다. 그 결과 정확한 통계는 없지만 19세기에 인도 이외의 지역에서 수백만 명이 콜레라 때문에 사망한 것으로 보인다. 인도에서 이 질병은 예나 지금이나 매우 심각한 전염병으로, 페스트보다도 많은 희생자를 냈다.[49] 그러나 인도에서 콜레라는 너무 흔한 질병이었던 탓에 특별한 충격이나 공포를 불러일으키지는 않았다.

하지만 인도의 경계를 벗어나면 사정은 달랐다. 이슬람 교도들은 오랫동안 페스트를 신의 섭리라 여기고 체념해왔으며, 유럽의 격리검역조치를 흥밋거리 정도로 생각했다. 그러나 콜레라가 연출하는 끔찍하고 갑작스러운 죽음을 처음 목격한 이집트와 그 밖의 이슬람 세계 주민들은 유럽인과 마찬가지로 공포에 사로잡혔다. 이슬람의 의학적·종교적 전통은 어떤 해답도 제시하지 못했다. 콜레라가 야기한 대중의 공포감은 이슬람 세계의 전통적인 지도력과 권위에 대한 불신으로 이어졌고, 결국 유럽 의학에 문호를 개방하는 계기가 되었다.[50]

유럽 일각에서는 페스트의 악몽이 사람들의 뇌리에 생생하게 남아 있었기 때문에, 다소 낡긴 했으나 긴급사태에 대비한 공적·사적 대응책이 어느 정도 확립되어 있었다. 지중해 연안의 경우 16세기 이후 종교적 기원(祈願)과 의학적인 검역을 결합시킨 의식이 법제화되기도 했다. 예를 들어 마르세유에서는 1721년의 페스트를 기리는 기념일을 제정해 전염병의 참화를 해마다 되새김으로써, 콜레라가 그리스도 교도들의 신앙심을 고취시켰다.[51]

하지만 북유럽에서는 역학적 위기에 대처하는 전통적인 지침이 제대로 마련되어 있지 않았다. 물론 상트페테르부르크나 파리처럼 계층 간 갈등이 만연한 도시에서는 전염병에 대한 반응이 의례적 형태로 표출되기도 했다.[52] 그러나 사회적 충격의 징후들이 구체적이고 명확한 행동강령으로 전환되지는 않았다. 따라서 전염병이 돌면 사람들은 즉흥적으로 행동하거나 갑론을박하거나 피난하기 일쑤였고, 때로는 신을 원망하거나 신의 보살핌을 애원하거나 무작정 기도했다. 다시 말해 개인의 삶과 사회의 존속을 송두리째 위협하는 전염병에 효과적으로 대처하려는 사람들의 행동은 실로 다양했다. 19세기가 끝날 때까지 간간이 재연된 이런 혼돈과 무질서 속에서 도시의 위생상태를 개선하고 공공질서를 회복하려는 기운이 용솟음치기 시작했다.[53]

우선 콜레라는 전염병의 원인을 둘러싼 경쟁 학파 간의 해묵은 논쟁에 불을 지폈다. 히포크라테스 시절부터 일부 유럽 의사들은 시체나 다른 부패물질에서 나오는 장기(瘴氣, miasma) 때문에 전염병이 돌발한다고 보았다. 이 이론에 따르면 체력이 떨어진 사람이 장기를 접할 경우 질병이 발생한다. 말라리아나 곤충이 매개하는 질병에 시달리던 지역에서는 장기설이 확고한 경험적 기반을 가진 것처럼 보였을 것이다.

이에 맞서는 세균감염설은 일찍이 1546년에 지롤라모 프라카스토로에 의해 제창되었다. 감염설은 지중해 세계에서 페스트를 예방하는 표준적인 수단이었던 격리검역제를 정당화하는 이론적 근거를 제공했다. 그러나 19세기 초반에 감염설은 수세에 몰렸다. 발단은 1802년에 아이티의 독립운동가 투생 루베르튀르가 이끈 반란을 진압하고자 산토도밍고 섬에 파견된 프랑스군에 닥친 재앙이었다. 몇 달 만에 황열병을 비롯한 열대병이 3만 3천 명의 프랑스 정예부대를 완전히 괴멸시켰다. 그 결과 제국을 건설하려던 나폴레옹의 야망은 좌절되었고, 낙담한 그는 1803년에 루이지애나 지방을 미국에 팔고 말았다. 해외에 파견된 유럽의 군대를 무력화시키는 질병의 위력이 생생하게 입증되자, 프랑스 의사들 사이에서 열대병을 연구하려는 분위기가 고조되었다. 1822년 바르셀로나에 황열병이 발생했을 때 이들은 장기설과 감염설 중 어느 것이 옳은지 시험해볼 절호의 기회를 포착했다. 니콜라 셰르뱅을 단장으로 한 프랑스 전문가들은 황열병의 발생경위에 대한 체계적이고 면밀한 연구를 실시했다. 그리고 바르셀로나에서 황열병에 걸린 환자들이 서로 접촉했을 가능성이 없다는 결론을 내렸다. 이로써 감염설은 완전히 폐기되는 것처럼 보였다.

그 후 50년 동안 의학계의 개혁론자들은 지중해 지역의 항구에서 오랫동안 실시해왔던 격리검역제도를 구시대의 유물로 치부하며 폐지하려 했다. 당시에는 곤충이 질병을 매개할 수 있다는 사실을 상상도 못했기 때문에, 경험적 증거를 제시할 수 없었던 세균감염설은 역사의 뒤안길로 사라질 것처럼 보였다.[54] 특히 영국의 자유주의자들은 검역이란 자유무역의 원리를 침해하는 불합리한 제도라고 비판하면서, 전제정치와 로마 가톨릭의 그릇된 유산을 뿌리 뽑아야 한다고 주장했다.

그러나 1854년에 런던의 의사 존 스노는 런던 중심가에서 발생했던 몇 건의 콜레라 사례가 단 하나의 오염된 식수원에 기인했을 수도 있다는 사실을 밝혀냈다. 하지만 그의 주장은 단지 정황증거에 입각한 것이었다.[55] 그리고 주도면밀한 유럽 의학계의 권위자들이 감염설을 완전히 부정한 지 얼마 지나지 않았을 때였으므로, 스노의 자료해석은 별다른 관심을 끌지 못했다. 그러다가 1880년대에 현미경을 통해 질병을 일으키는 '세균'이 극적으로 발견되면서 두 학파의 균형은 졸지에 역전되었다.

현미경으로 발견된 최초의 세균은 탄저병(炭疽病)과 결핵을 일으키는 것들이었는데, 탄저균은 1877~1879년에 루이 파스퇴르가, 결핵균은 1882년에 로베르트 코흐가 발견했다. 그런데 이 두 병은 단시일에 많은 사람에게 퍼지는 전염병이 아니었기 때문에, 그 병균을 확인했다고 해서 전염병의 원인을 설명하는 강력한 이론이었던 장기설을 뒤집을 수는 없었다. 그러나 1883년에 코흐가 콜레라를 일으키는 새로운 균을 발견했다고 주장하고 나서면서 사정은 달라졌다. 만약 코흐의 주장이 옳다면, 장기설은 적어도 콜레라를 설명하는 이론으로는 잘못된 것이었다.[56]

학식 있고 명망 높은 의사들은 여전히 장기설이 전염병의 원인을 설명해준다고 믿고 있었기 때문에, 콜레라의 원인을 세균감염으로 설명하는 코흐의 이론은 완강한 저항에 부딪혔다.[57] 1892년에는 독일의 한 유명한 의사가 감염설의 허구를 입증하기 위해 비커에 가득 찬 콜레라균을 마시고 난 후, 별다른 증상이 나타나지 않았다고 동료들에게 자랑했다고 한다.[58] 그는 단지 운이 좋았을 뿐인데, 아무튼 그의 돌출행동은 콜레라 감염에 영향을 미치는 요인이 무엇인지를 둘러싼 의문이 완전히 풀리지 않았음을 보여주는 단적인 예였다. 아마 이 교수의 경우 흥분하고 긴장한 상태에서 위산이 많이 분비된 덕에 자신이 삼킨 콜레라균을 모두 죽일 수 있었던 게 아닌가 생각된다.[59]

코흐의 현미경이 콜레라 전파경로를 근대적으로 이해할 수 있는 경험적인 근거를 제공하기 훨씬 전부터, 아메리카와 유럽의 여러 도시에서는 콜레라의 충격을 체험한 개혁론자들이 도시의 환경위생, 주거, 보건행정, 식수 등을 개선하기 위한 각종 방안을 마련했다. 무엇을 어떻게 추진할 것인지에 대한 모델은 이미 정립되어 있었다. 18세기 유럽의 정부들은 간단하고 비용도 적게 드는 방법으로 파괴적인 질병을 억제함으로써 군인들과 선원들의 귀중한 생명을 보호할 수 있다는 사실을 깨달았던 것이다.

중요한 보건대책 중 가장 유명한 것은 괴혈병 예방에 감귤즙을 사용했던 것이다. 괴혈병은 장기간 항해하는 유럽의 선박에서 자주 발생했다. 몇 주 내지 몇 개월 동안 선원들은 필수 비타민이 결핍된 음식을 먹어야 했기 때문이다. 이 병의 특이한 발생 패턴은 의학문헌에 많은 기록을 남겼는데, 이미 1611년에 레몬과 오렌지로 이 병을 치료할 수 있다고 권고한 책이 출판되었고, 그 후로도 권위 있는 중진 의학자들에 의해 같은 충고가 되풀이되었다. 그러나 다른 치료법을 권하는 자들도 있었고, 감귤류는 구하기도 힘들었다. 이런 사정 탓에 18세기 말 이후에야 감귤류의 탁월한 효과가 확실히 인정되었다.

영국 해군의 군의관 제임스 린드가 1753년 신중한 실험을 통해 신선한 레몬과 오렌지가 괴혈병 치료에 효과가 있음을 입증하는 결과를 공식적으로 발표한 후에도 해군본부는 아무런 조처도 취하지 않았다. 한 가지 이유는 재정적인 것이었다. 레몬이나 오렌지는 비싸고 귀할 뿐만 아니라 오랫동안 저장할 수도 없었다. 또 다른 이유로는 해군본부가 다른 처방, 예컨대 제임스 쿡 선장이 태평양 항해 중 선원들에게 급식한 사워크라우트*로도 충분히 괴혈병을 치료할 수 있다고 믿었다는 점을 들 수 있다. 더욱이 1795년에 영국의 해군본부가 감귤류의 과즙이 가장 효과적인 괴혈병 예방책이란 결론을 내리고 항해 중인 병사들에게 매일 일정량을 급식했을 때에도 그 결과는 만족스럽지 못했다. 서인도제도에서 생산되는 라임 종은 필수 비타민이 부족했던 것이다. 그러나 얼마 후 서인도제도의 라임이 지중해산 레몬보다 값이 싸다는 사실이 밝혀졌고, 영국 해군은 영양가가 거의 없는 라임주스를 마셨다고 해서 '라이미'(Limey)란 별명을 얻었다. 결과적으로 영국 해군은 규정에 따라 일정량의 라임주스를 매일 마시고 있었음에도 선박 내에서는 1875년까지 괴혈병이 발생했다.[60]

이처럼 혼란스럽고 비능률적인 상황에서도 18세기 후반부터 린드 같은 영국 해군 소속 군의관들은 병사들의 건강관리와 관련해 몇 가지 획기적인 개선안을 도입했다. 예를 들어 린드는 항해 중 신선한 식수를 공급하기 위해 선박에 해수 증류장치를 설치하는 데 기여했다. 신병들을 따로 격리해 깨끗이 목욕시킨 후 새 옷을 지급하는 검역제도는 단순해 보이지만 발진티푸스를 크게 감소시켰다. 또한 말라리아를 예방하기 위해 키니네를 복용하게 하고, 말라리아가 만연하는 지역에서 일몰 후 상륙을 금지시킨 것도 린드가 주도한 조치였다.

육군의 경우도 식수의 질, 개인위생, 하수처리 등에 신경을 쓰면서 건강관리방법을 개선하고자 노력했다. 물론 보병들은 항해 중인 해병과는 달리 외부세계의 감염원으로부터 완전히 격리될 수 없었기 때문에 어려움이 많았다. 하지만 여러 왕가의 총애를 받던 18세기 유럽의 군대는 상부의 명령에 고분고분 잘 따르던 매우 귀중한 존재로서, 당시 쏟아지던 각종 위생대책의 혜택을 누렸다. 병사들을 보호해주던 의

---

* 양배추를 싱겁게 절여서 발효시킨 독일 음식으로, 피클과 함께 서양의 대표적인 발효식품이다.

료대책은 일반대중에게도 쉽게 적용될 수 있었다. 특히 독일 군주의 가신들은 조직적인 사고력을 바탕으로 유럽 대륙에서 일반인을 위한 의료정책을 실행에 옮기기 시작했다. 가장 큰 영향을 미친 인물은 요한 페터 프랑크로, 그가 1779~1819년에 펴낸 전6권의 의료정책 관련 서적은 각국 지배자와 관리들의 호의적인 관심을 끌었다. 이들 지배층은 국민의 수와 체력이야말로 국력을 좌우하는 기본적 요소라는 사실을 인식하고 있었던 모양이다.

직업군인으로 구성된 육군과 해군의 건강상태가 유럽의 정치사와 서로 영향을 미쳤다는 사실에 대해 역사가들은 별로 관심을 기울이지 않았다. 유럽 대륙에서 절대왕권이 확립될 수 있었던 것은 분명 군주의 의지를 실현시켜주던 잘 훈련된 군대가 존재했기 때문이다. 그리고 군대를 유지하기 위해서는 위생시설을 개선하고 개인의 위생상태를 점검함으로써 전쟁터와 막사에서 사시사철 전염병으로 인해 발생하는 인명손실을 줄여야 했다. 유럽의 군대는 청결과 위생을 강조함으로써 이 목적을 달성했으며, 18세기에는 각종 위생수칙이 일상화되어 병사들의 군대생활을 크게 바꾸어놓았다. 그러나 프랑크 같은 의사들이 제시한 전문적인 의학이론과, 무명의 하사관과 하급장교들이 병사들의 건강 유지와 전투능력 향상을 위해 고안해낸 일상적인 훈련법이 어떻게 관련되는지에 대해서는 아무도 연구하지 않았던 것 같다.

군사행정 분야에서 앞서 나간 나라는 프랑스였다. 프랑스 조정은 18세기 초에 군용 병원과 의학교를 설치했다. 1770년대에는 근대적 형태의 의무대가 창설되었다. 획기적인 변화는 의사들이 새로 창설된 의무대에서 평생 봉직하면서 일반장교와 똑같이 진급할 수 있게 되었다는 것이다. 과거에는 전쟁이 임박하거나 위급한 사태가 발생하면 일반 개업의들이 연대장의 초빙에 의해 종군하는 식이었다.

프랑스군이 추진했던 전문화된 의무대는 프랑스 혁명과 나폴레옹

시대를 통해 그 실효성을 입증했다. 새롭게 확장개편된 프랑스 공화국 군대에는 외딴 시골과 파리의 빈민가에서 징집된 젊은이들이 뒤섞여 있었다. 신병들의 질병경험과 저항력은 천차만별이었지만, 의무대는 대규모 전염병의 발생을 막을 수 있었으며, 1798년에 발표된 제너의 우두법 같은 새로운 의학적 발견을 신속하게 도입해 병사들의 건강을 증진시켰다. 그렇지 않았다면 나폴레옹 시대의 특징이었던 대규모 지상전은 아예 불가능했을 것이다. 마찬가지로 영국 해군이 프랑스의 항구들을 오랫동안 봉쇄할 수 있었던 것도 화약과 탄약뿐 아니라 레몬주스 덕분이었다.[61]

이런 군사의학의 성과에 비추어 볼 때 1830년대와 1840년대의 보건위생개혁가들이 직면한 문제는 기술적인 것이 아니라 제도적인 것이었다. 영국에서는 사유재산을 마음대로 처분할 수 있는 개인의 권리에 대한 일체의 규제를 거부하는 자유주의적 사고방식이 뿌리 박혀 있었다. 그리고 질병의 전파경로에 대한 이론적 논쟁도 끝나지 않은 상태에서 위생개혁을 명분으로 내세운 강제적 조치가 일반의 호응을 얻기는 어려웠다. 이런 상황에서 콜레라에 대한 공포가 촉매로 작용했다. 더 이상 수수방관할 수 없었다. 공공기관들은 눈앞에 닥친 죽음의 공포 앞에서 해묵은 논쟁이나 고루한 대립을 신속히 마무리지어야만 했다.

1832년 최초로 영국에 콜레라가 발생하자 각 지역마다 보건위원회가 설치되었다. 무보수 선출직이었던 위원들은 생활환경을 개선할 수 있는 법적 권한도 없었고 전문지식도 갖추지 못한 경우가 많았다. 심지어 불결하면 병이 생긴다는 단순한 사실조차 납득하지 못하는 사람도 있었다. 하지만 1848년에 또다시 콜레라가 유행하자 좀더 진지한 반응이 나왔다. 영국의회는 콜레라가 두 번째로 영국에 상륙하기 일주일 전에 중앙보건위원회의 설치를 승인했다. 두렵기 그지없는 아시아 콜레라의 접근에 1년 이상 촉각을 곤두세울 정도로, 콜레라의 재발을 예상하고 있었기에 의회는 신속한 행동을 취할 수 있었다.

중앙보건위원회는 개혁론자들이 10여 년 이상 소리 높여 외치던 폭넓은 공중위생 프로그램들을 제도화했다. 위생개혁을 주도했던 일부 인사들이 포함된 위원회는 광범위한 권한을 발휘해 영국의 도시들에 널려 있던 수많은 오염원을 제거하고 전국에 상하수도 시설을 설치하기 시작했다.

하수도는 고대 로마에도 있었다. 그러나 1840년대 이전까지 하수관은 기껏해야 배수구를 갖추었을 뿐 오물로 가득 찬 긴 관에 지나지 않았다. 하수관에 오물이 쌓이면 정기적으로 파낼 수밖에 없었다. 물의 공급이 제한적이었으므로 비가 많이 오지 않는 한 하수도 안의 흐름은 매우 느렸다. 벤담의 공리주의를 신봉했던 개혁론자 에드윈 채드윅은 1840년대에 새로운 아이디어를 내놓았다. 부드러운 세라믹 소재로 만든 가는 하수관을 매설하고 충분한 양의 물을 통과시켜 오물을 거주지에서 멀리 떨어진 곳으로 흘려보내자는 것이었다. 또 채드윅은 오물을 처리해 비료로 만들면 농민에게 판매할 수도 있으리라고 기대했다.

채드윅의 안이 요구했던 것은 완전히 새로운 수도관과 하수관의 매설, 각 가정에 물을 공급하기 위한 강력한 펌프의 개발, 낡은 하수시설의 강제 철거 등이었다. 물이 잘 흘러가도록 하기 위해 상수도의 본관이나 하수관은 가능하면 일직선을 유지해야 했는데, 그러자면 사유지를 침범할 수밖에 없었다. 당시 영국인의 입장에서 이 공사는 개인의 권리를 부당하게 침해하는 것으로 여겨졌으며, 공사에 들어가는 경비도 막대했다. 완강한 반대를 극복할 수 있었던 것은 콜레라가 불러일으킨 죽음의 공포였다.[62]

채드윅이 애초에 구상했던 계획의 절반은 실패로 돌아갔다. 오물을 처리해서 농민에게 비료로 판매하려던 방안이 재정적 수지를 맞추지 못한 것이다. 농민들은 채드윅이 생각했던 퇴비보다는 칠레에서 들여온 조분석(鳥糞石)이나 인조비료를 택했는데, 사용하기 편리하다는 게 주된 이유였다. 보다 현실적인 해결책은 새로운 하수관을 통과하는 오물을 강이나 호수로 내보내는 것이었는데, 이렇게 하자 불쾌한 결과가 나타났다. 생활하수를 효과적으로 처리해 악취를 제거하는 방법을 찾는 데는 반세기가 더 걸렸다. 세심하게 운영되던 번화한 도시에서도 대규모 하수처리시설은 20세기 이후에나 등장했다.[63]

비록 채드윅의 원대한 포부가 완전히 실현되지는 않았지만, 그가 주도했던 중앙보건위원회는 1848~1854년의 설치기간 내에 산업혁명에 따라 탄생한 신도시들이 기존의 도시들에 비해 훨씬 위생적으로 설계될 수 있다는 점을 보여주었다. 더욱이 새로운 상하수도를 통한 급수 및 오물처리 체계는 유럽의 도시공동체와 해외의 유럽인 정착지가 도저히 감당하기 어려울 정도로 많은 비용이 드는 것은 아니었다. 그러나 오랫동안 인간의 배설물을 비료로 써왔던 아시아에서는 새로운 하수도체계가 널리 보급되기 어려웠다.

상하수도는 급속히 다른 나라로 퍼져 나갔다. 물론 위생개혁을 옹호하던 자들이 각 지역 이익집단의 반발을 꺾기 위해 콜레라의 유행 같은 강력한 자극제가 필요한 경우도 있었다. 미국에서도 1866년에야 콜레라 유행을 앞두고 영국의 선례를 본떠 뉴욕에 보건위원회를 설치했다.[64] 이런 절박한 전염병의 위협이 없을 경우 대부분의 도시는 위생시설 개선에 소극적이었다. 함부르크 같은 대도시에서도 1892년에 콜레라가 출몰해 오염된 식수 때문에 이 전염병이 확산된다는 사실이 명백히 입증되기 전까지는 비용이 많이 드는 급수시설의 개선을 계속 미루었다. 그 경위를 살펴보면 다음과 같다. 유서 깊은 자유도시로 새로운 독일제국에서도 자치권을 유지하고 있던 함부르크는 특별한 처리과정 없이 엘베 강의 물을 받아서 사용했다. 이에 반해 함부르크에 인접해 있던 프로이센의 알토나 시 정부는 사려 깊게 여과시설을 설치했다. 1892년 함부르크에 발생한 콜레라는 바로 길 건너편에 있는 알토나에는 전혀 영향을 주지 못했다. 장기설을 주장하는 자들이 중요하게 여기는 두 도시의 공기와 토양은 똑같았으므로, 질병이 발생한 지역의 식수에 문제가 있다는 사실이 확실하게 입증되었던 것이다.[65] 감염설에 회의적이었던 사람들도 결정적인 증거 앞에 침묵할 수밖에 없었다. 그 후 도시 상수도원의 세균감염을 방지해주는 체계적인 정화시설이 갖추어지자, 콜레라는 더 이상 유럽의 도시에 나타나지 않았다.

상하수도체계 개선책의 도입을 결정하고 그에 필요한 토목공사를 완수하기까지는 상당한 시일이 걸렸다. 그러나 19세기 말엽이 되면 서구의 주요 도시들은 1848~1854년에 영국이 선도했던 위생 및 수질 관리의 새로운 경지에 이르게 되었다. 그 결과 도시생활은 과거에 비해 질병으로부터 한층 안전해졌다. 콜레라와 장티푸스뿐 아니라 병독성이 약한 각종 수인성 전염병도 격감했다. 이에 따라 유아사망률을 높이는 주요 원인 가운데 하나가 점차 줄어들어 통계적으로 미미한 수준에 이르게 되었다.

아시아와 아프리카, 라틴아메리카의 도시는 모든 주민이 혜택을 누릴 수 있는 상하수도 시설을 갖추지 못했다. 하지만 이들 지역에서도 오염된 물이 위험하다는 사실이 널리 알려짐에 따라, 식수를 끓여 마신다거나 정기적으로 생활용수의 세균감염 여부를 검사하는 등 간단한 예방조치를 통해 수인성 전염병에 무방비로 노출되는 사태는 어느 정도 막을 수 있었다. 물론 행정당국이 세균감염 여부를 제대로 감시하기는 쉽지 않았으며, 강제집행은 더욱 어려웠다. 그러나 치명적인 질병의 대규모 유행을 피하기 위한 방법이나 지식을 전세계에 보급하는 것은 시대적 추세였다. 콜레라처럼 치명적인 전염병이 한 지역에 발생하면, 부유한 나라들이 비용을 부담해서 전문가들로 구성된 국제조사단을 파견해 해당 국가의 행정당국이 전염병을 관리할 수 있도록 도와주는 것이 관례가 되었다. 따라서 상하수도 시설을 제대로 갖추지 못한 도시도 몇 가지 공중위생 대책의 혜택을 누릴 수 있었다.

그러므로 지구상에 도시가 발생한 지 약 5천 년이 지난 1900년에 이르러서야 비로소 세계 각지의 도시는 주변농촌에서 유입되는 이주민에 의지하지 않고도 인구를 유지하거나 증가시킬 능력을 갖추게 되었다.[66] 이것은 오래된 인구동태가 근본적으로 변했음을 뜻한다. 19세기 전까지 모든 도시는 상대적으로 건강한 농촌에서 끊임없이 주민을 공급받지 않는 한 스스로를 유지할 수 없던 인구의 집산지였다. 예컨대 '런던 사망표' 덕분에 비교적 정확한 통계를 추정할 수 있는 18세기에 런던 시의 연간 사망자수는 신생아수보다 평균 6천 명 정도 많았다. 따라서 런던 시가 인구를 계속 유지하기 위해서는 적어도 60만 명의 이주자가 필요했다. 그런데 18세기에 런던에서는 눈에 띄게 인구가 증가했으므로, 그보다 훨씬 많은 인구가 유입되었다고 봐야 할 것이다.[67]

이런 변화가 시사하는 바는 상당히 크다. 도시 자체적인 인구성장이 가능해지자 전통적인 이농 패턴이 난관에 봉착했다. 농촌 출신 이주자는 과거에 응당 자신들의 몫으로 돌아오던 일자리를 놓고 도시에서 태어나 완전히 문명화된 수많은 사람들과 경쟁해야만 했다. 도시주민들이 무더기로 사망하던 시절에는 신분상승을 꿈꾸는 농촌 이주자들이 도시 곳곳에 발붙일 수 있었으나, 이제 사회적 유동성은 현저히 떨어졌다. 물론 상공업이 급속하게 발전하던 지역에서는 도시에 신종 직업과 일거리가 늘어나 도시 출신과 농촌 이주자를 모두 흡수할 여력이 있었기 때문에 농촌과 도시의 새로운 관계가 표면화되지 않았다. 그러나 산업화가 지연된 지역에서는 사회적 유동성의 문제가 심각했다. 예컨대 라틴아메리카와 아프리카의 유명 도시 외곽에는 거대한 빈민굴이 형성되었다. 여기에는 도시인이 되고자 시골을 탈출했지만 적당한 일거리를 찾지 못해 극심한 빈곤 속에서 근근이 연명하는 주변적인 존재들이 무단으로 거주하고 있었다. 이런 주거지는 전통적인 이농 패턴에 따라 계속 유입되는 이주민을 더 이상 수용할 수 없는 도시의 현실을 극명하게 표출했다.

도시의 인구가 증가한 데는 또 다른 요인이 있었다. 안정된 농촌공동체에서는 결혼을 규제하는 관습이 있어서 출생률을 사망률 및 이주율과 엇비슷한 수준으로 유지해주는 효과를 발휘했다. 예컨대 엄격한 지참금 규정은 많은 공동체에서 결혼시기를 늦추는 역할을 했다. 곧 신랑이나 신부는 돈을 모아서 부모가 보기에 어느 정도 구색을 갖춘 가정을 꾸밀 수 있을 때까지 결혼을 연기했던 것이다. 그러나 전통적으로 인구 소모가 많았던 도시의 환경에서 조혼이나 조기출산을 억제하는 것은 일부 유산계급에 한정된 풍습이었다. 도시에 거주하는 가난한 청년들은 부모로부터 일을 물려받는 경우도 별로 없었고, 부모가 은퇴할 때까지 기다릴 이유도 없었다.[68] 따라서 조혼이나 조기출산을 규제하는 오래된 관습은 도시적 맥락에서 약화되거나 완전히 사라졌다. 이런 상황은 인구를 격감시키던 전염병이 1900년 이래(아시아에서는 1945년 이래) 퇴각한 사실과 함께 우리 시대의 폭발적인 인구증가세를 뒷받침하는 요인이다.[69]

도시와 농촌의 인구학적 관계가 재정립됨에 따라 노동의 의미가 변했으며, 사회적 지위와 토지소유 간의 관련성이 상실되었고, 군집생활에 대한 독특한 심리적 반응이 나타났다. 이런 문제들을 천착하는 것은 이 책의 주제에서 벗어나는 것이다. 그러나 전지구적으로 20세기 인류의 역사를 형성한 기본적인 축이 도시와 농촌의 전통적인 관계의 변형이었다는 점을 지적해두고 싶다. 이런 변화의 배후에는 일련의 의학적·행정적 조치를 통해 도시관리 정책을 개선하려는 노력이 있었으며, 이런 노력을 자극했던 것은 19세기에 유럽을 엄습한 콜레라에 대한 공포였다.

　유럽의 콜레라 경험은 결과적으로 국제적인 의료협력의 신기원을 열었다. 국제의학대회는 각국의 전문가들이 격리검역제에 관한 논쟁을 마무리짓고 검역조치가 콜레라나 다른 전염병 예방에 효과적인지 토론하고자 파리에 모였던 1851년으로 거슬러 올라간다. 페스트 방지를 위해 발달시켰던 격리검역제를 물려받은 지중해 지역의 의사와 관리들은 대개 감염설과 격리검역제의 효과를 신봉했다. 반면 영국과 북유럽의 위생개혁주의자들은 감염설을 구시대적인 발상이라고 비웃으면서 악취를 풍기는 쓰레기나 오물에서 나오는 장기가 전염병의 주범이라고 주장했다. 결국 회의는 아무런 합의 없이 의견만 교환하고 끝났다.

　그러나 콜레라와 페스트를 막아보려는 국제적인 협력이 전혀 성과를 거두지 못했던 것은 아니다. 협력의 첫 무대는 이집트였다. 콜레라가 최초로 접근하던 1831년에 알렉산드리아에 주재하고 있던 유럽 열강의 영사들은 이집트 근대화의 주역인 알바니아 출신의 군주 무하마드 알리의 요청에 따라 이 도시를 위한 보건위원회를 만들었다.[70] 이 위원회는 그 후로도 서유럽에서 보건행정의 전초기지로 존속되었으며, 메카 순례자들의 역학적 운명을 추적하고 이집트에서 위험한 질병이 출몰할 때면 그에 관한 정보를 유럽에 제공했다. 1883년 이집트에 콜레라가 재발하자 유럽 각국의 의사단을 현장에 급파해 세균학의 새로운 가능성을 타진하게 한 것은 조기예방을 위한 신중한 조치였다.

　그 결과는 눈부셨다. 불과 몇 주일 만에 독일의 로베르트 코흐는 콜레라의 병원균을 발견했다고 발표함으로써, 앞서 보았듯이 세균감염설에 엄청난 힘을 실어주었다. 콜레라 감염의 본질이 밝혀지자 예방법도 분명해졌다. 화학적 소독약과 가열처리로 병균을 죽일 수 있었고, 환자를 신중하게 다루면 다른 사람에게 감염되는 것을 막을 수도 있었다. 그리고 1893년에는 콜레라 백신이 개발되었다. 19세기 말 의학은 마침내 무서운 질병을 퇴치할 수 있는 효과적인 방법을 찾아냈다.

감염증의 원인을 새롭게 이해하게 되자 아주 간단한 행정조치만으로도 상당한 효과를 볼 수 있었다. 이에 따라 이집트에서는 1890년부터 이슬람 교도들의 순례를 공식적으로 규제하기 시작하여, 입국하는 모든 순례자에게 천연두 백신접종을 의무화했다. 그 결과 중요한 질병이었던 천연두는 이슬람 순례에서 자취를 감추었다. 1900년에는 모든 체류자에게 강제검역이 실시되었고, 1913년 이집트 보건당국은 콜레라 예방접종을 법제화했다. 그 후 콜레라는 이슬람 순례를 더 이상 망치지 못했다.[71] 콜레라는 제2차 세계대전이 끝나기 전까지 인도에서 계속 발생했고, 중국과 기타 아시아 지역, 아프리카에도 가끔 영향을 미쳤다. 그러나 19세기 초 기계적인 운송수단에 과학적 원리를 적용한 결과 전통적인 울타리를 벗어나 전세계의 골칫거리로 떠올랐던 콜레라를, 19세기 말 보건행정에 역시 과학적 원리를 적용함으로써 효과적으로 제압할 수 있었다. 이처럼 콜레라의 역사는 19세기에 감염증의 발생이 어떻게 격화되었는지, 또 산업화된 거대도시의 생활양식에 잠복해 있던 질병의 위험이 어떻게 성공적으로 제압되었는가 하는 상반된 움직임을 일목요연하게 보여주었던 것이다.

먼 과거부터 심각한 영향을 계속 끼쳐왔던 다른 여러 전염병도 세균학자들이 개발한 신기술 앞에 무릎을 꿇었다. 예컨대 1829년에는 장티푸스가 독립된 질병임이 처음으로 밝혀졌으며, 그 후 병원균이 발견되고 1896년에는 효과적인 백신이 개발되었다. 그리고 20세기 초 10년에 걸쳐 집단적인 예방접종을 실시한 결과 장티푸스의 유행을 억제할 수 있었다. 디프테리아균은 1883년에 확인되었고 그 항독소의 효과는 1891년에 입증되었다. 우유에 들어 있는 병원균은 저온살균법에 의해 대부분 퇴치되었다. 시카고 시는 어린이를 비롯해 우유를 마시는 사람들을 보호하기 위해 1908년부터 이 방법을 강제적으로 시행했으며, 다른 도시들도 곧 시카고의 선례를 따랐다. 그 결과 우유를 통한 감염증은 제1차 세계대전 발발 이전에 확연히 줄어들었다.[72]

물론 대처하기 어려운 감염증들도 있었다. 1650년대부터 유럽의 의사들은 남아메리카 토착종인 키나 나무의 껍질을 물이나 다른 용액에 달여 말라리아 환자에게 마시게 하면 급격한 체력 감퇴증상을 억제할 수 있다는 사실을 간파했다.(그 후 이 액체의 유효성분이 키니네라는 사실도 밝혀졌다.) 그러나 치료효과가 있는 나무껍질이 어떤 수종에서 나오는지를 놓고 혼선이 빚어지고 조악한 상품들이 나돌자, 이 치료법은 더 이상 신용을 얻을 수 없었다. 특히 프로테스탄트들은 그 효과를 믿지 않았으며, 이 나무껍질에 대한 정보를 전세계에 퍼뜨리고 그것을 말라리아 치료제로 활용하던 예수회 소속 수사들에게 의혹의 눈초리를 보냈다.[73] 1854년에 네덜란드인이 자바에 키나 나무 농장을 세운 뒤에야 유럽인은 제대로 된 껍질을 구할 수 있었다. 19세기 중반 이후 유럽 팽창정책의 특징인 아프리카 내륙으로의 침투는 네덜란드인의 농장에서 생산된 키니네가 없었다면 불가능했을 것이다. 이 농장들은 제2차 세계대전이 일어날 때까지 유럽에 키니네를 공급했다.[74] 1942년에 일본군이 자바를 점령하자 키니네를 대신할 수 있는 화학약품의 개발이 절실해졌으며, 공동연구를 추진한 결과 아타브린을 비롯한 몇 가지 효과적인 신약이 합성되었다.

적당량의 키니네를 상용하면 말라리아가 많은 인명을 앗아가던 지역에서도 사람들이 생존할 수 있었다. 그러나 이 약은 고열을 억제할 뿐 말라리아를 예방하거나 퇴치하지는 못했다. 말라리아 원충의 존재가 확인되고 복잡한 라이프사이클이 밝혀진 것은 1890년대였다. 그러나 백신이나 해독제는 개발되지 못했으며, 모기 박멸도 결코 만만한 작업이 아니어서 1920년대 전까지는 전략적으로 중요한 일부 지역에서만 시도되었다.

　황열병은 말라리아보다 더 큰 관심을 불러일으켰다. 이 병은 감염될 소지가 있는 성인에게는 말라리아보다 치명적이었으며, 카리브 해 연안으로 진출하려던 미국의 제국주의적 팽창정책을 좌절시킨 원인이었기 때문이다. 그런데 황열병은 바이러스성 질병으로, 19세기 세균학자들의 기술수준으로는 그 병원체를 밝혀낼 수 없었다. 그러나 월터 리드를 단장으로 한 미국의 의료진은 쿠바에서 본격적인 연구에 착수한 끝에 이 병이 모기에 의해 전파된다는 사실을 밝혀냈다. 그리하여 1901년에는 모기의 번식처를 제거함으로써 아바나로부터 황열병을 추방하기 위한 작전이 전개되었다. 미국 육군이 명예를 걸고 전폭적으로 지원해준 덕분에 의료진의 노력은 성공적으로 마무리되었다.

　1901년 아바나는 스페인과 미국의 전쟁(1898) 끝에 스페인 제국의 지배에서 막 벗어난 상태였다. 그 후 파나마 지협(地峽)을 관통하는 운하 건설계획이 본격적으로 추진되면서 미국의 야심과 전략적 관심은 카리브 해 연안에 집중되었다. 이에 앞서 프랑스가 1881~1888년에 걸쳐 이 지역에 운하를 건설하고자 시도했으나, 말라리아와 황열병 때문에 인부들이 너무 많이 죽는 바람에 비용이 엄청나게 늘어나자 포기하고 말았다. 따라서 모기가 매개하는 질병을 제압하는 것이 운하를 성공적으로 건설할 수 있는 관건이었다. 미국의 정치지도자와 군사령관들은 미증유의 막대한 예산을 들여 군의관들로 하여금 황열병을 퇴치하도록 했다.

　그 결과는 그야말로 경이적이었다. 모기의 수와 행동양식을 세심히 관찰하면서 꼼꼼하고 적극적으로 위생사업을 추진한 결과 치사율이 높은 황열병을 미미한 수준으로 감소시킬 수 있었다. 파나마 운하지대가 법적으로 선포된 1904년 이후 황열병으로 악명을 떨치던 지역에 주둔하게 된 미군 병력은 별탈 없이 잘 견뎌낼 수 있었다.[75]

미군 수뇌부는 미군 병사들의 보건에만 관심을 기울였을 뿐 범세계적인 차원에서 황열병을 박멸하겠다는 거창한 계획을 품고 있지는 않았다. 그런데 1914년에 파나마 운하가 개통되자 이 운하를 통과하는 배의 선원들이 불행히도 황열병에 감염되어 이 병을 전혀 경험한 적이 없는 태평양 제도나 아시아의 해안지대에 전파할지도 모른다는 전망이 나돌기 시작했다.(이런 우려가 나온 것은 당시 뎅그열과 황열병의 관계를 이해하지 못했던 탓이다.)

1915년에 창설된 록펠러 재단은 그러한 참화를 막기 위해 황열병을 연구하고 퇴치하는 전세계적인 프로그램을 추진했다. 그 후 20년 동안 이 질병의 복잡한 측면에 대해 많은 것이 밝혀졌다. 몇 가지 성공적인 질병관리 프로그램에 힘입어 남아메리카의 서해안지대에 퍼져 있던 황열병의 감염원이 제거되었다. 하지만 황열병의 발상지라고 할 수 있는 아프리카에서 이 병을 지속시키는 생태계를 조사한 결과 지구상에서 이 질병을 완전히 몰아내기는 사실상 어렵다는 의견이 설득력을 얻었다. 그러나 1937년에 값싸고 효과적인 백신이 개발되자 인명을 좌우하던 황열병의 위력은 한풀 꺾였다.[76]

황열병 퇴치에 어느 정도 성공한 록펠러 재단은 1920년대에 말라리아 퇴치사업을 전개했다. 카리브 해의 여러 도시에서 황열병을 추방했던 모기 방제사업은 그리스 같은 나라에서 실효를 거두었다. 그러나 모기를 박멸할 수 있는 손쉬운 수단이 등장해 전세계적으로 말라리아의 발생을 억제할 수 있게 된 것은, 제2차 세계대전 후 위력적인 살충제 DDT가 개발된 뒤였다. 전쟁이 끝나자 말라리아 퇴치사업은 민간단체인 록펠러 재단으로부터 보건·위생 분야의 국제적인 협력을 위해 1948년에 창설된 세계보건기구로 넘어갔다.

제2차 세계대전 직후 수년간에 걸쳐 DDT 사용이 보편화되면서 말라리아라는 무거운 짐을 덜게 된 것은, 인류가 겪은 가장 극적이고 갑작스러운 건강상의 변화였을 것이다. 이렇게 되자 일부 지역에서는 인구성장률이 지나치게 높아져 말라리아만큼이나 골치 아픈 문제로 떠올랐다.[77] 더구나 DDT의 광범위한 보급은 수많은 종류의 곤충을 없앴을 뿐 아니라 때에 따라서는 이 화학약품에 오염된 곤충을 먹은 동물까지 중독시켰다. 누구도 원치 않았던 뜻밖의 사태는 DDT에 저항력을 지닌 변종 모기의 출현이었다. 화학자들은 더욱 치명적인 살충제를 합성해서 이에 대처해왔으며, 지금까지는 모기가 화학약품에 대한 내성을 발달시키기 전에 한발 앞서 또 다른 살충제를 개발할 수 있었다. 하지만 인간과 곤충 사이의 치열한 화학전이 장기적으로 생태계에 어떤 결과를 초래할지는 아무도 장담할 수 없다. 또한 세계보건기구는 (천연두와 함께) 말라리아를 지구상에서 뿌리 뽑아야 할 주요 질병으로 공식 선포했지만, 말라리아가 완전히 정복되었는지도 확실치 않다.[78]

결핵 역시 끈질기게 인류를 괴롭혔던 전염병이다. 4장에서 살펴본 바와 같이 14세기 이후 폐결핵은 유럽에서 나병을 대신해 중요한 전염병으로 자리를 잡았다. 일부 전문가들에 따르면 결핵은 유럽에서 17세기에 크게 유행한 후 18세기에 수그러졌지만, 19세기에 접어들자 산업도시의 열악한 주거환경에서 영양부족에 허덕이던 사람들 틈에서 또다시 기승을 부렸다.[79] 물론 상류층도 결핵에 감염되는 경우가 많았으며, 실제로 19세기 초반에는 '폐병'이라 하여 문학계와 예술계에 유행처럼 번지기도 했다.

그렇지만 적어도 영국에서는 1850년경 이후 결핵 사망자가 눈에 띄게 감소하기 시작했다. 코흐가 결핵을 유발하는 병원균을 발견해 단숨에 유명해진 것은 1882년이었다. 그로부터 40년쯤 지난 1921년에는 결핵에 어느 정도 효험이 있는 백신이 마침내 생산되었다. 하지만 그 전부터도 이 질병의 전파과정에 대한 새로운 지식을 바탕으로 환자를 요양소에 격리시키는 조직적인 노력이 이루어지고, 결핵균을 보유한

젖소를 도살하거나 공공장소에서 침을 뱉지 못하게 하는 등 간단한 예방위생수칙을 실시하면서 서양에서 폐결핵의 입지는 점차 좁아졌다.

이에 비해 오랫동안 고립된 채 살아오다가 운송수단의 발달로 외부 세계와 접촉하게 된 수많은 원시종족에게 결핵은 여전히 위력적인 질병이었다. 오늘날에도 오세아니아·아시아·아프리카의 여러 곳에서 결핵은 사람의 건강을 해치고 목숨을 앗아가는 주범으로 꼽히고 있다. 제2차 세계대전 당시부터 인체에는 별로 해를 끼치지 않고 병균만을 공격하는 항생물질이 개발되자 근대적인 의료 서비스를 받을 수 있는 지역에서 결핵은 이전만큼 심각하지 않았다. 그렇다 하더라도 제2차 세계대전이 끝나고 말라리아가 극적으로 퇴치된 후, 결핵은 전세계에 가장 광범위하게 전파되어 집요하게 인간을 괴롭히는 감염증이 된 듯하며, 이로 인한 연간 사망자수는 350만 명에 달한다.[80]

의학자들의 눈부신 연구성과를 현실에 적용하는 효율적인 기구가 많이 생겨나면서, 비교적 적은 비용으로 이상에서 열거한 전염병과 잘 알려져 있지 않은 그 밖의 전염병을 효과적으로 관리할 수 있는 방법이 속속 개발되었다. 국가 및 지방 차원의 보건위원회와 의료조직은 전세계로 확산되었으며, 군 의무대가 이들 민간단체와 함께(보통은 한 발 앞서서) 질병퇴치를 위해 노력했다.

20세기의 개막과 함께 군대의 의료행정은 비약적으로 발전했다. 그 전까지는 병사들의 건강을 잘 관리한 군대에서도 적군의 공격보다는 질병이 실전에서 훨씬 치명적인 요인으로 작용했다. 예컨대 크림 전쟁(1854~1856)에서는 이질로 인한 영국군 사망자수가 러시아군의 포화에 희생된 전사자수보다 10배나 많았다. 그로부터 약 50년 뒤에 벌어진 보어 전쟁(1899~1902)에서도 공식적으로 보고된 영국군 병사자는 전사자의 5배였다.[81] 그러나 2년 후 일본군은 체계적인 예방접종과 세심한 위생관리가 어떤 성과를 거둘 수 있는지 보여주었다. 러일전쟁

(1904~1906) 중 일본군의 병사자는 전사자의 25%도 되지 않았다.[82]

다른 나라들도 이와 같은 놀라운 결과에 주목했다. 그 후 10여 년 동안 세계 각국의 주요 군대는 일본군의 선례에 따라 장티푸스, 천연두, 파상풍처럼 흔한 감염증을 막기 위해 신병들에게 예방접종을 실시하게 되었다. 과거에도 유럽의 일부 군대에서는 나폴레옹의 선례에 따라 신병에게 천연두 예방접종을 의무적으로 실시한 바 있다. 그러나 1815년 이후 이상하게도 프랑스는 프로이센과 달리 평화시에 예방접종을 실시하지 않았다. 그 결과 1870~1871년의 보불전쟁에서 약 2만 명의 프랑스 병사가 천연두에 걸려 전투를 수행할 수 없었던 반면 프로이센군은 멀쩡했다.[83] 군사의학에서 새로워진 것이 있다면 접종이 필요하다는 생각 자체가 아니라 모든 감염에 대비해 간편한 접종방식을 고안하려는 체계적인 노력이 시작되었다는 것이다.

제1차 세계대전이 일어나기 전 10년 동안 의학적으로 의미심장한 또 하나의 발견이 이루어져 유럽 군대의 역학적 상황을 일변시켰다. 1909년에서 1912년 사이 발진티푸스의 전염에 이가 중요한 역할을 한다는 사실이 확인되었던 것이다. 이런 발견과 여타의 감염증에 대한 조직적인 예방접종 덕분에, 1914~1918년 북부 프랑스에서는 수백만 명의 군인들이 참호 속에서 지냈지만 의학적으로 별 탈이 없었다. 전선에 내보내기 전에 병사들과 그들의 의복을 소독해 이를 없애는 것은 관례로 굳어졌다. 이런 소독과정은 전선에서 돌아온 병사들에게도 적용되었다. 이로 인해 서부전선에서는 발진티푸스가 거의 발을 붙이지 못했으나, 동부전선에서는 드물기는 하지만 제법 크게 유행한 적도 있었다. 하지만 1915년에 동부전선에서 발진티푸스가 발생했을 때도 조직적인 관리만 이루어지면 이 질병 때문에 죽은 병사자는 적군에 희생된 전사자보다 훨씬 적었다.[84] 1915~1916년에 세르비아군에게, 그리고 1917~1918년에 러시아군에게 일어났던 것처럼 체계적인 예방조치에 구멍이 뚫린 경우에는 전염병이 본연의 치사율을 회복해 병사들은 물론 많은 민간인을 희생시켰다. 제1차 세계대전 중 매독은 군 의무대의 활동에도 불구하고 기승을 부린 유일한 질병이었다. 매독은 영국군 사이에서 전염병처럼 만연했는데, 발병 초기에 군의관들은 의학적인 이유보다는 도덕적인 이유 때문에 매독을 제대로 다루지 못했다.[85]

제2차 세계대전 중에도 의학적 성공은 계속되었다. 동남아시아의 우림지대에 상존하는 전염병의 위협이나 러시아 초원지대의 혹한도 의학적으로 잘 관리된 군대를 마비시킬 수는 없었다. DDT·술파제·페니실린·아타브린 같은 신약이 과거에 맹위를 떨치던 질병을 예방 또는 치료해주었다. 군대의 지휘계통은 필요한 곳에 의학적 수단을 제공하는 데 뛰어난 수완을 발휘했다. 의약품이 부족할 경우에는 보통 육군이나 해군 병사들이 우선순위를 차지했지만, 전염병이 점령지에 확산될 조짐이 보이면 군 의료행정의 혜택은 민간인에게까지 확대되었다. 실제로 1943년 나폴리에서는 민간인을 대상으로 전면적이고도 강제적인 이 박멸사업을 전개한 결과 발진티푸스의 유행을 초기에 진압할 수 있었다.[86] 그 밖에 난민수용소나 강제수용소 같은 다양한 공공 수용시설에서도 군대에서 실효를 거두었던 것과 똑같은 형태의 보건행정이 실시되었다.

제2차 세계대전 중에 진일보한 의료행정은 식량배급을 통한 건강증진이라는 부수적인 성과를 거두었다. 제1차 세계대전 중의 식량배급은 음식을 통한 건강유지라는 측면을 전혀 고려하지 않은 채 실시되었고, 그 때문에 특히 독일에서는 영양실조로 고통받는 사람이 많았다. 물론 제2차 세계대전 때도 지역에 따라서는 굶주리는 사람들이 있었다. 그러나 독일과 영국에서는 절대적으로 부족한 식품을 어린이나 임신부같이 질병에 취약한 집단에게 우선 공급하고, 사회의 각 계층에게 생리적으로 요구되는 양을 과학적으로 계산해 비타민·단백질·탄수화물이 함유된 식품을 합리적으로 분배했다. 그 결과 모든 것이 부족하고 궁핍한 와중에도 영국인의 건강수준은 향상되었으며, 독일인들도 전쟁이 끝날 때까지 어느 정도 건강을 유지할 수 있었다.[87]

이런 합리적인 건강관리책이 올린 개가는 전후 국제적인 보건사업이 눈부시게 성공하는 데 밑거름이 되었으며, 이로 인해 1948년 이후 지구상에서 사람이 사는 대부분의 지역에서는 질병 패턴이 근본적으로 변화하게 되었다.

제대로 틀을 갖춘 공식적인 국제보건조직의 효시는 페스트·콜레라·천연두·발진티푸스·황열병의 발생을 감시하기 위해 1909년 파리에서 창설된 국제공중위생국이었다. 이 기구는 유럽 각국에 공통으로 적용할 수 있는 위생수칙과 검역제도를 확립하려고 노력했다. 20세기에 발생한 두 차례의 세계대전 사이에 국제연맹은 보건기구를 설립했다. 이 기구 산하의 몇몇 특별위원회에서는 말라리아·천연두·나병·매독 같은 질병의 세계적인 발생현황에 관해 논의가 이루어졌다. 그러나 이 시기에 이루어진 더욱 중요한 성과는 록펠러 재단이 주도한 말라리아 및 황열병 퇴치사업이었다. 그 후 1948년에는 원대한 목표하에 세계보건기구가 출범했다. 세계보건기구는 각국 정부의 상당한 지원 아래 낙후된 지역의 행정당국과 협력하면서 최신 의학의 혜택을 베풀고 있다.[88]

그리하여 1940년대 이후 의학과 공중보건행정은 그야말로 전세계적으로 인류의 생활에 영향을 미치게 되었다. 대부분의 지역에서 전염병의 위력은 현저히 감퇴했으며, 치명적인 각종 감염증도 드물어졌다. 인류의 건강이 증진되고 쾌적지수가 크게 높아진 것은 두말할 나위도 없다. 전염병이 과거 인류에게, 가깝게는 우리 할아버지 세대에게 얼마나 무서운 존재였는지 이해하기 위해서는 상상력을 총동원해야 할 정도다. 그러나 인간이 복잡한 생태적 관계를 쥐락펴락하는 새로운 수단을 터득하게 되면 새로운 문제가 나타나게 마련이다. 1880년대 이후 의학적 연구가 성취한 미시기생체의 효과적인 관리책은 전혀 예상하지 못했던 몇 가지 부산물과 새로운 위기를 자초했다.

흥미롭고도 역설적인 현상 하나는 청결함 때문에 새로운 질병이 출현했다는 것이다. 그 대표적인 예는 20세기 들어 지극히 위생적인 집단에서 소아마비의 유병률이 증가했다는 것이다. 전통사회에서는 어렸을 때 이 병에 경미하게 감염될 경우 특별한 증상 없이 소아마비 바이러스에 대한 면역력을 얻었다. 그러나 위생적인 생활습관을 지킨 탓에 이 바이러스에 뒤늦게 감염된 개인들은 심한 마비를 일으키고 심지어 사망하기도 했다.[89] 미국에서는 1950년대에 소아마비가 해마다 발생해 사람들을 공포에 떨게 했다. 소아마비의 원인과 치료책을 연구할 기금을 마련한답시고 요란하게 선전하는 바람에 공포심을 부추긴 측면도 있었다. 다른 질병들의 선례와 마찬가지로 1954년에 효과적인 백신이 개발되자 소아마비는 백신을 맞지 않은 극소수에게만 영향을 미치는 미미한 존재가 되어 일반대중의 관심 밖으로 사라져버렸다.

인류의 미래에 큰 영향을 미칠 것 같은 전염병으로는 1918~1919년에 크게 유행했던 인플루엔자를 들 수 있다. 인플루엔자는 상당히 오랫동안 존속해왔으며,[90] 전파속도가 빠르고 면역기간이 짧으며 병원 바이러스가 불안정하다는 게 특징이다. 1918년에서 1919년에 걸쳐 미국과 유럽, 아프리카의 군대가 북부 프랑스에 집결했던 것이 화근이 되어 인플루엔자가 역사상 유례없는 규모로 유행하게 되었다. 발병원인은 숙주인 인간에게 무서운 파괴력을 발휘하는 신종 바이러스였다. 유행은 전세계로 확산되어 지구상 거의 모든 사람을 감염시키고 2천만명 이상을 죽였다. 인플루엔자가 엄습하면 의사나 의료시설이 턱없이 부족해 보건 서비스는 거의 마비되었다. 그러나 바이러스의 전염성이 워낙 강하다 보니 위험한 고비는 금방 지나갔으며, 몇 주일 후에는 일

상생활의 리듬이 회복되었고 전염병은 급속히 사라져버렸다.[91]

　1918년 이후 한 세대에 걸친 연구에 의해 세 가지 독특한 바이러스 변종이 발견되었으며, 그에 대한 백신도 만들어졌다. 그러나 인플루엔자 바이러스 자체가 매우 불안정해서 화학적 구조를 자주 변화시키는 성질을 갖고 있기 때문에 문제는 복잡하다. 지난해에 접종받은 백신이 만들어낸 항체에는 끄덕도 않는 바이러스에 의해 인플루엔자가 새로 발생해 광범위하게 유행하리라는 것이 거의 확실하기 때문이다.

　그러므로 인플루엔자 바이러스의 변화와 그 밖의 감염성 병원균의 돌연변이는 심각한 가능성으로 남아 있다. 예를 들어 1957년 홍콩에서 새로운 '아시아형' 변종 인플루엔자가 나타났을 때, 미국에서는 이 신종 바이러스에 대한 백신을 대량 생산해서 감염에 대비했기 때문에 인플루엔자가 크게 유행하는 것을 막을 수 있었다. 그렇지만 이를 위해서는 공중보건 당국과 민간기업이 새로운 인플루엔자 변종을 확인하자마자 백신의 대량생산에 착수하는 신속한 대응이 필수적이었다.[92]

　돌연변이는 아니더라도 지금까지 정체가 밝혀지지 않은 기생생물이 기존의 생태적 적소에서 벗어나 지구상 곳곳에 존재하는 인구 밀집지역에 침범하면 사람들이 무더기로 사망하는 참상이 빚어질 수 있다.[93] 근래에 인도와 동남아시아에서 발생한 콜레라는 셀레베스에서 유래한 새로운 병균이 그 원인이었는데, 이 세균은 벵골과 인근 지역에서 오랫동안 서식하던 '고전적인' 콜레라균을 몰아내고 그 자리를 차지했다.[94] 이미 살펴본 나이지리아의 라사열과 우간다의 오눙농열이 보여주었던 신비한 궤적은 예측을 불허하는 생물학적 변동의 또 다른 사례이다.[95]

　세 번째 불길한 가능성은 치사율이 높은 병원균을 살포함으로써 적군을 무력화시키는 효과적인 방법을 찾아내는 데 생물학적 연구가 악용되는 것이다. 그렇게 되면 지구의 일부 또는 전지구가 전염병의 재앙으로 신음하게 될 것이다.

　이런 파국적 상황을 상상하지 않더라도, 먹이사슬의 정상에 위치한 인류에게 각종 제약이 뒤따른다는 사실만은 부인하기 어렵다. 지난 150년 동안 공중보건사업의 성공이 가져온 급격한 인구증가는 식량공급을 압박하고 있다. 인구증가로 인한 여러 가지 부담은 사회적·심리적·정치적·역학적 방식으로 다양하게 표출될 것이다.

　축적된 기술과 지식 덕분에 대부분의 인간집단이 겪어야 했던 질병의 양상은 근본적으로 바뀌었다. 하지만 우리는 눈에 보이지 않게 인간을 공격하는 미시기생체와 특정 인간집단이 다른 집단 위에 군림하는 거시기생현상의 틈바구니에서 헤어나지 못했으며, 앞으로도 그럴 수밖에 없을 것이다. 과학적 영농이 발달하고 식량생산자들이 직접 식량을 생산하지 않는 자들로부터 용역과 재화를 공급받게 되면서, 식량생산자와 이를 수탈하는 계층으로 양극화되어 있던 과거의 사회상은 크게 변했다. 그렇지만 기계화되고 관료화된 현대사회에서도 생산자와 소비자의 관계를 조정해야 한다는 해묵은 문제는 형태만 복잡해졌을 뿐 그대로 남아 있다. 특정 지역을 파탄에 이르게 하는 과도한 거시기생을 막아줄 지속적이고 안정적인 패턴은 아직까지 등장하지 않았다. 두 차례의 세계대전은 지역에 따라 파괴적인 결과를 초래했으며, 다양한 의도에서 시작된 전쟁과 혁명은 지난날과 마찬가지로 앞으로도 지구상의 수많은 사람을 기아와 죽음으로 몰아넣을 것이다.

　한편 인구가 급격히 증가함에 따라 앞으로는 인간이 기아를 면하는 데 필요한 식량을 생산하기도 벅찰 것이며, 긴급한 위기상황에 대비해 비축해 두어야 할 잉여식량도 곧 바닥을 드러낼 것이다. 이런 상황에서 인구를 현재 수준으로 유지하기 위해서는 의사, 농민, 관료를 비롯해 현대사회의 특징인 재화와 용역의 복잡한 흐름을 지탱하는 일에 종사하는 모든 사람의 노력이 절대적으로 필요하다.

지난 몇 세기 동안 인간이 이룩한 놀라운 성취를 생각해보면, 현재로서는 상상할 수도 없는 새롭고 비약적인 발전이 일어나지 말라는 법도 없다. 언젠가는 사망률에 맞추어 출생률을 조절할 수도 있을 것이며, 그렇게 되면 인구와 자원의 균형도 안정을 찾을 수 있을 것이다. 그러나 지금 당장, 또는 가까운 장래에 인류는 그 어느 때보다도 엄청난 생태적 격변을 겪을 것이 분명하다. 따라서 가까운 과거에 그랬듯이 가까운 미래에도 안정된 생태계를 기대하기는 힘들며, 미시기생과 거시기생 사이의 균형이 수시로 흔들리면서 극심한 변동이 이어질 것으로 예상된다.

과거에 무슨 일이 있었는가 하는 것뿐만 아니라 미래에 무슨 일이 있을지를 생각할 때는 전염병이 해온 역할을 결코 무시해서는 안된다. 창의력과 지식, 조직이 아무리 진보했다 해도 기생생물의 침입에 인류는 확실히 취약한 존재라는 것은 숨길 수 없는 사실이다. 인류가 출현하기 전부터 존재했던 전염병은 앞으로도 인류와 운명을 함께할 것이며, 지금까지 그랬듯이 앞으로도 인간의 역사에 근본적인 영향을 미치는 매개변수이자 결정요인으로 작용할 것이다.

부록 중국의 전염병 연표

조지프 H. 차(퀸시 대학 극동사 교수) 엮음

여기에서 제시하는 중국의 전염병 연표는 두 가지 고문헌의 기록에 의거한 것이다. 하나는 송나라(960~1279) 학자 쓰마광의 저서(『자치통감』)이고, 다른 하나는 18세기에 청나라의 학자들이 전통학문을 집대성해 편찬한 백과전서(『흠정고금도서집성』)이다. 천재지변과 인재(人災)에 관한 자료를 담고 있는 이 두 자료는 1940년에 다시 간행되었는데, 편집자가 과거의 연대를 오늘날의 역법으로 환산하는 과정에서 몇 가지 실수를 저질렀다. 차 교수는 출전이 인용된 경우 관련된 고대왕조의 사서나 여러 문서들을 꼼꼼히 검토해 될 수 있는 대로 잘못을 바로잡았다. 또 고대의 지명을 현재 중국에서 통용되는 지명으로 바꿔놓았다.

그렇다고 그 결과에 전혀 흠이 없는 것은 아니다. 오늘날의 지리적 구분과 일치하지 않는 고대의 지명을 어느 성(省)에 포함시킬 것인지 판단하는 일은 종종 자의적일 수밖에 없다. 또한 두 자료를 편찬한 사람들이 미처 포착하지 못한 전염병 관련 기록을 싣고 있는 중국 문헌이 분명히 더 있을 텐데, 그런 기록은 차 교수의 연표에 빠져 있기 때문이다. 전염병으로 인해 사망한 사람들의 숫자에 대한 진술은 단지 옛날 문헌에 나오는 기록을 그대로 옮겨놓은 것으로, 차 교수는 이런 기록의 신빙성에 대해 어떤 평가도 내리지 않았다. 믿을 만한 수치도 있지만, 오차가 큰 것도 있을 것이다. 이런 결함에도 불구하고 여기 제시된 연표는 서양어로 발간된 어떤 전염병 연표보다 정확하며, 전염병으로 인한 대재난이 누락되었을 가능성은 별로 없어 보인다. 따라서 이 전염병 연표는 역사적으로 중요한 전기를 마련했던 사건들의 대체적인 개요를 파악하게 해준다고 할 수 있으며, 이런 이유로 부록에 싣게 된 것이다.

차 교수가 기본자료로 삼은 문헌은 천가오융(陳高傭)이 편찬한 두 권의 『중국역대천재인화표』(中國歷代天災人禍表〔상하이, 1940〕)이다.

1911년까지 중국에서 발생한 전염병

B.C. 243년 제국 전역에 전염병 발생
B.C. 48년   관둥(關東), 즉 오늘날의 허난(河南)·산시(山西)·산둥(山東)에 전염병과 홍수, 기근 발생
A.D. 16년   전염병이 돌아 남쪽의 야만족을 토벌하러던 한 장수가 병력의 60~70%를 잃음
   37년   장쑤(江蘇)·장시(江西)·안후이(安徽)·저장(浙江)·푸젠(福建)에 전염병 발생
   38년   저장에 전염병 발생
   46년   몽골에 기근과 전염병이 발생하여 인구의 3분의 2가 사망
   50년   전염병 발생(장소 미상)
   119년 저장에 전염병 발생
   125년 허난에 전염병 발생
   126년 허난에 전염병 발생
   151년 허난·안후이·장시에 전염병 발생
   161년 전염병 발생(장소 미상)
   162년 신장(新疆)과 칭하이(靑海)에서 군대에 전염병이 돌아, 10명에 3

	~4명꼴로 사망
171년	전염병 발생(장소 미상)
173년	전염병 발생(장소 미상)
179년	전염병 발생(장소 미상)
182년	전염병 발생(장소 미상)
208년	후베이(湖北)의 군대에 전염병이 돌아 군사의 3분의 2가 질병과 기근으로 사망
217년	전염병 발생(장소 미상)
223년	전염병 발생(장소 미상)
234년	전염병 발생(장소 미상)
275년	허난에 전염병이 발생해 수만 명 사망
291년	허난에 전염병 발생
296년	산시(陝西)에 전염병 발생
297년	허베이(河北)·산시(陝西)·쓰촨(四川)에 전염병 발생
312년	메뚜기떼와 기근으로 인한 재해에 이어 전염병이 퍼져 중국 북부와 중부가 황폐화되고, 산시(陝西)에서는 납세자 100명당 1~2명만이 생존
322년	전염병이 돌아 10명당 2~3명꼴로 사망(장소 미상)
330년	전염병 발생(장소 미상)
350년	전염병 발생(장소 미상)
351년	허난에 반란이 일어난 후 전염병 발생
353년	전염병 발생(장소 미상)
379년	산시(陝西)에 전염병 발생
423년	북부지역에 전염병 발생. 허난에서는 10명당 2~3명꼴로 사망
427년	장쑤에 전염병 발생
447년	장쑤에 전염병 발생
451년	장쑤에 전염병 발생
457년	장쑤에 전염병 발생
460년	장쑤에 전염병 발생
468년	전국에 전염병 창궐. 하반기에 전염병이 다시 발생해 허난·허베이·산둥·후베이·안후이에서 14~15만 명 사망

503년   전염병 발생(장소 미상)
504년   북부지역에 전염병 발생
505년   북부지역에 전염병 발생
510년   산시(陝西)에 전염병이 돌아 2,730명 사망
529년   산시(陝西)에 전염병 발생
546년   장쑤에 전염병 발생
565년   허난에 전염병 발생
598년   한반도와 전쟁(수(隋) 문제(文帝)의 고구려 침공) 중 만주 남부에 전염병 발생
612년   산둥과 기타 지역에 전염병 발생
636년   산시(山西)·간쑤(甘肅)·닝샤(寧夏)·산시(陝西)에 전염병 발생
641년   산시(山西)에 전염병 발생
642년   산시(山西)와 허난에 전염병 발생
643년   산시(山西)와 안후이에 전염병 발생
644년   안후이·쓰촨·북동부지역에 전염병 발생
648년   쓰촨에 전염병 발생
655년   장쑤에 전염병 발생
682년   허난과 산둥에 전염병이 돌아 시체가 땅을 덮음
707년   허난과 산둥에 전염병이 돌아 수천 명 사망
708년   허난과 산둥에 전염병이 돌아 1,000명 사망
762년   산둥에 전염병이 돌아 주민의 반 이상 사망
790년   푸젠·장시·후베이·안후이·저장에 전염병 발생
806년   저장에 전염병이 돌아 주민의 반 이상 사망
832년   쓰촨·윈난(雲南)·장쑤에 전염병 발생
840년   푸젠과 저장에 전염병 발생
874년   저장에 전염병 발생
891년   후베이·장쑤·안후이에 전염병 발생. 후베이에서는 10명당 3~4명꼴로 사망
892년   장쑤에 전염병 발생
994년   허난에 전염병 발생
996년   장쑤·안후이·장시에 전염병 발생

1003년	허난에 전염병 발생
1010년	산시(陝西)에 전염병 발생
1049년	허베이에 전염병 발생
1052년	후베이·장쑤·안후이에 전염병 발생
1054년	허난에 전염병 발생
1060년	허난에 전염병 발생
1094년	허난에 전염병 발생
1109년	저장에 전염병 발생
1127년	허난에 전염병이 돌아 성도 주민의 반이 사망
1131년	저장과 후난(湖南)에 전염병 발생
1133년	후난과 저장에 전염병 발생
1136년	쓰촨에 전염병 발생
1144년	저장에 전염병 발생
1146년	장쑤에 전염병 발생
1199년	저장에 전염병 발생
1203년	장쑤에 전염병 발생
1208년	허난과 안후이에 전염병 발생
1209년	저장에 전염병 발생
1210년	저장에 전염병 발생
1211년	저장에 전염병 발생
1222년	장시에 전염병 발생
1227년	중국 북부의 몽골군에 전염병이 거듭해서 발생
1232년	허난에 전염병이 돌아 50일 만에 9만 명 사망
1275년	무수히 많은 인명을 앗아간 전염병 발생(장소 미상)
1308년	저장에 전염병이 돌아 2만 6,000명 이상 사망
1313년	허베이에 전염병 발생
1320년	허베이에 전염병 발생
1321년	허베이에 전염병 발생
1323년	허베이에 전염병 발생
1331년	허베이에 전염병이 돌아 10명당 9명꼴로 사망
1345년	푸젠과 산둥에 전염병 발생

1346년	산둥에 전염병 발생
1351~52년	산시(山西)·허베이·장시에 전염병 발생. 화이허(淮河) 유역의 군대에서는 사망률이 50%에 이름
1353년	후베이·장시·산시(山西)·쑤이위안(綏遠, 지금은 내몽골 자치구에 속함)에 전염병 발생. 산시(山西) 일부 지역에서는 주민의 3분의 2 이상 사망
1354년	산시(山西)·후베이·허베이·장시·후난·광둥(廣東)·광시(廣西)에 전염병 발생. 후베이의 일부 지역에서는 10명당 6~7명꼴로 사망
1356년	허난에 전염병 발생
1357년	산둥에 전염병 발생
1358년	산시(山西)와 허베이에 전염병이 돌아 20만 명 이상 사망
1359년	산시(陝西)·산둥·광둥에 전염병 발생
1360년	저장·장쑤·안후이에 전염병 발생
1362년	저장에 전염병 발생
1369년	푸젠에 전염병이 돌아 거리에 시체가 산더미같이 쌓임
1380년	저장에 전염병 발생
1404년	허베이에 전염병 발생
1407년	후난에 전염병 발생
1408년	장시·쓰촨·푸젠에 전염병이 돌아 7만 8,400명 사망
1410년	산둥에 전염병이 돌아 6천 명 사망. 푸젠에서는 전염병이 1만 5천 가구를 쓸고 지나감
1411년	허난과 산시(陝西)에 전염병 발생
1413년	저장에 전염병 발생
1414년	허베이·허난·산시(山西)·후베이에 전염병 발생
1445년	저장·산시(陝西)·푸젠에 전염병 발생
1454년	장시와 후베이에 전염병 발생
1455년	산시(陝西)·간쑤·저장에 전염병 발생
1461년	후난·후베이·광둥·산시(陝西)에 전염병 발생
1471년	구이저우(貴州)에 전염병 발생
1475년	푸젠과 장시에 전염병 발생
1480년	푸젠에 전염병 발생

1481년	장시와 구이저우에 전염병 발생
1486년	푸젠에 전염병 발생
1489년	후난에 전염병이 발생해 모든 마을과 도시를 휩쓺
1492년	저장에 전염병 발생
1495년	동남부지역에 전염병 발생
1500년	광시에 전염병 발생
1504년	산시(山西)에 전염병 발생
1506년	후난·후베이·광둥·광시·윈난·푸젠에 치사율이 매우 높은 전염병 발생
1511년	저장에 전염병 발생
1514년	윈난에 전염병 발생
1516년	후베이에 전염병 발생
1517년	푸젠에 전염병 발생
1519년	허베이·산둥·저장에 전염병 발생
1522년	산시(陝西)에 전염병 발생
1525년	산둥에 전염병이 돌아 4,128명 사망
1528년	산시(山西)에 전염병 발생
1529년	후베이·쓰촨·구이저우에 전염병 발생
1532년	산시(陝西)에 전염병 발생
1533년	후베이와 후난에 전염병 발생
1534년	저장·후베이·후난에 전염병 발생
1535년	푸젠에 전염병 발생
1538년	광시에 전염병 발생
1543년	산시(山西)에 전염병 발생
1544년	산시(山西)와 허난에 전염병 발생
1545년	푸젠에 전염병 발생
1554년	허베이에 전염병 발생
1556년	푸젠에 전염병 발생
1558년	구이저우에 전염병 발생
1560년	산시(山西)에 전염병 발생
1561년	후베이에 전염병 발생

1562년	푸젠에 전염병이 돌아 인구의 70%가 사망
1563년	장시에 전염병 발생
1565년	후베이·저장에 전염병 발생
1571년	산시(山西)에 전염병 발생
1573년	후베이에 전염병 발생
1579년	산시(山西)에 전염병 발생
1580년	산시(山西)에 전염병 발생
1581년	산시(山西)에 전염병 발생
1582년	허베이·쓰촨·산둥·산시(山西)에 전염병 발생
1584년	후베이에 전염병 발생
1585년	산시(山西)에 전염병 발생
1587년	산시(山西)와 장시에 전염병 발생
1588년	산둥·산시(陝西)·산시(山西)·저장·허난에 전염병 발생
1590년	후베이·후난·광둥에 전염병 발생
1594년	윈난에 전염병 발생
1597년	윈난에 전염병 발생
1598년	쓰촨에 전염병 발생
1601년	산시(山西)와 구이저우에 전염병 발생
1603년	저장에 전염병 발생
1606년	저장에 전염병 발생
1608년	윈난에 전염병 발생
1609년	푸젠에 전염병 발생
1610년	산시(山西)와 산시(陝西)에 전염병 발생
1611년	산시(山西)에 전염병 발생
1612년	산시(陝西)와 저장에 전염병 발생
1613년	푸젠에 전염병 발생
1617년	푸젠에 전염병 발생
1618년	산시(山西)·후난·구이저우·윈난에 전염병 발생. 산시(山西)에서는 시체가 거리마다 나뒹굶
1621년	후베이에 전염병 발생
1622년	윈난에 전염병 발생

1623년 윈난과 광시에 전염병 발생
1624년 윈난에 전염병 발생
1627년 후베이에 전염병 발생
1633년 산시(山西)에 전염병 발생
1635년 산시(山西)에 전염병 발생
1640년 허베이와 저장에 전염병 발생
1641년 허난·허베이·산둥·산시(山西)에 전염병 발생. 도처에 시체가 즐비함
1643년 산시(陝西)에 전염병 발생
1644년 산시(山西)·장쑤·내몽골에 전염병 발생
1653년 내몽골에 전염병 발생
1656년 간쑤에 전염병 발생
1665년 산둥에 전염병 발생
1667년 간쑤에 전염병 발생
1668년 간쑤에 전염병 발생
1670년 내몽골에 전염병 발생
1673년 만주에 전염병 발생
1677년 장쑤와 산시(陝西)에 전염병 발생
1680년 장쑤에 전염병 발생
1681년 윈난에 전염병 발생
1683년 후베이에 전염병 발생
1692년 산시(陝西)에 전염병 발생
1693년 산둥에 전염병 발생
1694년 저장과 하이난(海南) 섬에 전염병 발생
1697년 장쑤·산시(山西)·장시에 전염병 발생
1698년 산둥과 산시(山西)에 전염병 발생
1702년 광둥에 전염병 발생
1703년 내몽골·산둥·하이난 섬에 전염병 발생
1704년 허베이·산둥·저장·산시(陝西)에 전염병 발생
1706년 후베이에 전염병 발생
1707년 광시·광둥·허베이·후베이에 전염병 발생

1708년	후베이·내몽골·장시·간쑤·산둥에 전염병 발생
1709년	저장·장쑤·안후이·산둥·산시(陝西)·광둥·푸젠·장시에 전염병 발생
1713년	광둥에 전염병 발생
1714년	광둥에 전염병 발생
1717년	저장에 전염병 발생
1721년	산시(陝西)에 전염병 발생
1722년	저장에 전염병 발생
1723년	허베이에 전염병 발생
1724년	산둥에 전염병 발생
1726년	장쑤·산시(山西)·광둥·허베이에 전염병 발생
1727년	광둥과 후베이에 전염병 발생
1728년	장쑤·저장·산시(山西)·산시(陝西)·허베이·후베이·안후이·만리장성의 동단 지방에 전염병 발생
1733년	장쑤에 전염병 발생
1742년	안후이에 전염병 발생
1746년	후베이에 전염병 발생
1747년	허베이에 전염병 발생
1748년	산둥에 전염병 발생
1749년	장쑤와 장시에 전염병 발생
1756년	푸젠·장쑤·안후이에 전염병 발생
1757년	저장과 장시에 전염병 발생. 신장 서부 국경지대에서는 감염된 사람들이 모두 사망
1760년	산시(山西)·저장·간쑤에 전염병 발생
1767년	저장에 전염병 발생
1770년	간쑤에 전염병 발생
1775년	허베이에 전염병 발생
1783년	저장에 전염병 발생
1785년	장쑤에 전염병 발생
1786년	장쑤·안후이·산둥·허베이에 전염병 발생
1790년	간쑤와 윈난에 전염병 발생

1792년	허베이에 전염병 발생
1793년	저장에 전염병 발생
1795년	저장에 전염병 발생
1797년	저장에 전염병 발생
1798년	산둥에 전염병 발생
1800년	저장에 전염병 발생
1806년	허베이와 산시(陝西)에 전염병 발생
1811년	간쑤에 전염병 발생
1814년	후베이에 전염병 발생
1815년	장쑤·안후이·산둥에 전염병 발생
1816년	허베이에 전염병 발생
1818년	산둥에 전염병 발생
1820년	저장·산시(山西)·장쑤에 전염병 발생
1821년	허베이·산둥·윈난에 전염병 발생
1822년	허베이와 산시(陝西)에 전염병 발생
1823년	장쑤와 후베이에 전염병 발생
1824년	허베이에 전염병 발생
1826년	산둥에 전염병 발생
1827년	산둥에 전염병 발생
1831년	저장에 전염병 발생
1832년	후베이·산시(陝西)·산둥에 전염병 발생
1833년	산둥·허베이·저장에 전염병 발생
1834년	저장과 장쑤에 전염병 발생
1835년	산둥에 전염병 발생
1836년	간쑤·광둥·산둥에 전염병 발생
1839년	허베이에 전염병 발생
1842년	장쑤와 허베이에 전염병 발생
1843년	후베이·장시·저장에 전염병 발생
1847년	산시(陝西)에 전염병 발생
1848년	산시(陝西)에 전염병 발생
1849년	저장에 전염병 발생

1853년	허난에 전염병이 돌아 1만 명 이상 사망
1855년	간쑤에 전염병 발생
1856년	산시(陝西)에 전염병 발생
1861년	산둥에 전염병 발생
1862년	허베이·장쑤·저장·후베이·산둥에 전염병 발생
1863년	간쑤·저장·산시(陝西)에 전염병 발생
1864년	후베이·저장·장시에 전염병 발생
1866년	간쑤에 전염병 발생
1867년	산둥과 허베이에 전염병 발생
1869년	후난·간쑤·후베이에 전염병 발생
1870년	후베이와 허베이에 전염병 발생
1871년	산시(陝西)와 후베이에 전염병 발생
1872년	저장과 후베이에 전염병 발생
1895년	허베이에 전염병 발생
1911년	만주에 전염병 발생

지은이 주

머리말

1. Mirko D. Grmek, *History of AIDS : Emergence and Origins of a Modern Pandemic* (Princeton, New Jersey, 1990). 프랑스어판 제목은 *Histoire dě SIDA* (Paris, 1989)이다. 내가 에이즈에 대해 알고 있는 대부분의 지식은 이 책과 최근에 나온 Gabriel Rotello, *Sexual Ecology: AIDS and the Destiny of Gay Men* (New York, 1997)에서 얻은 것이다.
2. Rotello, ibid., pp. 73~74.

서론

1. Thomas W. M. Cameron, *Parasites and Parasitism* (London, 1956), p. 225와 Theobald Smith, *Parasitism and Disease* (Princeton, 1934), p. 70을 참조하라. 백혈구가 인체에 침입한 생물체의 세포조직을 파괴할 때 인체세포를 형성하는 물질이나 유용한 에너지는 생성되지 않는다. 따라서 이 과정은 소화흡수의 첫 단계에 해당할 뿐이다.
2. "Hierarchies and Integration in Biological Systems," The American Academy of Arts and Sciences, *Bulletin*, 27(1974), No. 4, 11-23에 나오는 Wladimir A. Engelhardt의 견해를 참조하라. 엥겔하트는 단백질 같은 고분자 화합물의 자기 재생능력을 분자 간의 약한 힘의 작용에 기인한다고 보는데, 이 점에 대해서는 아직까지 별로 검토된 바 없다. 또한 증식하는 유기체는 늘 자유 에너지를 소비한다는 게 엥겔하트의 생각이다.
   이런 관점에서 볼 때 지하에 매장되어 있는 화석연료에서 추출한 에너지를 활용해 수백만 명의 사람이 산업도시에 모여 사는 인류의 새로운 풍속도는, 수백만의 원자가 질서정연하게 결합해 더 큰 유기체의 분자를 구성하는 과정에 비유할 수 있다. 누구나 짐작할 수 있듯이, 인간이 만든 도시는 단백질보다 훨씬 근래에 생겼고 그 수도 적으며 세포나 유기물은 말할 것도 없고 큰 유기적 분자에 비해서도 그리 치밀하게 조직되어 있지 않다. 그러나 인간이 살아 움직이면서 몸담고 있는 모든 종류의 조직에는 비슷한 법칙이 적용된다고 주장할 수는 있을 것이다.

3. 각기 다른 집단이 보여주는 질병에 대한 유전적인 저항력의 차이는 먼 옛날부터 특수한 병원체에 장기간 노출되면서 나타난 통계적인 결과이다. 질병으로부터 빨리 회복되거나 감염을 미연에 방지할 수 있는 유전자를 가진 개인들이 많이 살아남게 되면, 그 병에 대한 유전적인 저항력이 생길 것이다. 때로는 이러한 진화론적 선택과정이 매우 빠르게 진행될 수도 있다. 해당 질병이 치명적인 것일수록 질병에 대한 내성 또는 저항력에 관련된 자연선택은 더욱 빨리 진행될 수밖에 없다. 한편 기생동물도 유전자나 행동양식의 변이를 통해 숙주에 더 안정적으로 적응할 수 있는 방향으로 엄격한 자연선택과정을 거치게 된다. Arno G. Motulsky, "Polymorphisms and Infectious Disease in Human Evolution," *Human Biology*, 32(1960), 28-62와 J. B. S. Haldane, "Natural Selection in Man," *Acta Gentica et Statistica Medica*, 6(1957), 321-32를 참조하라. 특정 질병에 대한 저항력을 키운 유전자는 인간에게 여러 가지 불이익을 초래할 수도 있기 때문에, 하나의 개체군에게 가장 바람직한 상태는 '구성분자의 균형 잡힌 다양성'이다. 이는 질병을 억제하는 유전자를 가진 사람과 갖지 않은 사람이 적당히 섞여 있어야 한다는 뜻이다. 질병 억제 유전자를 지닌 구성원의 비율은 해당 질병의 저항력에 관련된 선택이 얼마나 엄격하게 이루어지는지, 또 이 집단에 가해진 다른 선택적 압력이 무엇인지에 따라 달라진다.

4. 오늘날 전문가들은 첨단기술의 도움을 받아 개인과 집단이 각종 감염성 질병에 노출되었던 기록을 밝혀낼 수 있다. 이는 특정 병원균에 대한 '항체' 유무를 말해주는 혈액 샘플의 분석을 통해 이루어진다. 이러한 방법을 이용하면 고립된 소규모 공동체가 겪어온 질병의 역사를 제법 정확하게 규명할 수 있다. Francis L. Black et al., "Evidence for Persistence of Infectious Agents in Isolated Human Populations," *American Journal of Epidemiology*, 100(1974), 230-50 참조.

5. T. Aidan Cockburn, *The Evolution and Eradication of Infectious Diseases* (Baltimore and London, 1963), p. 150을 참조하라.

6. Theodor Rosebury, *Microorganisms Indigenous to Man* (New York, 1962) 참조.

7. Theobald Smith, *Parasitism and Disease* (Princeton, 1956), pp. 44~65 와 Richard Fiennes, *Man, Nature and Disease* (London, 1964), pp. 84~

102를 참조하라.
8. L. J. Bruce-Chwatt, "Paleogenesis and Paleoepidemiology of Primate Malaria," World Health Organization, *Bulletin*, 32(1965), 363-87. 말라리아 원충이라는 용어는 말라리아 열(熱)을 일으키는 미생물의 생물학적 성격이 제대로 밝혀지지 않았을 때 사용되다가 관용어로 굳어진 말이다. 이 유기체는 실은 원생동물이며, 그 형태는 라이프 사이클의 단계에 따라 크게 다르다.
9. Hans Zinsser, *Rats, Lice and History* (New York, Bantam edition, 1965; original publication, 1935), pp. 164~71.

1장 수렵민으로서의 인류

1. Richard Fiennes, *Zoonoses of Primates: The Epidemiology and Ecology of Simian Diseases in Relation to Man* (Ithaca, New York, 1967), pp. 121~22를 보라. 아보(Arbo)는 절지동물이 매개한다는(anthropoid-borne) 뜻을 나타내는 약자이다.
2. 정확한 수치는 전문가들 사이에서 의견이 갈린다. Fiennes, ibid., p. 73에 따르면, 유인원의 경우는 5종, 원숭이에게는 10종의 말라리아 원충이 있다. L. J. Bruce-Chwatt, "Paleogenesis and Paleoepidemiology of Primate Malaria," World Health Organization, *Bulletin*, 32(1965), 368-69는 유인원과 원숭이를 감염시키는 20종의 말라리아를 언급하고 있으며, 인간과 영장류에게 말라리아를 매개하는 곤충으로는 25종의 학질모기를 꼽고 있다.
3. Fiennes, ibid., p. 42.
4. Bruce-Chwatt, ibid., 370-82.
5. F. L. Dunn, "Epidemiological Factors: Health and Disease in Hunter-Gatherers," in Richard B. Lee and Irven DeVore, eds., Man the Hunter (Chicago, 1968), pp. 226~28; N. A. Croll, Ecology of Parasites (Cambridge, Massachusetts, 1966), p. 98을 참조하라.
6. F. Boulière, "Observations on the Ecology of Some Large African Mammals," in F. Clark Howell and François Boulière, eds., *African Ecology and Human Evolution* (New York, 1963). [Viking Fund Publications in Anthropology No. 36], pp. 43~54에 의하면, 오늘날 아프리카의 사바나는 그 어떤 자연환경보다도 초창기의 인류가 사냥했을 법한 유제동물이나 기타 먹이의 생물체량(biomass, 단위면적당 동식물의 중량)이 많은 지역이다. 또한 지금도 이 엄청난 식량의 보고를 둘러싼 육식동물 사이의 경쟁은 그다지 치열하지 않다. 예컨대 사자의 숫자는 잠재적인 식량공급원이 먹여

살릴 수 있는 것보다 훨씬 적다. 따라서 먼 옛날에 인류의 조상이 안전한 나무에서 내려와 처음으로 초원지대에 진출해 먹이를 찾던 당시와 오늘날의 자연환경이 크게 다르지 않다면, 우리 조상들은 진공상태나 마찬가지인 생태적 환경의 혜택을 마음껏 누렸음에 틀림없다.

7. 가장 대표적인 예는 좀처럼 먹기 힘든 식물의 잎사귀를 뜯어먹을 수 있도록 기린의 목이 길어진 것이다. C. D. Darlington, *The Evolution of Man and Society* (London, 1969), pp. 22~27을 참조하라.

8. Frank L. Lambrecht의 탁월한 논문 "Trypanosomiasis in Prehistoric and Later Human Populations: A Tentative Reconstruction," in Don Brothwell and A. T. Sandison, *Diseases in Antiquity* (Springfield, Illinois, 1967), pp. 132~51을 참조하라. 람브레흐트는 트리파노소마 감비엔세의 감염으로 발병하는 수면병도 점차 인간숙주에 적응하는 방향으로 진화하여 증상이 약한 만성적인 질병이 되었다고 주장한다. 그러나 사바나 지대에는 숙주로 삼을 수 있는 유제류가 많았기 때문에 인간보다는 영양 같은 동물에 적응하는 쪽으로 진화가 진행되었으며, 그 결과 인간에게는 여전히 치사율이 높은 질병의 형태로 남게 되었다. 만약 그런 환경에서 수면병이 인간에게 우선적으로 적응했다면, 숙주 역할을 충실히 수행하던 유제류가 줄어들거나 죽어갔을 것이므로 트리파노소마의 전반적인 생물학적 증식이 순조롭지 못했을 것이다.

9. Mary Douglas, "Population Control in Primitive Peoples," *British Journal of Sociology*, 17(1966), 263-73; Joseph B. Birdsell, "On Population Structure in Generalized Hunting and Collecting Populations," *Evolution*, 12(1958), 189-205.

10. Darlington, ibid., p. 33에 나오는 멸종된 종의 목록을 참조하라. 이것들(과 후일 북아메리카에서 멸종된 것들)이 인류의 활동 때문에 사라진 것인지는 확실하지 않다. Paul S. Martin and H. E. Wright, eds., *Pleistocene Extinctions, the Search for a Cause* (New Haven, 1967)에 나오는 논쟁들을 참조하라. 달링턴은 이렇게 멸종된 종들 가운데 원시 아프리카에 살았던 다양한 호미니드 종에 대해서는 언급하지 않는다. 그들 중에서 적응력이 떨어지는 약한 변종들은 살아남기가 어려웠을 것이고, 결국 늦어도 기원전 2만 년경이 되면 호모 사피엔스라는 한 종만이 살아남았으리라고 여겨진다.

11. 원생동물이나 장내기생충류에 의한 감염이 사하라 사막 이남에 집중된 특이한 현상에 대해서는 Darlington, ibid., p. 662에 나오는 표를 참조하라.

12. 이 문제들과 관련해 나는 다음과 같은 저서를 참고했다. David Pilbeam, *The Ascent of Man: An Introduction to Human Evolution* (New York,

1972); Frank E. Poirier, *Fossil Man: An Evolutionary Journey* (St. Louis, Missouri, 1973); B. J. Williams, *Human Origins, an Introduction to Physical Anthropology* (New York, 1973).

13. Joseph B. Birdsell, "Some Population Problems Involving Pleistocene Man," *Cold Spring Harbor Symposium on Quantitative Biology*, 20(1957), 47-69는 오스트레일리아 전역에 인류가 정착하는 데 2,200년밖에 걸리지 않았다고 추정한다. Joseph B. Birdsell의 "On Population Structure in Generalized Hunting and Collecting Populations," *Evolution*, 12(1958), 189-205와 "Some Predictions for the Pleistocene Based on Equilibrium Systems Among Recent Hunters-Gatherers," in Richard B. Lee and Irven DeVore, eds., *Man the Hunter* (Chicago, 1968), 229-40도 참조하라.

14. 오스트레일리아의 야생토끼에 대해서는 매우 유용한 Frank Fenner and F. N. Ratcliffe, *Myxomatosis* (Cambridge, 1965)를 참조하라. 아메리카 대륙의 경우에 대해서는 Alfred W. Crosby, *The Columbian Exchange: Biological and Cultural Consequences of 1942* (Westport, 1972)를, 일반적인 경우에 대해서는 Charles S. Elton, *The Ecology of Invasions by Animals and Plants* (New York, 1958)를 참조하라.

15. Paul S. Martin, "The Discovery of America," *Science*, 179(1973), 969-74.

16. N. A. Croll, *Ecology of Parasites* (Cambridge, Massachusetts, 1966), pp. 98~104를 보라. 크롤은 주로 다세포 기생생물을 대상으로 삼았는데, 그의 관찰결과는 모든 생물의 기생작용에 적용될 수 있을 것이다. 하지만 뒤에서 살펴볼 것처럼 문명화된 인구집단에서 가장 심각한 감염을 일으키는 바이러스나 박테리아의 분포는 주로 잠재적인 숙주인 인간의 인구밀도에 좌우되므로 기후에 의해 통제되던 패턴에서 크게 벗어난다. F. L. Dunn, "Epidemiological Factors: Health and Disease in Hunter-Gatherers," in Richard B. Lee and Irven DeVore, eds., *Man the Hunter* (Chicago, 1968), pp. 226~28도 각기 다른 기후조건에서 발견되는 생물학적 다양성과 인체감염에 관해 흥미로운 사실을 전해준다. René Dubos, *Man Adapting* (New Haven, 1965), p. 61도 참조하라.

17. 크로마뇽인과 네안데르탈인의 유골을 조사하면 사망연령을 추정할 수 있다. 이런 식으로 수집된 자료를 제시하는 Paul A. Janssens, *Paleopathology: Diseases and Injuries of Prehistoric Man* (London, 1970), pp. 60~63을 보면, 크로마뇽인의 유골 중 88.2%는 사망연령이 40세 이하였고, 61.7%는 30세 이하였다. 네안데르탈인의 경우에는 각각 95%와 80%로 나타났다. 그러나

이러한 수치는 통계적으로 미덥지 못한 표본을 바탕으로 계산된 것이며, 사망 연령을 정하는 기준도 모호하다.

18. Saul Jarcho, "Some Observations on Diseases in Prehistoric America," *Bulletin of the History of Medicine*, 38(1964), 1-19; T. D. Stewart, "A Physical Anthropologist's View of the Peopling of the New World," *Southwestern Journal of Anthropology*, 16(1960), 265-66; Lucille E. St. Hoyme, "On the Origins of New World Paleopathology," *American Journal of Physical Anthropology*, 21(1969), 295-302 등을 참조하라. J. V. Neel et al., "Studies of the Xavante Indians of the Brazilian Mato Grosso," *American Journal of Human Genetics*, 16(1964), 110은 조사된 부족의 남성들은 '넘치는 건강'을 자랑했지만 여성들은 그렇게 건강하지도 않았고 기생충에 감염되기도 했다고 밝히고 있다. 외부세계와 처음 접촉한 미개종족이 건강하다는 점을 강조하는 여행기가 많은데, 얼마나 정확한 얘기인지는 의심스럽다. 예를 들어 Robert Fortuine, "The Health of the Eskimos as Portrayed in the Earliest Written Accounts," *Bulletin of the History of Medicine*, 45(1971), 97-114를 보라. 이와는 대조적으로 인류의 발상지라 생각되는 열대지역과 그 인근에서는 큰 공동체뿐 아니라 외딴 곳에 고립된 공동체에서도 온갖 종류의 질병이 창궐한다. Ivan V. Polunin, "Health and Disease in Contemporary Primitive Societies," in Don Brothwell and A. T. Sandison, *Diseases in Antiquity*, pp. 69~97을 보라. 오스트레일리아 원주민이 유럽인과 접촉하기 전에는 건강상태가 좋았다는 추론에 관해서는 B. P. Billington, "The Health and Nutritional Status of the Aborigines," in Charles P. Mountford, ed., *Records of the American-Australian Expedition to Arnhem Land* (Melbourne, 1960), I. 27-59를 참조하라.

2장 역사시대로

1. 멸종된 야생동물의 목록은 상당히 길다. 초식동물과 이들에 의존하는 육식동물을 합하여 200종이 넘는데, 여기에는 요긴하게 이용할 수 있는 북아메리카의 말과 낙타도 포함된다. Paul S. Martin and H. E. Wright, *Pleistocene Extinctions*, pp. 82~95를 참조하라. 다른 지역에 비해 몸집이 큰 야생동물의 멸종비율이 비교적 낮은 아프리카의 생물체량을 계산한 최신 자료를 보면, 몸집이 큰 야생동물의 멸종은 곧 막대한 식량자원의 손실이라는 사실을 알 수 있다. 아프리카의 사바나 지대에서는 코끼리와 하마가 야생동물 총생물체량의 70%를 차지한다. 얼룩말과 영양이 2대 초식동물인 지역에서는 이 두 종이 총

생물체량의 50%를 차지하기도 한다. F. Clark Howell and François Boulière, *African Ecology and Human Evolution*, pp. 44~48 참조.

　지나친 살상으로 인한 멸종현상에 대해 경제적으로 분석한 흥미로운 논문으로는, Vernon L. Smith, "The Primitive Hunter Culture, Pleistocene Extinctions and the Rise of Agriculture," *Journal of Political Economy*, 83(1975), 725-56이 있다. 홍적세에 일어난 야생동물의 멸종이 수렵인들의 소행이었다면, 그 비극적인 대량살육은 오늘날의 산업사회가 화석연료를 남용하는 것과 비슷하다. 다만 차이가 있다면, 현대인이 생존의 기반인 주요 에너지원을 고갈시키는 데는 선사시대의 조상들이 사냥을 통해 야생동물을 없애는 데 오랜 세월이 필요했던 것과 달리 몇 세기도 걸리지 않을 것이다.

2. Sherwood Washburn and C. Lancaster, "The Evolution of Hunting," in Richard B. Lee and Irven DeVore, eds., *Man the Hunter*, pp. 293~303 ; Kent V. Flannery, "Origins and Ecological Effects of Early Domestication in Iran and the Near East," in Peter Ucko and G. W. Dimbleby, eds., *The Domestication and Exploitation of Plants and Animals* (Chicago, 1969), 77-87을 참조하라.

3. 여명기 중국 농경의 특수한 조건에 대해서는 "The Loess and the Origins of Chinese Agriculture," *American Historical Review*, 75(1969), 1-36을 보라. 아메리카 인디언의 농경실태에 대해서는 R. S. MacNeish, "The Origins of American Agriculture," *Antiquity*, 39(1965), 87-93을 보라.

4. 기생충의 만연과 이것이 인류의 활동에 미친 영향에 관한 유익한 논평은 N. A. Croll, *Ecology of Parasites*, p. 115 이하에서 찾아볼 수 있다.

5. Ivan V. Polunin, "Health and Disease in Contemporary Primitive Societies," in Don Brothwell and A. T. Sandison, *Diseases in Antiquity*, pp. 74, 84.

6. 고대 인구의 추정은 단위면적당 인구밀도를 추계하고 이를 바탕으로 전체인구를 계산한 것으로, 어디까지나 추측에 지나지 않는다. 세계총인구를 추계한 예로는, Kent V. Flannery, "Origins and Ecological Effects of Early Domestication in Iran and the Near East," in Peter Ucko and G. W. Dimbleby, eds., *The Domestication and Exploitation of Plants and Animals*, p. 93과 D. R. Brothwell, "Dietary Variation and the Biology of Earlier Human Population," ibid., pp. 539~40을 보라.

7. 자세한 내용은 C. A. Wright, "The Schistosome Life Cycle," in F. K. Mostofi, ed., *Bilharziasis* (New York, 1967), pp. 3~7을 참조하라.

8. 오늘날 이집트는 가장 널리 알려진 주혈흡충증의 온상이다. 그렇지만 아프리카의 동부와 서부, 서아시아, 동아시아의 논농사 지대, 바다에 접한 필리핀이나 브라질 일부 지역도 주혈흡충 감염지역이다. 세 가지 변종의 주혈흡충이 문제가 되며, 이것들은 각 지역에 자생하는 연체동물을 중간숙주로 삼는다. 그 결과 굉장히 복잡하고 이해하기 어려운 지역적 특색이 나타나며, 인간이 경험하는 증상 또한 각양각색이다. Louis Olivier and Nasser Ansari, "The Epidemiology of Bilharziasis," in F. K. Mostofi, ed., *Bilharziasis*, pp. 8~14를 참조하라.

9. Marc Armand Ruffer, *Studies in Paleopathology of Egypt* (Chicago, 1921), p. 18은 제20왕조시대에 제작된 미라 두 구의 신장에서 주혈흡충의 알이 발견되었다고 보고하고 있다. 루퍼는 자신이 조사한 6개의 신장 중 2개에서 주혈흡충의 알을 찾아냈다. 통상 흡충이 감염시키는 것은 신장이 아니라 방광과 그 밖의 부드러운 내장기관인데, 그런 장기는 고대의 미라 제작자들이 제거해버렸다. 이런 사실은 주혈흡충증이 오늘날의 이집트와 마찬가지로 고대 이집트에서도 만연해 있었다는 것을 시사한다.

10. J. V. Kinnier Wilson, "Organic Diseases of Ancient Mesopotamia," in Brothwell and Sandison, *Diseases in Antiquity*, pp. 191~208은 설형문자로 되어 있는 용어를 현대의학의 질병분류법에 대입시켜보려고 노력했다. 이런 작업은 애초부터 불가능한 것으로, 그가 보고한 것 중에는 주혈흡충증과 조금이라도 비슷한 병명이 나오지 않았다. Georges Contenau, *La Médicine en Assyrie et la Babylonie* (Paris, 1938)와 Robert Biggs, "Medicine in Ancient Mesopotamia," *History of Science*, 8(1969), 94-105도 참조하라. 고대 메소포타미아와 이집트의 교류에 대해서는 Helene J. Kantor, "Early Relations of Egypt with Asia," *Journal of Near Eastern Studies*, 1(1942), 174-213을 참조하라.

11. "A Lady from China's Past," *The National Geographic*, 145(May 1974), 663. 이 지체 높은 여성의 시신에서는 폐결핵의 흔적도 보였다.

12. J. N. Lanoix, "Relations Between Irrigation Engineering and Bilharziasis," World Health Organization, *Bulletin*, 18(1958), 1011-35.

13. 과거와 마찬가지로 오늘날에도 십이지장충은 주혈흡충과 함께 이집트인을 쇠약하게 만드는 주범이다. 전세계적으로 십이지장충은 주혈흡충보다 널리 분포해 있는데, 이는 축축한 땅을 맨발로 걷는 사람들만 있으면 숙주들 사이에서 쉽게 전파되기 때문이다.

14. Karl A. Wittfogel, *Oriental Despotism: A Comparative Study of Total*

Power (New Haven, Connecticut, 1957) 참조. 비트포겔은 이른바 관개문명〔hydraulic civilization, 국가가 관리하는 대규모 치수시설에 의존하는 농업문명〕과 관련된 독특한 형태의 전제주의가 있었다는 이론을 발전시킨 대표적인 학자이다.
15. 성서에 언급된 나병이 오늘날의 어떤 병에 해당하는지는 치열한 논쟁거리이며, 아직까지 해결되지 않았다. Vilhelm Møller-Christensen, "Evidences of Leprosy in Earlier Peoples," in Don Brothwell and A. T. Sandison, *Diseases in Antiquity*, pp. 295~306; Olaf K. Skinsnes, "Notes from the History of Leprosy," *International Journal of Leprosy*, 41(1973), 220-37을 참조하라.
16. Olivier and Ansari, ibid., p. 9.
17. 이 책의 6장(p. 281)을 참조하라.
18. René Dubos, *Man Adapting*, p. 237; George Macdonald, *The Epidemiology and Control of Malaria* (London, 1957), p. 33을 참조하라.
19. Frank B. Livingstone, "Anthropological Implications of Sickle Cell Gene Distribution in West Africa," *American Anthropologist*, 60(1958), 533-62.
20. John Ford, *The Role of the Trypanosomiases in African Ecology: A Study of the Tsetse Fly Problem* (Oxford, 1971)은 아프리카의 5개 지역에서 있었던 사건들을 상세히 보고하고 있다. Charles N. Good, "Salt, Trade and Disease: Aspects of Development in Africa's Northern Great Lakes Region," *International Journal of African Historical Studies*, 5 (1972), 43-86과 H. W. Mulligan, ed., *The African Trypanosomiases* (London, 1970), p. 632 이하도 참조하라. 멀리건에 따르면 20세기 들어 수면병이 발생한 것은 1890년대에 아프리카의 야생동물 사이에 우역(牛疫)이 만연하는 치명적인 사태가 벌어지면서 아프리카의 생태적 균형이 급격히 교란된 결과이다. 야생동물의 떼죽음으로 인해 체체파리의 서식지가 줄어들었고, 이와 동시에 인간이 사육하는 가축의 수와 사육지도 줄어들었다. 그러나 야생동물이나 가축이 이런 피해에서 벗어나 점차 그들의 영역을 확대하면서 상호침투가 일어나기 시작했고, 새로 개척되고 있던 가축사육지나 농경지에서 인간도 트리파노소마에 노출되었다는 것이다. 이러한 관점은 포드가 중점을 두었던 식민정책보다는 생태적 과정에 더 큰 비중을 두는 것인데, 두 권위자가 사용하는 기본적인 자료는 같다.
21. R. Edgar Hope-Simpson, "Studies on Shingles: Is the Virus Ordinary

Chicken Pox?" *Lancet*, 2(1954), 1299-1302; R. Edgar Hope-Simpson, "The Nature of *Herpes Zoster*: A Long-Term Study and a New Hypothesis," *Proceedings of the Royal Society of Medicine*, 48(1865), 8-20을 참조하라.

22. Francis L. Black, "Infectious Diseases in Primitive Societies," *Science*, 187(1975), 515-18; T. Aidan Cockburn, *The Evolution and Eradication of Infectious Diseases* (Baltimore and London, 1963), pp. 84 이하; Macfarlane Burnet and David O. White, *Natural History of Infectious Disease*, 4th edition(Cambridge, 1972), pp. 147~48; T. W. M. Cameron, *Parasites and Parasitism* (London, 1956), pp. 284 이하.

23. Francis L. Black, "Measles Endemicity," *Journal of Theoretical Biology*, 11(1966), 207-11; T. Aidan Cockburn, "Infectious Diseases in Ancient Populations," *Current Anthropology*, 12(1971), 51-56. 천연두의 친척뻘 되는 질병들은 복잡하지만 잘 알려져 있는데, 소·양·돼지·쥐·새·연체동물·토끼에게 나타난다. 인간에게 유행하는 천연두 바이러스에는 두 가지 형태가 있으며, 최근에는 인간이 만들어낸 독성이 약한 변종도 등장했다. Jacques M. May, ed., *Studies in Disease Ecology* (New York, 1961), p. 1을 참조하라.

24. Thomas G. Hull, *Diseases Transmitted from Animals to Man*, 5th edition (Springfield, Illinois, 1963), pp. 879~906.

25. 인간에게 영향을 줄 수 있는 자연상태의 질병상생지를 밝혀내기 위한 연구가 소련에서 대대적으로 이루어진 바 있다. Evgeny N. Pavlovsky, *Natural Nidality of Transmissible Diseases* (Urbana and London, 1966). 파블로프스키에 따르면 어떤 감염증은 야생동물과 가축을 가리지 않고 12종의 동물에게 퍼진다고 한다. Hull, ibid., pp. 907~09의 표를 보면 인간과 야생동물 또는 새가 함께 걸리는 질병이 110종이며, 인간과 가축이 함께 걸리는 것은 296종이다.

26. T. W. M. Cameron, *Parasites and Parasitism*, p. 241.

27. Richard Fiennes, *Zoonoses of Primates*: *The Epidemiology and Ecology of Simian Diseases in Relation to Man* (Ithaca, New York, 1967), p. 126.

28. John G. Fuller, *Fever! The Hunt for a New Killer Virus* (New York, 1974); John D. Frame et al., "Lassa Fever, a New Virus Disease of Man from West Africa," *American Journal of Tropical Hygiene*, 19(1970), 670-96.

29. 마을의 사회구조와 문명화된 정부 또는 국가의 탄생에 대한 흥미로운 논의는

Kent V. Flannery, "The Origins of the Village as a Settlement Type in Mesoamerica and the Near East: A Comparative Study," in Peter J. Ucko, et al., *Man, Settlement and Urbanism* (London, 1972), pp. 23~53; Kent V. Flannery, "The Cultural Evolution of Civilizations," *Annual Review of Ecology and Systematics*, 3(1972), 399-426을 참조하라.

30. 독성의 변화, 곧 병원균이 일으키는 증상의 종류나 강도가 변하는 것은 기생체가 새로운 숙주로 옮겨갈 때 흔히 나타나는 현상이다. Burnet and White, *Natural History of Infectious Disease*, pp. 150~51을 참조하라. 질병과 군집성에 대해서는 T. W. M. Cameron, *Parasites and Parasitism*, p. 237을 보라.

31. Frank Fenner and F. N. Ratcliffe, *Myxomatosis* (Cambridge, 1965), pp. 251, 286 등을 보라. 이 점액종증은 1950년대에 영국과 프랑스에도 전해졌는데, 심각한 결과를 초래하기는 마찬가지였으나 병을 전파하는 곤충이 달랐던 탓에 오스트레일리아의 경우와는 다소 다른 양상을 보였다.

32. 문화적 적응이라는 면에서도 분명 유비는 존재한다. 주의 깊은 관찰자들의 보고에 따르면, 점액종증이 돌발적으로 출현하자 영국의 야생토끼는 지상에서 보내는 시간을 늘리고 굴 속에서 지내는 시간을 줄이는 반응을 보였다고 한다. Fenner and Ratcliffe, ibid., p. 346 참조.

33. 이 책의 4장 189쪽 참조.

34. Fenner and Ratcliffe, ibid., p. 42 참조.

35. Andre Siegfried, *Routes of Contagion* (New York, 1960), p. 18.

36. M. S. Bartlett, "Deterministic and Stochastic Models for Recurrent Epidemics," *Proceedings of the Third Berkeley Symposium in Mathematical Statistics and Probability*, 4(Berkeley and Los Angeles, 1956), 81-109; M. S. Bartlett, "Epidemics," in Janet Tanur et al., *Statistics: A Guide to the Unknown* (San Francisco, 1972), pp. 66~76; M. S. Bartlett, "Measles Periodicity and Community Size," *Journal of the Royal Statistical Society*, 120(1957), 48-70; Francis L. Black, "Measles Endemicity in Insular Populations: Critical Community Size and Its Evolutionary Implications," *Journal of Theoretical Biology*, 11(1966), 207-11.

37. René Dubos, *Man Adapting*, p. 134 참조.

38. Robert J. Braidwood and Charles A. Reed, "The Achievement and Early Consequences of Food Production: A Consideration of the Archaeo-

logical and Natural-Historical Evidence," *Cold Spring Harbor Symposium on Quantitative Biology*, 22(1957), 28-29.
39. 이러한 언어 교체에도 불구하고 그에 따른 군사적인 갈등이 없었던 사실에 대해서는 Thorkild Jacobsen, "The Assumed Conflict between Sumerians and Semites in Early Mesopotamian History," *Journal of the American Oriental Society*, 59(1939), 485-95를 참조하라.
40. Emil Schultweiss and Louis Tardy, "Short History of Epidemics in Hungary until the Great Cholera Epidemic of 1831," *Centaurus*, 11 (1966), 279-301에 의하면, 1831년에 유행한 콜레라 때문에 헝가리에서는 25만 명이 사망했다고 추정되는데, 그 중 대부분은 도시주민이었다. 그런 갑작스런 떼죽음으로 도시에 공백이 생기자 2만여 명의 농민이 유입되었는데, 이들은 자신들이 사용하던 언어도 함께 가지고 들어왔다.
41. René Dubos, *Man Adapting* (New Haven and London, 1965), pp. 171~85는 이런 종류의 파멸적인 질병을 경험했던 최근의 사례를 소개하고 있을 뿐 아니라, 전염성 질병에 대한 면역을 얻는 데 영향을 미치는 요인들도 이해하기 쉽게 개괄하고 있다.
42. Burnet and White, *Natural History of Infectious Disease*, pp. 79~81, 97~100. 1918~1919년에 걸쳐 대유행한 인플루엔자는 그로 인한 희생자가 특히 청장년층에 편중된다는 놀라운 사실을 보여준 최근의 예다.
43. William H. McNeill, *The Rise of the West* (Chicago, 1963), 4장과 5장을 참조하라.

3장 유라시아 대륙 질병상생지간의 교류
1. 『길가메시 서사시』, 명판(銘板) 11, 184행. "Story of Sinuhe," J. B. Pritchard, ed., *Ancient Near Eastern Texts Relating to the Old Testament* (Princeton, 1950), 19.
2. 조지프 차 번역.
3. 「출애굽기」 9장 9절, J. M. P. Smith 번역.
4. 「출애굽기」 12장 30절.
5. 「사무엘 상」 5장 6절~6장 18절.
6. 「사무엘 하」 24장.
7. 「이사야 서(書)」 37장 36절.
8. Georg Sticker는 『역병사(疫病史) 및 역학 논고 I: 페스트 *Abhandlungen aus der Seuchengeschichte und Seuchenlehre*, I: Die Pest』(Giessen,

1908)[이하 『역병사 논고』], p. 17에서 페스트보다 앞선 시기에 발생했던 질병들을 연대기적으로 열거하면서 이러한 잘못을 범하고 있다.
9. Marc Armand Ruffer and A. R. Ferguson, "Note on an Eruption Resembling That of Variola in the Skin of an Egyptian Mummy of the Twentieth Dynasty(1200~1100 B.C.)," *Journal of Pathology and Bacteriology*, 15(1911), 1-3. 이들은 미라의 피부 파편을 현미경으로 검사하고, 그것을 근거로 미라가 천연두에 걸렸을지도 모른다는 조심스러운 진단을 내리고 있다. 그러나 이들의 기술은 오늘날의 현미경 분석이나 화학적 분석법과 비교해보면 엉성하기 그지없는 것으로, 그 결과를 신뢰하기 어렵다. 이런 작업에 최신기술도 별로 이용되지 않았으며, 아직까지 뚜렷한 성과를 거둔 바도 없다. T. Aidan Cockburn, "Death and Disease in Ancient Egypt," *Science*, 181(1973), 470-71을 참조하라.
10. 이러한 추정을 뒷받침할 수 있는 간접증거는 꽤 있다. 예로부터 이집트와 메소포타미아에서 의료 전문가는 사회적 신분을 보장받았다. 또한 기원전 17세기경 바빌로니아의 의학문서는 일부 질병이 전염된다는 관념을 받아들이고 있었다. 예컨대 한 통의 편지에는 한 여인이 전염성 질환을 앓고 있기 때문에 그녀가 쓴 컵을 사용하거나 그녀의 침대에 앉거나 그녀의 숙소를 방문해서는 안된다는 말이 나온다. 물론 감염의 개념은 주술적인 것일 수도 있으나, 주술은 종종 탄탄한 경험적 지식에 기초하기도 했다. Robert Biggs, "Medicine in Ancient Mesopotamia," *History of Science*, 8(1969), 96을 참조하라.
11. 그리스 문명, 인도 문명, 중국문명의 정의에 관한 논평은 William H. McNeill, *The Rise of the West*, 5장을 참조하라.
12. 황허는 멀게는 서기 11년, 가깝게는 1937년에 물줄기가 크게 변했다. 서기 11년의 수재와 그것이 인구변화에 미친 영향에 대해서는 Hans Bielenstein, "The Census of China During the Period 2-742 A.D.," *Museum of Far Eastern Antiquities, Bulletin*, 19(1947), 140을 참조하라.
13. 방금 언급한 빌렌슈타인의 논문에 첨부된 인구지도를 보면 8세기가 끝나기 전까지는 황허 유역의 평야지대에 인구밀도가 높았음을 알 수 있다.
14. 『사기』, 권129, 「貨殖列傳」, Ping-ti Ho 번역.
15. 중국 남부의 열악한 보건상태에 대한 기록은 Edward H. Schafer, *The Vermilion Bird: T'ang Images of the South* (Berkeley and Los Angeles, 1967), "Miasmas," pp. 130~34에 실린 인용 모음을 보라.
16. Ernst Rodenwaldt et al., eds., *World Atlas of Epidemic Diseases* (Hamburg, 1952~1956)에 보면 중국 남부에는 있지만 북부에는 없는 다섯

가지 질병이 나온다. 이 지도는 20세기의 질병 분포상황을 제시하려는 시도인데, 중국에 관한 자료가 워낙 부실하다 보니 지도 제작자들이 많은 질병에 대해 중국 전역을 하나의 단위로 다루고 있다. 따라서 근대 중국에 실제로 존재했던 질병발생률의 지역별 편차를 이 지도에서 찾는다는 것은 우물가에서 숭늉을 찾는 격이다. 앞으로 더 정확하고 풍부한 자료가 확보된다면, 이 지도가 보여주는 남쪽과 북쪽의 차이는 분명히 수정되어야 할 것이다. 특기할 만한 것은 원충류가 감염시키는 질병의 일종인 칼라아자르[Kala Azar, 흑열병이라고도 불리는 말라리아성 전염병]가 중국 북부에서만 발생했다고 기록되어 있다는 점이다. 기후가 따뜻하다고 모든 질병이 기승을 부리는 것은 아니다!

17. Lu Gwei-Djen and Joseph Needham, "Records of Diseases in Ancient China," in Brothwell and Sandison, eds., *Diseases in Antiquity*, pp. 222~37은 수많은 중국식 병명에 오늘날 사용하고 있는 명칭을 부여하고 있는데, 오늘날의 질병분류법에 따라 고대의 질병을 쉽게 정리할 수 있다는 저자들의 자신감은 별로 설득력이 없다.

18. Mark F. Boyd, ed., *Malariology: A Comprehensive Survey of all Aspects of this Group of Diseases from a Global Standpoint* (Philadelphia and London, 1949), II, p. 816.

19. C. A. Chamfrault, *Traité de Médicine Chinoise*, 5vols., 2nd ed. (Angoulême, 1964), I, pp. 697~706.

20. C. H. Gordon, *An Epitome of the Reports of the Medical Officers of the Chinese Imperial Customs Service from 1871 to 1882* (London, 1884), p. 118을 참조하라.

21. "A Lady from China's Past," *The National Geographic*, 145(May 1974), 663.

22. 히포크라테스, 『전염병』 I, 1.

23. 히포크라테스, ibid., vi; W. H. S. Jones, *Malaria and Greek History* (Manchester, 1909), pp. 62~64와 비교해보라.

24. Angelo Celli, *The History of Malaria in the Roman Campagna from Ancient Times* (London, 1933), pp. 12~30을 참조하라.

25. 지중해 일대의 복잡한 말라리아 생태계에 대한 이해하기 쉬운 입문서로는 L. W. Hackett, *Malaria in Europe: An Ecological Study* (London, 1937)를 추천하고 싶다. 다소 어렵지만 최근에 나온 책으로는 George Macdonald, *The Epidemiology and Control of Malaria* (London, 1957), 논문으로는 Marston Bates, "Ecology of Anopheline Mosquitoes," In Mark F. Boyd,

ed., *Malariology*, I(Philadelphia, 1949), 302-30이 유용하다.
26. 히포크라테스, 『공기, 물, 장소』, VII.
27. J. Szilagyi, "Beiträge zur Statistik der Sterblichkeit in der Westeuropäischen Provinzen des Romischen Imperium," *Acta Archaeologica Academica Scientiarum Hungaricae*, 13(1961), 126-56에 의하면, 로마 시대에 매장된 유체(遺體)에서 무작위로 추출한 표본의 평균 추정 사망연령은 다음과 같다.

로마 시	29.9세
이베리아	31.4세
북아프리카	46.7세
브리튼	32.5세
독일	35.0세

이 수치는 통계적으로 불충분한 표본조사에 근거한 것이며, 보존상태가 좋지 않은 유골의 사망연령을 추정하는 의학적 판단에도 잘못이 많을 것이다. 따라서 이런 통계를 너무 중요하게 취급해서는 안되지만, 대도시에 사는 사람들이 조기사망의 위험에 더 많이 노출되어 있었던 것은 사실인 듯하다.
28. M. L. W. Laistner, *Greek History* (Boston, 1931), p. 250.
29. Julius Beloch, *Die Bevölkerung der Griechische-Römischen Welt* (Leipzig, 1886)는 문서기록에서 추론한 모든 사실을 조리 있게 요약한 귀중한 저서이다. 최근에 나온 좀더 전문적인 인구에 관한 연구서로는 A. W. Gomme, *The Population of Athens in the Fifth and Fourth Centuries B.C.* (Oxford, 1933)와 Tenney Frank, *An Economic Survey of Ancient Rome*, 5vols.(Baltimore, 1933~1940)가 있다.
30. 중국의 인구에 대해서는 Michel Cartier and Pierre-Étienne Will, "Démographie et Institutions en Chine: Contribution à l'Analyse des Recensements de l'Époque Impériale(2 ap. J. C.-1750)," *Annales de Démographie Historique* (1971), 161-235와 Hans Bielenstein이 『通報』, 61(1975), 181-85에 게재한 서평을 보라. 인용한 두 수치에 차이가 나는 것은 전거로 삼은 필사본이 둘이기 때문이다. 어느 것이 더 믿을 만한지 판단할 근거는 없는 듯하다. 빌렌슈타인은 그의 논문 "The Census of China During the Period 2-742 A.D.," Museum of Far Eastern Antiquities, Stockholm, *Bulletin*, 19(1947), 125-73에서 작은 수치만을 적어 놓았다.
31. 벨로흐가 인구를 적게 산정했을지도 모른다는 견해에 대해서는, Adolphe Landry, "Quelques aperçus concernant la Dépopulation dans l'Antiquité

Greco-romaine," *Revue Historique*, 177(1936), 17을 참조하라.
32. 투키디데스, 『펠로폰네소스 전쟁사』 2장, 47-55. Crawly 번역.
33. A. W. Gomme, *The Population of Athens*, p. 6.
34. J. F. D. Shrewsbury, "The Plague of Athens," *Bulletin of the History of Medicine*, XXIV(1950), 1-25는 이 병의 정체가 여러 선학이 제시했던 발진티푸스, 천연두, 장티푸스, 선페스트가 아니라 홍역이었다고 선언한다. 어떻게 보면 이런 논쟁은 방향 자체가 잘못된 것이다. 감염증은 '문명 특유의' 다른 질병과 마찬가지로 불안정한 상태에서 인간에게 적응해 나가게 마련이며, 이 과정에서 증상도 크게 변한다고 봐야 마땅하기 때문이다. 오늘날에도 어떤 질병을 처음 접하는 집단은 그 병에 이미 노출된 적이 있는 집단과 전혀 다른 증상을 나타낸다. 이 책의 1장을 참조하라.
35. 투키디데스, ibid., 2장, p. 48.
36. 오늘날 홍역이 안정된 감염 패턴을 유지하기 위해서는 40만 명 이상의 인구가 필요하다. Gomme, ibid., p. 47에 따르면 기원전 430년경 아테네의 인구는 15만 5천 명 정도에 불과했으므로, 투키디데스가 서술한 질병의 진행과정은 슈루즈버리의 주장처럼 근래에 홍역이 보여준 진행과정과 맞아떨어진다. 그러나 천연두나 이미 사라져버린 다른 감염증이 같은 식으로 행동했을 가능성도 있기 때문에 홍역이라고 단정하기는 어렵다.
37. C. A. Chamfrault, *Traité de Médicine Chinoise*, I, p. 722에 따르면, 고대 중국 의서의 저자들은 돌발적인 전염성 열병에 대해서는 거의 기록을 남기지 않았다. 하지만 역사가들은 자연재해와 함께 범상치 않은 전염병들에 대해 자주 언급했다. 나의 간곡한 부탁으로 조지프 차 박사가 관련 기록을 취합한 자료는 이 책의 부록에 들어 있다.
38. 고대 인도 의학을 대표하는 두 권의 정전이 언제 어떻게 만들어졌는지 알고 싶으면 H. R. Zimmer, *Hindu Medicine* (Baltimore, 1948), p. 45를 보라.
39. 내가 아는 한 이 통설은 19세기에 인도에 체류했던 영국 군의관들 사이에서 시작되었다. 이들은 전통적인 인도 의술에 종사하고 있던 의료시술자들이 자신들의 권위 있는 의서는 아마득한 옛날부터 전해 내려온 것이라고 주장하는 것을 곧이곧대로 받아들였다. 천연두의 기원에 대해 특별한 이론을 갖고 있지 않던 영어문화권에 도입된 그 통념은 입지를 더욱 굳히게 되었다. T. Aidan Cockburn, *The Evolution and Eradication of Infectious Diseases*, p. 60과 C. W. Dixon, *Smallpox* (London, 1962), p. 188은 이러한 견해를 재확인하고 있다.
40. 16세기에 매독의 발생지로 여러 나라가 지목된 사실을 참조하라.

41. 인도 고대 의서의 저자들은 분명히 말라리아, 각종 피부질환, 기생충에 의한 감염에 대해 언급하고 있다. 그러나 천연두, 홍역, 디프테리아 등의 문명화된 질병은 산스크리트로 기록된 문헌에서는 찾아볼 수 없다. Jean Filiozat, *La Doctrine Clasique de la Médicine Indienne, Ses Origines et Ses Parallèles Grecs* (Paris, 1949); G. B. Mukhapadhaya, *History of Indian Medicine*, 3vols.(Calcutta, 1923-1929); O. P. Jaggi, *Indian Systems of Medicine* 〔History of Science and Technology in India, 4〕(Delhi, 1973) 참조.
42. 북아메리카의 원주민 사이에서 전염병이 확산된 형태에 대해 불완전하게나마 기록한 16세기의 문헌은 여건만 갖추어지면 감염인자가 수백, 아니 수천 킬로미터—감염이 시작된 장소가 어디냐에 따라 실제 거리는 달라질 것이다—의 먼 거리를 가로질러 넓은 지역에 흩어져 거주하는 사람들에게 전달된다는 사실을 보여준다. 사실 백인 보균자들과의 직접 접촉에 의한 전염보다는 이런 경로를 통한 전염이 훨씬 많았다. 이런 현상을 구체적으로 보여주는 역사적 증거에 대해서는 4장을 참조하라.
43. 플리니우스, 『박물지』 19권1에 보면 알렉산드리아에서 포추올리(이탈리아 나폴리 주의 도시)까지 9일 만에, 카디스(필리핀의 항구도시)에서 오스티아(고대 로마의 도시)까지 7일 만에, 오스티아에서 아프리카까지 2일 만에 도착하는, 굉장히 빠르게 항해한 사례가 기록되어 있다.
44. Albert Herrmann, *Die Alten Seidenstrassen zwischen China und Syrien* (Berlin, 1910), pp. 3~9, 126. 중국이 서방세계에서 무엇을 수입했는지는 확실히 알 수 없다. 초창기에는 '한혈마'(汗血馬, 피를 땀처럼 쏟으며 빨리 달린다는 아라비아산 명마)가 왕실에서 눈독을 들이던 품목이었던 것은 확실하다. 서기 1세기에 교역이 재개되자 로마 영토에서 동방으로 금속(귀금속 포함)이 주로 수출되었던 것 같다.
45. W. McGovern, *Early Empires of Central Asia* (Chapel Hill, 1939); René Grousset, *L'Empire des Steppes* (Paris, 1939).
46. Herrmann, ibid., p. 9.
47. G. Coedès, *Les États Hindouisés d'Indochine et d'Indonésie* (Paris, 1948)와 H. G. Quaritch-Wales, *The Making of Greater India* (London, 1951)는 정치적·문화적 정황을 상세히 보여준다.
48. R. E. M. Wheeler, *Rome Beyond the Imperial Frontiers* (London, 1954), pp. 174~75. Coedès, ibid., p. 38.
49. Wheeler, ibid., pp. 146~50.
50. 스트라본, 『지리학』, 17, 1.13. "과거에는 아라비아 해를 횡단할 수 있는 배가

20척도 되지 않았지만……지금은 더 큰 배들이 인도나 에티오피아 끝까지 항해해서 값진 화물들을 이집트로 운반하고 있다."(H. L. Jones, trans., Leob Library edition)

51. 대상로를 통한 질병의 전파는 19세기와 20세기에도 계속되었으며, 유럽의 군의관들에 의해 어느 정도 정확히 기록되었다. 질병 전파과정의 구체적인 예로는 동아프리카의 소금교역에 따른 재귀열(再歸熱)의 전파를 들 수 있다. Charles M. Good, "Salt, Trade and Disease: Aspects of Development in Africa's Northern Great Lakes Region," *International Journal of African Historical Studies*, 5(1972), 543-86을 참조하라. 이런 사례로 미루어볼 때 과거에도 다른 질병들이 중앙아시아의 대상로를 통해 전파되었으리라고 짐작할 수 있다.

52. Thorkild Jacobsen and Robert M. Adams, "Salt and Silt in Ancient Mesopotamian Agriculture," *Science*, 128(1958), 1251.

53. 게오르크 스티커는 『역병사 논고』, I, 20-21에서 일목요연한 목록을 제시하고 있다.

54. 수에토니우스, 『황제열전』, 「네로」편 39: 1에 따르면, 그 해 가을에 로마 시에서도 3만 명이 죽었다고 한다.

55. August Hirsch, *Handbook of Geographical and Historical Pathology*, Charles Creighton, trans., 3vols.(London, 1883~1886), I, p. 126에 실린 권위 있는 의견을 추종하여 스티커도 ibid, p. 21에서 같은 의견을 피력하고 있다.

56. 홍역처럼 잘 알려진 질병도 처음 발생한 공동체에서는 초기 사망률이 25%에 이르는 사례가 근래에 보고된 적이 있다. 너무 많은 환자가 발생해 기본적인 진료체계가 마비되는 게 중요한 원인이다. 이 마을에서는 재난의 전형적인 사례는 William Squire, "On Measles in Fiji," Epidemiological Society of London, *Transactions*, 4(1877), 72-74에 나온다. 1870년대에 피지에서 일어났던 홍역의 피해는 이집트의 작은 마을에서 발생했으리라 추정되는 인명손실과 거의 일치한다. 이 마을에서는 서기 144~146년과 171~174년에 걸친 두 차례의 홍역 때문에 인구가 33%나 감소했다. A. E. R. Boak, "The Populations of Roman and Byzantine Karanis," *Historia*, 4(1955), 157-62와 비교해보라. 오늘날에도 원시적인 생활을 하는 종족에게 홍역이 얼마나 치명적인 질병인지에 대해서는 James V. Neel et al., "Notes on the Effect of Measles and Measles Vaccine in a Virgin Soil Population of South American Indians," *American Journal of Epidemiology*, 91(1970), 418-

29를 참조하라.
57. 학자들은 안토니누스 피우스와 마르쿠스 아우렐리우스의 치세(138~180)에 로마 제국의 인구가 감소하기 시작했다는 의견에 동의한다. A. E. R. Boak, *Manpower Shortage and the Fall of the Roman Empire in the West* (Ann Arbor, 1955), pp. 15~21 ; J. F. Gilliam, "The Plague under Marcus Aurelius," *American Journal of Philology*, 82(1961), 225-51을 참조하라.
58. Boak, *Manpower Shortage*, p. 26도 이에 동의한다.
59. 알라지가 기술한 질병은 통상 천연두로 간주되며, 실제 그럴지도 모른다. August Hirsch, *Handbook of Geographical and Historical Pathology*, I, 123을 참조하라. 그러나 알라지의 시대로부터 16세기에 이르기까지 유럽이나 아랍의 의사들은 천연두, 홍역, 성홍열을 구별하지 못하고 혼동하기 일쑤였다. Ibid., I, 154-55.
60. 그레고리우스, 『프랑크사』, O. M. Dalton, trans.(Oxford, 1927), V, 8 : 14. "이 해에 무서운 역병이 발생해 많은 사람이 다양한 악성질환으로 목숨을 잃었는데, 그 증상은 농포와 종양이 생기는 것이었다."
61. 갈레노스, 『치료법』, XII에는 농포와 발열에 대한 분명한 언급이 나온다. 전염병이 도는 동안 갈레노스가 취한 행동—그는 로마를 떠나 고향인 소아시아로 돌아갔다—을 옹호한 논문으로는 Joseph Walsh, "Refutation of the Charges of Cowardice against Galen," *Annals of Medical History*, 3(1931), 195-208을 보라. 이 논문은 제목에 비해 내용이 충실하다.
62. 효율적인 중앙행정조직이 무너지면서, 넓은 영토에 흩어져 사는 주민의 인구를 추정하는 데 필요한 자료도 함께 사라져버렸다. J. C. Russell, "Late Ancient and Medieval Population," *American Philosophical Society Transactions*, 48(1958), 71-87은 성곽도시들 내의 인구규모를 산출해 이를 바탕으로 로마의 인구감소를 추정해보려고 시도한다. 러셀은 아우구스투스 황제 시대부터 서기 543년까지 약 50%의 인구가 감소했다고 말한다. 하지만 그의 방법은 논란의 여지가 있으며, 그가 계산의 근거로 삼은 자료는 단편적이기도 하거니와 그나마 정확한 것인지도 의심스럽다.
63. 예를 들어 유세비우스, 『교회사』, VII, 21-22를 보라.
64. Cyprian, *De Mortalitate* [Mary Louise Hannon, trans.] (Washington, D.C., 1933), pp. 15~16.
65. 프로코피우스, 『페르시아 전쟁』, II, 22.6-39. 유스티니아누스 대제도 이 병에 걸렸다가 회복되었다.
66. J. N. Biraben and Jacques LeGoff, "La Peste dans le Haut Moyen Age,"

Annales: Economies, Sociétés, Civilisations, 24(1969), 1492-1507에 서기 541년부터 750년까지 유행한 전염병의 주기와 지리적 범위를 보여주는 도표와 훌륭한 지도가 실려 있다.
67. Hirsch, ibid., I, 494-95.
68. M. A. C. Hinton, *Rats and Mice as Enemies of Mankind* (London, 1918), p. 3을 참조하라.
69. J. F. D. Shrewsbury, *A History of Bubonic Plague in the British Isles* (Cambridge, 1970), pp. 71~131 ; Biraben and LeGoff, ibid. ; J. C. Russell, "That Earlier Plague," *Demography*, 5(1968), 174-85 등을 참조하라. 흑사병의 역학(疫學)을 구체적이고 과학적으로 이해하게 해주는 최고의 책은 R. Pollitzer, *Plague* (World Health Organization, Geneva, 1954)이다.
70. 20세기 페스트의 지리적 분포상황을 보여주는 지도에 대해서는 Geddes Smith, *Plague on Us* (New York, 1941), p. 320 ; D. H. S. Davis, "Plague in Africa from 1435 to 1949," World Health Organization, *Bulletin*, 9(1953), 665-700 ; R. Pollitzer, *Plague and Plague Control in the Soviet Union: History and Bibliography to 1964* (New York, 1966) 등을 보라.
71. J. F. D. Shrewsbury, *The Plague of the Philistines* (London, 1964)와 Hans Zinsser, *Rats, Lice and History*, pp. 80~81을 참조하라.
72. 프로코피우스, 『페르시아 전쟁』, II, 23 : 1.
73. Michael W. Dols, "Plague in Early Islamic History," *Journal of the American Oriental Society*, 94(1974), 371-83. Biraben and LeGoff의 논문, pp. 1504, 1506에 나오는 지도도 참조하라.
74. Biraben and LeGoff, ibid., pp. 1499, 1508은 그 가능성을 시사하고, 적절한 추론을 시도하고 있다.
75. Charles Creighton, *A History of Epidemics in Britain*, 2vols., 2nd edition(New York, 1965)[original publication Cambridge, 1891~1894], I, 409 ; J. F. D. Shrewsbury, "The Yellow Plague," *Journal of the History of Medicine*, 4(1949), 15-47 ; Wilfrid Bonser, "Epidemics During the Anglo-Saxon Period," *Journal of the British Archaeological Association*, 3rd series, 9(1944), 48-71 등을 참조하라.
76. Bonser, ibid., pp. 52~53.
77. 이에 대한 고전적인 기록은 Peter Ludwig Panum, *Observations Made During the Epidemic of Measles on the Faroe Islands in the Year 1846* 인데, 영어로 번역되어 *Medical Classics*, III(1938~1939), pp. 829~86에

수록되어 있다. 1781년 이후 처음으로 홍역이 발생한 1846년에 주민 7,782명 가운데 6천 명이 감염되었는데, 사망자는 102명뿐이었다. Ibid., p.867.

78. 이 작업은 조지프 차 박사가 수행했다. 이 연표는 결코 완전무결한 것은 아니다. 각종 고문헌에 나오는 자료까지 포함시키면 전염병 명단은 늘어날 것이며, 이 연표가 제시하는 전염병 발생의 뚜렷한 유형이 바뀔지도 모른다. 하지만 실제로 발생했던 주요 전염병과 그 피해는 이 연표에 충실히 기록되었다고 본다. 이 때문에, 또 차 박사의 연표는 중국의 전염병에 관해 지금까지 출판된 그 어떤 목록보다 뛰어난 것이기 때문에, 이 책의 부록에 싣기로 했다.

79. K. Chimin Wong and Wu Lien-teh, *History of Chinese Medicine: Being a Chronicle of Medical Happenings in China from Ancient Times to the Present Period*, 2nd ed.(Shanghai, 1936), p.28.

80. 조지프 차 박사 번역. 왕지민(王吉民)과 우렌더(伍連德)는 서기 653년에 관한 구절을 무시했는데, 이 부분이 후대에 첨가된 것이라 믿었기 때문이다. 그러나 거홍의 저서 자체도 수정된 흔적이 역력하므로 단락 전체가 후대의 기록일 수도 있다. 건무(建武)는 황제의 연호인데, 불행히도 두 명의 중국 황제가 이 연호를 사용했다. 그 중 한 명(光武帝)은 서기 25년부터 55년까지, 다른 한 명[동진의 초대 황제 쓰마루이(司馬睿)를 말하는 듯함]은 서기 317년 한 해에만 이 연호를 사용했다. 나는 난양에서 야만족과 벌였다는 전투에 관련된 기록을 확인할 수 없었는데, 만약 그럴 수 있다면 어느 황제 때 일어난 일인지 분명히 밝힐 수 있을 것이다. 적어도 1860년대 이후 서양 의학자들은 서기 317년을 천연두가 중국에 유입된 연도로 받아들이고 있다. C. H. Gordon, *An Epitome of the Reports of the Medical Officers of the Chinese Imperial Customs from 1871 to 1882* (London, 1884), p.74 참조. 그렇지만 이 견해가 학문적 연구에 기초해서 결정된 것은 아니다.

81. Wu Lien-teh, *Plague*, p.11. 우렌더는 차오위안팡(巢元方)의 저서 『제병원후론』(諸病源後論, 610)의 한 구절을 다음과 같이 번역했다. 이 병은 "고열과 함께 갑자기 찾아오며 피부조직 밑에 여러 개의 결절을 만들어낸다. 결절의 크기는 콩알만한 것에서부터 자두만한 것까지 다양하다. ……결절이 살갗 밑에서 좌우로 움직이는 것이 느껴지기도 한다. 빨리 치료하지 않으면 독성이 온몸에 퍼져 심한 오한을 일으키고 환자는 사망하게 된다."

82. 자세한 내용은 부록 참조.

83. Cartier and Will, ibid., p.178.

84. Ping-ti Ho, "An Estimate of the Total Population of Sung-Ching China," in *Etudes Song I: Histoire et Institutions* (Paris, 1970), pp.34~52.

85. Ibid.
86. 일본에서 발생한 각종 전염병에 관한 나의 논평은 富士川游, 『日本疾病史』, 松田道雄 編(東京, 1969), pp. 11~66에 의거했다. 조지프 차 박사는 나를 위해 후지카와 유가 탁월한 지식과 비판적인 안목으로 작성한 일본의 전염병 연표를 번역해주었다.
87. 이 질병을 가리키는 일본어 명칭 '疱瘡'은 천연두를 일컫는 근대의 또 다른 명칭이며, 후지카와 유도 이 단어가 하나의 질병을 나타내는 명칭이라고 인정하는데, 아마도 맞는 말인 것 같다. 일본에서 이 전염병이 처음 발생했을 당시의 연표를 보면, 이 병이 30~50년을 주기로(곧 천연두 항체가 사라질 만한 간격을 두고) 섬 주민들 사이에 반복적으로 유입될 경우 발생할 수 있는 상황과 정확히 맞아떨어진다.
88. Irene Taeuber, *The Population of Japan* (Princeton, 1958), p. 14.
89. Josiah Cox Russell, *British Medieval Population* (Albuquerque, 1948), pp. 54, 146, 246, 269, 270.
90. 프로코피우스의 『페르시아 전쟁』, II, 23:21에 나오는 기록이다.
91. Thorkild Jacobsen and Robert M. Adams, "Salt and Silt in Ancient Mesopotamian Agriculture," *Science*, 128(1958), p. 1251ff와 Robert M. Adams, "Agriculture and Urban Life in Southwestern Iran," *Science*, 136(1962), 109-22를 참조하라.
92. Vilhelm Møller-Christensen, "Evidence of Leprosy in Earliest Peoples," in Brothwell and Sandison, *Diseases in Antiquity*, pp. 295~306.
93. Erwin H. Ackerknecht, *History and Geography of the Most Important Diseases* (New York, 1965), p. 112.

4장 몽골 제국의 발흥과 질병 균형의 격변

1. Christopher Dawson, ed., *The Mongol Mission* (London and New York, 1955), pp. 165~69.
2. V. N. Fyodorov, "The Question of the Existence of Natural Foci of Plague in Europe in the Past," *Journal of Hygiene, Epidemiology, Microbiology and Immunology* [Prague] 4(1960), 135-41은 먼 옛날에도 유럽의 지질학적 조건이 설치류가 살기에 적합했다는 사실만을 근거로 페스트가 오래전부터 존재했다고 주장한다. N. P. Mironov, "The Past Existence of Foci of Plague in the Steppes of Southern Europe," *Journal of Microbiology, Epidemiology and Immunology*, 29(1958), 1193-98도 같

은 근거에서 동일한 주장을 편다. 하지만 페스트 감염을 유지하기에 적합한 설치류가 존재한다는 사실만으로 페스트균이 실제로 존재한다고 믿는 것은 어리석은 일이다. 20세기에 북아메리카의 설치류에게 페스트가 뿌리를 내려 확산되어가는 과정만 봐도 그들의 주장이 무리한 것임을 알 수 있다.

3. 자세한 것은 K. Chimin Wong and Wu Lien-teh, *History of Chinese Medicine*, 2nd ed.(Shanghai, 1936), p. 508을 보라.
4. R. Pollitzer, *Plague* (Geneva, 1954), p. 26을 참조하라.
5. 이 소견은 L. Fabian Hurst, *The Conquest of Plague: A Study of the Evolution of Epidemiology* (Oxford, 1953)에 바탕을 둔다.
6. Howard M. Zentner, *Human Plague in the United States* (New Orleans, 1942).
7. Wu Lien-teh, J. W. H. Chun, R. Pollitzer and C. Y. Wu, *Plague: A Manual for Public Health Workers* (Shanghai, 1936), pp. 30~43; Carl F. Nathan, *Plague Prevention and Politics in Manchuria 1910-1931* (Cambridge, Massachusetts, 1967). 페스트가 처음 발생한 윈난에서도 사람들은 그 지방 특유의 습속에 의해 병원균에 노출되는 것을 줄일 수 있었다. 그 중 하나는 쥐가 비정상적으로 많이 죽은 집을 잠시 버리고 떠나라는 것이었다. C. H. Gordon, *An Epitome of the Reports of the Medical Officers of the Chinese Imperial Customs from 1871 to 1882* (London, 1884), p. 123 참조. 고든 대령 자신은 페스트 감염이 어떻게 일어났는지 전혀 모르고 있었다는 점에서 이 보고서는 특히 흥미롭다.
8. Charles E. A. Winslow, *Man and Epidemics* (Princeton, 1952), p. 206에 따르면, 1908년부터 1950년까지 미국에서 사람들이 야생 설치류에 감염된 결과 나타난 소규모의 페스트 발생건수는 8회나 되었다. 소련의 경우 공식적으로는 페스트가 사라졌다고 하지만 여러 단편적인 증거는 미국에서와 마찬가지로 이 질병이 계속 발생했음을 강력하게 시사한다. Robert Pollitzer, *Plague and Plague Control in the Soviet Union: History and Bibliography to 1964* (New York, 1966), pp. 6~8.
9. J. N. Biraben and Jacques LeGoff, "La Peste dans le Haut Moyen Age," *Annales: Economies, Sociétés, Civilisations*, 24(1969), 1508.
10. Michael Walter Dols, *The Black Death in the Middle East* (프린스턴 대학 박사학위논문, 1971), p. 29.
11. 스티커의 『역병사 논고』에는 1894년까지 발생한 페스트 목록이 들어 있다. 스티커의 해박한 지식에 따르면 1346년 이후 15년 동안 유럽 대륙에서는 페스트

가 계속 발생했다. 그러나 스티커가 빠뜨린 경우도 많았을 것이므로 실제로는 페스트가 훨씬 자주 유행했을 것이라고 보아야 한다.

12. Daniel Panzac, "La Peste à Smyrne au XVIIIᵉ Siècle," *Annales: Economies, Sociétés, Civilisations*, 28(1973), 1071-93. 이 논문은 페스트가 스미르나에 풍토병으로서 뿌리내리지 않았음을 입증하고 있다. 페스트는 배후지로부터의 지속적인 재감염을 통해, 다시 말해 스텝지대의 야생 설치류로부터 감염된 쥐나 벼룩, 사람들을 통해 발생했다는 것이다. 나는 이 논문에서 영감을 얻어 14세기에 페스트가 유행한 배경에 관한 가설을 세울 수 있었다.

13. 충분한 개체수를 가진 설치류 공동체는 반건조지대의 초원에서만 형성된다. 농사를 지을 수 있을 만큼 강우량이 풍부한 지역에서는 경작과정에서 설치류가 살 수 있는 땅속의 근거지가 파괴되므로 설치류 공동체가 발붙이기 어렵다. 따라서 스텝의 설치류 집단에서 페스트가 풍토병으로 자리 잡고 있던 정확한 지리적 경계선은 오랜 세월에 걸쳐 변화해왔으며, 14세기에는 우크라이나 지역의 대부분을 포함할 정도로 20세기의 경계보다 서쪽으로 멀리 뻗어 있었을 것이다. N. P. Mironov, "The Past Existence of Foci of Plague in the Steppes of Southern Europe," *Journal of Microbiology, Epidemiology and Immunology*, 29 (1958), 1193-98 참조.

14. 이 책의 부록 참조.

15. Ping-ti Ho, *Studies on the Population of China, 1368-1953* (Cambridge, Massachusetts, 1959), p. 10. 중국의 인구변동에 관한 최근의 학설을 도표로 정리한 John D. Durand, "The Population Statistics of China, A.D. 2-1953," *Population Studies*, 13(1960), 247을 보라. 듀런드의 도표는 R. Reinhard et André Armengaud, *Histoire Générale de la Population Mondiale* (Paris, 1961), p. 107에도 수록되어 있다.

16. A. von Kremer, "Uber die grossen Seuchen des Orients nach arabischen Quellen," Oesterreich, Kaiserlichen Akademie, *Sitzungsberichte, Phil-Hist. Klasse*, 96(1880), 136 참조. 폰 크레머가 이븐 와르디라 소개한 문제의 저자는 1349년 페스트로 사망한 아부 하프스 우마르 이븐 알 와르디라고 생각된다.

17. Sticker, 『역병사 논고』, p. 43.

18. 나는 리딩 대학의 바버라 도드웰과의 서신교환을 통해 대상기지와 제분소에 집중적으로 서식하던 쥐와 벼룩이 페스트 전파에 중요한 역할을 했을 것이라는 점을 알게 되었다. 그녀의 가설에 따르면 유럽의 제분소 주변에 집중적으로 모여 살던 쥐 때문에 도시와 선박으로부터 멀리 떨어진 내륙지방에까지 페스

트가 전파될 수 있었다는 것이다. 마찬가지로 전염병이 인구가 희박한 지역들을 거쳐 유라시아 대륙 전체로 빠르게 퍼져 나간 현상은, 감염되기 쉬운 숙주들이 무리지어 살고 있었다고 가정하지 않고는 도저히 설명할 수 없다.

19. Pollitzer, *Plague*, p.14 참조.
20. D. H. S. Davis, "Plague in Africa from 1935 to 1949," World Health Organization, *Bulletin*, 9(1953), 665-700.
21. 유럽 역사에서 대단히 중요한 이 사건에 관한 상세한 설명은 Roberto Lopez, *Genova Marinara nel Duecento: Benedetto Zaccaria, ammiraglio e mercanti* (Messina-Milan, 1933)를 참조하라.
22. David Herlihy, "Population, Plague and Social Change in Rural Pistoia, 1201-1430," *Economic History Review*, 18(1965), 225-44.
23. 유럽에서는 '소빙하기'가 1300년경에 시작되어 1550∼1850년에 절정에 이르렀고, 20세기에 접어들면서 기후가 점차 따뜻해졌다. Emmanuel Le Roy Ladurie, *Times of Feast, Times of Famine: A History of Climate Since the Year 1000* (New York, 1971) 참조. 장기간의 기후변동에 대한 이론적 설명은 H. H. Lamb, *The Changing Climate* (London, 1966), pp. 170∼94 를 참조하라. 중국의 기록에도 이와 유사한 기후의 변화가 발견된다. 쓰可楨, 「中國近五千年來氣候變遷的初步研究」, 『考古學報』(1972), p. 37의 도표 참조. 스코진 씨는 나에게 이 도표를 소개하고 중국어 목차를 영어로 번역해주었다. 주커전의 도표는 겨울에 양쯔 강 유역의 호수들이 얼어붙었던 연도가 서술되어 있는 향토지에 주로 의존하고 있다.
24. 어떤 조건하에서 이런 '폐페스트'가 발생하는지는 지금도 잘 알 수 없다. 14세기 유럽에서 폐페스트가 주요 질병이었다는 사실을 부정하는 전문가도 적지 않다. J. F. D. Shrewsbury, *A History of Bubonic Plague on the British Isles* (Cambridge, 1970), p. 6과 이에 대해 반론을 제기한 C. Morris, "The Plague in Britain," *Historical Journal*, 14(1971), 205-15를 참조하라. 제분소 주위에 집단 서식하던 쥐를 통해 감염증이 전파되었다는 도드웰의 설명은 슈루즈버리의 역학적 연구와 역사적 사실 사이의 괴리를 극복할 수 있는 절충안이 아닌가 생각된다. 도드웰의 가설은 인구가 희박한 지역에서도 페스트가 번질 수 있다는 사실—슈루즈버리는 역학적 관점에서 불가능하다고 선언했지만 역사적 기록으로 입증된 분명한 사실— 을 설명하기 위한 것이었다. 도드웰은 신중한 학자여서 이 문제를 해명해줄 논문을 아직 발표하지는 않았으나, 나와의 서신교환을 통해 자신이 품고 있는 생각을 알려주었다.
25. Shrewsbury, ibid., p. 406. 슈루즈버리의 역사적 판단에는 논란의 여지가 있

지만, 그가 세균학자로서 페스트의 의학적 측면을 소개해주는 전문가임에는 틀림없다. 1947년 버마에서는 1,518명의 환자 중 1,192명이 사망해 78%의 치사율을 기록했는데, 이는 전염병을 조기에 퇴치하는 페니실린 같은 항생제의 혜택을 받지 못해 페스트가 거침없이 확산된 마지막 사례였다. Pollitzer, *Plague* (Geneva, 1954), p. 22.
26. August Hirsch, *Handbook of Geographical and Historical Pathology*, I, p. 498.
27. Josiah C. Russell, "Late Ancient and Medieval Population," *American Philosophical Society Transactions*, 48(1958), 40-45 ; Philip Ziegler, *The Black Death* (New York, 1969), pp. 224~31. 슈루즈버리는 ibid., p. 123에서 폐페스트는 발생하지 않았다고 전제하면서, 선페스트로 인한 영국인의 사망률은 5%에 불과했다고 강력히 주장한다. 대신 그는 페스트가 끝나갈 무렵 원인불명의 발진티푸스가 발생했으며, 이 때문에 1346~1349년에 영국 성직자들의 사망률이 40~50%로 높아졌다고 설명한다. F. A. Gasquet이 *The Black Death of 1348 and 1349*, 2nd ed.(London, 1908)에서 수도원 및 교회의 기록을 검토해 영국 성직자들의 높은 사망률을 처음으로 밝혀낸 이래, 그 수치를 전체인구에 적용시킬 수 있는가 하는 문제는 치열한 논쟁거리가 되어왔다.
28. 이탈리아에는 기록이 풍부하게 남아 있을 것으로 보이지만, 본격적인 연구가 이루어진 것은 극히 최근의 일이다. William M. Bowsky, "The Impact of the Black Death upon Sienese Government and Society," *Speculum*, 39(1964), 1-34 ; David Herlihy, "Population, Plague and Social Change in Rural Pistoia, 1201-1430," *Economic History Review*, 18(1966), 225-44 ; Elisabeth Carpentier, *Une Ville Devant la Peste: Orvieto et la Psete Noire de 1348* (Paris, 1962) 등을 참조하라. 일부 프랑스 도시에도 공증인에 관한 기록이 많이 남아 있어서 페스트의 피해를 추정할 수 있는 소중한 자료가 되고 있다. Richard W. Emery, "The Black Death of 1348 in Perpignan," *Speculum*, 42(1967), 611-23을 참조하라. 에머리는 페르피냥[프랑스 남부의 도시]의 공증인 가운데 58~68%가 페스트로 사망했다고 추정했다.
29. 하지만 페스트는 러시아에도 심각한 결과를 초래했다. 페스트에 의한 러시아의 사망자수와 그 사회적·정치적 파장에 대한 논의는 Gustave Alef, "The Crisis of the Muscovite Aristocracy: A Factor in the Growth of Monarchical Power," *Forschungen zur osteuropaischen Geschichte*, 15(1970), 36-39와 Lawrence Langer, "The Black Death in Russia: Its Effects upon

Urban Labor," *Russian History*, II(1975), 53-67을 참조하라.
30. 흑사병이 유럽 역사에 미친 영향을 다룬 최신 학설들은 William M. Bowsky, ed., *The Black Death: A Turning Point in History?* (New York, 1971), pp. 65~121에 집약되어 있다.
31. John Saltmarsh, "Plague and Economic Decline in the Later Middle Ages," *Cambridge Historical Journal*, 7(1941), 23-41 ; J. M. W. Bean, "Plague, Population and Economic Decline in England in the Late Middle Ages," *Economic History Review*, 15(1963), 423-36 ; J. C. Russell, "Effects of Pestilence and Plague, 1315-1385," *Comparative Studies in Society and History*, 8(1966), 464-73 ; Sylvia Thrupp, "Plague Effects in Medieval Europe," *Comparative Studies in Society and History*, 8(1966), 474 이하 ; A. R. Bridbury, "The Black Death," *Economic History Review*, 26(1973), 577-92.
32. Roger Mols, *Introduction à la Démographie Historique des Villes d'Europe du XIVe au XVIIIe Siècle* (Louvain, 1956), II, pp. 426~59 참조.
33. J. C. Russell, *Late Ancient and Medieval Population*, pp. 113~31 참조. 러셀은 빈틈이 많은 자신의 자료를 다음과 같이 요약한다. "현재 확인할 수 있는 자료에 따르면 페스트의 영향은 모든 지역에서 대동소이했다. 앞장에서 제시한 증거에 입각하면 일부 건조한 지역을 제외하고, 14세기 말의 인구는 1346년의 인구에 비해 40%가 줄어들었다고 추정할 수 있다. 전반적으로 이 무렵의 인구는 15세기에 들어서도 거의 변하지 않았다.(물론 인구가 계속 감소한 곳도 있고 점차 증가한 곳도 있었다.)…… 1500년경에도 전 지역(유럽과 북아프리카)의 인구는 흑사병이 창궐하기 전보다 현저히 적었으며, 1550년이 되어서야 겨우 페스트 발생 이전의 수준을 회복했다."(p. 131)
34. 오스트레일리아의 야생토끼에 대해서는 이 책의 2장을 참조하고, 아메리카 인디언에 대해서는 5장을 참조하라. 태평양 제도의 주민에 대해서는 Macfarlane Burnet, "A Biologist's Parable for the Modern World," *Intellectual Digest* (March 1972), p. 88을 참조하라.
35. George Rosen, *A History of Public Health* (New York, 1958), p. 67.
36. 라구사에 대해서는 Miodrag B. Petrovich, *A Mediterranean City State: A Study of Dubrovnik Elites, 1592-1667* (시카고 대학 박사학위논문, 1974)을, 베네치아에 대해서는 Frederic C. Lane, *Venice: A Maritime Republic* (Baltimore, 1973), p. 18을 참조하라.
37. Daniel Panzac, "La Peste à Smyrne au XVIIIe Siècle," *Annales*:

Economies, Sociétés, Civilisations, 28(1973), 1071-93은 기본적인 참고문헌이다. Paul Cassar, *Medical History of Malta* (London, 1964), pp. 175~90은 19세기와 20세기에 지중해의 항구도시 몰타에 출몰했던 페스트의 역사를 훑어보면서 전통적인 검역방법에 대해 자세히 논하고 있다.

38. Erwin R. Ackerknecht, "Anticontagionism between 1821 and 1867," *Bulletin of the History of Medicine*, 22(1948), 562-93 참조.
39. 스티커는 『역병사 논고』 I, 222-36에서 감염된 프로방스 지방 인구의 35%에 해당하는 8만 7,666명이 사망했다고 추산한다. 자세한 것은 Paul Gaffarel et Mis de Duranty, *La Peste de 1720 à Marseille et en France* (Paris, 1911)와 J. N. Biraben, "Certain Demographic Characteristics of the Plague Epidemic in France, 1720-22," *Daedalus* (1968), pp. 536~45 참조.
40. 전반적인 개요를 파악하려면 Roger Mols, *Introduction à la démographie historique des Villes d'Europe du XIVe au XVIIIe Siècle*, 3vols(Louvain, 1954-56)를 보라.
41. Daniele Beltrami, *Storia della Popolazione di Venezia* (Padua, 1954); Ernst Rodenwalt, *Pest in Venedig, 1557-77*: *Ein Beitrag zur Frage der Infektkette bei den Pestepidemien West Europas* (Heidelberg, 1953)에는 1575년부터 1577년에 걸쳐 유행한 페스트에 대한 공식적인 응급대책이 자세히 설명되어 있다.
42. Bartolème Bennassar, *Recherches sur les Grandes Epidémies dans le Nord de l'Espagne à la Fin du XVIe Siècle* (Paris, 1969) 참조.
43. René Baehrel, "Épidémie et terreur: Histoire et Sociologie," *Annales Historique de la Révolution*, 23(1951), 113-46이 주장하는 바에 따르면, 1793~1794년의 공포정치시대에 파리를 비롯한 프랑스의 각 도시에서 공중(公衆)이 보인 행동양식은 17세기에 페스트와 페스트의 공포에 대한 반응으로서 절반 정도 의례화되었고, 아울러 1720~1722년의 갑작스러운 페스트 유행 때 프랑스 전역에서 부활했던 대중의 흥분 표현 패턴에서 유래한다는 것이다. 페스트 발생시의 사회적 통제는 러시아의 예카테리나 2세에게도 골칫거리였다. John T. Alexander, "Catherine II, Bubonic Plague, and the Problem of Industry in Moscow," *American Historical Review*, 79(1974), 637-71을 참조하라.
44. 이 사건에 대한 자세한 내용은 Charles F. Mullet, *The Bubonic Plague and England*, pp. 105~222와 Walter George Bell, *The Great Plague in London in 1665* (rev. ed., London, 1951)를 참조하라.

45. R. Pollitzer, *Plague*, pp. 282~85, 298~99 참조.
46. Mirko D. Grmek, "Maladies et morts: Préliminaries d'une étude historique des maladies," *Annales: Economies, Sociétés, Civilisations*, 24(1969), 1473-83과 R. Pollitzer, *Plague*, pp. 92, 448을 참조하라.
47. 권위 있는 해설은 R. Pollitzer, ibid., pp. 11~16 참조.
48. Wu Lien-teh, et al., *Plague: A Manual for Public Health Workers* (Shanghai, 1936), p. 14는 중국에서도 17세기 후반에 페스트가 자취를 감추었다고 주장한다. 그러나 폴리처 박사를 비롯한 공중보건 전문가들의 동료인 우 박사는 14세기에 전세계를 휩쓸던 전염병이 17세기 들어 사라졌다는 보건의학계의 일반적인 가정을 수용했을 뿐이다. 자신의 주장을 뒷받침하기 위해 그가 제시한 중국의 문헌은 미흡하기 짝이 없다. 따라서 그의 견해는 그리 믿을 만한 것이 못된다.
49. Vilhelm Møller-Christensen, "Evidence of Leprosy in Earlier Peoples," in Brothwell and Sandison, *Diseases in Antiquity*, pp. 295~306.
50. Hirsch, ibid., I, p. 2, 7; Folke Henschen, *The History and Geography of Diseases* (English trans., New York, 1966) pp. 107~13.
51. Olaf Skinsnes 박사로부터 받은 1975년 5월 21일자 편지에 입각한 설명이다.
52. T. Aidan Cockburn, *The Evolution and Eradication of Infectious Diseases*, pp. 219~23과 Mirko D. Grmek, ibid., p. 1478을 보라.
53. M. Pièry et J. Roshem, *Histoire de la Tuberculose* (Paris, 1931), pp. 5~9; Vilhelm Møller-Christensen, "Evidence of Tuberculosis, Leprosy and Syphilis in Antiquity and the Middle Ages," *Proceedings of the XIX International Congress of the History of Medicine* (Basel, 1966). 2장에서 이미 언급한 기원전 2세기의 중국 유체는 고대에도 폐결핵이 존재했다는 몇 안 되는 증거를 제공해준다.

놀라우리만치 다양한 동물이 각종 결핵을 앓고 있다. 모든 생명체가 바닷속에 살던 시절에 이미 결핵균이 기생하기 시작했다는 가설은 화학적 근거 위에서 사실로 받아들여지고 있다. 이 가설은 결핵균이 특이한 산성물질을 포함하고 있다는 점에 기초한다. Dan Morse, "Tuberculosis," in Brothwell and Sandison, *Diseases in Antiquity*, 249-71 참조.
54. René Dubos, *The White Plague: Tuberculosis, Man and Society* (Boston, 1952), pp. 197~207.
55. 이 이론의 주창자는 해켓이다. C. J. Hackett, "On the Origin of the Human Treponematoses," *Bulletin of the World Health Organization*, 29(1963),

7-41과 "The Human Treponematoses," in Brothwell and Sandison, *Diseases in Antiquity*, pp. 152~69를 참조하라. 다른 학자들도 해켓이 제안한 열대백반성피부염, 매종, 매독 사이의 전환 가능성을 받아들이고 이 이론을 다듬었다. E. H. Hudson, "Treponematosis and Man's Social Evolution," *American Anthropologist*, 67(1965), 885-901 ; Theodor Rosebury, *Microbes and Morals: The Strange Story of Venereal Disease* (New York, 1971); Thomas Aidan Cockburn, "The Origin of the Treponematoses," *Bulletin of the World Health Organization*, 24(1961), 221-28 ; T. D. Stewart and Alexander Spoehr, "Evidence on the Paleopathology of Yaws," *Bulletin of the History of Medicine*, 26(1952), 538-53 등 참조.
56. 이 책의 5장 238쪽을 보라.
57. 매독이란 용어는 1530년에 『매독 또는 프랑스병』(*Syphilis sive Morbus Gallicus*)이라는 시집을 펴낸 이탈리아의 의사 프라카스토로가 명명했다.
58. A. W. Crosby, Jr., "The Early History of Syphilis : A Reappraisal," *American Anthropologist*, 71(1969), 218-27 참조.
59. Ziegler, *The Black Death*, pp. 84~100 참조.
60. Raymond Crawford, *Plague and Pestilence in Literature and Art* (Oxford, 1914); A. M. Campbell, *The Black Death and Men of Learning* (New York, 1931); George Deaux, *The Black Death,* 1347(London, 1969).
61. Millard Meiss, *Painting in Florence and Siena after the Black Death* (Princeton, 1951), pp. 89~93 ; Henri Mollaret et Jacqueline Brossolet, *La Peste, Source Méconnue d'Inspiration Artisque* (Antwerp, 1965).
62. James E. Thorold Rogers, *Six Centuries of Work and Wages: the History of English Labour*, 2nd ed.(London, 1886), pp. 239~42 참조.
63. Elizabeth Carpentier, "Autour de la Peste Noire : Famines et Épidémies dans l'Histoire du XIVᵉ Siècle," *Annales: Economies, Sociétés, Civilisations*, 17(1962), 1062-92는 오늘날의 학설들을 간추린 유용한 논문이다. Charles F. Mullett, *The Bubonic Plague and England: An Essay in the History of Preventive Medicine* (Lexington, Kentucky, 1956), pp. 17~41은 기존 학설들의 문제점을 지적하고 있다.
64. Yves Renouard, "Conséquences et Interêt Démogrphique de la Peste Noire de 1348," *Population*, 3(1948), 459-66 ; William L. Langer, "The Next Assignment," *American Historical Review*, 63(1958), 292-301 참조.

65. J. F. D. Shrewsbury, *The Plague of the Philistines* (London, 1964), p. 127에 나오는 논평들을 보라. 서기 680년 로마에 역병이 돌자 사람들은 제일 먼저 성 세바스티아누스에게 기도했다. 그러나 16세기 이전까지 그에 대한 숭배는 미미한 편이었다. 성 로크는 평생 환자를 돌보다 1327년에 죽은 프란시스코파의 수사(修士)였다.
66. 프랑스나 영국의 도시들은 광범위한 자치권을 행사했으며, 18세기 이전까지만 해도 위생문제는 거의 전적으로 도시의 고유 권한에 속했다. 프랑스 조정이 처음으로 페스트 방역에 개입한 것은 역병이 마르세유의 경계를 넘어 전국적인 문제로 비화되던 1720~1721년경이었다. Paul Delaunay, *La Vie Médicale aux XVIe, XVIIe et XVIIIe Siècles* (Paris, 1935), pp. 269~70을 참조하라.
67. Abraham L. Udovitch, "Egypt: Crisis in a Muslim Land," reproduced in William L. Bowsky, *The Black Death: A Turning Point in History?* (New York, 1971), p. 124.
68. M. W. Dols, *The Black Death in the Middle East* (프린스턴 대학 박사학위논문, 1971), pp. 56~64에 나오는 일람표에 따르면 1349년부터 1517년까지 페스트가 57회나 발생했다. 그 가운데 31회는 이집트, 20회는 시리아, 2회는 이라크에 고통을 안겨주었다. 과거에 한 학자는 아랍의 자료를 훑어보다 광범위한 연대를 포괄하는 다음과 같은 표를 제시했다.

아랍 자료에 근거한 이집트·시리아·이라크의 주요 전염병 연표

연대	발생건수		
	시리아	이집트	이라크
632~719	7	2	6
719~816	3	0	5
816~913	0	0	3
913~1010	0	0	3
1010~1107	2	2	5
1107~1204	2	2	2
1204~1301	1	5	0
1301~1398	3	5	1
1398~1495	5	17	0

이 표는 A. von Kremer, "Über die grossen Seuchen des Orients nach arabischen Quellen," Oesterreich, Kaiserlichen Akademie, *Sitzungsberichte, Phil-Hist. Klasse,* 96(1880), 110-42에 나오는 것이다. 폰

크레머는 자신이 아랍 문헌을 얼마나 철저히 검색했는지 밝히지 않고 있다. 또 그가 '페스트'라 부른 병이 모두 선페스트인지도 분명치 않다. 그렇지만 그가 다룬 마지막 기간—체르케스 출신의 맘루크들이 통치를 시작한 첫 100년에 해당하는 기간—에 이집트에서 전염병이 급증한 것은 감염에 취약한 새로운 상황이 전개되고 있었음을 강력히 시사한다.

페스트에 관한 기념비적 저작인 게오르크 스티커의 『역병사 논고』는 1399~1706년에 이집트에서 페스트가 단 18회 발생했다고 기록하고 있다. 그런데 그의 자료는 전적으로 유럽의 언어로 기록된 정보만 담고 있으며, 스티커는 크레머의 연구에 대해서도 몰랐던 게 분명하다. 19세기에 중국, 인도, 이슬람 국가 등의 이국적 정서가 풍부한 문헌을 탐구하던 유럽 학자들은 페스트나 그 밖의 질병에는 전혀 관심을 보이지 않았기 때문에, 이들의 자료에 근거해 스티커가 내린 결론은 단편적일뿐더러 신뢰하기도 어렵다. 예를 들어 1757년까지 중국에 페스트가 발생하지 않았다거나 1696년까지 동아프리카에 페스트가 나타난 적이 없었다고 말하는 등 그가 제시하는 자료는 종잡을 수 없고 허점투성이다. 따라서 스티커가 열정적으로(때로는 무비판적으로) 수집한 목록에서 페스트의 세계적인 분포상황을 알아내려는 것은 부질없는 일이라고 생각한다. 그의 연구는 유럽에 관련된 부분만 어느 정도 믿을 만하고 완전하다.

69. Robert Tignor, *Public Health Administration in Egypt Under British Rule, 1882~1914* (예일 대학 박사학위논문, 1960), p. 87 참조. 1835년에 이집트에서 마지막으로 창궐한 페스트는 시리아에서 발생해 알렉산드리아를 거쳐 나일 강 유역까지 퍼졌다.

70. 페르시아에서 1500~1800년에 보고된 페스트의 발생은 다음과 같다.

1535년	길란 지역에서만 유행.
1571~1575년	광범위한 유행. 지중해 연안에 만연했던 페스트와 일치함.
1595~1596년	이라크를 비롯한 지역에서 광범위하게 발생.
1611~1617년	아프가니스탄을 경유해 동방에서 전파됨.
1666년	런던의 페스트 대유행과 같은 시기에 발생함.
1684~1686년	광범위하고 심각한 유행.
1725년	
1757년	
1760~1767년	가혹하고 광범위한 유행.
1773~1774년	모스크바의 역병과 같은 시기에 이라크를 포함한 광범위한 지역에서 발생.
1797년	

이 연표의 자료는 Cyril Elgood, *Medical History of Persia and the Eastern Califate* (Cambridge, 1951)와 앞에서 언급한 스티커의 저서에서 뽑은 것이다. 두 책 모두 J. D. Tholozan, *Histoire de la Peste Bubonique en Perse, en Mésopotamie et au Caucase* (Paris, 1874)에 의거하고 있는데, 나는 아직까지 이 책을 보지는 못했다. 톨로장은 프랑스의 의사로서 치료에만 관심을 가졌으므로 그가 사용한 자료가 믿을 만한 것인지는 알 수 없다.

페르시아와 아랍의 고문헌을 잘 찾아보면 1346년 이후 이 연표와 유사한 패턴의 페스트 감염이 이란에서 발생했다는 사실을 밝힐 수 있을 것이다. 그리고 1346년 이후의 전염병 발생유형이 그 이전시기의 질병양상과 다르다면, 여기에서 제시된 가설을 지지하는 중요한 방증이 될 수 있다. 그러나 아직까지 이런 문제의식을 갖고 페르시아의 자료를 연구한 사람은 없다. 관련 문헌 대부분이 출판도 되지 않은 상태이기 때문에 그런 작업은 결코 만만치 않을 것이다.

71. 무함마드 이븐 이스마일 알 브하리가 쓴 『진정집』(眞正集)의 프랑스어 번역판 El Bokhari, *Les Traditions Islamiques*, O. Houdas, trans. [Publications de l'école des langues orientales vivantes], 4th series, VI(Paris, 1914), Titre lxxxvi, "De La Médicine," 30장과 31장을 내가 영어로 옮긴 것이다.

72. 페스트에 대한 이슬람 교도의 태도에 관해서는 Jacqueline Sublet, "La Peste Prise aux Rets de la Jurisprudence: la Traité d'Ibn Hagar al-Asqalani sur la Peste," *Studia Islamica*, 33(1971), 141-49; M. W. Dols, *The Black Death in the Middle East* (프린스턴 대학 박사학위논문, 1971), pp. 131~46을 보라. 전염병(천연두?)의 돌발과 아라비아의 이민족 정복사업의 상관성에 대해서는 Hirsch, *Handbook of Geographical and Historical Pathology*, I, p. 126을 참고하라. M. W. Dols, "Plague in Early Islamic History," *Journal of the American Oriental Society*, 94(1974), 371-83은 아라비아의 이민족 정복과 함께 유행한 전염병이 선페스트였다는 견해를 받아들인다. 이는 1346년 이후 림프절 감염을 가리키는 데 사용된 아라비아 용어가 700년 전에도 같은 질병을 지칭하는 것이었는지에 달려 있는 문제이다. 진상은 확실히 알 수 없으나, 14세기에 흑사병이 재앙을 몰고 오기 전 적어도 150년 동안은 이슬람 교도인 작가들이 당시 유행하던 다른 질병을 서술하기 위해 그 용어를 사용하지는 않았던 것으로 보인다. 이는 아랍의 문헌을 뒤져본 돌스의 결론이기도 하다. M. W. Dols, *The Black Death*, p. 29를 참조하라.

73. Ogier Ghislain de Busbecq, *Travels in Turkey* (London, 1744), p. 228.

74. 이 책의 부록과 4장 182~83쪽을 참조하라.

75. M. W. Dols, *The Black Death in the Middle East*, p. 30을 보라.

76. 스텝지대의 인구동태에 관한 논의는 찾아보기 어렵다. 그렇지만 David Neustadt, "The Plague and its Effects upon the Mameluke Army," *Journal of the Royal Asiatic Society* (1946), p. 67에 보면 1346년 이후 흑해 북안의 스텝지대에서 인구가 감소해 그곳으로부터 병사들을 징집하던 맘루크 왕조가 곤란을 겪었다는 말이 나온다.
77. 크림 반도의 타타르족에 대해서는 제대로 된 역사서가 없다. 스텝지대의 역사 전반에 관해 추천할 만한 저서로는 René Grousset, *The Empire of the Steppes: A History of Central Asia* (New Brunswick, New Jersey, 1970) 가 있는데, 아쉽게도 질병에 대한 언급은 전혀 없다.
78. William H. McNeill, *Europe's Steppe Frontier, 1500~1800* (Chicago, 1964) 참조.
79. Richard Hellie, *Enserfment and Military Change in Muscovy* (Chicago, 1971), p. 305는 1570~1715년의 러시아 인구에 관한 다양한 통계수치를 잘 요약해놓았다. 오스만 제국의 인구에 대해서는 Halil Inalcik, *The Ottoman Empire in the Classical Age* (London, 1973), p. 46을 보라.

5장 대양을 뛰어넘은 질병의 교환

1. Alfred W. Crosby, Jr., *The Columbian Exchange* (Westport, Conn., 1972), pp. 73~121. 저자는 심지어 이렇게 말한다. "오늘날 미국의 식물학자들은 콜럼버스 이전 시대에 아메리카 대륙에서 자라던 식물을 한 종도 발견할 수 없는 초원을 얼마든지 볼 수 있다"(p. 74).
2. Saul Jarcho, "Some Observations on Diseases in Prehistoric America," *Bulletin of the History of Medicine*, 38(1964), 1-19 ; G. W. Goff, "Syphilis," in Brothwell and Sandison, *Diseases in Antiquity*, 279-94 ; Abner I. Weisman, "Syphilis : Was it Endemic in Pre-Columbian America or Was it Brought Here from Europe?," *New York Academy Medical Bulletin*, 24(1966), 284-300.
3. Ernest Carroll Faust, "History of Human Parasitic Infections," *Public Health Report*, 70(1955), 958-63.
4. Sherburne F. Cook, "The Incidence and Significance of Disease Among the Aztecs and Related Tribes," *Hispanic American Historical Review*, 36(1946), 320-35. 쿡은 그 연대를 780년, 1320년, 1454년이라고 추산하고 있다. 하지만 아스테카의 고문서를 해독하는 작업은 아직 체계적으로 정립되지 않았다.

5. "과거에는 질병이 없었다. 뼈가 아픈 일도 없었고, 그때까지는 고열이 나는 일도 없었으며, 천연두도 없었다.……당시에는 인간사가 순리대로 진행되었다. 외지인들이 도착하면서 모든 것이 엉망이 되기 시작했다." *Book of Chilam Balam of Chumayel*, Ralph L. Roy, trans.(Washington, D.C., 1933), p. 83에 나오는 말로, Alfred W. Crosby, Jr., "Conquistador y Pestilencia: The First World Pandemic and the Fall of the Great Indian Empires," *Hispanic American Historical Review*, 47(1967), 322에 인용되어 있다. 이 논문은 *The Columbian Exchange*, pp.36~63에도 수록되어 있다.
6. 알파카와 라마의 야생 생식상태에 관해서는 F. F. Zeuner, *A History of Domesticated Animals* (London, 1963), pp.437~38을 보라. 기니피그·라마·알파카의 질병에 관한 문헌은 찾지 못했다.
7. Daphne A. Roe, *A Plague of Corn: The Social History of Pellagra* (Ithaca and London, 1973), pp.15~30 참조.
8. Clifford Thorpe Smith, "Depopulation of the Central Andes in the 16th Century," *Current Anthropology*, 5(1970), 453-60; Alfred W. Crosby, *The Columbian Exchange*, pp.112~13.
9. Henry F. Dobyns, "Estimating Aboriginal American Population: An Appraisal of Techniques with a New Hemispheric Estimate," *Current Anthropology*, 7(1966), 395-416에는 이러한 의견들이 나타나게 된 과정이 흥미롭게 요약되어 있다.
10. 쿡은 자신의 논문 "The Extent and Significance of Disease among the Indians of Baja California, 1697-1773," *Ibero-Americana*, 12(1937)를 통해 기존의 학설을 수정하는 데 앞장섰다. 그 후에 나온 논문으로는 Sherburne F. Cook and Lesley Byrd Simpson, "The Population of Central Mexico in the 16th Century," *Ibero-Americana*, 31(1948); Sherburne F. Cook and Woodrow Borah, "The Indian Population of Central Mexico, 1531-1610," *Ibero-Americana*, 45(1963) 등이 있다. Sherburne F. Cook and Woodrow Borah, *Essays in Population History: Mexico and the Caribbean*, 2vols.(Berkeley, 1971-73)는 통계에 기반을 둔 세련되고 비판적인 연구의 진수를 보여준다.
11. 이를 잘 요약한 논문으로는 Woodrow Borah, "America as Model: The Demographic Impact of European Expansion upon the Non-European World," *Actas y Memorias del XXXV Congresso Internacional de Americanistas* (Mexico, 1964), III, 379-87; Henry F. Dobyns,

"Estimating Aboriginal American Population," *Current Anthropology*, 7(1966), 395-416을 들 수 있다.
12. Dobyns, ibid., p. 413. *Farley Mowat, The Desperate People* (Boston, 1959)은 북극권 캐나다의 에스키모에게 일어났던 유사한 인구급감 현상에 대해 감동적인 이야기를 들려준다. 그러나 전염병에 관한 지식은 전혀 포함되어 있지 않다.
13. John F. Marchand, "Tribal Epidemics in the Yukon," *Journal of the American Medical Association*, 23(December 18, 1943), pp. 1019~20; George Catlin, *The Manners, Customs and Condition of the North American Indians* (London, 1841), I, p. 80, II, 257. 나는 Alfred W. Crosby, Jr., "Virgin Soil Epidemics as a Factor in Aboriginal Depopulation in America," *William and Mary Quarterly* (April 1976)를 통해 이 두 논문을 알게 됐다.
14. Hans Zinsser, *Rats, Lice and History*, pp. 194~95는 이 병이 발진티푸스인 듯하다고 조심스럽게 말한다. 그러나 아메리카에서 발진티푸스에 대한 분명한 기록이 보이는 것은 그 병이 멕시코에서만 발생했던 1576년이다. 전염병으로 고통받은 것은 사람들만이 아니었다. 1546년의 전염병 발생에 앞서 1544년과 1545년에는 가축성 전염병이 유행해 라마의 수가 급격히 감소했다. Nathan Wachtel, *La Vision des Vainçus: Les Indiens du Perou Devant de Conquête Espagnole* (Paris, 1971), p.147 참조.
15. 발진티푸스는 리케차 감염에 의해 생긴다. 페스트와 마찬가지로 쥐와 쥐벼룩이 리케차균을 보유하지만, 유행성 발진티푸스의 경우 이와 사람을 통해 전파되는 좀더 단순한 순환과정이 지배적이다. Zinsser, ibid., pp. 167ff.
16. F. J. Fisher, "Influenza and Inflation in Tudor England," *Economic History Review*, 18(1965), 120-29. 피셔에 따르면 엘리자베스 1세의 구빈법과 직인법[Statute of Artificers: 직인, 노동자, 도제 등의 고용·임금·노동조건을 규제한 법령]은 전염병으로 인한 영국사회의 붕괴를 막기 위한 제도적 장치였다.
17. 조지프 차가 나를 위해 발췌·번역해준 富士川游, 『日本疾病史』(東京, 1969)에서 인용했다. 그러나 중국의 기록에서는 1550년대에 특별한 일이 일어나지 않았다.
18. Sherburne F. Cook, "The Extent and Significance of Disease Among the Indians of Baja California, 1697-1773," *Ibero-Americana*, 12(1937). 쿡은 페스트가 처음 발생한 직후 4만 1,500명이던 인구가 1775년에 이르면 3,972명으로 줄어들었다고 추산했다.

19. 그렇다고 전혀 불가능한 일은 아니다. 매장지를 발굴해서 유골들의 연령을 통계적으로 분석하면 인구급감이라는 참사를 재구성해낼 수도 있다. Thomas H. Charlton, "On Post-conquest Depopulation in the Americas," *Current Anthropology*, XII(1971), 518 참조.
20. William Wood, *New England's Prospect* (London, 1634)에는 이렇게 적혀 있다. "주는 천연두로 이들을 벌하심으로써 그 다툼에 종지부를 찍었다.……주는 그리하여 이들의 호전적인 정신을 누그러뜨리고 주의 군대가 왕림할 수 있는 여지를 만드셨다." Esther Wagner Stearn and Allen E. Stearn, *The Effect of Smallpox on the Destiny of the Amerindian* (Boston, 1945), p. 22에서 재인용.
21. Joseph Stocklein, *Der Neue Welt Bott* (Augsburg and Graz, 1728-29), Esther Wagner Stearn and Allen E. Stearn, ibid., p.17에서 재인용.
22. Percy M. Ashburn, *The Ranks of Death: A Medical History of the Conquest of America* (New York, 1947), pp. 57~79는 여러 원정대를 자세히 분석해 유럽의 이주민이나 정복자들을 죽음으로 내몰았던 두 가지 요인은 기아와 괴혈병이었다고 결론짓는다.
23. Frederick L. Dunn, "On the Antiquity of Malaria in the Western Hemisphere," *Human Biology*, 37(1965), 385-93. 다른 주장을 내세우는 전문가들도 있다. L. J. Bruce-Chwatt, "Paleogenesis and Paleoepidemiology of Primate Malaria," World Health Organization, *Bulletin*, 32(1965). 377-82가 그 예다. 백인들이 오기 전에는 열병이 없었다는 주5에서 소개한 아메리카 인디언의 증언은 던의 결론을 뒷받침한다.
24. Ashburn, ibid., pp. 112~15.
25. Marston Bates, "The Ecology of Anopheline Mosquitoes," in Mark F. Boyd, ed., *Malariology* (Philadelphia, 1949), I, 302-30; L. W. Hackett, *Malaria in Europe: An Ecological Study* (Oxford, 1937), pp.85~198.
26. 신세계의 말라리아 분포에 관한 최신 자료는 Ernest Carroll Faust, "Malaria Incidence in North America," in Mark F. Boyd, ed., *Malariology*, I, 748~63과 ibid., 746-87의 Arnaldo Gabaldon, "Malaria Incidence in the West Indies and South America"를 참조하라. 흔히 말라리아가 열대 및 아열대 기후에 나타나는 질병이라고 생각하기 쉽지만, 19세기에 말라리아는 미시시피 강의 전 유역에 널리 퍼져 있었으며 북쪽으로 캐나다까지 그 영역을 확장하고 있었다. E. H. Ackerknecht, "Malaria in the Upper Mississippi Valley," Supplement #4, *Bulletin of the History of Medicine* (Baltimore,

1945) 참조. 말라리아가 카리브 해 연안의 아메리카 원주민에게 치명적인 피해를 끼쳤을 수도 있다는 점에 대해서는 Woodrow Borah and Sherburne F. Cook, "The Aboriginal Population of Central Mexico on the Eve of the Spanish Conquest" *Ibero-Americana*, 45(1963), 89를 참조하라.

27. Henry Rose Carter, *Yellow Fever: An Epidemiological and Historical Study of Its Place of Origin* (Baltimore, 1931), p.10. 이 책을 펴낼 당시 카터는 황열병이 아메리카에서 처음 확인되었으며 아프리카에서는 1782년에야 발견되었다는 당시의 통념에 반론을 제기하면서, 이 질병이 카리브 해를 통해 구세계로 건너갔다고 주장했다. 후속 연구들에 의해 카터의 관점이 옳다는 사실이 확인되었다. 예를 들면 아메리카의 원숭이는 황열병에 감염되면 죽을 수도 있지만, 아프리카의 열대우림에 서식하는 원숭이는 이 병에 잘 적응해 저항력을 지니고 있다는 사실이 관찰되었다. Richard Fiennes, *Zoonoses of Primates* (Ithaca, New York, 1967), p.13과 Macfarlane Burnet and David O. White, *Natural History of Infectious Disease*, 4th ed.(Cambridge, 1972), pp.242~49 참조.

28. 환경에 의한 지역별 차이는 페루에서 가장 컸으며, 불완전한 통계이긴 하지만 알티플라노와 해안지대의 생존율 차이는 멕시코의 경우보다 훨씬 큰 것으로 나타났다. Clifford Thorpe Smith, "Depopulation of the Central Andes in the 16th Century," *Current Anthropology*, 11(1970), 453-60은 1520년과 1571년 사이에 산악지방 3.4:1, 해안지방 58.0:1이라는 생존율의 차이를 발견했다. Sherburne F. Cook and Woodrow Borah, *Essays in Population History: Mexico and the Caribbean* (Berkeley and Los Angeles, 1971), I, pp.79~89에는 열대에 속하는 멕시코의 해안지방에 살던 원주민이 상대적으로 많이 감소했다는 사실을 보여주는 그래프와 표가 실려 있다. 스미스가 사용한 것과 같은 비율로 환산해보면 1531년과 1610년 사이에 고원지대 14:1, 해안지방 16:1이라는 수치가 나온다. 페루의 자료는 건조한 해안에서 농사를 짓는 데 필요한 관개시설의 붕괴에 영향을 받았다. 이에 비해 멕시코의 경우 조사에 포함된 기간이 더 길며, 따라서 낯선 질병이 원주민에게 미친 장기간의 파급효과를 보여준다.

29. Philip Curtin, "Epidemiology and the Slave Trade," *Political Science Quarterly*, 83(1968), 190-216; Francisco Guerra, "The Influence of Disease on Race, Logistics, and Colonization in the Antilles," *Journal of Tropical Medicine*, 49(1966), 23-35; Wilbur Zelinsky, "The Historical Geography of the Negro Population of Latin America," *Journal of*

Negro History, 34(1949), 153-221.
30. Henry F. Dobyns, "Estimating Aboriginal American Population," *Current Anthropology*, 7(1966), 395-416; Sherburne F. Cook, "The Significance of Disease in the Extinction of the New England Indians," *Human Biology*, 45(1973), 485-508. 소박하긴 하지만 최근에 나온 개설로는 Wilbur R. Jacobs, "The Tip of an Iceberg: Pre-Columbian Indian Demography and Some Implications for Revisionism," *William and Mary Quarterly*, 31(1974), 123-32를 보라.
31. *The Annals of the Cakchiquels and Title of the Lords of Totonicapan*, Adrian Recinos, et al., trans.(Norman, Oklahoma, 1953), p. 116. Crosby, *The Columbian Exchange* 에서 재인용.
32. 영국 육군에 소속된 아프리카 원주민 병사의 사망률은 19세기 초반에 50% 이상 증가했다. 이는 열대 아프리카 안에서 다른 지역으로 이동했을 때 미지의 질병에 노출되고 완전히 새로운 생활방식을 접하게 된 결과일 것이다. Philip Curtin, "Epidemiology and the Slave Trade," *Political Science Quarterly*, 83(1968), 204-5. 하지만 백인 병사의 경우 아프리카 원주민 병사보다 사망률이 훨씬 높았다.
33. Philip Curtin, *The Atlantic Slave Trade: A Census* (Madison, Wisconsin, 1969), pp. 270~71.
34. P. Huard, "La Syphilis Vue par les Médicins Arabo-Persans, Indiens et Sino-Japonais du XV^c et XVI^c Siècles," *Histoire de la Médicine*, 6(1956), 9-13. 중국의 약전을 필두로 각종 치료법도 전세계적으로 퍼져 나갔다. K. Chimin Wong and Wu Lien-teh, *History of Chinese Medicine*, 2nd ed.(Shanghai, 1936), pp. 136, 215~16 참조. 이 두 저자는 매독이 16세기에 새롭게 등장한 질병이라는 통념에 맞서 고대 중국의 문헌에도 매독과 비슷한 질병이 언급되어 있다는 의견을 표명한다. 그런데 중국의 고대 의서에서 발견된다는 매독에 관련된 증상이나 용어는 실로 다양하기 때문에 오늘날 그 진상을 제대로 파악하기란 불가능하다.
35. Alfred W. Crosby, Jr., *The Columbian Exchange*, pp. 122~56에 나오는 일목요연한 개관을 참조하라. 아마존 유역의 고립된 아메리카 원주민 부족들이 매독 감염에 저항력을 지니고 있었는지는 분명치 않다. 매독에 감염된 경험이 있는지 판별하기 위한 검사에서 일부 부족들은 전반적으로 양성반응을 보였다. 외부세계와 접촉한 적이 있다고 알려진 몇몇 개인을 제외하곤 음성반응을 보이는 부족들도 있었다. 하지만 양성반응을 나타내는 부족에서도 매종, 매독,

또는 열대백반성피부염의 임상적 징후는 찾아볼 수 없었다. 이런 놀라운 결과는 이들이 이미 장기간의 적응과정을 거쳤을 수 있다는 가능성을 시사하며, 매독이 콜럼버스에 의해 구세계로 유입되었다는 이론과도 일맥상통한다. 문제의 병원균에 노출된 적이 전혀 없는 집단이라면 전혀 다른 증상을 보였을 것이며 질병이 돌발적으로 퍼져 나갔을 것이기 때문이다. 그렇지만 아마존 인디언 가운데서도 어떤 부족은 스피로헤타 감염에 노출된 경험이 있고, 또 어떤 부족은 그런 경험이 없다는 사실은 여전히 수수께끼이다. Francis L. Black, "Infectious Diseases in Primitive Societies," *Science*, 187(1975), 517 참조.

36. Hans Zinsser, *Rats, Lice and History*, pp. 183~92, 210~28.
37. Charles Creighton, *History of Epidemics in Britain*, I, pp. 237~81 참조.
38. Albert Colnat, *Les Épidémies et l'Histoire* (Paris, 1937), p. 108 참조.
39. Karl F. Helleiner, "The Population of Europe from the Black Death to the Eve of the Vital Revolution," *Cambridge Economic History of Europe*, IV(Cambridge, 1967), 20-40.
40. 페스트에 대해서는 이 책의 4장을 참조하고, 말라리아에 대해서는 L. W. Hackett, *Malaria in Europe: An Ecological Study* (Oxford, 1937), pp. 53~96과 이 책의 6장을 참조하라.
41. D. E. C. Eversley, "Population, Economy and Society," in D. V. Glass and D. E. C. Eversley, eds., *Population in History: Essays in Historical Demography* (London, 1965), p. 57에 다음과 같이 적혀 있다. "근대적인 통계의 시대가 열린 1750년경에 평균수명이 17세기에 비해 높아졌다는 데는 누구나 동의할 것이다. 그러나 평균수명이 연장된 현상을 시대별·지역별·원인별로 정확히 설명하기는 어렵다. ……사람들이 오래 살게 된 것은 아마도 생활이 더욱 청결해지고 효과적인 의료행위가 시행되었으며 기근에서 어느 정도 벗어났기 때문일 것이다. 그러나 가장 결정적인 요인은 치명적인 전염병이 다시 유행하지 않았다는 사실이다. 그러나 그것은 아마도 인간의 활동과 전혀 무관하게 일어났을 것이다."(방점은 추가) 내가 보기에 전염병의 파괴력이 약화된 명백한 이유는 전염병의 발생빈도가 높아졌다가 결국에는 단순한 풍토성 소아병이 되고 말았다는 것이다.

   K. F. Helleiner, "The Vital Revolution Reconsidered," in D. V. Glass and D. E. C. Eversley, eds., ibid., pp. 79~86은 18세기 유럽의 인구증가와 관련해 기본적으로 같은 결론에 도달하고 있다. 다시 말해 인구증가의 주된 요인은 평상시에 사망률이 현저하게 감소한 것이 아니라 전염병의 창궐 같은 위기상황에서 사망률이 떨어진 것이라는 게 헬라이너의 관점이다. 물론 식량공

급망의 개선과 식량증산에 따라 기근이 줄어든 것도 위기상황에서의 사망률 감소와 관계가 있다. 그러나 전염병이 발생하는 패턴 자체에 변화가 생겼다는 사실도 분명히 중요한 요인으로 작용했는데, 에버슬리나 헬라이너는 이를 인식하지 못하고 있는 듯하다.

42. 17세기에 접어들어 기온이 급격히 떨어졌다. 이러한 '소빙하기'는 18세기가 시작된 후 10년 동안 절정에 달했던 것으로 보인다. Emmanuel Le Roy Ladurie, *Times of Feast, Times of Famine: A History of Climate Since the Year 1000* (New York, 1971) 참조.

43. 이를 설득력 있게 분석한 책으로는 Fernand Braudel, *La Méditerranée et le Monde Méditerranée au Temps de Phillippe II*, 2nd ed.(Paris, 1966), 영역본(New York, 1972)을 들 수 있다.

44. 그동안 역사가들은 30년전쟁에서 병사들이 보여준 파괴적인 행동에 대해 온갖 비난을 해왔다. 그 비난은 온당하지만 잊지 말아야 할 것은 20세기 이전에 유럽에서 발생한 모든 전쟁을 통틀어 적군의 무기에 희생된 사람보다는 전염병으로 죽은 사람이 훨씬 많았다는 사실이다. 자세한 것은 R. J. G. Concannon, "The Third Enemy: The Role of Epidemics in the Thirty Years' War," *Journal of World History*, 10(1967), 500-11을 참조하라.

45. Helleiner, ibid., pp. 81~84.

46. 토스카나 지방에 대한 유익한 분석으로는 Carlo M. Cipolla, *Christofano and the Plague: A Study in the History of Public Health in the Age of Galileo* (Berkeley and Los Angeles, 1973)이 있다. 베네치아의 방식에 대해서는 Brian Pullan, *Rich and Poor in Renaissance Venice: The Social Institutions of a Catholic State to 1620*(Cambridge, Massachusetts, 1971)을 보라.

47. 백인들이 진출하자 아메리카 인디언의 인구가 줄어든 것은 페니실린 곰팡이가 자기 주변에 무균지대를 만들어내는 것에 비유할 수 있다. E. S. Stearn and A. E. Stearn, *The Effect of Smallpox on the Destiny of the Amerindian* (Boston, 1945), pp. 71, 136에 따르면 미국에서는 1907년 원주민 학생들에 대한 우두접종을 의무화하고 나서야 아메리카 인디언의 인구감소가 멈췄다고 한다.

48. A. Grenfell Price, *The Western Invasions of the Pacific and Its Continents: A Study of Moving Frontiers and Changing Landscapes, 1513-1958* (Oxford, 1963); Douglas L. Oliver, *The Pacific Islands* (New York, 1961); J. Burton Cleland, "Disease amongst Australian

Aborigines," *Journal of Tropical Medicine and Hygiene*, 31(1928), 53-59, 66-70, 141-45, 173-77, 307-13; Bolton G. Corney, "The Behavior of Certain Epidemic Diseases in Natives of Polynesia with Especial Reference to the Fiji Islands," Epidemiological Society of London, *Transactions*, new series, 3(1883-84), 76-95.

49. I. S. Gurvich, *Etnicheskaya Istoriya Severo-Vostoka Siberi*, Trudy Instituta Etnografiye, new series, 39(1966)의 권말에 보면 1650년과 1940년 사이에 시베리아의 다양한 종족이 어떻게 쇠퇴했는지, 또 몇몇 종족은 어떻게 인구를 회복했는지 보여주는 도표가 나온다.

50. Philip Curtin, *The Atlantic Slave Trade: A Census*, p. 270; C. W. Dixon, *Smallpox* (London, 1962), p. 208.

51. P. Huard, "La Syphilis Vue par les Médicins Arabo-Persans, Indiens et Sino-Japonais du XVe et XVIe Siècles," *Histoire de la Médicine*, 6(1956), 9-13.

52. 자세한 것은 부록 참조.

53. Ping-ti Ho, *Studies in the Population of China, 1368-1953*, p. 277.

54. 4장의 주23에서 언급한 추고첸(쯔可楨)의 책, p. 37.

55. Irene Taeuber, *The Population of Japan*, pp. 20~21.

56. 발생횟수 자체는 물론 그다지 의미가 없다. 심각한 영향을 미친 전염병도 있고, 그렇지 않은 것도 있기 때문이다. 아무튼 발생횟수는 다음과 같다.

1300~1399년	27회
1400~1499년	28회
1500~1599년	21회
1600~1699년	18회
1700~1799년	32회
1800~1867년	33회

57. Kingsley Davis, *The Population of India and Pakistan* (Princeton, 1951), p. 25에 나오는 말이다.

58. 유럽에서는 1650년 이후에야 옥수수와 감자가 중요한 작물이 되었다. 중국에서는 옥수수와 고구마가 매우 빠른 속도로 보급된 것으로 보이는데, 이는 중국 농업의 노동집약적인 특성상 새로운 작물의 실험재배가 수월했기 때문일 것이다. 반면에 18세기는 물론 그 이후에도 집단적인 '공동경작'(open field cultivation) 방식이 엄격히 지켜지던 대부분의 북유럽 지역에서는 전통적인 방식을 탈피하기 어려웠다. 아메리카 대륙의 작물이 확산되는 과정에 대해서

는 다음과 같은 연구를 참조하라. Berthold Laufer, *The American Plant Migration: I—The Potato* [Field Museum, Anthropological Series Publication #48](Chicago, 1938); William L. Langer, "Europe's Initial Population Explosion," *American Historical Review*, 69(1963), 1-17; W. H. McNeill, *The Influence of the Potato on Irish History* (코넬 대학 박사학위논문); Traian Stoianovich, "Le Mais dans les Balkans," *Annales: Economies, Sociétés, Civilisations*, 21(1966), 1026-40; Ping-ti Ho, "The Introduction of American Food Plants into China," *American Anthropologist*, 57(1955), 191-201; Philip Curtin, *The Atlantic Slave Trade: A Census* (Madison, Wisconsin, 1969), p. 270.

59. 나의 동료인 도널드 라크는 아메리카의 식량작물이 비타민을 함유하고 있다는 사실에 처음으로 관심을 갖게 했으며, 또한 현대 인도의 요리에서도 아메리카산 작물이 큰 비중을 차지한다고 말했다. Alfred W. Crosby, *The Columbian Exchange*, p. 194를 보라. 비타민 결핍으로 인한 질병은 전통적인 문명사회에서 때로는 매우 심각한 것이었다. 유럽인이 원양항해 중에 괴혈병에 걸렸다는 것은 비교적 널리 알려진 사실이며, 중요한 비타민류를 많이 함유하고 있는 감자가 보급되기 전에는 유럽 농민, 특히 북유럽의 농민은 한겨울에 괴혈병으로 고통받는 일이 잦았다고 한다. August Hirsch, *Handbook of Geographical and Historical Pathology*, II, pp. 521~25를 참조하라. 중국에 관해서는 T'ao Lee, "Historical Notes on Some Vitamin Deficiency Diseases of China," in Brothwell and Sandison, *Diseases in Antiquity*, pp. 417~22를 보라.

60. 이런 제국들의 발흥을 폭넓게 개관하려면 W. H. McNeill, *The Rise of the West*, 6장을 참조하라.

6장 1700년 이후 의학과 의학조직이 초래한 생태적 영향

1. Wu et al., *Plague*, pp. 4~12.
2. Jacques M. May, ed., *Studies in Disease Ecology* (New York, 1961), p. 37.
3. 이 책의 2장 67쪽 참조.
4. 이런 진술은 정보가 부족한 탓일 수도 있다. Charles Leslie, "The Modernization of Asian Medical Systems," John J. Poggie, Jr., and Robert N. Lynch, eds., *Rethinking Modernization: Anthropological Perspectives* (New York, 1974), pp. 69~108 참조.

5. J. Ehrard, "Opinions médicales en France au XVIIIe siècle: la Peste et l'idée de contagion," *Annales: Economies, Sociétés, Civilisations*, 12(1957), 46-59; Ernst Rodenwalt, *Pest in Venedig, 1557-77: Ein Beitrag zur Frage der Infektkette bei den Pestepidemien West Europas* (Heidelberg, 1953); Brian Pullan, *Rich and Poor in Renaissance Venice: The Social Institutions of a Catholic State* (Cambridge, Massachusetts, 1971), pp. 315ff.
6. Allen Debus, *The English Paracelsians* (London, 1965), pp. 67~68 참조.
7. 1522년에 오세아니아의 총인구는 350만 명이었다는 통계가 있다. Douglas L. Oliver, *The Pacific Islands* (New York, 1961), p. 255에 따르면 1939년에 이르러 원주민의 수는 200만으로 줄어들었다.
8. 세계 각국의 인구를 추산하려는 학문적 노력은 17세기부터 시작되었다. 존 그랜트(1620~1674)와 윌리엄 페티(1623~1687)로 대표되는 영국의 통계학자들은 '정치산술'(political arithmetic, 정치·경제·인구 등의 사회현상을 수량적 관찰을 통해 분석하려는 실증적 방법론)에 관심을 보이게 되었으며, 런던의 출생과 사망 패턴에서 발견되는 수학적 규칙성 같은 좀더 이론적인 문제도 연구했다. 20세기에 행해진 세계인구 추계작업은 17세기의 선구자들이 남긴 소중한 유산에서 비롯되었다. "World Population Growth and Movement Since 1650," in Walter F. Willcox ed., *International Migrations*, 2vols.(New York, 1929-31)는 1650년을 기준으로 아시아 및 아프리카의 인구를 추계하면서 그랜트의 이론을 답습하고 있다. A. M. Carr-Saunders, *World Population, Past Growth and Present Trends* (Oxford, 1936)는 별다른 근거 없이 그런 추계치를 수정하기도 했다.

인구조사자료를 세련되게 분석하는 정교한 수학적 도구로 무장한 오늘날의 인구학자들은 엉성한 '계량적 산술'에 기초한 그런 억측을 인정하지도 않거니와 과거의 추계치를 바로잡는 것은 불가능하다는 태도를 취하고 있다. John D. Durand, "The Modern Expansion of World Population," *American Philosophical Society Proceedings*, 11(1967), 136-59를 참조하라.

그러나 인구조사자료의 수학적 분석이 아무리 경이롭고 능률적이라 하더라도, 세계사의 최근 200년에만 관심을 국한시키는 오늘날의 인구학자들은 인구 변동의 전체역사에서 전혀 전형적이라고 볼 수 없는 표본에만 전념하고 있다. 그들은 과거에 비해 전염병의 비중이 현저히 낮아지고 국지적인 폭력사태가 효율적으로 통제되는 시대만을 연구한다. 게다가 근래에는 짧은 시간 안에 세계 곳곳으로 식량을 운송해 필요한 곳에 재분배할 수 있는 조직적인 구호활동 덕에 기근도 많이 줄어들었다. 인류의 역사에서 비전형적인 인구표본만을 상세하게 연구하는 오늘날의 전문가들은 지난 시대에 결정적인 영향을 미쳤던 요인들을 망각하거나 아예 무시해버리는 경향이 있다.

9. Ping-ti Ho, *Studies on the Population of China, 1368-1953*, pp. 277~78.
10. Durand, ibid., p. 137은 1750년의 유럽 인구가 1억 2,500만 명이었고 1800년에는 1억 5,200만 명이었다는 수치를 제시한다. Reinhard et Armengaud, *Histoire Générale de la Population Mondiale*, pp. 114~201은 전반적인 수치는 제공하지 않고 유럽 각지의 최신 연구결과만을 요약하고 있다.
11. 영국 역사가들은 산업혁명과 인구증가, 풍년과 흉년, 질병발생 등의 상호관계에 관해 열띤 토론을 벌이고 있다. 그러나 이들은 대체로 과학적 인구통계학자들을 추종한 결과 양적인 자료를 출생률과 사망률, 토지의 생산력지수, 연령별 및 성별 구성, 물가지수 같은 수학적 개념들로 환산하는 방식에만 주력할 뿐 질병에는 거의 관심을 기울이지 않는다. 그 일례로 Thomas McKeown, R. G. Brown, R. G. Record, "An Interpretation of the Modern Rise of Population in Europe," *Population Studies*, 26(1972), 341-82를 참조하라. 그러나 질병발생의 변화를 고려한 학자들도 있다. 그 중에서도 P. E. Razzell, "Population Change in Eighteenth Century England: A Reinterpretation," *Economic History Review*, 18(1965), 312-32가 가장 두드러진다. 최근의 연구들을 잘 요약한 논문으로는 Thomas McKeown, "Medical Issues in Historical Demography," in Edwin Clark, ed., *Modern Methods in the History of Medicine* (London, 1971), pp. 57~74를 보라.
12. 이 수치는 1800년경에 아메리카 각지에 살고 있던 유럽인 거주자들을 합산해 얻은 것으로, Reinhard et Armengaud, op.cit., pp. 202~06에 나온다.
13. 스티커, 『역병사 논고』, pp. 176~77, 237ff. 1771년에 발생한 페스트에 대한 러시아 정부의 공식적인 반응에 관련된 흥미로운 뒷얘기들은 John T. Alexander, "Catherine II, Bubonic Plague, and the Problem of Industry in Moscow," *American Historical Review*, 79(1974), 637-71을 참조하라.
14. Reinhard et Armengaud, ibid., pp. 180~81.
15. 아일랜드의 인구에 관해서는 Robert E. Kennedy, Jr., *The Irish: Emigration, Marriage, Fertility* (Berkeley and Los Angeles, 1973)를 참조하라. 또 아일랜드의 현실에서 감자가 차지하던 비중에 대해서는 나의 박사학위논문인 *The Influence of the Potato on Irish History* (Cornell, 1947)

를 보라.
16. L. W. Hackett, *Malaria in Europe: An Ecological Study*, pp. 53~96.
17. Gordon Philpet, "Enclosure and Population Growth in Eighteenth Century England," *Explorations in Economic History*, 12(1975), 29-46을 보고 이 점에 관심을 갖게 되었다.
18. Jean-Paul Desaive, ed., *Médecins, Climat et Epidémise à la Fin du XVIIIe Siècle* (Paris, 1972); Jean-Pierre Goubert, *Malades et Médecins en Bretagne, 1770-1970* (Paris, 1974).
19. P. E. Razzell, "Population Change in Eighteenth Century England: A Reinterpretation," *Economic History Review*, 18(1965), 312-32; D. E. C. Eversley, "Epidemiology as Social History," Foreword to Charles Creighton, *A History of Epidemics in Great Britain*, 2nd ed.(New York, 1965), p. 29.
20. 천연두가 오랫동안 런던의 고민거리였다는 사실에 대해서는 William A. Grey, "Two Hundred and Fifty Years of Smallpox in London," *Journal of the Royal Statistical Society*, 45(1882), 399-443을 참조하라.
21. Genevieve Miller, *The Adoption of Inoculation* (Philadelphia, 1957), pp. 194~240.
22. 초기의 접종에 크게 공헌한 선구자는 회중교회의 유명한 목사 코튼 매더(1663~1728)였다. Genevieve Miller, "Smallpox Inoculation in England and America: A Reappraisal," *William and Mary Quarterly*, 13(1956), 476-92 참조. 식민지시대 미국의 전염병에 대해서는 John Duffy, *Epidemics in Colonial America* (Baton Rouge, 1953)을 보라.
23. J. C. Long, *Lord Jeffrey Amherst, Soldier of the King* (New York, 1933). pp. 186~87 참조.
24. Sherburne F. Cook, "F. X. Balmis and the Introduction of Vaccination to Spanish America," *Bulletin for the History of Medicine*, 11(1941), 543-60; 12(1942), 70-101. 전염병은 오랫동안 라틴아메리카 정부의 최대 관심사였다. Donald B. Cooper, *Epidemic Disease in Mexico City, 1761-1813: An Administrative, Social and Medical Study* (Austin, Texas, 1965) 참조.
25. Harry Wain, *A History of Preventive Medicine* (Springfield, Illinois, 1970), pp. 177, 185, 195.
26. 메리 몬터규 부인이 이국의 문명을 대하는 새로운 태도를 영국에 도입했다는

점도 분명히 인정해야 할 것이다. 그녀는 공포나 경멸감 또는 먼 곳에 있는 위협세력에 대한 마지못한 동경을 배격하고, 오스만 제국의 사람들의 생활을 다양한 인간 행동양식의 또 다른 예로 보고 깊은 관심을 갖게 되었던 것이다. 이처럼 무상한 호기심을 갖기 위해서는 생활의 여유와 함께 자신이 물려받은 전통적인 생활양식이 근본적으로 우월하다라는 떨쳐버릴 수 없는 자신감이 불가결했을 것이다. 물론 몬터규 부인을 둘러싼 귀족집단은 그 모든 것을 향유하고 있었다. Norman Daniel, *Islam and the West: The Making of an Image* (Edinburgh, 1960) 참조.

27. 웨일스에서는 이미 1721년 이전에 접종이 실시되었을 수도 있다. Perrot Williams, M.D., "A Method of Procuring the Small pox Used in South Wales," *Royal Society of London, Transactions Abridged III, Transactions to the Year 1732*[John Eames and John Martyn, eds.](London, 1734), pp. 618~20. C. S. Dixon, *Smallpox*, p. 216도 폴란드(1671), 스코틀랜드(1715), 나폴리(1754)에서 접종과 유사한 민간요법이 시술되었다고 언급하고 있다.

28. Genevieve Miller, *The Adoption of Inoculation*, pp. 48~67.

29. K. Chimin Wong and Wu Lien-teh, *History of Chinese Medicine*, pp. 215~16.

30. 볼테르의 『철학서간』 II, 130에 나오는 유명한 이야기 ─ 체르케스인들이 자신의 딸을 터키의 하렘에 팔기 위해 깨끗한 피부를 유지하는 수단으로 인두접종을 발명했다는 이야기 ─ 는 사실무근인 듯하다.

31. C. W. Dixon, *Smallpox*, pp. 216~27 ; Genevieve Miller, *The Adoption of Inoculation*.

32. 천연두 접종에 관한 서아시아의 관습에 대해서는 Patrick Russell, "An Account of Inoculation in Arabia in a Letter from Dr. Patrick Russell, Physician at Aleppo to Alexander Russell, M.D., F.R.S.," *Philosophical Transactions of the Royal Society*, 18(1768), 145-50을 참조하라. 러셀의 보고서는 영국학사원의 문의에 대한 회답이었다.

33. J. S. Chambers, *The Conquest of Cholera* (New York, 1938), p. 11.

34. Wu Lien-teh, "The Early Days of Western Medicine in China," *Journal of the North China Branch of the Royal Asiatic Society, 1931*, pp. 9~10 ; K. Chimin Wong and Wu Lien-teh, *History of Chinese Medicine*, pp. 276~80.

35. 일리노이 대학 인류학과 교수인 D. B. Shimkin이 서신을 통해 밝힌 내용이다.

36. Harry Wain, *A History of Preventive Medicine* (Springfield, Illinois, 1970), p. 206.
37. 기록에 남아 있는 전염병 발생목록은 Friedrich Prinzing, *Epidemics Resulting from Wars* (Oxford, 1916), pp. 92~164를 참조하라. 프린징에 따르면 정확한 통계를 낼 수는 없지만 1813~1814년의 전쟁에서 총인구의 10%가 이 전염병으로 죽었다고 한다.
38. 곰팡이가 바다를 건너 전파된 것은 남아메리카와 유럽을 왕복하는 배가 과거에 비해 훨씬 커지고 속도도 빨라져, 곰팡이가 생존할 수 없는 임계온도 이상으로 선창이 가열되는 일 없이 적도를 지날 수 있었기 때문이다.
39. 한 통계에 따르면 1810년에는 뉴욕 시민 46명당 한 명꼴로 사망했으나 1859년에는 27명당 한 명꼴로 죽었다고 한다. Howard D. Kramer, "The Beginnings of the Public Health Movement in the United States," *Bulletin of the History of Medicine*, 21(1947), 352-76 참조. 파리에서는 1817년과 1835년 사이에 사망률이 1,000명당 31명꼴에서 34명꼴로 증가했다. Roderick E. McGrew, *Russia and the Cholera, 1823-1832* (Madison and Milwaukee, Wisconsin, 1965), p. 6 참조.
40. Aidan T. Cockburn, *The Evolution and Eradication of Infectious Diseases*, p. 196 참조. "……앞으로 2~3년 내에 천연두가 사라지리라는 것을 부정할 이유는 아무것도 없다"(1963).
41. Laverne Kuhnke, *Resistance and Response to Modernization: Preventive Medicine and Social Control in Egypt, 1825-1850*(시카고 대학 박사학위논문, 1971), p. 51.
42. 고아(인도의 주)에 포르투갈인이 처음 발을 들여놓은 후 유럽인이 남긴 자료에는 인도의 남부와 서부에 콜레라로 생각되는 치명적인 전염병이 갑자기 유행했다는 기록이 심심찮게 등장한다. R. Pollitzer, *Cholera* (Geneva, 1959), pp. 12~13 참조. C. Macnamara, *A History of Asiatic Cholera* (London, 1876)은 1503년과 1817년 사이에 이 전염병에 대한 기록이 64번이나 발견되었다고 한다.
43. Pollitzer, ibid., p. 80에 나오는 막대 그래프 참조.
44. C. H. Gordon, *An Epitome of the Reports of the Medical Officers of the Chinese Imperial Customs from 1871 to 1882* (London, 1884), p. 124 참조.
45. Pollitzer, ibid., pp. 17~21; McGrew, *Russia and the Cholera*, pp. 39~40; Norman Longmate, *King Cholera: The Biography of a Disease*

(London, 1966), pp. 2~3; Hirsch, *Handbook of Geographical and Historical Pathology*, I, pp. 394~97.
46. 사망자수 추계는 1만 2천 명에서 3만 명에 이른다. Laverne Kuhnke, ibid., p. 66 참조.
47. 1930년에도 소규모의 콜레라가 다시 돌았지만 메카에서는 전혀 보고된 바가 없었다. Pollitzer, ibid., p. 63.
48. Norman Longmate, *King Cholera*, p. 237.
49. 공식집계에 따르면 1910~1954년에 인도에서는 콜레라로 1,020만 명이 사망했다. 파키스탄에서는 1947년 이후 거의 20만 명이 죽었다. Pollitzer, ibid., p. 204를 보라.
50. Kuhnke, ibid., p. 204를 보라.
51. Asa Briggs, "Cholera and Society in the 19th Century," *Past and Present*, 19(1961), 76-96.
52. McGrew, ibid., pp. 67, 111, 125; Longmate, ibid., pp. 4~5; Louis Chevalier, ed., *Le Choléra, la Première Épidémie du XIXe Siècle* (La Roche sur Yon, 1958).
53. Charles E. Rosenberg, "Cholera in 19th Century Europe: A Tool for Social and Economic Analysis," *Comparative Studies in Society and History*, 8(1966), 452-63 참조.
54. Erwin. H. Ackerknecht, "Anti-contagionism between 1821 and 1867," *Bulletin of the History of Medicine*, 22(1948), 562-93.
55. 스노의 콜레라 보고서는 *Snow on Cholera, being a Reprint of Two Papers by John Snow, M.D.* (New York, 1936)로 다시 간행되었다.
56. Norman Howard-Jones, "Choleranomalies: The Unhistory of Medicine as Exemplified by Cholera," *Perspectives in Biology and Medicine*, 15(1972), 422-33에 따르면, 필리페 파치니라는 이탈리아인이 코흐보다 30년 앞서 콜레라를 일으키는 '비브리오'를 확인했지만 당시에는 전혀 주목을 받지 못했고, 그래서 의학계의 의견과 관행에 따라 콜레라균은 코흐의 '발견'으로 인정받게 되었다고 한다.
57. 찰스 크레이턴의 기념비적 저서 *The History of Epidemics in Britain*, 2vols.(Cambridge, 1891, 1894)는 전염병이 세균에 의해 감염된다는 학설을 논박하겠다는 일념에서 저술된 것이다.
58. Longmate, *King Cholera*, p. 229.
59. Pollitzer, *Cholera*, pp. 202~372는 콜레라 감염에 영향을 주는 것으로 보이

는 복잡한 요인들을 신중하게 논의하고 있다.
60. 괴혈병에 대한 해군본부의 대처방식은 오랫동안 비웃음거리가 되어왔다. 얼핏 보기에도 그것은 비능률적인 관료주의의 전형적인 사례이다. 권위 있는 의학자들이 일찍이 1611년부터 효과적인 예방법 및 치료법을 여러 차례 제시했는데도 어떻게 공식적인 지령을 1795년까지 미룰 수 있단 말인가? John Woodall, *The Surgeon's Mate or Military and Domestique Surgery*, 2nd ed.(London, 1639), p. 165 참조. 「괴혈병 치료에 대하여」라는 항목에는 다음과 같은 구절이 나온다. "레몬즙은 소중한 약품으로, 여러 차례 시험해본 결과 복용효과가 좋은 것으로 드러난 만큼 일차적인 처방으로 적극 권장할 만하다. ……일부 외과의들은 건강한 사람에게도 예방차원에서 레몬즙을 매일 복용시켰다. 많은 양을 비축해둘 수만 있다면 매일 마시는 것이 좋겠지만, 그렇지 못하다면 필요한 경우에 대비해 소량이라도 준비해두어야 한다."

그렇지만 이런 구절만 보고 18세기가 끝나기 전에 런던에서 괴혈병의 치료법을 완전히 꿰뚫고 있었다고 생각한다면 역사적 안목이 부족한 것이다. 해군의 뒤늦은 대책과 정보 부재에 대해서는 John Joyce Keevil, *Medicine and the Navy, 1200-1900*, 4vols.(London, 1957-63), I, p. 151과 Christopher Lloyd and Jack S. Coulter, ibid., III, 298-327을 참조하라.

61. 18세기 유럽 군대의 위생상태에 대해서는 Paul Delaunay, *La Vie Médicale aux XVIe, XVIIe et XVIIIe Siècles* (Paris, 1935), pp. 84ff, 275-80; Charles Singer and A. E. Underwood, *A Short History Medicine* (New York, 1928), pp. 169~71; George Rosen, *From Medical Police to Social Medicine: Essays on the History of Health Care* (New York, 1974), pp. 120~58, 201~45; David M. Vess, *Medical Revolution in France, 1789-1796* (Gainesville, Florida, 1975) 등을 보라. 프랑크에 대해서는 Henry E. Siegerist, *Gross Ärzte*, 4th ed.(Munich, 1959), pp. 217~29를 참조하라.

62. R. A. Lewis, *Edwin Chadwick and the Public Health Movement, 1832-1854* (London, 1952), pp. 52~55 참조. 도시에서 나오는 오물을 비료로 사용하자는 채드윅의 제안은 새로운 것은 아니었다. 일찍이 1594년에도 그런 시도가 있었다. Allen G. Debus, "Palissy, Plat and English Agricultural Chemistry in the 16th and 17th centuries," *Archives int. hist. sci.*, 21(1968), 67-88.

63. C. Fraser Brockington, *A Short History of Public Health* (London, 1966), pp. 34~43 참조.

64. Charles E. Rosenberg, *The Cholera Years: The United States in 1832,*

1849 and 1866 (Chicago, 1962), pp. 175~212와 John Duffy, *A History of Public Health in New York City, 1625-1866* (New York, 1968)을 보라.
65. Longmate, *King Cholera*, pp. 228~29 참조.
66. 예를 들어 이집트 카이로에서 근대적인 하수처리시설이 시의 일부에 도입되기 전인 1913년에 출생률은 1천 명당 44.1명꼴이었고 사망률은 36.9명꼴이었다. Robert Tignor, *Public Health Administration in Egypt under British Rule, 1882-1914* (예일 대학 박사학위논문, 1960), pp. 115~21을 참조하라.
67. C. Fraser Brockington, *World Health*, 2nd ed.(Boston, 1968), p. 99.
68. 지참금 규정이 엄격하게 적용되면 많은 사람이 혼인시기를 늦추게 되므로, 경제적 상황이 인구증가를 억제하게 된다. 이런 사실을 단적으로 보여주는 실례를 예리하게 설명한 책으로는 Conrad Arensberg and Solon T. Kimball, *Family and Community in Ireland*, 2nd ed.(Cambridge, Massachusetts, 1968)를 들 수 있다.
69. 두 가지 사례를 들어보자. 1846년에 530만 명이던 이집트의 인구는 1950년에 2,600만 명으로 증가했으며, 1860년에 1,240만 명이던 자바의 인구는 1940년에 4,000만 명으로 늘어났다. 세계인구 또한 1850년에 10억, 1950년에 25억, 1970년에 36억, 1976년에 40억으로 증가하는 추세이다.〔참고로 세계인구가 50억을 돌파한 것은 1987년이며, 2000년 현재의 총인구는 약 60억으로 추정되고 있다.〕 Gabriel Baer, *Population and Society in the Arab East* (London, 1964), p. 3; Reinhard and Armengaud, *Histoire Générale de la Population Mondiale*, p. 379; *United Nations Demographic Yearbook*, 1972, p. 119; Ronald Freedman, ed., *Population, the Vital Revolution* (New York, 1964), pp. 18~19 등을 참조하라.
70. Laverne Kuhnke, ibid., p. 70.
71. Robert Tignor, ibid., pp. 91, 102 참조.
72. Harry Wain, *A History of Preventive Medicine*, pp. 284~87, 353~58, 250~63 참조.
73. 올리버 크롬웰은 평생 말라리아로 고생했고, 결국 말라리아성 발한과 관련 있는 질병으로 목숨을 잃었다. 그는 '예수회의 나무껍질'을 자신을 독살하려는 음모라고 생각하고 거부했다고 한다. Antonia Fraser, *Cromwell, the Lord Protector* (New York, 1973), p. 770ff; A. W. Haggis, "Fundamental Errors in the Early History of Cinchona," *Bulletin of the History of Medicine*, 10(1941), 417-59, 568-92; Paul F. Russell, *Man's Mastery of Malaria* (London, 1955), pp. 93~102.

74. Russell, ibid., pp. 96, 105~16. 말라리아 열을 예방하는 약도 없이 아프리카 오지에 들어갔을 때 나타나는 결과를 자세히 설명하고 있는 책으로는, Frederick F. Cartwright, *Disease and History* (London, 1972), pp. 137~39; Philip Curtin, *The Image of Africa: British Ideas and Action 1780-1850* (Madison, Wisconsin, 1964), pp. 483~87 등이 있다.
75. William Crawford Gorgas, *Sanitation in Panama* (New York, 1915); John M. Gibson, *Physician to the World: The Life of General William C. Gorgas* (Durham, North Carolina, 1950) 참조.
76. George K. Strohde, ed., *Yellow Fever* (New York, 1951), pp. 5~37.
77. W. A. Karunaratne, "The Influence of Malaria Control on Vital Statistics in Ceylon," *Journal of Tropical Medicine and Hygiene*, 62(1959), 79-82 참조.
78. R. Mansell Prothero, *Migration and Malaria* (London, 1965)는 여러 가지 이주 패턴이 아프리카 각지에서 말라리아를 박멸하려는 세계보건기구의 계획을 어떻게 좌절시켰는지 흥미롭게 논하고 있다.
79. 이는 René Dubos, *The White Plague: Tuberculosis, Man and Society* (Boston, 1952), pp. 185~207에 나오는 의견이다. 뒤보스는 '왕의 손길'을 받아서 연주창(連珠瘡)을 치료하려던 환자수에 근거하여 그와 같이 말했다. 물론 완치되기를 희망하면서 영국 국왕의 손길을 받는 의식에 참석했던 연주창 환자들의 수는, 대중이 그러한 치료의 효과를 얼마나 열렬히 신봉했는지에 좌우되었을 것이다. 따라서 18세기에 결핵환자가 줄어든 것은 '왕의 손길'이 지닌 효험에 대한 회의가 확산되면서 빚어진 결과일 수도 있다. 하노버 왕가가 왕위를 계승하자 영국 왕실에 대한 신비감은 사라졌으며, 프랑스에서도 루이 15세와 루이 16세는 루이 14세와 같은 카리스마를 발휘하지 못했다. 아메리카산 식용작물과 새로운 영농법의 보급은 유럽인의 영양상태를 개선시켰다. 영양상태가 개선되면 결핵이 줄어든다는 것은 식량이 부족한 전시에 결핵이 기승을 부렸던 최근의 사례들이 반증해준다. 어쨌든 지금 와서 정확한 통계를 얻는 것은 불가능하다. 그러므로 뒤보스의 의견은 어디까지나 가능성으로 남아 있을 뿐 알려진 사실에 대한 필연적인 해석이라고 보기는 어렵다.
80. René Dubos, ibid., p. vi; T. Aidan Cockburn, *The Evolution and Eradication of Infectious Diseases*, pp. 219~30.
81. H. H. Scott, *A History of Tropical Medicine*, I, pp. 44~54; A. J. P. Taylor, *English History 1914-1945* (New York, 1970), p. 121.
82. Ralph H. Major, *Fatal Partners: War and Disease* (New York, 1941), p.

240.

83. R. H. Shryock, *The Development of Modern Medicine* (Philadelphia, 1936), p. 309.
84. 예컨대 오스트리아-헝가리 연합군은 세르비아에서 크게 유행했던 발진티푸스에 오랫동안 노출되었지만, 그로 인한 사망자수는 적의 공격으로 인한 사망자 수의 50%를 넘지 않았다. Clemens Pirquet, ed., *Volksgesundheit im Krieg* (Vienna and New Haven, 1926), I, p. 70.
85. R. S. Morton, *Venereal Disease* (Baltimore, 1966), p. 28 참조.
86. Harry Wain, *A History of Preventive Medicine*, p. 306.
87. Thomas McKeown and C. R. Lowe, *An Introduction to Social Medicine* (Oxford and Edinburgh, 1966), p. 126 참조.
88. Ernest L. Stebbins, "International Health Organization," in Philip E. Sartwell, ed., *Maxcy-Rosenau Preventive Medicine and Public Health*, 9th ed.(New York, 1965), pp. 1036~45에 잘 요약되어 있다.
89. 외부세계와 단절된 섬 주민들도 비슷한 이유에서 소아마비에 잘 걸린다. 타이완의 경우 1960년대에 소아마비가 약 4만 건이나 발생해 의료계를 긴장시켰다. 소아마비를 일으키는 바이러스에 감염된 경험이 없는 집단이 이 병원체에 새롭게 노출될 경우 성인이나 청소년이 쉽게 감염되는 현상이 나타났던 것이다. 위생적인 생활습관이 그때까지 타이완인의 감염을 막아주었던 것이 아니라, 그동안은 이 섬에 병원체 자체가 없었기 때문에 질병에 대한 저항력이 생길 여지가 아예 없었던 것이다.
90. August Hirsch, *Handbook of Geographical and Historical Pathology*, I, pp. 6~18에 따르면, 그가 생각하기에 인플루엔자를 확인할 수 있는 가장 이른 시기인 1173년과 1875년 사이에 94차례나 인플루엔자가 유행했다. 그 중 적어도 15회는 세계적으로 크게 유행했으며, 유럽뿐 아니라 아시아에도 영향을 미쳤다. 하지만 질병에 대한 역사적 서술이 대부분 정확하지 않다는 점을 감안할 때, 인플루엔자가 1173년에 처음 나타났다고 단정할 수는 없다. 유럽 의사들이 증상을 정확히 기술해서 그 정체를 분명히 확인할 수 있게 된 16세기 이전에 이 병의 역사가 어떠했는지 지금으로서는 알 방법이 없다.
91. F. M. Burnet and E. Clark, *Influenza: A Survey of the Last Fifty Years in the Light of Modern Work on the Virus of Epidemic Influenza* (Melbourne and London, 1942); Edwin O. Jordan, *Epidemic Influenza* (Chicago, 1927), p. 229. 나는 1918년과 1919년에 걸친 인플루엔자 유행의 역사에 관한 크로즈비의 원고[1976년에 출판된 *Epidemic and Peace: 1918*의

원고를 말하는 듯함]를 읽어볼 수 있었다.
92. Joseph A. Bell, "Influenza," in Philip E. Sartwell, ed., *Maxcy-Rosenau Preventive Medicine and Public Health*, 9th ed., 90-104.
93. 치사율이 90%에 육박하는 천재지변적인 전염병의 가능성을 서술하고 있다. Richard Fiennes, *Man, Nature and Disease* (London, 1964), p. 124.
94. W. E. Woodward et al., "The Spectrum of Cholera in Bangladesh," *American Journal of Epidemiology*, 96(1972), 342-51을 보라.
95. 이 책 2장 73~74쪽 참조.

옮긴이의 말

　　　　　　　『전염병의 세계사』는 각종 감염증이 인류의 역사에 미친 영향을 다룬 독창적인 책이다. 이미 고전의 반열에 오른 자신의 대표작 『서양의 발흥』에서 5천 년이 넘는 인류의 역사를 통해 여러 문명이 상호작용하면서 흥망을 거듭하는 과정을 추적한 바 있는 맥닐은 이 책에서 감염 패턴의 변화가 역사와 문명에 미친 정치적·인구학적·생태적·심리적 영향을 분석함으로써 다시 한번 세계사에 대한 획기적인 재해석을 시도한다. 스페인인의 멕시코 정복을 가능케 했던 천연두로부터 중세 유럽을 휩쓸었던 흑사병, 20세기 후반에 나타난 에이즈에 이르기까지 인류의 역사는 곧 질병의 역사라는 게 맥닐의 주장이다. 중국 문명의 발달, 로마 제국의 멸망, 르네상스의 기원, 아메리카 대륙 정복, 산업혁명 등 인류사를 장식했던 굵직한 사건들은 어떤 식으로든 전염병 및 그에 대한 인간의 반응과 관계를 맺고 있다는 것이다.

　이처럼 맥닐이 인간과 전염병의 관계를 역사적으로 고찰하는 기본적인 의도는 역사학의 사각지대에 방치되어 있던 전염병의 역사를 역사의 중심무대로 끌어들이는 것이다. 맥닐에 따르면 역사적 과정을 지배하는 일반 법칙을 추구하는 역사가들은 논리적으로는 설명하기 어려운 우발적인 사건들을 아예 무시해버리는 경향이 있다. 다시 말해 대부분의 역사가들은 전염병을 우연히 발생하는 돌발적이고 일회적인 사건으로 간주함으로써 역사적인 설명에서 배제해버렸다. 하지만 예측가능성, 반복가능성, 입증가능성이 낮다는 이유로 전염병을 논의에서 배제하는 것은 세계사의 중요한 일부를 간과하는 것이다. 전염병을 비중 있게 다루어야 하는 것은 그것이 가공할 만한 위력을 지녔기 때문만은 아니다. 그보다는 전염병이 교역의 확대, 생활환경의 변화, 생태계의 변화, 정치적·경제적 균형, 인구동태 등 인간사의 총체적 국면과 맞물려 있는 역사적 현상이기 때문이다. 예컨대 맥닐이 말하는 질병의 균질화—교통수단의 발달과 대륙간 교류의 확대로 기생생물의 형태와 감염의 패턴이 전세계적으로 비슷해지는 과정—는 단순한 미시기생적 현상이 아니라 역사의 보편적 추세인 세계화의 일면이다. 맥닐은 얼핏 사소해 보이는 전염병의 패턴 변화를 인류의 보편적 역사와 연결시킴으로써 그동안 무시되어왔던 역사의 중요한 한 부분을 복원하는 동시에 감염성 질병에 대한 적절한 시각을 정립하려고 하는 것이다.

맥닐은 미시기생과 거시기생이라는 개념을 중심으로 인류의 역사를 거시적으로 관찰한다. 전염병이 발생하는 패턴은 미시기생체, 인간, 생태계의 균형에 좌우된다. 숙주에게 너무 치명적인 감염증을 유발하는 미시기생체는 숙주의 씨를 말려버리기 때문에 그런 감염증은 오랫동안 살아남기 어렵다. 또 숙주의 면역력이 너무 강하면 기생체의 생존 자체가 위협받게 된다. 대개의 경우 숙주와 미생물은 장기간의 상호작용을 통해 서로 적응해간다. 그렇지만 인간이 생태계에 지나치게 개입하면 오랫동안 유지되던 숙주와 기생체의 균형이 허물어지면서 혼란이 발생하고, 생태계가 재편되는 과정에서 전염병의 패턴도 변한다.

거시기생은 특정 집단이 다른 집단을 지배하면서 생산자들로부터 에너지와 자원을 빼앗아가는 제도나 현상을 말한다. 기생생물이 숙주를 너무 빨리 죽여버리면 감염의 사슬이 끊어져 감염증이 오래갈 수 없는 것과 마찬가지로, 지배집단이 피지배집단을 과도하게 착취한다면 스스로의 존립기반을 무너뜨리는 꼴이 된다. 따라서 거시기생체는 적절한 수준의 수탈을 통해 생산자의 희생을 최소화하면서 식량 및 각종 자원을 지속적으로 공급받으려 한다. 거시기생은 여러 차원에서 발생할 수 있다. 인간이 야생동물 위에 군림하는 것도, 국가가 세금을 거두는 것도, 약소국에 대한 식민지배와 제국주의의 횡포도 모두 거시기생현상에 속한다.

미시기생은 거시기생과 긴밀하게 연결된다. 예를 들어 문명사회는 감염증에 자주 노출되어 면역력을 획득한 덕분에, 특정한 감염증에 취약한 고립된 집단들을 쉽게 압도할 수 있었다. 문명사회의 다양한 감염성 질병에 대한 경험이 단순한 군사력 우위보다 더욱 강력한 생물학적 무기로 작용했던 대표적인 사례로는 코르테스의 아스테카 정복과 피사로의 잉카 정복을 들 수 있다.

이 책의 1장은 선사시대에 인류가 진화하면서 생태계에 어떤 변화를 초래했으며, 인류의 요람인 열대지방을 떠나 온대지방으로 이동한 최초의 수렵민들에게 어떤 운명이 기다리고 있었는지 살펴본다. 2장에서는 농경생활이 시작되고 이에 따라 도시와 문명이 발달하면서 구세계의 주요 문명에서 사람에서 사람으로 감염되는 독특한 질병들이 나타나는 과정을 고찰한다. 3장은 문명화된 사회구조가 만들어낸 새로운 생물학적 균형이 기원전 500년부터 서기 1200년에 이르기까지 어떻게 바뀌었는지 서아시아·중국·인도의 사례를 중심으로 서술한다. 4장은 몽골 제국의 등장이 생태적 균형에 미친 영향과 페스트의 출몰이 유럽과 그 밖의 지역에 안겨주었던 엄청난 시련을 소개한다. 5장은 대항해시대에 대륙간 질병의 교환이 아메리카와 유럽, 아시아의 질병 패턴에 어떤 영향을 주었는지를 다룬다. 마지막 장에서는 1700년 이후 종두가 보급되고 세균의 정체가 밝혀지는 등 의학이 눈부시게 발전하면서 생태적 균형이 어떻게 재편되었고 질병의 양상은 어떻게 변했는지 진단한다.

　1997년에 추가된 머리말에서 맥닐은 에이즈에 대하여 그간의 연구성과를 소개하고 자신의 생각을 밝힌다. 맥닐은 조만간 완치가 가능할 것이라는 낙관론에도, 인류의 종말을 들먹이는 비관론에도 동의하지 않는다. 그에 따르면 에이즈는 인간의 생명을 위협하는 여러 가지 감염증 가운데 하나일 뿐이며, 결국에는 인간과 에이즈 바이러스가 서로를 수용하는 방향으로 생태적 균형이 이루어질 것이라고 담담하게 전망하고 있다. 이는 생태계의 속성상 의학과 질병 간의 경쟁은 어느 한쪽의 일방적인 승리 또는 패배로 끝날 수 없다는 이 책의 논지를 재확인하는 것이기도 하다.

　이상 거칠게나마 이 책의 내용을 요약해보긴 했지만, 요약으로는 전달이 불가능한 방대한 양의 지식과 역사이야기가 이 책에는 녹아들어 있다. 그래서 나는 『전염병의 세계사』야말로 냉철한 지성과 풍부한 상상력, 예리한 통찰력을 두루 갖춘 맥닐 같은 대학자가 아니고서는 쓸 엄두도 못 낼 책이라고 생각한다. 최근에 세상을 떠난 안드레 군더 프랑크가 『리오리엔트』에서 20세기의 가장 탁월한 역사학자로 아널드 토인비와 함께 윌리엄 맥닐을 꼽은 데는 그만한 이유가 있었던 것이다.

　역사학에 문외한인 옮긴이로서는 이 책의 번역작업이 녹록치 않으리라는 것을 충분히 예상할 수 있었지만, 요즘의 현실에서 보기 드물게도 좋은 책을 소개하며 보람을 느끼는 이산출판사의 장인정신에 매료되어 얼떨결에 번역을 맡게 되었다. 옮긴이의 허물을 감싸준 강인황·문현숙 두 분의 노고에 감사드린다.

2005년 6월
김우영

찾아보기

ㄱ·ㄴ·ㄷ

가(假)결핵균(Pasteurella pseudo-
   tuberculosis) 193
가마(Gama, Vasco da) 215, 238
가축 72, 76, 123, 128, 221, 267
   —과 인간이 함께 걸리는 질병 72
갈레노스(Galenos, Claudios) 111, 139, 256,
   257, 341
감염증
   —의 개념 24~34
   또 생태계의 균형과 질병도 보라
개 73
개의 디스템퍼(distemper) 72
갠지스 강 100, 104, 112~14, 134, 281
거홍(葛洪) 154, 155, 343
건무(建武) 155, 343
검역제도 191, 192, 209, 258, 285, 288, 296,
   305
게르만족 150, 151
결핵 8, 33, 82, 122, 166, 196, 197, 200, 240,
   267, 268, 286 301, 302, 351, 374
   —균 82, 195, 196, 286, 301, 351
   1700년 이후의 의학이 —에 미친 영향 301

   ~02
겸형적혈구(鎌形赤血球) 유전자 68
곰쥐 146, 147, 151, 156, 185, 193
공동생활 형제단(Brethren of the Common
   Life) 204
공자(孔子) 106, 113, 116
과테말라 227
관개농업 63~66, 99, 100
광견병 73
광둥(廣東) 156
괴혈병 251, 287, 288, 359, 365, 372
국제공중위생국 305
국제연맹 305
'굶주린 1840년대' 278
그르메크(Grmek, Mirko) 9
그리스 114, 300
   —의 고대 무역 120~21, 133~34
   —의 출현 119~20
곡물경작 121
기원전 430~429년의 전염병 127~28
미시·거시기생의 균형(B.C. 500~A.D.
   1200) 118~26, 127, 134
인구팽창 125
전쟁 124~25, 127

그리스도교 158
　—의 발흥과 공고화 142~44
　선교사 20, 228, 229, 230
　이교도들보다의 우위 142~43
기니피그 221, 222
기생
　—의 개념 24~34
　먹이와—체의 상호관계 24~27
　질병과— 27~34
기원전 387년의 전염병 137
기원전 430~429년의 전염병(그리스) 127, 129, 338
『길가메시 서사시』(Epic of Gilgamesh) 101, 334
나병 66, 166, 190, 301, 305
　—의 감소 194~94
나병환자 수용소 195, 197, 198, 200
나이지리아 68, 73, 307
나폴레옹(Napoleon I) 207, 272, 278, 289, 290, 303
나폴레옹 전쟁 272
남극 47
남아프리카 148, 173, 175, 185
남중국해 108, 134
네스토리우스교(Nestorians) 184
네안데르탈인 47, 327
네팔 282
노란 잭(Yellow Jack) 234
노바스코샤(Nova Scotia) 230
노브고로트(Novgorod) 170
노예제 125, 235
농경
　—의 시작 57~68
　관개 63~66
　다모작 113
　잡초 제거 57

화전농법 58, 63, 67
다모작 112, 113
다윗 왕 102
달팽이 32, 64, 67
대량감염(hyperinfection) 44
대상교역 131~33, 170, 183, 212, 215, 274
대상포진(帶狀疱疹) 70
대양을 뛰어넘은 질병 교환(1500~1700) 219~53
　—과 그리스도교 선교사 228, 229, 230
　—과 동물 종 221~22
　—과 식용식물 220
　—과 아메리카 인디언 215~37
　—과 아메리카산 농작물 251~52
　—과 아시아 247~51
　—과 아프리카 237~38
　—과 인구감소 223~27, 235~37
　—과 제국정부 251~53
말라리아와 황열병 232~35
매독 220, 238~39, 241, 247~48
발진티푸스 238, 240~41
유럽에서의 도시 성장 246~49
천연두 226~27, 228~31
카리브 해 연안의 노예 235
홍역 224, 229~30
뎅그열(dengue fever) 111, 114, 134, 159, 255, 300
독일 46, 85, 163, 201, 202, 206, 231, 246, 278, 286, 289, 292, 296, 304, 305
돈-볼가 강 유역 171
돼지와 사람이 함께 걸리는 질병 72
DDT 300, 301, 304
디오니소스 121
디오클레티아누스(Diocletianus) 황제 140
디프테리아 122, 166, 173, 230, 297, 339

‖ ㄹ·ㅁ ‖

라구사의 검역조치(1465) 190
라마 221, 357, 358
라마 불교의 '황모파'(Yellow Church) 214
라사열(Lassa fever) 73, 307
라스 카사스(Las Casas, Bartoleme de) 226
라이미(Limey) 288
랭런드(Langland, William) 202
러시아 170, 171, 172, 184, 188, 192, 210,
　　213, 215, 264, 271, 275, 282, 304, 348,
　　356, 367
러일전쟁(1904~1906) 302~03
런던 대화재(1666) 192
런던의 페스트 대유행(1665) 192, 264
로디지아(Rhodesia) 68
로마(제국)
　　―의 전염병 137
　　―의 지배구조 140
　　교역 132~34
　　군사반란과 내전(서기 3세기) 139~43
　　미시·거시기생의 균형(B.C. 500~A.D.
　　　1200) 117~28, 136~43, 144, 149, 155
　　　~57, 166
　　안토니누스 황제 시대의 역병 138
　　인구감소 138, 139~43
　　인구추산(A.D. 14) 131~34
로마 가톨릭 교회 205
로저스(Rogers, Thorold) 203
로크(Roch, St.) 205, 353
록펠러 재단 300, 305
롤라드파(Lollards) 204
루브루크의 빌렘(Willen van Rubruck) 170
루이(Louis) 15세 270, 271, 374
루이지애나 지방 285
루터(Luther, Martin) 205, 241, 242
루터파 241
루푸스(Rufus of Ephesus) 145
리드(Reed, Walter) 299
리비아 127, 145
리비우스(Livius, Titus) 137
린드(Lind, James) 287, 288
마그나 그라이키아(Magna Graecia) 114
마르쿠스 아우렐리우스(Marcus Aurelius) 황
　　제 135, 138, 341
마멋(marmots) 175, 176, 180, 214, 255
마카오 275
마호메트 208, 283
만단족(族) 225
만주 147, 171, 176, 178, 179~81, 206, 213
　　~14, 255, 262~63
　　1911년과 1912년의 페스트 발생 175, 186
말 76, 221
　　―과 인간이 모두 걸리는 질병 72
말라리아 8, 28~32, 65, 67, 111~12, 114,
　　122~23, 159, 244, 255
　　―의 분포(고대) 36~37
　　대양을 뛰어넘은 교환(1500~1700) 231~
　　　34, 235
　　아마존 유역의― 232~33
　　의학(1700년 이후)이 ―에 미친 영향 297
　　　~98, 300~01, 305~06
말라리아 원충 30, 31, 36, 232, 233, 266, 298,
　　325
말레이 반도 262
맘루크(Mamelukes) 207, 354, 356
매독 12, 82, 197~99, 219~20, 259, 305
　　대양을 뛰어넘은 교환(1500~1700) 238~
　　　41, 247
매종(梅瘇) 53, 197, 198, 199, 238, 239, 352,
　　362
메소포타미아 63, 84, 85, 92, 94, 99, 100, 113,

136, 165, 282, 330, 335
메콩 강 유역 114
멕시코 19~20, 96, 168, 174, 222~23, 225, 271, 283
　대양을 뛰어넘은 질병 교환(1500~1700) 222, 223~27, 231, 234
　인구감소 223
　천연두 발생(1520) 227
　홍역 발생(1530~1531) 229~30
명(明) 왕조 182, 262
모기 31~32, 36, 67, 111, 123, 159, 232~34, 254, 266, 298~300
　DDT에 저항력을 지닌 변종— 301
모로코 185, 283
모세 101
몬터규 부인(Montagu, Lady Mary Wortley) 272, 273, 369
몬테수마(Montezuma) 19, 96, 227
몽골 제국 169~217
　—과 질병균형(1200~1500)
　15세기의 매독 197
　19세기와 20세기 173~79, 180
　격리검역제 190~91, 195
　교역 170~71, 183~85, 215
　나병의 감소 194~97
　모직물 생산 198~200
　심리적·경제적·문화적 여파 201~07
　아시아와 아프리카에 미친 영향 206~17
　인구 182~83
　중국에서의 철수(1368) 210
　중국 정복(1213~1279) 180~82
　지대와 세금 200~01
　흑사병 185~89
무스카트(Muscat) 282
문명사회
　— 와 질병(B.C. 500~A.D. 1200) 99~168

교리 143~45, 158~59, 160~61
갠지스 강 유역 104, 112~14, 134
교역의 발전 134~37, 146~47, 167
기원전 1천년기 99~108
북유럽 150~51, 160~61
서아시아 99~104, 119, 120, 126, 129, 131, 136, 165, 167
성서 101~02, 129, 148
양쯔 강 유역 105~12, 159
역사시대(B.C. 500 이전) 82~100
인구(로마 제국과 한(漢)나라) 126~28
지중해 연안 104, 118~27, 128~29, 130, 144~47
해상 접촉 134~35
황허 범람원 103~07, 108, 109, 112, 159
미탄니(Mitanni) 99

‖　　　ㅂ·ㅅ　　　‖

바구미 60
바르셀로나 285
바빌로니아 65, 99, 101, 335
바이킹 151, 153
바하칼리포르니아(Baja California) 반도 230
박쥐 73
반(反)종교개혁 205
발루아(Volois) 왕조 239
발진티푸스 23, 198~99, 228, 278, 288, 302, 304, 305,
　—의 매개체 32
　대양을 뛰어넘은 교환(1500~1700) 238, 240~41
백년전쟁 200
백일해(百日咳) 33, 70, 173, 224
버마 179, 180, 181, 183, 263, 348
베네치아의 검역조치(1485) 190, 195

베링(Bering) 해협 47
벨기에령 콩고 68
벨로흐(Beloch, Karl Julius) 126, 337
벵골 만 112, 134
벼룩 32, 36, 146, 147, 173~77, 179, 180,
　　184, 185, 186, 190, 192, 194, 258, 346, 358
보불전쟁 303
보어 전쟁(1899~1902) 302
보카치오(Boccaccio, Giovanni) 202
보헤미아 85, 188
부에노스아이레스 173
불교 116, 158, 160, 161
붓다 113, 117
브라마푸트라(Brahmaputra) 강 114
브라질 78, 330
사마르칸트 211, 275
사일열성 말라리아 122
사혈(瀉血) 256
산둥(山東) 105, 156
산업혁명 261, 266, 278, 292, 367
산토도밍고(Santo Domingo) 섬 285
살윈(Salween) 강 114, 172, 180
삼일열성 말라리아 122
샌프란시스코 173, 174
생태계의 균형과 질병
　　고대 인류 35~54
　　　대양을 뛰어넘은 교환(1500~1700) 219~
　　　　53
　　　몽골 제국의 영향(1200~1500) 169~217
　　　문명사회(B.C. 500~A.D. 1200)의― 99~
　　　　168
　　　역사시대의― 55~97
　　　의학(1700년 이후)과― 255~309
샤를(Charles) 8세 238
샤를마뉴(Charlemagne) 대제 160
서기 65년의 전염병 137

서아시아의 미시·거시기생의 균형(B.C. 500~
　　A.D. 1200)
『서양의 발흥: 인류공동체의 역사』(Rise of the
　　West, The: A History of the Human
　　Community, 맥닐) 19
선(腺)페스트
　　―와 폐페스트 145~46
　　―와 혈거성 설치류 73
　　19세기와 20세기의― 171~79
　　곰쥐와― 146~48
　　성서와― 148
설치류 32, 73, 74, 146, 147, 148, 171~85,
　　191, 192, 206, 214, 215, 216, 233, 264,
　　279, 344, 345, 346
수면병 41, 68, 118
　　―의 매개체 32
술파제(sulfa drugs) 304
성서 101, 102, 103, 148, 166, 205, 228, 331
성 세바스티아누스(St. Sebastianus) 205, 353
성홍열(猩紅熱) 241, 341
세계보건기구(WHO) 7, 8, 14, 300, 301, 305,
　　374
세정식(洗淨式) 256
센나케리브(Sennacherib) 왕 102
셰르뱅(Chervin, Nicholas) 285
소아마비 241, 306, 375
소아병 32, 33, 70, 71, 72, 77, 80~83, 89, 91,
　　103, 126, 131, 138, 139, 152, 162, 163,
　　168, 199, 222, 241, 243, 244, 262, 269, 362
송(宋) 왕조 159, 160, 311
수두(水痘) 33, 70, 71
수막염(髓膜炎) 225
수메르 65, 83~85, 221
수족(Sioux族) 225
스노(Snow, John) 286, 371
스미르나(Smyrna) 항 179, 346

스토아 철학 144
스트라본(Strabon) 135, 340
스티커(Sticker, Georg) 148, 340, 345~46, 350, 354, 355, 367
스파르타 127
스페인 126, 200
   17세기의 페스트 191
스페인과 미국의 전쟁(1898) 299
슬라브족 150, 151
시궁쥐 192, 193
시리아 92, 124, 131, 132, 133, 170, 183, 207, 282, 353, 354
시베리아 171, 247, 364
시칠리아 114
식수 84, 122, 123, 150, 244, 286, 287, 288, 292, 293
신비주의 204, 259
실론(Ceylon) 282
실크로드 132, 133, 171
쓰마광(司馬光) 154, 157, 311
쓰마첸(司馬遷) 111

‖   ㅇ   ‖

아나톨리아 고원 179, 282
아노펠레스 감비아(Anopheles gambiae) 67, 68
아랍(아라비아) 138, 165, 179, 207, 208, 210, 272, 282, 341, 353, 354, 355
아르보바이러스(Arbo-viruses) 36
아르헨티나 173, 175, 177, 181
아메리카 인디언 13, 58, 63, 92, 142, 189, 259~60, 264
   대양을 뛰어넘은 질병 교환(1500~1700) 과— 219~37
아스테카 왕국 19, 33, 220, 227, 228

아스트라한(Astrakhan) 171
아시리아 99, 102, 103
아시아형 변종 인플루엔자 307
아우구스투스(Augustus) 황제 126, 135, 140, 341
아이누 164
아일랜드 70, 150, 152, 265, 266, 278, 283, 367
아카드(Akkad) 85, 99
아퀴나스(Aquinas, St. Thomas) 204
아타브린(Atabrine) 298, 304
아프가니스탄 131, 282
안토니누스 황제 시대의 역병(165~180) 138
안티오크(Antioch) 132, 304
알라지(Al-Razi) 138
알래스카 간선도로 224
알렉산드로스 대왕 100, 113, 125
알렉산드리아 158, 207, 296, 339, 354
알리(Ali, Mehemet) 296
알파카 221, 357
애머스트(Amherst, Lord Jeffrey) 270
앤(Anne) 여왕 273
앵글로색슨족 150
양과 염소 72
양쯔 강 유역 107, 108, 110, 111, 112, 114, 157, 159, 249, 347
언어의 발달 40, 42
에이즈
   —의 출현 7~11
   —의 치료 13
   미국의— 9, 11~12
   아프리카의— 11~12
   HIV 바이러스 8~12
   의학과— 9~10
   인간의 행동양식 변화와—의 확산 9, 10~13

태국의— 13
HIV 바이러스, 에이즈를 보라
에티오피아 127, 340
엘리자베스(Elizabeth) 1세 164, 358
역사시대
　—의 질병 55~97
　과다 증식 61~62
　관개농법 62~66
　기후변화 55~56
　농경 56~69
　대형동물의 멸종 55~56
　먹이사슬 57~62
　문명사회 82~97
　물대기와 쟁기질 57~58
　바이러스 감염 69~71
　사망률 86~90
　소아병 70~72
　숙주와 기생생물의 상호적응 77~83
　식물재배와 동물사육 56~58, 71~78
　인구동태 82~90
　화전농법 63, 67
열대숲모기(Aedes aegyti) 232, 234
열대열 말라리아 원충(Plasmodium
　falciparum) 30
영국 163~65, 166, 188, 200, 260~61, 265
　~68, 283, 290~92
　1832년의 콜레라 290~92
　도시화 268
　인구(1086~1690) 163
　인구감소 188~89
　인두(人痘)접종(1770년대) 268~69
　전염병 발생(526~1087) 150
영국 발한병(English sweats) 238, 241
『영국 전염병사』(History of Epidemics Britain,
　크레이턴) 163
영국학사원 270, 273, 369

예루살렘 102, 158
예멘 67, 256
예수회 선교사 231
예카테리나 2세 271, 350
오뇽뇽열(o'nyong nyong fever) 73, 76, 307
오스만 제국 209, 212, 213, 217, 239, 250,
　252, 262, 272, 356, 369
오스트레일리아의 야생토끼 77, 78, 79, 83,
　189, 278, 327, 333, 349
올두바이(Olduvai) 협곡 35, 46
와르디(Wardi, Ibn al-) 183, 346
우간다 68, 73, 307
우두(牛痘) 72, 269, 271, 275
우역(牛疫) 72, 73, 75, 76, 331
우즈베크 210
우크라이나 147, 179, 180, 206, 213, 264, 346
워싱턴(Washington, George) 272
원숭이 9, 36, 73, 232, 234, 325, 360
웨일스 150, 369
위구르 158
윈난(雲南) 172, 178, 180, 181, 183, 209
유교 106, 116, 160, 161, 263
유다(고대) 102
유대인 144, 202
유대교와 이슬람교의 돼지고기 금식 66
유스티니아누스(Justinianus) 대제 146, 157
유스티니아누스 대제 시대의 역병(542~543)
　145, 149, 176, 179, 185, 341
의무대 289, 290, 302, 304
의복의 발명 47
의학
　—이 생태계에 미친 영향(1700년 이후) 255
　　~309
　국제협력 296, 304~07
　군사의학 287~90, 302~05
　농업생산성 265~66

도시와 농촌의 인구학적 관계 294~96
도시의 성장 279, 293~96
도시의 위생 287~88
상하수도 시설 290~94
생물학적 조사(1940년대 이후) 305~09
습속과 신앙 255~56
의학 전문가집단 257~60
인구 259~64, 278~79
종교순례 256, 281, 283, 297
이 32, 33
이란(페르시아) 92, 100, 103, 120, 127, 149, 165, 170, 208, 210, 252, 272, 282, 354, 355
이븐 시나(Ibn Sina) 256
이슬람교 66, 208, 209, 214, 256
이슬람교 선교사 167, 168
이시크쿨(Issyk Kul) 184
이오니아의 반란(B.C. 499) 120
이질(痢疾) 102, 136, 150, 166, 224, 241, 268, 302
이집트 63, 65, 66, 92, 99, 100, 101, 113, 122, 127, 145
  1883년의 콜레라 발생 296~97
  맘루크의 지배 207
이탈리아 114, 122, 124, 125, 126, 140, 163, 188, 203, 206, 238, 240, 258, 272, 339, 348, 352, 371
이탈리아 전쟁(1494~1559) 246
이하선염(耳下腺炎) 33, 71, 122, 162, 224~25, 230
인더스 강 유역 63, 94, 100, 113
인도 67, 94~95, 172~73, 179, 183, 206, 209, 211, 215, 247, 255, 272, 297, 307
  —의 온난한 기후 128~29
  교역 136~37, 144~47
  굽타 왕조 113, 136
  무굴 제국의 —정복(1526~1605) 250

미시·거시기생의 균형(B.C. 500~A.D. 1200) 112~18, 119, 121, 122, 126, 127, 128, 134~35, 136, 146, 149, 165
아리아인의 침입 94~95, 115~16
중국과의 비교(기원전 천년기) 117~18
천연두 신상(神像) 165
카스트 제도 95~96, 116~17
인도네시아 114, 134
인도양 134, 145, 147, 148, 165, 216, 135
인두(人痘)접종 265, 268~725
인플루엔자 13, 33, 72, 102, 122, 156, 166, 229, 234, 306, 307, 334, 375
일본 153, 161~64, 230, 238, 247, 249, 250, 252, 282, 344
잉글랜드 150, 164, 229, 265, 273
잉카 20, 33, 222, 227

‖　　　　　ㅈ · ㅊ　　　　　‖

장티푸스 102, 150, 193, 268, 293, 297, 303, 338
장티푸스 메리(Typhoid Mary) 70
저온살균법 297
저장(浙江) 156
점액종증(粘液腫症) 78, 79, 333
정향(定向) 진화(orthogenic evolution) 39
제너(Jenner, Edward) 271, 275, 290
제1차 세계대전 240, 303, 308
  식량배급 304
제2차 세계대전 297, 298, 304, 308
  식량배급 304
조토(Giotto di Bondone) 202
좀진드기 36
종교적 순례 66~67, 256, 281, 283, 296, 297
주혈흡충 256, 330
주혈흡충증 32, 64, 65, 67, 112, 159, 330

주혈흡충증 67, 112
　─의 매개체 32
　─의 원인 64~65
　고대의 분포상태 64~65
죽음의 무도(Dance of Death) 203
중국 65, 88, 101, 113, 247~50
　─의 전염병 153~55, 311~22
　교역 131~32
　기장 재배 농민 60, 63
　기후차 108~09
　마멋 사냥 176, 180
　몽골 제국과 ─(1200~1500) 170, 171~72, 175, 178, 180~85, 206, 209~10, 213~14, 216
　몽골 제국의 ─ 정복(1213~1279) 182~83
　미시·거시기생의 균형(B.C. 500~A.D. 1200) 103~12, 117~18, 119, 120, 125~26, 127~28, 130~34, 147, 152~62, 167
　불교 158~59
　서력기원 초기의─ 154~60
　유교문화 106
　1700년 이후의 의학과 ─ 256~57, 260, 261~64, 265, 272, 273, 282, 297
　인구감소 157~58
　인도와의 비교(기원전 1천년기) 117~18
　전국시대(B.C. 403~221) 109~10
　한(漢)대의 인구 126
　행정기구의 붕괴 156~57
　호미니드 수렵민 46
중앙보건위원회(영국) 290~92
쥐 32, 49, 60, 62, 72, 146, 147, 148, 156, 176, 177, 179, 180, 184, 185, 188, 190, 192, 193, 194, 258, 332, 345, 346, 347, 358
　─와 선페스트 144~48
　─와 인간이 함께 걸리는 질병 72

『쥐와 이, 그리고 역사』(Rats, Lice and History) 23
지중해 연안의 미시·거시기생의 균형(B.C. 500~A.D. 1200) 103, 118~26, 129, 130, 145~46
진드기 32, 36
진디 20
진서(Zinsser, Hans) 23
질병의 균질화
차(Cha, Joseph)
차라카(Caraka) 256
찬드라 굽타 113
채드윅(Chadwick, Edwin) 291, 292, 372
1331년의 전염병(허베이) 181
1648년의 황열병(아바나) 233
1648년의 황열병(유카탄) 233
1720~1721년의 페스트(마르세유) 191, 353
1771년의 페스트(모스크바) 264, 367
1817년의 콜레라(캘커타) 281~82
1826년의 콜레라(벵골) 282
1831년의 콜레라(카이로) 280
1892년의 전염병(함부르크) 292~93
1894년의 페스트(광저우) 172
1898년의 페스트(봄베이) 173
1918~1919년의 인플루엔자 229, 306
천연두 7~8, 14, 20, 32, 33, 71, 78, 102, 116, 126~29, 137~39, 150, 155, 157, 161, 162, 166, 208, 264
　─신상 165
　대양을 뛰어넘은 교환(1500~1700) 226~27, 229~31
　1700년 이후 의학이 ─에 미친 영향 267~76, 301, 302~04, 305~06
체액병리설 139, 257
체체파리 32, 41, 69, 331
초가지붕 192

초서(Chaucer, Geoffrey) 202
초월주의 116
「출애굽기」 101
츠빙글리(Zwingli, Ulrich) 241, 242
칭기즈칸 170

‖　　ㅋ · ㅌ · ㅍ　　‖

카라코룸(Karakorum) 170, 171
카르타고 124, 125, 144
카스트 제도 95, 96, 116, 117
카시테(Kassite) 99
카야포족(Cayapo Indians) 224, 225
카이로 207, 280, 373
카잔(Kazan) 171, 275
카타르 황달 225
카파(Caffa) 171, 186
카포시육종(Kaposi's skin cancer) 10
칸발리크(Khanbaliq) 171
칼데아(Chaldea) 99
칼미크족(Kalmuks) 214
칼뱅파 241
캐나다 82, 174, 231, 283, 358, 359
캘리포니아 177, 181
캘리포니아 땅다람쥐 173
캘커타 281, 282
코르테스(Cortez, Hernando) 19, 20, 23, 224, 227, 379
코이코이족(Khoikhoin) 237, 247
코흐(Koch, Robert) 14, 172, 286, 287, 296, 301, 371
콘스탄티노플 149, 209, 272
콜럼버스(Columbus, Christopher) 197, 219, 220, 223, 231, 232, 234, 239, 250, 362
콜레라 67, 114, 128, 290~91
　─의 증상 279~80

　─의 확산(19세기) 279~84
　상하수도 시설 290~93
　세균감염설 286
　의학(1700년 이후)이 ─에 미친 영향 280
　　~87, 290~93, 295~97, 305, 307
쿠리알레스(Curiales) 141
쿠빌라이 칸(Kublai Khan) 182
쿡 선장(Cook, Captain James) 287
크레이턴(Creighton, Charles) 163, 371
크림 반도 171, 183, 186, 210, 213, 356
크림 전쟁(1854~1856) 302
크세르크세스(Xerxes) 왕 100
키니네(Quinine) 111, 232, 288, 298
키프로스 124, 240
키프리아누스(Cyprianus, 카르타고의 사제) 144
타소스(Thasos) 섬 122
타타르(Tartars) 213, 275, 356
탄저균 286
탕가니카 68
터키 272, 273, 282, 369
토스카나 186, 202, 363
투르의 그레고리우스(Gregory of Tours) 139
투생 루베르튀르(Toussaint L'Ouverture, Pierre Dominique) 285
투키디데스(Thucydides) 127, 129, 338
트리파노소마(Trypanosomes) 41, 326, 331
티무르(Timur the Lame) 211
티베트 214
티에라델푸에고(Tierra del Fuego) 47
파나마 운하 299, 300
파라과이 231
파상풍 303
파스퇴르(Pasteur, Louis) 172, 286
팔레스타인 92
페니실린 304, 348

페루 20, 63, 96, 168, 221~22, 278
  1530~1531년의 홍역 229~30
  대양을 뛰어넘은 질병 교환(1500~1700)
    221~25, 231, 234
페르시아 제국, 이란을 보라
페스트 145, 146, 148~50, 156, 157, 162,
  165, 166, 213~16, 242, 244, 246, 255,
  258, 259, 264, 274, 275, 276, 283, 284,
  285, 296, 305
  19세기와 20세기의— 172, 180
  몽골 제국과—(1200~1500) 169~211
  또 흑사병; 선페스트를 보라
페스트균(Pasteurella pestis) 32, 147~48,
  169~217
  —의 변종 193
펠라그라(Pellagra) 222
펠로폰네소스 동맹 127
펠로폰네소스 전쟁 125
편도선염 225
폐페스트 146, 186, 193, 347, 348
폐결핵 195~97, 199, 301, 302, 330, 351
포도뿌리혹벌레 220
폴란드 188, 200, 202, 369
폴란드의 반란(1830~1831) 282
폴로(Polo, Marco) 170, 182
풍진(風疹) 224
프라카스토로(Fracastoro, Girolamo) 285,
  352
프랑스 80, 126, 138, 163, 164, 166, 170, 172,
  188, 200, 239, 240, 241, 267, 268, 270~
  76, 278, 285, 289, 290, 299, 303, 333, 348,
  350, 353, 355, 374
프랑크(Frank, Johann Peter) 289, 372
프로코피우스(Procopius) 145, 149
프리드리히(Frederick) 2세 271
피렌(Pirenne, Henri) 149

피사로(Pizarro, Francisco) 20, 223, 227
필리스티아인(Philistines) 102, 148
필리핀 262, 271, 275, 330

‖　　　　　ㅎ　　　　　‖

한반도/고려 161, 164
한센(Hansen, Armauer) 194
한센병 194~96, 198, 199, 200
한(漢) 왕조 106
한의 무제(武帝) 106
합스부르크 왕가 85, 273
항생물질 7, 146, 175, 186
  —의 개발 302
항체 43, 70, 71, 74, 75, 76, 90, 127, 130, 161,
  196, 267, 307, 324
해역(咳逆) 162, 230
향락주의 204
헝가리 85, 334
헨리 7세 241
혈거성 설치류 73, 147~48
  —의 유전자 교환 174
  유라시아 스텝지대의— 171~72
호미니드(hominid)
  —와 대형동물의 멸종 49~50
  —와 먹이사슬 35, 38~39, 42
  —와 아프리카 사바나 35~48
  —와 야생 영장류 36
  —와 질병 35~54
  —의 진화과정 35~36, 37~42
  기술과 무기의 발전 38~40
  문화적 적응과 발명 47~48
  언어의 발달 40~42
  역사시대의— 55~97
  온대지방의—38~54
  의복의 발명 47~48

홍역 7, 32, 33, 71, 102, 126, 138~39, 150, 155~56, 165, 166, 199
　—의 확산 패턴 81~82
　대양을 뛰어넘은 교환(1500~1700)
홍콩 172~73
　1894년의 페스트 172~73, 176
　1957년의 인플루엔자 307
홍해 134, 145, 148
황열병 73, 111, 231, 285, 299~301
　대양을 뛰어넘은 교환(1500~1700) 231~36
　1700년 이후 의학이 —에 미친 영향 298~302, 304~06
후지카와 유(富士川游) 250, 344
휫비 교회회의(Synod of Whitby, 664) 150
흑사병 13, 22, 23, 149, 163, 164, 168, 176, 179, 183, 185~89, 194, 195, 206
　—의 전파 186, 188~89
　—의 전파과정(지도) 187
　치사율 186, 188~89
흑해 119, 121, 124, 191, 207, 356
흡충의 라이프사이클 64
히스파니올라(Hispaniola) 섬 223, 226~27, 231
　1518년의 천연두 223
히타이트(Hittite) 99
히포크라테스(Hippocrates) 122, 124, 126, 138, 284
히포크라테스의 전통 258
힌두교 66, 95, 165
　순례 281~82
　의례적 세정 66~67